CONFESSIONS D'UN BOHÊME

PAR XAVIER DE MONTEPIN

PRIX :

Fr. 80 Cent.

Étranger et par
oste. . 3 f. 95

PRIX :

1 Fr. 80 Cent.

Étranger et par
poste . . 3 f. 95

PARIS

DEGORCE - CADOT, ÉDITEUR

70 BIS, RUE BONAPARTE

CONFESSIONS D'UN BOHÊME

Par XAVIER DE MONTÉPIN

Je vous dis qu'il est sorti depuis ce matin. (Page 3.)

Introduction. — Le Marché de la confession.

Tous les Parisiens, pour peu que la nature ou l'éducation les ait fait observateurs, se sont étonnés plus d'une fois en leur vie de rencontrer sur leur chemin quelqu'un de ces hommes dont l'existence est un problème perpétuel, et qui, gentilshommes sans aïeux et riches sans un sou vaillant, s'attribuent, conjointement avec messieurs les gentlemen-riders, suzerains du Jockey-Club, la flatteuse royauté du boulevard des Italiens ; et là, depuis les marches du Café de Paris ou le perron de Tortoni, laissent tomber chaque soir, sur la foule étonnée et ravie, leurs plus impertinents clins d'œil et la vapeur aristocratique et dédaigneuse de leurs panatellas.

D'où viennent les blasons de ces beaux gentilshommes ?

Chérin et d'Hozier, d'héraldique mémoire, n'auraient point su le dire.

Sur quelles bases solides repose leur fortune?

Personne ne le sait.

Il n'y a pas sous le ciel deux pouces de terre qui leur appartiennent.

Nul agent de change ne joue pour eux sur le tapis vert de la Bourse le grand lansquenet de la *hausse* ou de la *baisse*.

Enfin, les agents du Trésor n'ont jamais payé pour leur compte le moindre semestre de rentes sur l'État.

Ont-ils une industrie?

Allons donc!

De si parfaits seigneurs ne se compromettraient pas volontiers aux choses du commerce.

Et cependant ils mènent grand train. — La vie dorée garde pour eux ses plus *chères* délices, et leur luxe de chaque jour atteste aux regards éblouis une inépuisable opulence.

Que sont donc ces gentilshommes?

Ces gentilshommes sont des Bohèmes.

A propos du dernier mot que nous venons d'écrire, qu'on nous permette quelques lignes d'indispensables commentaires.

Au moyen âge, on nommait *Bohèmes* les membres de ces peuplades errantes qui parcouraient le monde, et qui n'avaient ni lois, ni patrie, ni familles, ni religion.

Partout honnies, persécutées partout, ces agrégations nomades soulevaient à la fois sur leur passage le mépris et la terreur, — et c'était justice, car, outre les déprédations fréquentes dont elles se rendaient coupables, elles monopolisaient tous les honteux métiers, toutes les industries ténébreuses ou malfaisantes.

Astrologues et nécromans, magiciens et sorciers, ces *Bohèmes* prétendaient que ni le passé ni l'avenir n'avaient pour eux de secrets impénétrables, et que leurs regards profonds et prophétiques lisaient les pages futures du livre des destins aussi facilement que les pages déjà pleines et déjà tournées.

Ils savaient composer et vendaient à prix d'or les filtres qui font aimer et les poisons qui font mourir.

Ils prostituaient au plus offrant les filles de leur caste, et mettaient volontiers leurs couteaux au service de toutes les vengeances.

La promiscuité de leurs amours rendait pour eux la paternité et la filiation incertaines; — ils ignoraient le lieu de leur naissance, et le plus souvent (quand le hasard ne volait au gibet), on trouvait au fond des bois ou dans le creux de quelque fossé leurs ossements épars et blanchis.

Le Bohème de nos jours offre avec son homonyme des temps passés une frappante analogie.

Aujourd'hui, comme jadis, en effet, sa vie est enveloppée de mystérieuses ténèbres.

Maintenant, comme autrefois, il mène une existence étrange, — toute de contrastes et d'alternatives, — coupée d'ombres et de lumières comme une eau-forte de Rembrandt, — accidentée de luttes énergiques contre la société et contre les lois qui la régissent, — semée de scènes bizarres et de drames inconnus.

Guzman d'Alfarache et Lazarille du dix-neuvième siècle, — enfant perdu de ce grand Paris, où tous les vices et tous les temples et toutes les mauvaises passions des autels et des pontifes, *le Bohème* exploite, avec une dangereuse adresse, les mauvais côtés de l'humanité.

Pour arriver à ce résultat, il sait prendre toutes les formes, se plier à tous les hasards, changer sans cesse de masque ou de livrée.

Parfois, — s'il est vraiment habile, — il vient à bout de tromper le monde qui l'accepte pour un instant.

Alors il est brillant et fier.

Il est ganté de paille et chaussé de vernis.

Il a des chevaux, — des maîtresses, — de l'or.

Demain, peut-être, il ne restera pas pierre sur pierre de l'édifice menteur si laborieusement construit.

Le *Bohème*, alors, devra mettre en œuvre, pour obtenir de dîner de *dix-huit sous*, les mêmes roueries transcendantes qui lui donnaient hier un coupé et une stalle au théâtre Italien.

Seulement, le repas de *dix-huit sous* sera plus difficile à trouver que le souper de *dix-huit louis*.

Or, depuis que je tiens, bien ou mal, la plume du romancier, et que je *noircis* du papier blanc avec de l'encre bleue, j'ai constamment souhaité me trouver en position de dévoiler dans un livre quelques péripéties de ces existences singulières, tantôt dorées et tantôt misérables, — tantôt joyeuses et tantôt sinistres, — rarement inoffensives et parfois audacieusement criminelles.

Il me semblait (et je le pense encore) que, puisque de nos jours le Bohème a mis le pied partout, — puisqu'on le rencontre dans les salons et dans les boudoirs, — dans les clubs et dans les tripots, — tour à tour industriel ou marquis, — espion ou littérateur, — journaliste ou millionnaire, — il y aurait un intérêt puissant à suivre un héros sur ce terrain multiple, dont les aspects changeants permettent d'envisager la vie parisienne sous ses faces les moins explorées.

Mais comment faire?

Un livre semblable ne s'improvise guère et ne s'invente pas.

Il fallait donc, — à défaut de matériaux nécessaires, attendre l'aide du hasard, — cet inépuisable et bienveillant collaborateur.

J'attendis.

Et le hasard, — invraisemblable comme un dénoûment de vaudeville, — vint à mon aide à point nommé.

Voici dans quelles circonstances:

§

Depuis bien des années, je rencontrais de temps à autre un homme dont l'apparence excentrique attirait mon regard et captivait mon attention.

La taille haute et droite de cet homme, ses membres robustes et sa démarche ferme, semblaient attester la force et la verdeur, tandis qu'au contraire les rides profondes creusées sur son visage flétri et pour ainsi dire avachi dénotaient la vieillesse et l'épuisement.

Ses cheveux, épais et naturellement bouclés, blanchissaient autour des tempes, tandis qu'au sommet de la tête ils restaient aussi noirs que l'aile du corbeau.

Ses traits avaient été beaux sans doute, avant d'être déformés par les chagrins, les passions ou les vices, car leur coupe était d'une grande correction et d'une parfaite régularité.

Le front, luisant comme de l'ivoire jauni, ne manquait ni d'ampleur ni d'élévation.

Les yeux, largement fendus et enchâssés dans une profonde arcade sourcilière, brillaient d'un vif éclat quand ils perdaient leur habituelle expression de cynisme et d'abrutissement.

Le désarroi complet et la repoussante malpropreté du costume de ce personnage disaient tout un poème de misère et d'incurie.

Durant l'été, l'individu dont je viens de crayonner la silhouette disparaissait complètement.

Mais, chaque jour, en hiver, quand le temps était beau et quand les rayons presque tièdes du soleil de midi tombaient d'aplomb sur l'asphalte du boulevard, il se promenait lentement pendant une heure ou deux en face de la double issue du passage de l'Opéra, descendant et remontant sans cesse dans l'espace étroit compris entre la rue Grange-Batélière et la rue Lepelletier.

De la main droite il tenait une grosse canne de jonc, et, tout en marchant, il fumait une courte pipe de terre, amplement culottée.

Eh bien ! à travers la brume opaque de mes souvenirs lointains et confus, il me semblait parfois que, jadis, j'avais vu le même homme, non pas misérable et abject comme aujourd'hui, mais élégant et riche, entraîné par une voiture rapide dans la grande avenue des Champs-Élysées ou parmi les allées ombreuses du bois de Boulogne.

Je le revoyais encore, souriant aux jolies promeneuses qui lui répondaient par de vives œillades, — et comptant parmi les plus fidèles habitués du balcon de l'Opéra.

Sans doute c'était une illusion...

Et pourtant, comme tout ce qui est invraisemblable a pour moi des charmes singuliers, j'échafaudais dans mon esprit les suppositions les plus extravagantes ; — j'aimais mieux croire à un drame ou à un mystère qu'à l'explication, toute prosaïque, de quelque fortuite ressemblance, et, sans savoir pourquoi, je m'intéressais à mon héros déguenillé, comme à l'un de ces personnages imaginaires et cependant réels, qu'enfante le génie de Balzac ou de Dumas.

Mes incertitudes, mes romans impromptus et mes rêves incohérents devaient avoir un terme.

Vers la fin du mois de mai dix-huit cent quarante-huit, — peu de jours après l'échauffourée révolutionnaire qui fera du 15 mai une date historique, — je rentrais dans la maison que j'habite et j'allais poser le pied sur la première marche de l'escalier, quand j'entendis mon portier dire avec une certaine vivacité à un individu que je ne voyais que par derrière :

— Encore une fois, mon brave homme, je ne puis pas vous laisser monter, puisque je vous dis qu'il est sorti depuis ce matin.

Je passais, — sans me douter qu'il pût être question de moi, — quand le concierge ajouta :

— Tenez, le voilà qui rentre.

A ces mots je me retournai.

L'interlocuteur de mon portier en fit autant.

Alors, et avec un étonnement plus facile à comprendre qu'à exprimer, je me trouvai face à face avec l'homme étrange qui servait habituellement de thème aux fioritures de mon imagination.

Ce visiteur me salua, — fit glisser dans sa poche la courte pipe que jusque-là il n'avait point quittée, et me dit avec la plus parfaite aisance :

— C'est bien à M. de *** que j'ai l'honneur de parler ?

— Oui, monsieur.

— Seriez-vous assez parfaitement bon pour m'accorder un entretien de quelques minutes ?...

Et comme je semblais hésiter :

— Il s'agit d'une chose qui, je le crois, aura pour vous un certain intérêt.

— Veuillez me suivre, monsieur.

Il s'inclina et nous montâmes.

Arrivés chez moi, j'avançai un siége à l'inconnu, je m'assis moi-même en face de lui et j'attendis qu'il jugeât convenable de m'expliquer les motifs de sa visite.

Pendant une minute environ, il s'occupa à régulariser avec une certaine coquetterie les masses grisonnantes de ses cheveux bouclés et à lisser les poils touffus de sa moustache épaisse et longue.

Ceci me donna le temps de l'examiner avec attention et de me rendre compte mieux que je n'avais pu le faire jusqu'alors, des détails de son costume.

Au mois de mai, et par la chaleur africaine dont se souviennent, hélas ! les légions de la garde nationale parisienne, il portait une longue redingote en alpaga jadis blanc.

Cette redingote, hideusement maculée de taches de toutes les natures, était bigarrée, çà et là, par des pièces de toutes les couleurs, grossièrement rapportées, et les capsules éraillées et béantes de la plus grande partie des boutons s'effrangeaient veuves de leurs moules.

Une énorme épingle, joignant étroitement à la naissance du cou les deux revers supérieurs de ce vêtement affreux, forçaient l'étoffe graisseuse et luisante à adhérer à un vieux col en crinoline.

La poche gauche de la redingote était gonflée — outre mesure, — par quelque volumineux objet.

Le pantalon, d'une étoffe et d'une nuance indescriptibles, s'ajustait, par des sous-pieds en ficelle, à des souliers jadis vernis, mais maintenant éculés de façon lamentable et laissant entrevoir l'absence de chaussettes par leurs crevasses larges et souriantes.

Que dire du chapeau ?

Rien, — sinon qu'un chiffonnier n'aurait pas voulu le ramasser dans la rue, de peur de salir par son contact la couleur de sa hotte.

Cette toilette inouïe jurait complétement avec l'attitude de mon visiteur qui, confortablement établi dans un bon fauteuil, paraissait beaucoup moins embarrassé de sa personne que je ne l'étais de la mienne et semblait se trouver parfaitement à sa place.

Enfin il se décida le premier à rompre le silence.

— Monsieur... — me dit-il d'un ton leste et cavalier.

— Monsieur ? — répondis-je, en donnant à ce mot une accentuation interrogative.

— Je manque absolument d'argent, — poursuivit l'inconnu.

— Ah ! diable ! !

— C'est comme j'ai l'honneur de vous le dire.

A ce début, je crus comprendre que j'étais en présence de l'un de ces mendiants à domicile qui sont une plaie de Paris, et dont il est impossible de se débarrasser avant d'avoir satisfait à leur requête.

Je coulai une main dans ma poche, j'y pris une pièce de cent sous et je la présentai à mon visiteur.

Il la reçut du bout des doigts, — la regarda curieusement, — la tourna et la retourna, — l'examinant sous toutes les faces, comme il eût fait d'une médaille antique ou d'un objet d'art.

— Qu'est-ce que c'est que ça ? — me demanda-t-il enfin, après quelques secondes d'un impertinent manége.

— Ça ! — mais c'est cinq francs, — répondis-je avec une stupéfaction croissante et un commencement d'irritation.

— Et que voulez-vous que j'en fasse ?

— Ma foi, ce que vous voudrez !... cette somme est minime sans doute ; cependant, par le temps qui court, je dois vous déclarer qu'il m'est tout à fait impossible de faire devantage ; ainsi donc...

Le visiteur m'interrompit.

— Je vois que c'est, — fit-il avec un petit rire goguenard et en se renversant dans son fauteuil, — vous vous êtes imaginé que j'étais un quémandeur ambulant !... — N'est-ce pas, mon cher monsieur, que vous vous êtes figuré cela ?

— Oui sans doute...

— Erreur ! — Complète erreur ! — Profonde erreur ! !

— Ah !

— Je compte bien que vous me donnerez de l'argent, — c'est vrai, — c'est exact, — mais j'en veux plus que ça... je le prétends gagner.

— J'avoue que je ne comprends pas très-bien...

— Je vais m'expliquer.

— Vous me ferez plaisir.

Et, tout en parlant, je regardais la pendule.

Mon interlocuteur suivit le mouvement de mes yeux et ajouta aussitôt comme pour me rassurer :

— Soyez tranquille, je serai bref.

— Tant mieux.

— Je vais droit au fait. — Vous êtes homme de lettres, monsieur ?...

— On le dit.

— J'ai lu quelque chose de vous, et je vous assure que ça ne m'a point paru mal. — Oui, ça m'a fait plaisir, et je crois en vérité que vous pourrez réussir...

— Vous êtes bien bon.

— Non, je dis ce que je pense, voilà tout, — et, quoique mon costume actuel puisse vous sembler incorrect, croyez-moi, je ne manque ni de goût ni de lumières.

— Enfin, monsieur, à quoi voulez-vous en arriver ?

— A ceci, — je vous propose ma collaboration.

Je ne pus contenir un mouvement de surprise, et je m'écriai :

— Votre collaboration!!

— Oui, monsieur, ma col-la-bo-ra-tion.

Et il appuya carrément sur chacune des syllabes de ce dernier mot.

— Cette proposition est bien flatteuse, aussi je regrette infiniment d'être obligé de la décliner...

— Décliner ma proposition! et pourquoi ?

— Pour plusieurs raisons.

— Lesquelles ?

— Des engagements pris avec mon éditeur, etc., etc...

— Il ne s'agit que de s'entendre, mon cher monsieur ; — je n'ai nul amour-propre, et je ne tiens pas le moins du monde à voir mon nom briller sur la couverture d'un in-octavo ; — je veux vous vendre un livre dont vous ferez tout ce que vous voudrez, — voilà tout.

— Je ne puis pas accepter cette offre plus que l'autre ; — quoique je ne sois que bien peu riche de mon propre fonds, j'ai cependant plusieurs ouvrages annoncés, — et il m'est impossible, absolument impossible de songer à entreprendre une publication nouvelle.

Mon interlocuteur n'insista point.

Il se leva, et, tout en me saluant, il ajouta seulement :

— Je suis fâché, monsieur, de ne pouvoir conclure cette affaire avec vous ; — parole d'honneur ! vous me plaisiez et j'aurais vu sans chagrin l'immense succès de notre œuvre commune profiter à votre jeune renommée...

Cette phrase renoua malgré moi la conversation.

Le colossal amour-propre qui débordait dans les paroles que je venais d'entendre me sembla d'une telle outrecuidance et d'un si prodigieux ridicule que je ne pus m'empêcher de répondre :

— Vous parlez d'un *succès immense*, monsieur, et cela dans un temps où les succès sont à peu près introuvables ! — Ah çà ! vous croyez donc avoir fait un chef-d'œuvre ?

— Pas le moins du monde, mais comme j'écrivais sous la dictée de faits accomplis, — comme je retraçais des scènes d'une vérité étrange, — comme je révélais quelques-uns des aspects inconnus d'un monde que vous croyez connaître, — j'ai fait un livre bizarre et curieux, ce qui, de nos jours, vaut mieux qu'un chef-d'œuvre pour arriver au succès...

Ceci était incontestablement vrai, — par malheur!

Je repris :

— C'est d'un roman qu'il s'agit sans doute?

— Non.

— De *Mémoires* alors?

— Oui.

— Historiques?

— Authentiques du moins.

— Les vôtres?

— Les miens.

— Mais vous-même, monsieur, qui êtes-vous donc :

— A quoi bon vous le dire, puisque vous repoussez mes offres ?

— Soyez juste, — ai-je une seule raison pour les accepter ?

— Vous en avez cent.

— Si l'œuvre dont vous me parlez avait, — à vos propres yeux, — une réelle valeur — n'auriez-vous point tâché de l'éditer pour votre compte ?

L'inconnu haussa les épaules.

Je poursuivis :

— Est-ce à moi, du moins, que vous l'auriez apportée, à moi presque nouveau venu dans le monde littéraire ? — N'auriez-vous pas cherché plutôt le patronage de quelqu'un de ces hommes qui sont arrivés, par le talent, à la popularité ?

— Eh! non, pardieu! je n'aurais pas fait cela! — je m'en serais bien gardé!

— Pourquoi ?

— Parce que ces hommes, qui sont dix fois plus haut que vous, m'auraient nécessairement accueilli avec un dédain dix fois plus absolu que le vôtre. — Et c'est tout simple, ils n'ont besoin ni de moi, ni de mon livre, puisqu'ils sont arrivés... — Je pensais que vous, au contraire, vous dont le nom, obscur encore, commence cependant à poindre, vous auriez le bon sens de ne pas refuser une proposition de laquelle dépend peut-être votre avenir de romancier... — Ce n'est pas votre avis, — n'en parlons plus. J'ai l'honneur de vous saluer.

L'inconnu fit deux pas vers la porte.

Ce qui précède avait excité si vivement ma curiosité que je l'arrêtai en lui demandant :

— Mais enfin, qu'est-ce que ce livre ?

— Vous voulez en savoir le titre ?

— Oui.

— Je veux bien vous le dire, mais...

— Mais quoi ?

— Vous me donnerez un louis.

— Par exemple, voilà qui est fort !

— C'est comme ça.

— Un louis pour un titre! — y songez-vous ?

— Très-bien. — Ce titre m'ouvrira l'idée de mon livre, et, rien que sur les quatre mots qui le composent, vous pourriez bâtir dix volumes. — Notez bien d'ailleurs que je ne vous force point ; — c'est à prendre où à laisser.

Une voix intérieure me cria d'accepter ce marché bizarre.

Je tendis une pièce de vingt francs à mon interlocuteur.

En même temps il tirait de sa poche l'énorme rouleau de papiers qui le gonflait, dénouait la ficelle qui cerclait ce volumineux manuscrit et me présentait la première feuille.

Au milieu de cette feuille étaient tracés en gros caractères ces mots :

CONFESSIONS D'UN BOHÈME

— Ah! — m'écriai-je.

L'inconnu n'avait point exagéré.

Ce titre seul m'ouvrait des horizons inconnus et me ramenait dans le tourbillon de ces idées, — séduisantes pour moi, — dont j'ai entretenu mes lecteurs au commencement de cette introduction.

L'impression produite n'échappa point à mon visiteur qui, se sentant à peu près maître du terrain, me regarda d'un air triomphant, — puis reprit la feuille qu'il avait mise sous mes yeux, la joignit à ses compagnes et se mit à reficeler le manuscrit.

— Écoutez, lui dis-je.

— J'attends.

— Peut-être pourrons-nous nous entendre.

— Ah! ah! — fit-il à son tour, — vous croyez?

— Oui, peut-être, mais pour cela faire, il est indispensable que vous me laissiez votre manuscrit pendant vingt-quatre heures...

— Mon manuscrit...

— Oui, — je veux le parcourir.

— Soit, — à une condition pourtant.

— Laquelle?

— Je vais en agir avec vous comme font certains dramaturges illustres à l'endroit de ce pauvre Théâtre-Français, — je veux une prime... *avant lecture.*

— Combien vous faut-il?

— Cent francs.

— Diable!

— Vous n'aurez pas tourné dix pages que vous trouverez que j'ai fait un marché de dupe... — D'ailleurs, vous laisser lire mon manuscrit, c'est un acte de confiance que je ne *commettrais* pas, soyez-en sûr, avec tous vos confrères.

— Et si je me décide, — *après lecture*, à acheter ces Mémoires, quelles seront vos prétentions!

— Modestes... fort modestes... trop modestes...

— Mais encore?

— Cinq cents francs une fois payés, — en dehors bien entendu des cent vingt francs que vous m'avancez aujourd'hui... — C'est pour rien, mais que voulez-vous? les temps sont durs, et avec votre argent j'aurai bien des petits verres, bien des pipes de tabac, et autre chose encore...

Un sourire intraduisible m'expliqua ce que mon visiteur entendait par ces mots : *autre chose.*

— J'accepte. — Voici cent francs. — Revenez demain à la même heure, et si je vois moyen de tirer bon parti de votre travail, nous terminerons immédiatement.

— A demain donc, monsieur, et permettez-moi de vous adresser mes très-sincères compliments, car, sans vous en douter, vous venez de conclure une bien belle affaire.

Cela dit, *le Bohême* me quitta en me laissant son adresse, tracée à la plume sur le revers d'une carte à jouer, l'*As de cœur.*

Cette adresse était ainsi conçue :

Le vicomte Louis Raphaël,

17, *rue de la Grande-Truanderie.*

§

La publication des *Confessions d'un Bohême* vous prouve, cher lecteur, que la réponse promise à mon bizarre collaborateur fut affirmative.

J'avais lu le manuscrit tout entier.

J'y avais trouvé des situations étranges, — des épisodes excentriques, — des peintures d'une couleur effrayante, — des scènes empruntées à des mœurs dont jusqu'alors je ne m'étais fait aucune idée, et je m'étais aussitôt décidé à fouiller dans ce chaos de matériaux précieux mais confusément entassés, et à emprunter à l'œuvre originale son titre, — sa donnée générale, — ses enseignements et ses détails caractéristiques.

Puissé-je, — dans mon humble travail d'*arrangeur*, — avoir conservé le vigoureux cachet et l'intérêt puissant et soutenu des vrais récits du vieux Bohême.

Je le souhaite plus que je ne l'espère.

Deux mots en terminant.

Si, dans les trop longues pages qui précèdent, je me suis mis en scène, — je l'ai fait à regret, croyez-le, — mais j'ai cru le devoir pour expliquer à mes lecteurs par quel concours de circonstances fortuites j'avais pu m'initier aux mystères, — aux amours, — aux luttes, — aux splendeurs et aux misères de l'étrange vie bohémienne.

Prologue. — Un Drame en famille

I

UN INTÉRIEUR.

Le dix-huitième siècle venait de finir.

La Terreur avait fui, laissant derrière elle, pour marquer son passage, une longue traînée de sang et de boue.

Robespierre, — ce tigre à face humaine que quelques misérables voudraient diviniser aujourd'hui, — avait porté sa tête sur ce même échafaud auquel il avait si longtemps envoyé de si nobles victimes.

On pouvait désormais — sans courir à une mort certaine, — pleurer l'infortuné Louis XVI, l'homme juste et le roi martyr.

Enfin le général Bonaparte — déjà nommé premier consul, — préludait glorieusement à l'Empire par le retentissement homérique de ses victoires en Italie et par le traité de Lunéville qui faisait, pour un moment, de la France et de l'Autriche deux nations amies.

Notre beau pays respirait et songeait à laver dans un bain de gloire les souillures de son bain de sang.

C'est à cette grande époque, c'est-à-dire durant les premiers jours du mois de janvier 1803, que commence notre récit.

Vers le milieu de la rue de Grenelle-Saint-Germain existait alors un magnifique hôtel aujourd'hui détruit.

Les bâtiments de cette demeure seigneuriale s'élevaient entre une cour immense et un jardin grand comme un parc, — un de ces jardins qui faisaient dire à Boileau :

« Paris est pour le riche un pays de cocagne,
« Au milieu de la ville il trouve la campagne... »

Un toit d'ardoises — pourvu de girouettes armoriées et flanqué de clochetons aigus à ses extrémités, — surmontait les deux étages du principal corps de logis.

A droite et à gauche de la cour se trouvaient des écuries et des remises propres à contenir vingt-cinq chevaux et à renfermer dix voitures.

Enfin, — au fronton de la porte d'honneur à laquelle il servait de couronnement, — se voyait un écusson splendide nouvellement ciselé dans la frise; car le cartouche qui, précédemment, contenait les mêmes armes, était tombé, durant les orages terroristes, sous le marteau *égalitaire* de messieurs les sans-culottes.

Ce magnifique hôtel appartenait à l'un des plus grands seigneurs de France, — le marquis de Froid-Mantel de Basseterre.

Huit heures du soir venaient de sonner à une pendule du style *rocaille* le plus pur, — pendule placée sur la cheminée en marbre blanc d'un très-petit salon du premier étage de l'hôtel.

Ce salon — blanc et or, avec un plafond en coupole et peint à fresque, — était surabondamment orné de toutes ces futilités luxueuses qui témoignent d'une fortune immense.

Une table ronde, — en vieux laque, — installée auprès du foyer, supportait une lampe dont un large abat-jour vert atténuait les clartés trop vives.

Le plus profond silence régnait dans cette pièce, quoique trois personnes s'y trouvassent au moment où nous venons d'y pénétrer nous-même.

D'abord, à droite et à gauche de la cheminée, et assis dans des fauteuils de forme antique blasonnés à outrance, on voyait deux vieillards.

L'un d'eux, — le marquis de Basseterre, — enveloppé

dans une épaisse douillette de soie grenat dont le revers gauche était illustré des décorations de quatre ou cinq ordres militaires, appuyait sur un coussin mollement rembourré son pied gauche entouré de flanelles, et lisait le *Mercure de France* avec une profonde attention.

Autant que permettaient de le conjecturer l'affaissement de son attitude et l'ampleur de son vêtement, le marquis était un homme de haute taille et de robuste carrure.

Sa figure expressive et martiale, aux traits fortement prononcés et empreints d'une distinction et d'une noblesse remarquables, se couronnait d'une forêt de beaux cheveux blancs dont les reflets d'argent formaient un vigoureux contraste avec des sourcils aussi noirs et aussi touffus que ceux d'un jeune homme.

Son menton, soigneusement rasé, froissait une cravate blanche garnie de dentelles.

Il tenait son journal de la main droite.

Sa main gauche, pendante à côté de son siège, caressait distraitement les longues soies d'un petit chien griffon, couleur de neige, qui faisait au moindre mouvement frissonner les grelots sonores de son collier de velours rouge.

Ce griffon s'appelait *Bijou*.

La marquise de Basseterre — assise en face de son mari, de l'autre côté du foyer, — croisait ses deux mains sur ses genoux, dans une complète inaction.

La marquise était belle encore, mais telles étaient sa pâleur et la complète immobilité de ses traits, qu'il n'eût point été facile de distinguer, tout d'abord, l'épiderme mat de son visage des boucles de ses cheveux blancs et des flots de blanches dentelles qui servaient de cadre à l'ovale amaigri de sa figure.

Son regard, morne et sans chaleur, se perdait dans le vague, avec une obstination singulière.

Ses prunelles noires — largement dilatées, — ne semblaient point refléter la double lumière de la lampe et du foyer.

Hélas! — Et c'était vrai!

La marquise était aveugle.

Enfin, la troisième personne — assise un peu en arrière, au bord de la table ronde, — était une jeune fille qui, muette et pensive, travaillait avec une fébrile vivacité à un ouvrage de tapisserie.

Cette jeune fille, — Louise de Basseterre, — unique enfant des deux vieillards, — était douée d'une beauté angélique.

Sans doute, on aurait pu rencontrer des traits plus réguliers et d'une plus irréprochable coupe.

Mais, ce qui ne se pouvait surpasser, c'était l'admirable pureté de sa carnation.

C'était l'éclat demi-voilé de ses grands yeux bleus, frangés de longs cils noirs.

C'était l'opulence de sa chevelure brune et soyeuse dont les reflets avaient le doux éclat du velours.

C'était enfin l'élégance et la rondeur gracieuse des contours de son buste, dont le costume du temps emprisonnait les formes sans parvenir à les défigurer.

Louise apportait à son travail cette attention toute machinale qui décèle une profonde préoccupation intérieure.

Sous ses doigts agiles, les fleurs reproduites sur le canevas se nuançaient des plus vives couleurs.

Mais, interrogée à l'improviste, la charmante brodeuse n'aurait point su dire, sans se troubler, si la tige qu'elle faisait naître supportait une rose éclatante ou un pâle camélia.

A bien regarder ses yeux d'azur dont un léger cercle de bistre ombrait les paupières roses, — on aurait pu deviner bien des nuits d'insomnie, — bien des heures de veille et d'attente, — bien des traces de larmes peut-être.

— Des larmes! — pourquoi?

Louise avait vingt ans.

Elle était belle.

Elle était riche.

Son vieux père en faisait son idole.

Sa pauvre mère aveugle semblait retrouver, à force de tendresse, son regard d'autrefois pour la voir et pour lui sourire...

Et cependant Louise avait pleuré.

Louise tremblait.

Louise souffrait.

Dans cet intérieur si amplement pourvu de toutes les félicités que donnent la fortune et la naissance, — sous ce calme, en apparence si complet, y avait-il donc un drame?

Voilà ce que nous saurons bientôt.

Mais d'abord, disons en quelques mots quelle était la position de nos personnages, au moment où nous nous emparons d'eux pour les amener en scène.

Par un hasard étrange, et pour ainsi dire providentiel, le marquis de Froid-Mantel de Basseterre, très-grand seigneur, nous le répétons, n'avait souffert ni dans sa fortune ni dans sa famille, par suite de la révolution de 89.

Cependant, — durant les saturnales terroristes, — il était allé, malgré son âge, comme le lui enjoignait son devoir de bon gentilhomme, rejoindre l'armée Condé, et mettre son épée au service des Princes.

La marquise et sa fille étaient restées dans leur château de Basse-Normandie, — château qu'entouraient des forêts immenses, — que des chemins presque impraticables séparaient de toute ville, et où, d'ailleurs, l'affection et la reconnaissance de leurs ex-vassaux les auraient protégées contre toute insulte, — si une insulte avait été tentée.

Il n'en fut point ainsi, et quand, en avril 1802, Bonaparte déchira les décrets iniques qui proscrivaient les émigrés, — le marquis put rentrer en France et rejoindre tout ce qu'il aimait.

Un coup terrible l'attendait à son retour.

Une maladie longue et douloureuse avait rendu la marquise aveugle.

Cette triste nouvelle n'était point parvenue au marquis, pour lequel on ne voulait point aggraver les chagrins d'un exil volontaire.

Son désespoir fut amer et profond.

Puis, peu à peu, la douceur et la résignation de sa femme, dont cette infirmité inattendue n'avait point modifié l'adorable caractère, — exercèrent sur lui-même une heureuse influence.

Il prit son parti.

Il résolut de vivre en paix les dernières années que Dieu lui voudrait accorder, — et désormais il mit toute sa joie à prévenir les moindres désirs de la marquise, — à gâter sa fille Louise, — à soigner la goutte qui de temps en temps venait visiter son pied gauche, — à combiner savamment avec son maître-d'hôtel le menu délicat de ses quatre repas, — à deviner les énigmes du *Mercure de France*, et à caresser *Bijou*, le petit griffon blanc que nous connaissons.

Dans cette vie de famille, si calme et si patriarcale, — où donc, nous le demandons encore, — où donc trouver de la place pour un drame?

Et cependant... — Mais patience.

§

Le marquis n'était point revenu seul de l'émigration.

Il avait ramené avec lui un jeune homme, — Martial de Préaulx, dernier rejeton d'une famille noble et pauvre du midi de la France.

M. de Préaulx, le père — du moins selon le dire de

Martial, — était mort sur l'échafaud pendant la Terreur, laissant pour tout héritage à son fils un nom sans tache et un arbre généalogique inattaquable.

L'orphelin, mis en relation, à l'armée de Condé, avec M. de Basseterre, avait été pris en affection par ce dernier qui, le sachant sans fortune lui avait offert de se l'attacher en qualité de secrétaire.

Martial avait accepté cette proposition ; — il habitait l'hôtel, où on le traitait en enfant de la maison, et où son unique travail consistait à mettre au net et à recopier les *Mémoires* dont le marquis écrivait quelques pages chaque jour, — *Mémoires* destinés à retracer les galantes aventures de la jeunesse du vieux gentilhomme et les tendres faiblesses, à son endroit, des faciles beautés de la cour de Louis XV.

A titre d'*indemnité*, Martial recevait deux cents louis par an de M. de Basseterre. — Cette énorme rémunération, hors de toute proportion avec le labeur qui semblait la motiver, n'était, on le devine, qu'un secours déguisé.

Nous ne tarderons point d'ailleurs à faire avec Martial de Préaulx plus ample connaissance.

II

LE VASE ROYAL.

Huit heures du soir, nous l'avons déjà dit, venaient de sonner à la pendule du petit salon.

Le marquis laissa tomber son journal en s'écriant avec vivacité :

— Au diable !

A cette exclamation, Louise tressaillit et ses mains tremblantes lâchèrent la tapisserie qu'elles tenaient.

L'aveugle tourna vers son mari la prunelle ternie de ses yeux sans regard, et demanda d'une voix douce :

— Qu'y a-t-il, mon ami ?

— Ce qu'il y a ? — répondit le marquis, — il y a que depuis trente-cinq minutes je cherche au mot le mot du *logogriphe* du *Mercure*, — moi qui, d'habitude, devine à la première vue les *énigmes* et les *charades* les plus compliquées ; — il y a que ma goutte me fait horriblement souffrir, — il y a de plus que mon estomac est aux abois, — il y a enfin que voici huit heures, que le vicomte de Labretonnais n'arrive point et que nous souperons je ne sais quand ! — Voilà, ma chère amie, voilà ce qu'il y a !

Tandis que le marquis prononçait le nom du vicomte de Labretonnais, une rougeur ardente envahissait le front et les joues de la jeune fille, puis, à ce coloris instantané succéda presque aussi vite une pâleur effrayante.

M. de Basseterre ne remarqua ni l'un ni l'autre de ces symptômes significatifs.

Tout en achevant sa véhémente tirade, il avait pris sur la table ronde un sifflet en argent et, l'approchant de ses lèvres, il en avait tiré à deux reprises différentes une vibration aiguë et prolongée.

A cet appel, un grand laquais, vêtu d'écarlate et galonné d'argent, apparut à l'une des portes du salon.

— Envoyez-moi Leblond, dit M. de Basseterre.

Leblond était le maître-d'hôtel du marquis.

Le valet sortit.

Au bout d'une minute arriva le majordome. — C'était un homme de moyenne taille, épais comme une tonne, — et porteur d'un visage prospère, semé de nombreux rubis, — il réunissait, on le voit, toutes les conditions physiques de l'important emploi d'officier de bouche dans une maison de premier ordre.

— Monsieur le marquis me fait l'honneur de m'appeler ? — demanda-t-il après un salut des plus solennels.

— Oui.

Le maître-queux s'inclina de nouveau et attendit.

— Je veux savoir, — dit alors M. de Basseterre, — je veux savoir si, comme je vous l'avais expressément recommandé, vous avez présidé *vous-même* à la mise en œuvre des perdreaux rouges arrivés de Bourgogne avant-hier ; — vous savez que les derniers étaient plus que médiocres... grâce à mon cuisinier, que je serai forcé de changer.

— J'ai eu l'honneur d'exécuter les ordres de monsieur le marquis, — répondit Leblond.

— Donnez-moi quelques détails, je vous prie.

— J'obéis. — Il y a quarante-huit heures, montre en main, que j'ai fait farcir, sous mes yeux, les perdreaux en question avec des truffes de Périgord, premier choix. — Au moment de mettre à la broche, c'est-à-dire il y a un quart d'heure, ces premiers tuberculés ont été enlevés et remplacés par des truffes fraiches, — de telle sorte que la chair sera imprégnée d'un double parfum, et que les truffes intérieures n'auront rien perdu de leur arôme.

Le marquis fit de la tête un signe approbateur et ajouta :

— Vous avez aussi surveillé les *entrées* et les *petitspieds* ?

— Religieusement.

— Et tout le reste du menu a, je suppose, été soigné de même.

— Je désire vivement que monsieur le marquis n'en doute pas.

— Fort bien. — Dites au sommelier de placer à côté de mon couvert une bouteille de vin de Porto, légèrement tiédi, et donnez l'ordre de servir sur table aussitôt après l'arrivée de M. le vicomte, qui ne peut tarder maintenant.

Au moment précis où le maître-d'hôtel quittait le salon, un laquais annonçait d'une voix retentissante :

— Monsieur le vicomte Raoul de Labretonnais.

— Faites servir ! — cria le marquis. — Puis il reprit en s'adressant au nouveau venu :

— Pardieu ! mon cher Raoul, je commençais à m'impatienter... Vous êtes presque en retard, savez-vous ? et, comme Sa Majesté Louis le Grand, j'allais pouvoir dire : *J'ai failli attendre !*

Tandis que M. de Labretonnais présentait au marquis ses excuses empressées, on voyait de nouveau sur le beau visage de Louise se brûlant incarnat suivi d'une soudaine pâleur, dont nous avons déjà parlé.

Le vicomte Raoul était un jeune homme de vingt-trois ans environ, mais qui ne semblait point en avoir plus de quinze ou seize.

Sa petite taille, — ses proportions mignonnes, — sa chevelure blonde, — ses joues roses, — toute sa personne enfin, enfantine et coquette, faisaient de lui le type le plus exact du joli page *Chérubin* dans le *Mariage de Figaro*.

Seulement une expression d'insurmontable timidité remplaçait, sur le front et dans les yeux du vicomte, l'amoureuse effronterie du délicieux page de Beaumarchais.

— En voilà assez, mon cher neveu, — dit M. de Basseterre en interrompant Raoul au milieu d'une phrase commencée laborieusement et difficilement achevée, — allez baiser la main de votre tante et celle de votre cousine, et dites-moi si vous avez lu le *Mercure*, et si vous avez deviné le mot de son énigme.

Le vicomte répondit négativement, puis il s'approcha de la marquise et lui baisa la main avec un affectueux respect.

Il voulut ensuite en agir de même avec Louise, mais quand il sentit les doigts charmants de la jeune fille trembler convulsivement sur les siens, il fut pris luimême d'un trouble si complet qu'il ne put venir à bout d'approcher de ses lèvres la blanche main de sa cousine.

Le vieux marquis remarqua cette mutuelle émotion; — un sourire de joie intérieure vint s'épanouir sur sa bouche et il se dit, en s'applaudissant fort de sa perspicacité profonde :

— Ils s'aiment en vérité comme deux tourtereaux! — Par mes aïeux! voilà un mariage de convenance qui ressemblera trait pour trait à un véritable mariage d'amour !

Cependant le souper était servi. — Deux valets de pied vinrent soulever dans son fauteuil le marquis, que la goutte condamnait momentanément à l'inaction et le portèrent dans la salle à manger.

Raoul donna le bras à madame de Basseterre, dont, avec une piété vraiment filiale, il guida les pas hésitants.

Louise les suivit par derrière, — les yeux mornes et le front baissé.

§

Quelques paroles, en forme d'aparté, échappées au marquis et reproduites par nous, ont suffisamment fait comprendre à nos lecteurs qu'il y avait un projet de mariage arrêté entre la famille des Basseterre et celle des Labretonnais.

Raoul — fils aîné de la sœur du marquis, — aimait passionnément Louise, sa cousine et sa fiancée, — mais telles étaient sa timidité et sa défiance de soi-même que jamais, jusqu'à cette heure, il n'avait osé parler de son amour à celle qu'on lui destinait, ni à plus forte raison, implorer un tendre aveu.

Seulement, — et cela ne contribuait pas peu à redoubler ses appréhensions, — quand, dans son for intérieur, il se posait cette question terrible :

— Suis-je aimé ?

Un pressentiment, instinctif et sans cause apparente, le poussait à se répondre :

— Non ! je ne suis pas aimé !

Aucun incident digne d'être relaté dans ces pages ne vint interrompre le cours du souper de famille.

Disons seulement que les fameux perdreaux reçurent de M. de Basseterre un juste tribut de sympathie et d'éloges. — Rien ne leur manquait, — ils étaient cuits à point, — ils avaient précisément ce fumet de haut goût, tant apprécié des véritables gourmets, — enfin les truffes fraîches dont on les avait amplement bourrés répandaient dans la chaude atmosphère de la salle à manger un parfum exquis et pénétrant, dont Cambacérès et Brillat-Savarin, ces illustres gastronomes, eussent proclamé l'orthodoxie.

Le marquis savourait par tous les pores ces émanations bienfaisantes, et, malgré sa goutte, il arrosait chaque bouchée de larges rasades du vin de Porto qui brillait dans son verre comme des topazes en fusion.

Et, de temps à autre, le vieux gentilhomme — exalté par la bonne chère, — faisait quelque allusion transparente à l'union prochaine de sa fille et de son neveu.

Mais, chaque fois qu'il touchait cette corde, ses paroles restaient sans écho. — Le vicomte Raoul tressaillait, et sur le visage de Louise se peignait une expression de douleur et presque d'effroi.

Le repas s'acheva.

Les valets de pied réinstallèrent le marquis au coin du feu du petit salon, et l'un d'eux, d'après son ordre, s'en fut chercher dans une pièce voisine un table de trictrac.

Le trictrac était le jeu favori de M. de Basseterre, et, pour lui plaire, Raoul s'initiait courageusement aux difficiles combinaisons de ce laborieux amusement.

Cependant la partie projetée ne devait point avoir lieu, et un accident imprévu vint changer tout à coup la physionomie de la soirée à laquelle nous faisons assister nos lecteurs.

Au fond du salon, et faisant face à la cheminée, se trouvait une console d'ébène incrustée de nacre, de cuivre et d'argent, et recouverte d'un tapis de velours grenat à franges d'or.

Cette console supportait un vase de Sèvres, de grande dimension et de forme antique, précieux par sa beauté, mais précieux surtout par les souvenirs qui se rattachaient à lui.

Ce vase, héritage de famille destiné à se transmettre religieusement de génération en génération, avait été donné au père du marquis par Sa Majesté Louis XIV.

Une inscription, peinte sur la porcelaine au-dessous du blason des Basseterre, devait à tout jamais perpétuer la mémoire de ce cadeau royal.

Aussi, pour sauver de tout péril ce vase vénéré, le marquis eût abandonné de grand cœur une bonne partie de sa fortune.

Eh bien ! — suprême douleur ! — voici qu'au moment de gagner la porte, le valet de pied qui avait apporté la table de tric-trac fit un faux pas, — trébucha, — perdit l'équilibre, — se retint machinalement à la console d'ébène qui se trouvait à portée de sa main, et, tout en s'y cramponnant, lui donna une si violente secousse que le vase de Sèvres chancela sur sa base, — oscilla, — se sépara du socle sur lequel il trônait, et, roulant sur le tapis, se brisa en vingt morceaux dans sa chute.

Muet et atterré, le valet se laissa tomber à côté des fragments épars.

Le marquis poussa un véritable rugissement de désespoir et de fureur, et fit un violent effort pour quitter son fauteuil.

Mais la douleur aiguë de son accès de goutte fut plus impérieuse que sa colère, — il se vit contraint de s'affaisser de nouveau sur son siège, — la figure livide et les yeux étincelants.

— Misérable! — cria-t-il d'une voix indistincte, et se reportant malgré lui par la pensée aux us et coutumes du temps de la Régence, — misérable, tu périras sous le bâton! — Holà ! mes gens! venez empoigner ce maraud et qu'on le roue de coups de canne ! !

Dès le premier moment, le vicomte Raoul s'était élancé et ramassait avec empressement les débris qui jonchaient le sol.

La marquise, — surprise et presque épouvantée de tout le bruit qui se faisait autour d'elle, se pencha à l'oreille de Louise et lui demanda tout bas :

— Qu'y a-t-il, mon enfant? qu'y a-t-il donc ?

— Oh! ma mère, — balbutia la jeune fille, — le vase de Louis XIV...

— Eh bien ?

— Il est brisé...

— Brisé ! — s'écria la marquise à son tour, — oh! mon Dieu !

Et comme si le cadeau du grand roi eût été un talisman mystérieux duquel dépendaient tout le bonheur et tout l'avenir de la maison de Basseterre, la pauvre aveugle joignit les mains avec un geste de profonde douleur et quelques larmes roulèrent sur ses joues.

Le vicomte Raoul, après avoir respectueusement déposé sur la console, veuve de son précieux ornement, tous les morceaux de porcelaine qu'il avait ramassés, s'approcha du marquis dont la colère allait croissant et lui présenta un papier.

— Qu'est-ce que c'est que ça ? — demanda brusquement le vieillard.

— Une lettre, mon oncle.

— D'où vient-elle ?

— Je ne sais : — je l'ai trouvée par terre au milieu des débris ; — je suppose qu'elle était renfermée dans le vase inestimable dont nous déplorons la perte...

Le marquis étendit la main pour prendre la lettre.

No 94.

ROMANS NOUVEAUX

CONFESSIONS D'UN BOHÊME

PAR XAVIER DE MONTÉPIN

10 centimes.

ROMANS NOUVEAUX

La forme humaine sauta dans la chambre. (Page 10.)

Louise, dont le regard avait exprimé une indicible angoisse en suivant cette dernière partie de la scène, fit un mouvement pour se jeter en avant et s'emparer du papier que son père venait de recevoir.

Mais ses forces la trahirent et elle retomba presque inanimée en se disant tout bas :

— Oh! mon Dieu! mon Dieu! — si je pouvais mourir !!

Le marquis déchira l'enveloppe.

Cette enveloppe ne portait aucune suscription et le large cachet de cire rouge qui la scellait était vierge de toute empreinte d'armoiries ou d'initiales.

Le papier plié en quatre qui s'en échappa ne contenait qu'un chiffre, — celui-ci : — XII.

— Douze ! — répéta le marquis en jetant la lettre, — cela n'offre aucun sens, — ce qui ne m'étonne pas, du reste, car cette enveloppe et ce chiffre étaient peut-être dans ce vase depuis vingt ans...

En entendant ces paroles, Louise parut se ranimer comme se ravive au retour du beau temps une fleur courbée par l'orage.

Pendant une seconde son doux regard eut une expression presque joyeuse, — mais sa préoccupation habituelle reprit bientôt le dessus, et, de nouveau, ses paupières devinrent humides de larmes.

L'accès de colère du marquis, un instant interrompu, ne tarda point à renaître avec une intensité nouvelle.

III

L'ENTREVUE.

La crise colérique de M. de Basseterre se termina par une sorte de coup de sang.

De rouges qu'elles étaient, ses joues devinrent pourpres, puis violettes, — ses yeux s'injectèrent, — ses lèvres, crispées par une contraction nerveuse, ne parvinrent plus à prononcer que des mots inarticulés et sans suite.

Louise, s'arrachant aux émotions violentes qui venaient de la bouleverser, courut à la cheminée et agita fortement et à plusieurs reprises le cordon de la sonnette, tandis que le vicomte Raoul appelait les domestiques à l'aide et que la marquise-folle d'épouvante, dressée à demi dans son fauteuil, dilatant ses prunelles mortes et tendant les mains au hasard, s'écriait:

— Qu'y a-t-il? mon Dieu! — Qu'y a-t-il encore? Répondez-moi! — Au nom du ciel, répondez-moi donc!

Louise s'efforça de rassurer sa mère. — Les gens de l'hôtel accoururent; — on s'empressa autour du marquis, on lui prodigua tous les soins que nécessitait son état, et on allait envoyer chercher un médecin, quand tout à coup, les symptômes effrayants disparurent, la circulation du sang, un instant interrompue, reprit son cours naturel, et M. de Basseterre, calme désormais, mais complètement épuisé, recouvra l'usage de la parole.

Durant cet accès terrible et tandis que le petit salon était plein de mouvement et de bruit, un nouveau personnage était entré sans qu'on remarquât sa présence, et avait assisté inactif, mais avec une attention profonde, à la scène qui se passait sous ses yeux.

Ce nouveau venu était un jeune homme de trente ans environ, grand et mince, entièrement vêtu de noir, sauf cependant sa cravate blanche et ses manchettes plissées.

Sa figure longue et brune se couronnait de beaux cheveux noirs. — Ses traits, admirables de régularité, devaient séduire au premier abord: mais un examen attentif et impartial détruisait en partie cette impression favorable, car la physionomie de ce beau visage n'exprimait ni la bonté ni surtout la franchise.

Un demi-sourire ironique plissait sans cesse ses lèvres minces et pâles, — et ses yeux, quoique brillants et largement fendus, avaient ce regard fuyant et incertain qui semble craindre de se fixer hardiment sur un autre regard, et de laisser lire les pensées secrètes cachées au fond du cœur.

Cet homme était Martial de Préaulx, le secrétaire du marquis, et si nous ne l'avons point encore aperçu, c'est que, chargé de traiter pour M. de Basseterre une affaire importante, il n'avait pu se trouver de retour à l'hôtel à l'heure du souper de famille.

Dès son arrivée dans le salon, et du premier coup-d'œil, il avait vu les débris du vase de Sèvres et l'enveloppe déchirée de la lettre mystérieuse qui ne contenait que le chiffre *douze*.

A cet aspect, son sourire habituel avait pris une expression indéfinissable, — tout à la fois sardonique et farouche.

Puis, immobile et silencieux, il avait attendu.

Enfin, comme nous l'avons déjà dit, la crise eut une fin heureuse.

Alors M. de Préaulx s'avança jusqu'auprès du marquis, devant lequel il s'inclina.

— Ah! c'est vous, Martial, — dit le vieux gentilhomme.

— Je viens, — répondit le jeune homme, — je viens, monsieur le marquis, pour avoir l'honneur de vous rendre compte de la mission dont vous avez bien voulu me charger.

— Nous en causerons demain, mon ami. — Je suis ce soir trop fatigué et trop souffrant pour m'occuper d'affaires...

— J'espère cependant, monsieur le marquis, que ce malaise subit est à peu près dissipé et n'aura nulle suite fâcheuse...

— Je le crois comme vous, Martial, et je vous remercie de votre intérêt.

— C'est plus que de l'intérêt, monsieur le marquis, — c'est une respectueuse affection et une profonde reconnaissance qui me font ainsi parler.

— Je le sais, Martial, — vous m'aimez et vous êtes bon... Aussi, soyez-en sûr, je ferai beaucoup pour vous.

Martial se pencha de nouveau, prit la main de M. de Basseterre et la porta à ses lèvres.

— A demain, mon ami! — lui dit ce dernier.

— A quelle heure devrai-je me mettre à vos ordres?

— A midi.

Le secrétaire s'inclina pour la troisième fois, puis, au moment de sortir du salon, et tout en saluant mademoiselle de Basseterre, il lui jeta un regard profond et qui contenait une interrogation muette, ou plutôt un ordre impérieux.

Louise répondit par un signe de tête et par un soupir qui disaient clairement l'obéissance et la résignation.

§

Minuit sonnait.

Quelqu'un qui, à cette heure, se fût caché dans les massifs dépouillés du vaste jardin de la rue Saint-Dominique, n'aurait vu que deux fenêtres lumineuses dans toute la largeur des bâtiments de l'hôtel.

A l'une de ces fenêtres, située à l'extrémité de droite du corps de logis, brillait la faible lueur d'une lampe de nuit presque voilée.

Cette lueur venait de l'appartement du marquis.

La deuxième fenêtre, plus brillamment éclairée, se trouvait à l'autre extrémité de la façade.

C'était celle de la chambre à coucher de Louise.

Or, tandis que les lentes vibrations de l'horloge de Saint-Thomas-d'Aquin se perdaient dans le silence de la nuit, silence coupé seulement de loin en loin par le passage de quelque voiture attardée, une forme humaine sortant du rez-de-chaussée de l'hôtel, s'enfonçait dans l'allée qui longeait le mur d'enceinte du jardin pour bientôt reparaître, apportant une longue échelle qu'elle appuyait contre la muraille.

En quelques secondes, cette forme escalada le petit balcon de fer qui formait saillie devant la fenêtre de mademoiselle de Basseterre, et, en ayant soin de se cacher dans l'ombre que projetait sur le balcon la persienne entr'ouverte, elle frappa trois coups légers contre le cristal de la vitre.

La fenêtre s'ouvrit aussitôt. — La forme humaine sauta dans la chambre, et Martial de Préaulx se trouva en présence de Louise.

La jeune fille était enveloppée dans un grand peignoir blanc. — Quelques mèches éparses de ses longs cheveux bruns flottaient en désordre sur ses épaules. — On voyait qu'elle venait de pleurer longtemps, car ses paupières rougies et gonflées tranchaient avec la pâleur de ses joues, marbrées çà et là de teintes bleuâtres.

Certes, si les deux jeunes gens se réunissaient ainsi pour un rendez-vous d'amour, ce rendez-vous commençait sous de bien tristes auspices, quoique rien ne fût plus frais, plus charmant, plus virginal que l'intérieur de la chambre de Louise.

Cette chambre, étroite et mignonne, était entièrement tendue en toile de Perse, d'un gris clair semé de petits bouquets de violettes et de roses.

Les meubles, peu nombreux, étaient en bois de cèdre, incrustés d'ébène et recouverts en damas bleu. — Un anneau, suspendu au plafond, laissait descendre autour du lit les nuages neigeux des amples rideaux de mousseline de l'Inde.

Entre ces rideaux, et sur un fond de velours rouge dans un cadre précieusement ciselé, on distinguait un grand Christ d'ivoire; — en face, se trouvait une admirable copie de la *Vierge à la chaise*.

On le voit, ce délicieux nid de jeune fille ne devait inspirer que des rêves d'une chasteté angélique.

Et pourtant...

Mais n'empiétons pas sur les faits de notre récit.

Martial referma la fenêtre, s'avança de deux pas et fit un geste pour enlacer la taille de Louise et mettre un baiser sur ses lèvres.

Mais la jeune fille l'éloigna avec douceur, quoique avec fermeté, et, croisant sur sa poitrine émue la blanche étoffe de sa robe de nuit, elle dit d'une voix ferme et cependant entrecoupée :

— Asseyez-vous, Martial, et écoutez-moi.

Martial obéit, mais ses sourcils noirs se froncèrent légèrement, ce qui vint rembrunir encore l'expression déjà sombre de son visage.

— J'écoute et j'attends, — dit-il.

— Vous avez voulu venir cette nuit, — reprit Louise, — et, une fois de plus, je me suis soumise à votre volonté.

— Je vous ai reçu Martial, mais seulement parce que j'avais à vous parler... à vous parler de choses graves, — de choses solennelles, — devant Dieu qui nous entend, — devant le Christ qui nous écoute et qui, cette fois, n'est pas voilé !

Et, du geste, Louise indiquait le crucifix d'ivoire, qui resplendissait dans son encadrement de velours.

— Vos paroles m'effrayent et me font croire à un malheur, — interrompit Martial ; mais, en vérité, je ne saurais les comprendre.

Louise fit un mouvement d'épaules qui pouvait se traduire par un mépris mal déguisé, et, sans se soucier de répondre à la phrase précédente, elle continua :

— Je ne puis plus, — je ne dois pas, — je ne veux pas accepter plus longtemps l'existence que vous m'avez faite, car ce n'est pas une vie, Martial, c'est une mort, — une mort affreuse, une mort de tous les instants, de toutes les minutes, de toutes les secondes...

— Louise ! — s'écria le jeune homme.

— Laissez-moi parler, Martial, — poursuivit énergiquement mademoiselle de Basseterre ; — je vous supplie de ne pas m'interrompre ; vous me répondrez ensuite, si vous le voulez, ou plutôt si vous le pouvez.

— Soit ! — murmura M. de Préaulx en croisant ses bras sur sa poitrine et en courbant la tête, comme un homme qui se soumet à une pénible contrainte, qu'il n'est pas en son pouvoir d'éviter.

— Quand vous êtes venu dans cette maison, — reprit la jeune fille, — j'étais heureuse, bien heureuse !... Laissez-moi vous dire ce que vous avez fait de mon bonheur...

Et comme Louise s'aperçut d'un mouvement de Martial, elle se hâta d'ajouter :

— Oh ! ne craignez rien, je vous parle sans amertume, sans colère ; ce ne sont pas des reproches que vous allez entendre, je veux seulement remettre sous vos yeux celles des pages de ma vie auxquelles vous vous êtes mêlé fatalement, afin de justifier devant vous l'irrévocable résolution que je viens de prendre.

« Vous êtes arrivé, Martial ; — vous aviez partagé les dangers de mon père ; — vous étiez le dernier rejeton d'une noble famille, et, appelé par la naissance à occuper une haute position dans le monde, vous vous trouviez forcé, par les hasards de la destinée, d'accepter auprès de nous une place presque subalterne...

« Votre âme était profondément ulcérée, — votre tristesse était amère et légitime : — je compris vos douleurs, — je compris vos blessures saignantes, et je ressentis dans mon cœur cette pitié sympathique que j'éprouve pour tous ceux qui souffrent.

« C'est alors, Martial, que vous m'avez aimée ou, du moins que vous me l'avez dit. — C'est alors que vous est venue cette pensée infâme, de payer l'hospitalité du père en séduisant la fille...

— Louise !... Louise ! — interrompit de nouveau le jeune homme avec un accent de colère.

— Oh ! ne croyez pas, — continua mademoiselle de Basseterre, — oh ! ne croyez pas qu'en vous parlant ainsi je cherche à vous humilier ; je me souviens, je raconte, et voilà tout...

« Alors, comme aujourd'hui, mon père avait en vous la confiance la plus illimitée, — il croyait à votre loyauté de gentilhomme, il croyait qu'en votre cœur, comme dans le sien, vivaient ces mots sacrés, ces mots divins : — Noblesse oblige !

« Qu'avez-vous fait de son honneur, Martial ? — Qu'avez-vous fait du vôtre ?

« Tous les moyens qui se peuvent mettre en œuvre pour changer en amour la pitié d'une jeune fille, ne les avez-vous pas employés ?

« Combien de fois, Martial, ne vous ai-je pas vu pleurant à mes genoux, et parlant de mourir si je ne voulais pas vous aimer...

« Ce n'était pas mon amour que vous me demandiez ainsi, — c'était ma honte, car vous ne m'aimiez pas ! — On ne déshonore point celle qu'on aime...

« Et cependant vos larmes et vos prières avaient ébranlé ma raison, terni mon âme, troublé mes pensées ; — vous m'aviez rendue folle... oui, folle, Martial, car vous avez tout obtenu.

« Et depuis cette heure maudite où je suis restée courbée sous le poids de ma faute, tandis que vous vous éloigniez, orgueilleux de votre triomphe infâme ; depuis ce moment terrible où il me sembla m'éveiller d'un sommeil fiévreux, et sortir d'un rêve sinistre ; — mon Dieu ! que n'ai-je pas souffert !!!

« Quels jours et quelles nuits j'ai passés ! — plus de repos ! plus de sommeil ! — je tremble sous le regard de mon père, — j'en suis venue à remercier Dieu d'avoir rendu ma mère aveugle... Oh ! Martial, voilà votre ouvrage !...

« Ce soir, au moment où s'est brisé le vase dans lequel vous cachiez vos lettres, — il m'a semblé que la vie se retirait de moi, et la plus affreuse agonie doit être moins terrible que l'angoisse que j'ai soufferte...

« Voilà où j'en suis, Martial, et ce n'est pas tout ! notre secret va nous échapper... je porte dans mon sein, vous le savez, un gage vivant de mon déshonneur... Un peu de temps encore et ma honte sera publique, et je serai maudite et chassée du toit paternel !... et malgré tout cela, Martial, quand je vous supplie de venir vous jeter aux pieds de mon père, qui m'aime, de lui tout avouer, de lui demander de me donner à vous, — vous me répondez froidement : — « Il faut encore attendre. »

« Est-ce vrai, Martial, est-ce vrai, que vous me répondez ainsi ?

— Oui, c'est vrai.

— Et vous pensez toujours de même ?

— Toujours.

— Et les paroles que vous venez d'entendre n'ont eu sur vous nulle influence ?

— Ces paroles sont insensées.

— Ainsi vous refusez de parler à mon père ?

— Quant à présent, — oui, je refuse.

— Réfléchissez encore, Martial, ayez pitié de moi !

— Pauvre enfant ! si je refuse, c'est parce que je vous aime, et que j'ai réfléchi...

— Martial !

— Louise !

— Il en est encore temps, consentez !

— C'est impossible.

— Alors je sais ce qui me reste à faire...

— Que voulez-vous dire ?

— Vous le saurez demain.

— Louise, répondez-moi, quel est votre projet ?

— Ah ! de grâce, Martial, daignez me laisser du moins la liberté de mes pensées et de mes actes !

— Mais, malheureuse fille, vous marchez à l'abîme ! — J'avais deviné, Louise, que vous bâtissiez sourdement

un funeste projet, — et c'est pour combattre cette résolution fatale que je vous ai demandé le rendez-vous de
cette nuit.

— En vérité! — fit mademoiselle de Basseterre avec
une ironie terrible.

— Et si vous ne m'écoutez pas, si vous ne consentez
pas à me croire cette fois encore, nous sommes perdus
tous les deux.

— Eh bien, à votre tour, parlez! que dois-je écouter?
que dois-je croire?

— Ces mêmes paroles que je vous ai répétées souvent,
qui vous indignent, qui vous irritent...

— Lesquelles?

— Celles-ci : — *il faut encore attendre!*

— Attendre! — toujours! toujours attendre! Mais
vous ne m'avez donc pas comprise, Martial? attendre! il
n'est plus temps!! — demain, ma première action sera
d'aller trouver mon père afin de lui tout révéler...

— Eh bien! demain, à l'heure où vous ferez cela,
notre enfant n'aura plus de père, car je me serai brisé
le crâne avec ce pistolet.

Et tout en parlant, Martial fit briller le canon d'une
arme sous les yeux effrayés de la jeune fille.

— Vous tuer! — s'écria-t-elle, — vous tuer plutôt que
d'avouer notre faute!... mourir plutôt que de la réparer!... est-il bien possible que ce soit vous qui me parliez ainsi?

Il y eut alors entre les deux acteurs de cette scène
un court moment de silence. Puis, tout à coup, un
horrible soupçon traversa l'esprit de Louise; ses yeux
semblèrent s'agrandir pour fixer sur son amant un
regard dévorant et elle murmura :

— Martial... êtes-vous marié?

— Non, — répondit le jeune homme d'une voix ferme ;
— devant Dieu je vous le jure!

— Mais qu'y a-t-il donc alors? — Vous êtes libre, vous
êtes gentilhomme, — mon père a pour vous une vive
affection, sa colère serait terrible sans doute, mais enfin il pardonnerait et consentirait à nous unir... et c'est
vous, vous qui êtes inflexible... Martial, Martial, —
dois-je donc croire que vous avez commis jadis quelque crime honteux et qu'il y a dans votre passé et
sur votre nom une tache infamante!...

A ces derniers mots, M. de Préaulx pâlit, et ses sourcils noirs se contractèrent de nouveau ; — mais cette
émotion fut courte et passa inaperçue, car il sut la dominer assez vite pour répondre avec une complète assurance et une indignation, sinon réelle, du moins
merveilleusement jouée.

— Louise... une supposition semblable...

— Oh! mon ami, — s'écria la jeune fille, — sans le vouloir je vous insulte... pardonnez-moi, pardonnez-moi!...
ma tête s'égare et je deviens folle... Martial! Martial!
si vous m'aimez encore, ayez pitié de moi!

Et Louise, — les cheveux épars, — les yeux baignés
de pleurs, — la poitrine soulevée par des sanglots convulsifs, — se laissa tomber aux genoux de son amant
en étendant vers lui ses deux mains suppliantes.

Alors M. de Préaulx la releva, et lui dit d'une voix
caressante, tout en essuyant les larmes qui ruisselaient
sur ses joues :

— Du courage, Louise; ayez confiance, — ne vous
créez pas ainsi des terreurs chimériques, — reposez-
vous sur ce cœur que vous sentez battre et qui ne
battra jamais que pour vous... en ce moment j'aplanis
les derniers obstacles qui rendent impossible une union
immédiate, — mais bientôt j'exaucerai vos vœux et
je saurai trouver dans mon profond amour le secret de
toucher votre père...

— Est-ce bien vrai, cela? — balbutia mademoiselle
de Basseterre.

— Pouvez-vous en douter, Louise?

— Jurez-moi, par la mémoire de votre mère, que vous
ferez ce que vous dites.

— Par la mémoire de ma mère, je vous fais ce serment!

— Et ce sera bientôt!

— Bientôt, Louise...

— Eh bien, soit! je dévorerai, puisqu'il le faut, ma
honte et mes remords; mais hâtez-vous, car je me sens
mourir.

— Tu vivras, mon amie, tu vivras, — pour ton bonheur et pour le mien... pour notre avenir... pour notre
enfant...

Arrivé à ce point, l'entretien, commencé d'une façon
si grave, devint bientôt une causerie d'espérance et
d'amour.

Martial avait atteint son but.

Louise ne parlerait pas.

Au bout d'une heure, la fenêtre se rouvrit; — depuis
le balcon M. de Préaulx glissa dans le jardin, —
l'échelle fut remise à sa place, — la lumière s'éteignit
derrière les vitres de la jeune fille, et, sur la sombre
façade de l'hôtel, on ne vit plus briller que la faible
lueur de la lampe du marquis.

IV

VOLEUR !

Deux mois s'étaient écoulés depuis la scène nocturne
que nous avons racontée dans les pages du précédent
chapitre, et, durant ce laps de temps, diverses modifications essentielles étaient survenues dans la position
de nos personnages.

De jour en jour augmentaient les souffrances de
Louise; — sa grossesse arrivait à sa dernière période et
les désordres de sa taille, indices accusateurs et terribles, prenaient de telles proportions que les plus bienveillants regards devenaient à leur aspect inquiets et
défiants.

Mais, nous le savons, la marquise était aveugle; —
l'amour paternel et une confiance sans bornes étendaient
sur les yeux de M. de Basseterre leur impénétrable
bandeau, et d'ailleurs, telle était l'expression de candide chasteté empreinte sur le pâle et charmant visage
de Louise, que chacun en la contemplant se prenait à
lutter contre l'évidence, et que l'esprit repoussait avec
horreur, comme un doute infâme et calomnieux, les
soupçons, hélas! trop bien fondés qui venaient l'assaillir.

Le vicomte de Labretonnais continuait ses visites
quotidiennes et timides.

Bref, il devenait de plus en plus urgent de prendre
un parti. — Mais lequel?

Voilà où en étaient les choses, au moment où nous
poursuivons notre récit, c'est-à-dire dans le courant du
mois de mars 1803.

§

Un violent et nouvel accès de goutte condamnait
M. de Basseterre à une complète inaction.

Pendant la journée précédente, Louise avait ressenti
de sourdes douleurs, des angoisses physiques et morales, préludes et avant-coureurs de la crise imminente.

Martial, instruit par elle de ces symptômes menaçants, lui avait répété d'attendre et d'avoir confiance,
— mais lui-même semblait abattu, morne et sans
énergie.

Cependant la nuit était venue, et avec elle le calme
et le silence.

Voici ce qui se passa durant cette nuit.

Mais parlons d'abord des dispositions intérieures de
l'hôtel et donnons en peu de mots quelques détails, indispensables à l'intelligence de ce qui va suivre.

Le logement de Martial, logement composé de deux pièces, était situé au rez-de-chaussée, juste au-dessous de l'appartement du marquis.

Un escalier dérobé, ouvrant dans la chambre à coucher du jeune homme, conduisait au premier étage et aboutissait à la bibliothèque qui servait de cabinet de travail à M. de Basseterre.

Au centre de cette bibliothèque se trouvait un immense bureau en bois de chêne précieusement sculpté, et bruni par le temps. — Ce bureau était chargé de livres rares, de papiers importants et d'atlas d'un grand prix. — L'un de ses tiroirs, muni d'une serrure à secret, renfermait presque toujours, en or et en billets de banque, des sommes importantes.

La chambre du marquis communiquait de plain-pied avec ce cabinet de travail, où Martial employait deux ou trois heures chaque jour à la révision des Mémoires biographiques et galants du vieux gentilhomme.

M. de Préaulx, qui s'était jeté tout habillé sur son lit, attendit qu'il fût deux heures du matin, puis, quittant furtivement sa chambre et gagnant le jardin dont la gelée avait durci la terre, il suivit une allée latérale et atteignit bientôt le mur d'enceinte parallèle à la rue de Grenelle-Saint-Germain.

Une petite porte toute vermoulue, mais garnie de serrures solides et cachée aux regards dès les premiers jours du printemps par les luxuriantes verdures d'une vigne vierge grimpante, était pratiquée dans le mur.

Martial s'efforça de faire jouer les verrous massifs que la rouille avait pour ainsi dire scellés dans leurs gonds de pierre, et, à l'aide d'un marteau qu'il avait apporté, il y parvint, mais non sans peine.

Ceci fait, il laissa la petite porte ouverte et se rapprocha de l'hôtel; — en passant, il entra sous le hangar où l'on enfermait tous les outils de jardinage, et se munit de cette même échelle qui facilitait ses rendez-vous avec Louise; — seulement, au lieu de venir l'appuyer au balcon de la jeune fille, il l'adossa, avec des précautions infinies, à l'une des croisées de la bibliothèque.

Après avoir accompli, ainsi que nous venons de le dire, la première partie de son œuvre mystérieuse, Martial alluma une lanterne sourde, se déshabilla à demi, — remplaça son habit par une robe de chambre et ses bottes par des pantoufles, — roula un foulard autour de sa tête, — prit dans un meuble une paire de pistolets qu'il chargea et qu'il posa sur sa table de nuit, se précautionna de divers instruments en acier, d'une forme bizarre; et enfin, voilant à demi les clartés de sa lanterne sourde et étouffant le bruit de ses pas, il s'engagea dans l'escalier dérobé qui conduisait à la bibliothèque.

Une fois arrivé, il posa son falot sur le bureau, et, marchant sur la pointe du pied jusqu'auprès de la porte de la chambre à coucher du marquis, il appuya son oreille contre la cloison fragile.

Un ronflement monotone et régulier lui prouva que le vieillard dormait d'un calme et profond sommeil.

Un sourire triomphant s'épanouit alors sur ses lèvres minces. — Il s'approcha du bureau, et en quelques minutes, grâce aux instruments d'acier dont il était muni et qu'il maniait avec une rare habileté, la serrure céda et le tiroir s'ouvrit.

Martial se hâta d'en inventorier les richesses.

L'une des cases renfermait trois rouleaux d'or de mille francs chacun.

Un portefeuille vert, assez gros, contenait huit mille francs en billets de banque.

Rouleaux et portefeuille disparurent dans l'une des poches du jeune homme.

— Tout va bien! — murmura-t-il en allant entrebâiller doucement la fenêtre à laquelle s'appuyait l'échelle.

Une bague dont un très-petit diamant couronnait le chaton lui servit à couper sans bruit l'un des carreaux de cette fenêtre, le plus voisin de l'espagnolette.

On pouvait supposer ainsi que la croisée avait été ouverte depuis le dehors.

Martial touchait au dénouement de son entreprise audacieuse; — il mit rapidement un désordre factice dans les papiers qui couvraient le bureau, et dans ceux que renfermait encore le tiroir forcé. — Il laissa épars dans son œuvre, et il regagna sa chambre avec les mêmes précautions qu'il avait employées pour en sortir.

Un panneau de boiserie, dont lui seul connaissait le secret, tourna sur ses pivots au moment où Martial pressait un ressort caché et laissa voir une excavation pratiquée dans le mur, introuvable cachette qui reçut l'or et les billets.

Puis le panneau se referma, la lanterne sourde fut éteinte, toute preuve accusatrice disparut, et Martial désormais se vit sûr du succès et de l'impunité.

Il lui restait encore cependant quelque chose à faire.

Il prit ses pistolets, en examina de nouveau et avec soin les amorces, puis s'élança dans le jardin et criant d'une voix vibrante : — Au voleur! — au secours!!

Et deux coups de feu, tirés à de courts intervalles, accompagnèrent ses clameurs sinistres.

Il n'en fallait pas tant pour jeter l'alarme dans toute la maison. — Les domestiques accoururent, — on envoya chercher la garde et le commissaire, — Martial raconta comment, éveillé en sursaut par un bruit suspect, il avait ouvert sa fenêtre et vu deux hommes qui descendaient d'une échelle appuyée contre la muraille, — comment il avait pris ses armes, poursuivi les malfaiteurs, et comment, ne pouvant les atteindre, il avait tiré sur eux en appelant au secours.

Rien n'était plus simple et plus naturel que ce récit; aussi fut-il accepté sans difficulté. — On constata le vol. — On donna les plus grands éloges à la conduite courageuse de M. de Préaulx, et la justice, après avoir verbalisé, se promit de mettre en œuvre dès le lendemain pour retrouver la trace des coupables et s'assurer de leur personne.

M. de Basseterre, lui, se consola facilement du vol important dont il avait été victime, en songeant que, selon toute apparence, s'il s'était réveillé, s'il avait poussé un cri ou même fait un mouvement, les malfaiteurs n'eussent point reculé devant un assassinat pour sauvegarder leur terrible secret.

V

M. FABULEUX.

Le lendemain, vers le milieu du jour, tandis que le marquis, retenu dans son fauteuil par l'accès de goutte dont les émotions de la nuit avaient encore redoublé l'intensité, dictait quelques pages à son secrétaire, un valet de chambre apporta sur un plateau d'argent plusieurs lettres qui venaient d'arriver, et que le vieux gentilhomme parcourut d'un air distrait et nonchalant.

Mais soudain l'une d'elles, la dernière, lui fit pousser une exclamation de surprise et de douleur.

Cette lettre était timbrée d'Orléans, largement armoriée, et voici ce qu'elle contenait :

« Château de Boistracy, ce 4 mars 1803.

« Mon frère bien-aimé,

« Si vous voulez dire en ce monde un dernier adieu » à votre vieille sœur, hâtez-vous de me venir voir, car » j'ai pris le lit ce matin, et, quoi qu'on me dise pour

» me rassurer, je sens bien que je ne le quitterai plus...
» que pour entrer dans une autre couche, — couche
» glacée et dont on ne sort pas.

« La Révolution a tué mon corps en brisant mon âme;
» mais je ne me plains point, car j'ai assez vécu, et je
» regrette seulement que Dieu veuille me rappeler à lui
» avant que j'aie pu voir Sa Majesté Louis XVIII, roi
» de France et de Navarre, rétabli sur le trône de ses
» pères par ses sujets repentants et soumis.

» Enfin, puisque le ciel me refuse ce bonheur, il
» faut me résigner...

» J'ai mis en bon ordre mes affaires temporelles. —
» Je dispose de la totalité de mes biens meubles et im-
» meubles en faveur de ma très-chère nièce, Louise de
» Basseterre, votre fille : — il me reste donc plus
» qu'à régler mes comptes avec le ciel, et quand je con-
» sidère ma vie passée, j'ose espérer que ce sera facile.
» Je vous attends, mon frère.

» Dans le cas où des circonstances graves et que je
» ne puis prévoir vous rendraient en ce moment un
» voyage impossible, je vous demanderais de m'envoyer
» à votre place ma chère nièce Louise, — j'ai le désir
» et le besoin d'avoir auprès de moi quelqu'un de ma fa-
» mille pour me fermer les yeux.

» Dites à votre pauvre et bien-aimée aveugle que ma
» dernière pensée sera pour elle, comme j'étais pour vous.

» J'emprunte afin de vous écrire la main de l'excel-
» lent Joseph mon digne intendant, — je suis trop faible
» pour pouvoir tenir une plume.

» Hâtez-vous, cher frère, car mes jours sont comptés,
» et peut-être mes heures...

» Votre sœur qui vous aime,

» Comtesse ARTHÉMISE DE BASSETERRE.

» Chanoinesse du chapitre noble de Remiremont. »

La signature était presque illisible.

Hâtons-nous de dire que la chanoinesse, sœur aînée
du marquis et beaucoup plus âgée que lui, ne quittait
jamais ses terres et n'avait point vu son frère depuis
une visite de quelques heures qu'il lui avait faite à l'é-
poque de son retour de l'émigration.

— Mourante! s'écria-t-il, après avoir achevé sa lecture, — et elle m'attend! — et elle m'appelle! — et
cette misérable goutte me retient cloué là, sur ces coussins, dans ces flanelles, comme un paralytique !! —
chère sœur! — pauvre sœur! je ne l'embrasserai donc
plus !! — ah! c'est trop souffrir! c'est trop souffrir ! !

Le marquis cacha sa tête dans ses mains, et Martial
vit deux grosses larmes filtrer à travers ses doigts fermés et tomber sur ses genoux.

— Du courage, monsieur le marquis, — dit-il alors
d'un air de profond attendrissement. — Peut-être madame votre sœur s'exagère-t-elle son état, — peut-être
y a-t-il encore de l'espoir, beaucoup d'espoir...

— Non, mon ami, — répondit le marquis en relevant
la tête et en tendant la main à son secrétaire, — non,
mon ami, il n'y en a plus...

— Qui sait?...

— Je le sens, je le vois !...

— Mais pourtant...

— Vous n'avez donc pas écouté cette lettre, Martial?
— Vous n'avez donc pas vu dans chacune de ces phrases la résignation calme, mais aussi l'inébranlable conviction d'une sainte qui va mourir?... — D'ailleurs, ma
pauvre sœur a presque quatre-vingts ans, et à cet
âge-là, Martial, toutes les maladies sont sans remède.

— Dieu est si bon! — fit hypocritement le jeune
homme.

— Oui, Dieu est bon, car c'est pour cela qu'il ouvre
le ciel à ma sœur, qui est un ange... elle ne quitte ce
monde que pour trouver dans l'autre un éternel bonheur. Aussi ce qui me déchire l'âme, ce n'est pas de
voir Arthémise s'éteindre, pleine d'années et de vertus,
c'est de ne pouvoir courir à son chevet, la serrer dans
mes bras et lui donner un baiser...

— Que faire, monsieur le marquis?

— Obéir aux vœux de ma sœur, lui envoyer ma fille
puisqu'il faut que je reste ici...

— Ainsi, mademoiselle Louise?...

— Va partir.

— Aujourd'hui?

— Non, demain.

— Seule?

— Avec Suzanne sa nourrice, et avec vous, Martial, à
qui je la confie.

— C'est un honneur que je sens vivement, monsieur
le marquis, et dont je saurai me rendre digne, — répondit le jeune homme, en baissant les yeux et en dé-
tournant la tête, pour cacher la vive rougeur que la joie
d'un triomphe si complet faisait monter à son visage.

— Pour moi, vous êtes un fils, — reprit M. de Basseterre, — je regarde Louise comme votre sœur, ainsi ma
confiance est juste et naturelle.

Et de nouveau il tendit la main à Martial, qui la prit
et qui, cette fois, la baisa.

— Avez-vous quelques ordres à me donner, relativement à ce brusque départ? — demanda-t-il ensuite.

— Non, rien de particulier, — occupez-vous de tout,
— faites en sorte que les chevaux de poste viennent
vous prendre demain matin au point du jour, et choisissez vous-même celle de mes voitures qui vous semblera la plus commode, — je m'en rapporte entièrement
à votre prudence et à votre zèle; — si vous désirez,
outre Suzanne, emmener un domestique, prenez celui
que vous voudrez. — Allez, mon ami. — Surveillez par
vous-même les moindres détails, songez enfin que je
mets mon enfant, ma seule enfant, sous votre garde !

Martial fit un signe de respectueuse adhésion et
sortit.

M. de Basseterre le rappela.

— Mon ami, — lui dit-il, — veuillez faire avertir madame la marquise et ma fille que je les attends ici;—
je veux leur annoncer cette triste nouvelle.

Et tandis que son secrétaire s'éloignait, le vieux gentilhomme sentait de nouvelles larmes ruisseler lentement sur ses joues, et il se répétait tout bas :

— Pauvre sœur! ne plus la voir !! — oh! mon Dieu ! !

§

Le soir venu, et après avoir fait prévenir le marquis
qu'il n'assisterait point au repas du soir, Martial quitta
l'hôtel et remonta la rue Saint-Dominique dans la direction de la rue des Saints-Pères.

Le jeune homme était, comme d'habitude, entièrement vêtu de noir.

Son chapeau à larges bords se rabattait sur ses yeux,
et il s'enveloppait étroitement dans les longs plis de
son manteau, dont il rejetait un des pans sur l'épaule
gauche, autant peut-être pour cacher le bas de son visage que pour se garantir du froid vif et pénétrant.

Il marcha d'un pas rapide jusqu'à la place Taranne.

Arrivé à l'extrémité de cette place, il se jeta à gauche,
prit la rue Saint-Benoît, — longea la rue Jacob, — descendit la rue de Seine, — traversa l'étroit et fangeux
couloir qu'on appelle le *passage du Pont-Neuf*, et se
trouva dans la rue Mazarine.

Cette rue, l'une des plus tristes et des plus sombres
du faubourg Saint-Germain, était à cette heure entièrement déserte.

Deux ou trois réverbères, placés à d'énormes distances
les uns des autres, y combattaient mal les ténèbres opa-
ques, augmentées encore par un épais brouillard qui

commençait à descendre sur les quartiers voisins de la rivière.

En sortant du *passage du Pont-Neuf*, Martial s'était arrêté.

Il avait rabattu plus que jamais sur son front les larges bords de son chapeau.

Il avait remonté plus haut encore et presque jusqu'à ses yeux le pan de son manteau.

Enfin il avait jeté tout autour de lui un regard quêteur et défiant, et écouté si nul bruit de mauvais augure n'arrivait à son oreille.

La solitude et le silence le rassurèrent sans doute complétement, car au bout d'une minute il se remit en marche.

Il fit cinquante pas environ; puis il s'arrêta de nouveau.

Mais cette fois il rasait le mur et se trouvait en face d'une petite porte, étroite et basse.

Il sonna. — La porte s'ouvrit.

Après avoir parcouru dans toute sa longueur une allée noire et infecte, Martial arriva devant la loge du portier.

Ce dernier entr'ouvrit le vasistas de son taudis, avança sa tête hargneuse et dit d'une voix glapissante ;

— Qu'est-ce que vous demandez?

— Je demande ma clef et ma lumière, père André, — répondit Martial.

— Tiens, c'est vous, *môsieu Fabuleux* ! — s'écria le portier ; — je ne vous remettais pas, à cause qu'il y a longtemps qu'on n'a eu celui de vous voir... Ça va bien, *môsieu Fabuleux* ?

— Très-bien, — fit le jeune homme sans paraître étonné du nom bizarre que lui donnait son portier.

— Allons, tant mieux ! — reprit ce dernier ; — tenez, il n'y a pas un quart d'heure que je disais à mon *épouse*: — Faut que *môsieu Fabuleux soye* indisposé, tout de même, car on ne le voit plus par ici...

Martial coupa court à la loquacité du concierge en lui demandant :

— Y a-t-il des lettres pour moi?

— Oui, *môsieu*, il y en a *deusse*.

— Donnez.

— Les voici, avec votre clef et la chandelle.

— Personne n'est venu me demander?

— Faites excuse, *môsieu*, il est venu quelqu'un.

— Qui cela ?

— Votre ami, vous savez, ce grand qui a des cheveux et des moustaches rouges, qui jure et qui fume toujours, et qui s'appelle d'une si drôle de façon...

— Trabucos ?

— C'est ça. — Il est venu avant-hier et encore hier ; — il paraissait bien contrarié de ne pas vous rencontrer allez... Il *sacrait* que c'était une bénédiction, et qu'Églé, mon épouse, en était toute *épatouflée* de l'entendre...

— Mais, à l'exception de Trabucos, vous n'avez vu personne?

— Non, *môsieu*, pas un chat.

— Tenez, père André, voici pour le port des deux lettres.

Et Martial mit une pièce de trente sous dans la main du concierge.

— Je vais vous rendre la monnaie, — fit ce dernier.

— — Non, gardez, — tout est pour vous.

— Ah ! *môsieu Fabuleux*, — s'écria le père André transporté de joie, — c'est bien gentil à vous... Ah ! oui ! ah ! oui ! je peux dire que c'est bien gentil ! ! ! voilà un joli procédé !...

Martial se déroba aux expressions de cette reconnaissance expansive et immodérée.

Il monta rapidement les marches raides et glissantes d'un mauvais escalier de bois, et il ouvrit une porte vermoulue qui donnait sur le carré du troisième étage.

Il entra, — referma la porte derrière lui et poussa les verrous intérieurs.

VI

L'ESTAMINET.

Le logement dans lequel venait de pénétrer Martial était composé de deux pièces.

D'abord une petite antichambre absolument nue et qu'il traversa sans s'arrêter.

Ensuite une chambre à coucher qui ne contenait qu'un lit en désordre, — une table boiteuse, — une commode, — un secrétaire et quelques chaises.

Sur la cheminée, à côté d'une vieille pendule, on voyait une assez grande quantité de bouteilles, les unes pleines, les autres vides, — toutes portant pour étiquettes ces mots : *Cognac vieux* ou *Rhum de la Jamaïque*.

Des pipes, — du tabac, — un sucrier, — un bol à faire le punch et un jeu de cartes étaient posés sur la table.

A l'une des patères qui soutenaient les rideaux du lit était accroché un vieux châle de femme.

Des estampes obscènes, — les unes en noir, les autres grossièrement enluminées, pendaient çà et là le long du papier gras et enfumé qui recouvrait les murailles.

Un petit placard, pratiqué à côté de la cheminée, renfermait du bois et du charbon de terre.

Martial entassa des combustibles sur les chenets, prit un briquet, de l'amadou et des allumettes dans un tiroir, et bientôt un feu pétillant éclaira de ses joyeux reflets les recoins de cette ignoble chambre.

Ceci fait, il décacheta les deux lettres, — les brûla après les avoir lues, et, amenant son siège à côté du foyer, il parut s'absorber pendant une demi-heure à peu près dans une méditation profonde.

Au bout de ce temps, il sortit de cette apparente torpeur; — il se leva, — ouvrit la commode, — en tira quelques vêtements qu'il jeta sur le lit, et, se dépouillant de son costume noir, il commença sa toilette, ou plutôt son travestissement.

Un pantalon d'une nuance *abricot* remplaça celui qu'il venait de quitter.

Il noua à son cou une longue cravate de laine verte. Il se vêtit d'un gilet *ventre de biche*, graisseux et de trois doigts trop court.

Il endossa un habit gris de fer, à longues basques et à boutons d'acier ternis.

Enfin, et pour compléter le déguisement, il s'ajusta avec de la gomme d'épaisses moustaches noires et des favoris touffus qui jouaient la nature à s'y méprendre.

Puis, par-dessus cet étrange accoutrement, il s'enveloppa dans un vieux carrick noisette à dix collets, et se coiffa d'un petit chapeau, qu'un long usage avait rendu terne et rougeâtre.

Alors, jetant un regard satisfait dans la glace verdâtre qui lui renvoyait son image ainsi modifiée, — il prit sa chandelle, — gagna l'antichambre, — et de là l'escalier.

Un peu avant d'arriver à la loge du père André, il éteignit sa lumière de façon à ce que le portier ne pût s'apercevoir des importantes modifications que le physique de son locataire venait de subir.

— Peut-être viendrai-je un peu tard cette nuit, — lui dit-il en passant. — Dans ce cas je sonnerai trois fois, afin que vous sachiez que c'est moi.

— *Môsieu* peut être tranquille ! — répondit le portier.

— *Môsieu* peut venir à n'importe quelle heure quand il le jugera bon. — Je me ferai z'un devoir et un plaisir de lui tirer le cordon...

Martial s'enfonça de nouveau dans les profondeurs de l'allée et quitta la maison de la rue Mazarine.

§

Bien peu de nos lecteurs, sans doute, connaissent la
rue des Postes, — rue située dans un quartier perdu de
l'autre côté de la place du Panthéon, et qui abonde en
hôtels garnis du dixième ordre et en maigres pensions
bourgeoises à l'usage des pauvres étudiants en droit et
en médecine que la gêne ou l'avarice de leurs familles
réduit à la portion congrue.

A l'époque pendant laquelle se passent les faits de notre récit, se trouvait vers le milieu de la rue des Postes
un estaminet assez mal hanté. — Sur sa devanture on
voyait ces mots :

ESTAMINET DU CHIEN COIFFÉ

*Bière de Lyon, de Flandre et de Strasbourg. — Punch
chaud à quatre sous le verre. — Billard. — On joue
la poule.*

L'établissement susdit jouissait, nous le répétons, d'une
réputation fâcheuse, mais méritée, et n'était guère fréquenté que par ces prétendus étudiants que la paresse
conduit à la débauche et que la débauche mène au vice ;
— puis ensuite par ces gens sans aveu, piliers des cafés
suspects, professeurs de billard et de boxe, — culotteurs
de pipes, — vivant d'industrie et n'aimant point, d'habitude, que la police cherche à s'immiscer dans leurs petites affaires.

C'est vers cet estaminet que s'était dirigé Martial, et
c'est là que nous allons le retrouver, au moment où il
venait d'y entrer.

Il s'achemina vers le comptoir, et la maîtresse du lieu,
assez jolie brune de vingt-huit à trente ans, l'accueillit par
son plus gracieux sourire.

— Quel miracle vous amène, monsieur Fabuleux !
lui dit-elle ; — il y a si longtemps que nous ne vous avons vu,
que nous croyions presque que vous ne reviendriez jamais !

— Je n'oublie pas comme ça les amis, chère madame
Aspasie, — répondit Martial. — Mais que voulez-vous ?
— les affaires m'ont retenu malgré moi.

Et, tout en parlant, il déposa un baiser sur la main potelée de la dame.

— Toujours galant ! — fit celle-ci en rougissant de plaisir.

— Comme vous toujours jolie !

— Oh ! jolie !... reprit-elle en minaudant.

— Parole d'honneur ! je vous trouve adorable !... —
Mais, dites-moi, vous voyez encore Trabucos ?

— Sans doute, — il ne nous est pas infidèle, lui... seulement il ne paye pas souvent...

— Est-il ici ce soir ?

— Je le crois. — Dans tous les cas, s'il n'était pas encore venu, il ne tarderait pas à arriver. — D'ailleurs, je
vais le savoir.

Aspasie sonna.

Le garçon accourut.

— Monsieur Trabucos est-il en haut ? — lui demanda-
t-elle.

— Oui, madame, — à l'entresol.

— Je monte, — fit Martial.

— Il ne faut rien vous servir ?

— Tout à l'heure je demanderai. — Mais je veux avant
tout parler à Trabucos.

Martial grimpa jusqu'à la partie supérieure de l'estaminet.

Le plafond de cette pièce était très-bas, — aussi la fumée d'une demi-douzaine de pipes y entretenait sans
cesse un nuage de vapeur tellement épais que l'œil ne le
pouvait percer dans le premier instant.

Cependant Martial aperçut bien vite celui qu'il cherchait.

Trabucos jouait au billard.

C'était un grand gaillard vigoureusement bâti et bien
découplé, — rouge de peau, de cheveux, de moustaches
et de favoris.

Au milieu de cette face vermillonnée, et sous des sourcils touffus et d'un blond ardent, étincelaient deux yeux
ronds, d'un gris pâle, remplis de finesse, d'astuce et d'effronterie.

Il avait pour adversaire un petit homme pâle et fluet,
vêtu d'une longue veste de flanelle à carreaux et d'une
culotte de panne sur laquelle s'ajustaient des guêtres
montantes.

Une vieille cape de chasse en velours noir et une épaisse
cravate d'un blanc sale achevaient de donner à ce personnage l'apparence d'un valet d'écurie anglais.

— Fait au même ! — s'écria triomphalement Trabucos
en *bloquant* la bille du petit homme. — Nous voilà *manche à*... — *jouons la belle...*

— Ça va, — dit le petit homme.

Trabucos mit les billes en place et se disposait à commencer une nouvelle partie quand il aperçut Martial.

Il jeta tout aussitôt sa queue sur le billard, courut auprès
de l'arrivant et lui saisit les deux mains qu'il serra à les
briser, tout en disant :

— Ah ! sacrebleu ! te voilà donc enfin ! Je commençais
à désespérer de te revoir...

— En effet, — répondit Martial, — je sais que tu es venu
deux fois rue Mazarine.

— Et j'allais y retourner tout à l'heure.

— Tu as donc à me dire quelque chose de pressant ?

— Oui, d'excessivement pressant, — je veux te prier de
me rendre un service.

— Comme moi, — je viens ici pour t'en demander un.

— Bravo ! ça se trouve le mieux du monde. — Nous ferons
un troc d'amabilité, et, comme dit le proverbe : *les petits
procédés entretiennent l'amitié !* — Je suis tout à toi.

— J'ai le temps, — achève ta partie.

— Ça ne presse pas ! Je m'y remettrai plus tard ; — cela
ne fait rien à Dick ; — n'est-ce pas, mon ami Dick Chester, que cela ne te fait rien ?

— Ma foi non, — répliqua l'individu ainsi interpellé.

— Tu vois. — D'ailleurs les affaires avant tout ! — Tu
es venu pour causer, causons.

— Ici ?

— Ici ou ailleurs, peu m'importe.

— Les choses que j'ai à te dire sont confidentielles ; —
dans cette salle il y a beaucoup de monde autour de nous,
on pourrait nous entendre.

— C'est juste. — Alors prenons le cabinet, — mais il
faudra consommer.

— On consommera.

— Rien ne t'arrête ! — Tu es digne de ton nom, ô Fabuleux ! — Je vais appeler le garçon.

Trabucos s'approcha de l'escalier et siffla d'une façon
particulière.

Le garçon ne se fit point attendre.

— Un bischoff de quatre bouteilles, des liqueurs assorties et des cigares de choix, lui dit Trabucos. — Tu nous
serviras au cabinet ; c'est mon ami Fabuleux qui paie,
fais-en part à Aspasie.

Le garçon tourna sur ses talons et disparut.

— Je lui dis que c'est toi qui paies, — poursuivit Trabucos en s'adressant à Martial, — parce que, vois-tu, je
possède au comptoir un petit compte en souffrance, et
que cela pourrait entraîner un léger retard dans le service.

— Mais, grâce à toi, tout va s'arranger.

— Je l'espère, — dit Martial.

Au bout de dix minutes, les deux honorables compagnons, attablés dans un cabinet solitaire, en face d'un
immense récipient rempli de vin chaud, sur lequel sur-
nageaient des écorces de cannelle et des rouelles de ci-
tron, allumaient des cigares et entamaient une conversation qui ne manquait ni d'intérêt, ni surtout d'originalité.

N° 95.

ROMANS NOUVEAUX

CONFESSIONS D'UN BOHÊME
PAR XAVIER DE MONTÉPIN

10 centimes.

ROMANS NOUVEAUX

Cela signifie que vous êtes prisonnière, ma chère. (Page 20.)

VII

ENTENTE CORDIALE.

— Nous disons donc? — demanda Trabucos après avoir rempli son verre et l'avoir vidé deux fois de suite.

— Nous disons avant tout, — répondit Martial, — nous disons que tu vas me faire le plaisir de ne pas te griser.

— Ah bah! — et pourquoi?

— Parce que j'ai besoin de tout ton sang-froid.

— Du sang-froid! je n'en ai jamais plus que quand je suis gris!

— C'est possible, cependant je désire ne pas en faire l'épreuve aujourd'hui.

CONFESSIONS D'UN BOHÊME.

3

— Tu as tort! Enfin, soit; je te promets de me modérer.

— A la bonne heure!

— Maintenant, j'écoute.

— Commence par me dire dans quel but tu es allé chez moi hier et avant-hier, et pourquoi tu te disposais à y retourner aujourd'hui?

— Parle le premier, je t'en prie.

— Après toi.

— Tu le veux? — Alors, voici ce que c'est: — les affaires vont mal dans ce moment-ci, mon très-cher... je suis endetté et tracassé, — tu sais ce que c'est! les dettes criardes, il n'y a rien d'aussi hargneux, et si tu pouvais mettre à ma disposition, pour pas longtemps, quelques petits écus de six livres, tu m'obligerais plus que je ne saurais te le dire.

— Tu veux de l'argent?

— Juste.

— Beaucoup?

— Le plus possible.

— Et tout de suite?

— Ma foi, oui! — Je m'arrangerais volontiers de ne pas attendre.

— Eh bien! mon cher, regarde comme ça se trouve! je venais t'en proposer.

— Toi?

— Moi.

— Tu venais... tout exprès?

— Tout exprès.

— Ce trait-là t'honore, ô ami plus que jamais fabuleux! — Tu acquiers dans mon estime les proportions les plus gigantesques! — Je te ferai dédier une épître de deux cents vers dans l'*Almanach des Muses*, par un jeune homme que je connais et qui tourne joliment le quatrain... Eh, dis-moi, combien avais-tu le projet de m'offrir?

— Cela dépend.

— De qui?

— De toi-même.

— Et comment cela?

— Tu peux m'être plus ou moins utile, — la somme se règlera d'après le *plus* ou d'après le *moins*.

— Tiens! tiens! tiens! — et moi qui m'exterminais à te remercier de ta générosité! — Je rengaine mes compliments...

— Pourquoi?

— Parce que je vois qu'il ne s'agit entre nous ni d'un *prêt* ni d'un *don*; il s'agit d'une *affaire*...

— Une *affaire*, tu as dit le mot.

— C'est bon; — j'aime autant que ça soit ainsi, je serai quitte de toute reconnaissance. — Dis-moi vite ce dont il est question, et posons les bases du marché.

— Tu m'écoutes?

— Avec une attention religieuse.

— Demain, à neuf heures du matin, deux chevaux et un postillon viendront chercher, dans un hôtel de la rue Saint-Dominique, une voiture de voyage qui sera là, prête à partir.

— Après?

— Voilà tout.

— Comment! tout?

— Sans doute.

— Mais je ne devine pas quel rapport il y a entre l'affaire que tu veux me proposer et le postillon dont tu me parles...

— Il y a ce rapport que tu seras le postillon.

— J'entrevois une difficulté.

— Laquelle?

— Je ne sais pas monter à cheval.

— Ah! diable!

— Mais j'ai quelqu'un sous la main qui me remplacera à merveille.

— Quelqu'un?...

— Oui, Dick Chester, le jockey anglais avec lequel je jouais au billard quand tu es arrivé.

— Es-tu bien sûr de cet homme, Trabucos?

— Autant que de moi-même; — je réponds de lui sur ma tête... Nous avons fait plus d'un coup ensemble...

— Il est intelligent?

— Comme un singe.

— Et discret?

— Comme un poisson.

— Il pourra, sans éveiller les soupçons, acheter ce soir même les chevaux dont nous avons besoin?

— Parbleu! c'est affaire à lui! — il est sans cesse fourré chez tous les maquignons de Paris. — Je ne dis point qu'il ne *subtilisera* pas deux ou trois louis à titre de prime, mais à part ça, tu ne seras pas volé.

— C'est que, songes-y, les conséquences d'une indiscrétion seraient terribles.

— Je le comprends; — il s'agit d'un enlèvement, sans doute?

— A peu près.

— C'est sérieux; pourtant, je te le répète, sois tranquille, — je réponds de Dick...

— Eh bien! fais-le venir, — je verrai tout de suite s'il y a moyen de s'entendre avec lui, et si c'est l'homme qu'il nous faut...

Trabucos arrondit ses deux mains et les disposa de chaque côté de sa bouche en manière de porte-voix, puis il cria :

— Ohé! Dick Chester, — il y a à boire, ici, — apporte un verre et arrive, mon garçon.

Au bout d'une minute, le petit homme fluet et maigre répondant au nom de Dick Chester entrait dans le cabinet d'un air flegmatique et s'asseyait silencieusement entre Trabucos et Martial.

Les événements à venir nous mettront au fait de ce qui fut conclu entre les trois associés, dans le mystérieux conciliabule de la rue des Postes; il est donc inutile de faire assister plus longtemps nos lecteurs à l'entretien édifiant dont ils connaissent désormais le sujet et le but.

§

En quittant l'estaminet du *Chien coiffé*, Martial regagna la rue Mazarine.

Il eut soin, avant de se montrer au père André, — le digne concierge que nous connaissons, — de supprimer ses moustaches et ses favoris postiches, et il ne passa dans son appartement clandestin que le temps strictement nécessaire pour dépouiller son travestissement et revêtir à la place son costume habituel.

Cette seconde toilette achevée, Martial monta dans une voiture de place et se fit ramener à l'hôtel de Basseterre où il arriva un peu avant minuit.

Un valet de pied l'attendait dans l'antichambre et le prévint que le marquis désirait lui parler.

Un frisson involontaire, — résultant de cet instinctif effroi que traîne partout à sa suite une conscience coupable, — passa dans les veines de Martial.

Cependant il fit bonne contenance, suivit le domestique, et fut bientôt rassuré.

M. de Basseterre ne savait rien et sa confiance était plus absolue que jamais.

Il voulait prévenir Martial que nul changement n'était survenu dans ses projets, et apprendre de lui si toutes les dispositions convenables avaient été prises pour le départ du lendemain.

Martial répondit affirmativement et se retira après avoir écouté les dernières et prolixes recommandations du vieux gentilhomme.

Mais, au lieu de rentrer dans sa chambre, il escalada le balcon de Louise et passa dix minutes dans la chambre de la jeune fille.

Louise, restée seule, tomba à genoux devant son crucifix et, durant tout le reste de la nuit, elle ne fit que prier et pleurer.

§

Un peu avant neuf heures du matin, on entendit dans la cour de l'hôtel les roulades retentissantes d'un fouet de poste habilement manié et le cliquetis sonore des grelots mis en branle.

C'est qu'un postillon, — élégamment vêtu du costume officiel, — gilet rouge à bandes d'argent, — petite veste bleue à mille boutons, — culotte de peau et grandes bottes à l'écuyère, — arrivait conduisant triomphalement deux vigoureuses juments gris de fer, qu'il se mit en devoir d'atteler à une berline de voyage, laquelle, sortie de la remise et pourvue de toutes ses malles, lui fut indiquée par les palefreniers.

Ce postillon, — petit homme sec, — à la figure allongée et sournoise, — conservait, malgré sa grande perruque à queue, le cachet prononcé de la race britannique, et peut-être eût-il été possible de reconnaître en lui le protégé de Trabucos, — l'habitué du *Chien coiffé*, — Dick Chester, en un mot.

A peine la voiture, complétement attelée, venait-elle de s'arrêter devant le perron, que Louise descendit, en compagnie de Suzanne, sa nourrice, et de Martial.

Le marquis avait fait approcher son fauteuil de la fenêtre, et madame de Basseterre appuyait contre la vitre son front triste et pensif.

La jeune fille sanglotait.

Mais il était naturel d'attribuer ce chagrin à sa vive douleur de se séparer de sa famille pour aller s'asseoir au chevet d'un lit de mort ; — aussi personne ne s'étonna de ses larmes.

Un valet de pied ouvrit la portière.

Louise et Suzanne prirent place dans le fond de la berline. Martial s'assit en face d'elles.

De la main, il envoya un dernier salut au marquis.

— Route de Charenton ! cria le domestique.

Le postillon fouetta ses chevaux qui se cabrèrent et bondirent.

La voiture s'ébranla, — sortit de la cour et s'enfonça rapidement dans les profondeurs de la rue Saint-Dominique, au milieu du bruit des roues broyant le pavé, — du claquement des coups de fouet et du murmure des grelots.

VIII

LA PETITE MAISON.

A peine la berline avait-elle tourné l'angle de deux ou trois rues, qu'un homme, revêtu d'une livrée bleu de ciel à boutons d'argent, et qui paraissait guetter les voyageurs au passage, quitta la porte cochère sous laquelle il se tenait en observation, et prit fort agilement possession du siége de derrière.

Cet homme était Trabucos.

Presque en même temps, Martial abaissa contre le vitrage des portières les stores de soie cramoisie, de façon à intercepter complétement la vue de l'extérieur.

— Mon Dieu ! monsieur Martial, — s'écria la vieille Suzanne, — pourquoi donc que vous nous enfermez comme ça ?

— J'obéis à l'ordre que mademoiselle Louise vient de me donner par un geste, répondit le jeune homme.

La nourrice se tourna vers Louise avec étonnement et parut l'interroger du regard.

— Oui, ma bonne Suzanne, — répondit mademoiselle de Basseterre avec quelque embarras, mais subissant la fascination irrésistible de la volonté de son amant, — je suis un peu souffrante, et l'aspect de ces maisons qui semblent courir de chaque côté de notre voiture me fait tourner la tête et ajoute à mon malaise...

— Ah ! si c'est comme ça, ma fille, — répliqua Suzanne avec la familiarité habituelle aux nourrices, — c'est bien différent ; — mais, n'empêche, je trouve peu gai de rouler sans rien voir, comme si l'on était dans une boîte...

— Il est probable, — interrompit Martial, — qu'aussitôt que nous serons sortis de Paris, l'air pur et vif de la campagne dissipera la passagère indisposition de mademoiselle Louise, et qu'alors on pourra sans inconvénient relever les stores.

— Tant mieux si cela est, — fit la nourrice.

Puis, après ces quelques phrases insignifiantes, un silence profond s'établit.

Suzanne, au bout de cinq minutes, dormait de tout son cœur.

Louise, les yeux baissés, semblait abîmée dans une préoccupation douloureuse.

La physionomie mobile de M. de Préaulx exprimait les sentiments les plus orageux et les passions les plus diverses.

Tantôt un sourire de joie infernale venait relever les coins de ses lèvres minces et presque incolores.

Tantôt une ride profonde se creusait entre ses sourcils, — son regard devenait sombre et inquiet, et l'on voyait qu'il se prenait à douter du succès de la difficile entreprise conçue par lui et en voie d'exécution.

Mais ces subits découragements duraient peu, — et les sensations reflétées sur le visage de Martial étaient le plus souvent joyeuses et triomphantes.

Cependant la berline roulait toujours.

Une heure environ s'était écoulée depuis le départ.

Soudain les chevaux s'arrêtèrent.

Suzanne se réveilla en sursaut.

Louise releva la tête.

Martial sourit involontairement.

Il décrocha l'un des stores et, mettant la tête à la portière, il demanda :

— Pourquoi ne marchons-nous plus, postillon ?

— Sauf votre respect, monsieur, — répondit ce dernier avec un accent très-prononcé, — je laisse souffler mes pauvres bêtes avant d'entamer la côte que voici et qui est dure.

En effet, une montée extrêmement raide se dressait devant les voyageurs.

La route était déserte.

Au bord du chemin, — sur la droite, — se trouvait une maison de pauvre apparence.

La porte de cette maison était ouverte, et le regard plongeait dans un corridor sombre.

Martial heurta brusquement le genou de Louise.

Ce choc rappela sans doute à la jeune fille quelque souvenir un moment effacé de sa mémoire, car elle tressaillit et se hâta de dire à Suzanne :

— J'ai bien soif, ma bonne ; — veux-tu faire en sorte de m'avoir un verre d'eau ?

— Rien n'est plus facile, — répondit la nourrice, — j'ai dans mon sac une timbale d'argent et je vais aller chercher de l'eau dans cette baraque. — Voulez-vous m'ouvrir la portière, monsieur Martial ?

Suzanne descendit et se dirigea du côté de la petite maison.

Louise tremblait de tous ses membres.

Trabucos avait quitté son siége et se cachait derrière la voiture.

Suzanne franchit le seuil et entra dans le corridor.

Trabucos l'a suivi lentement et se tint debout à côté de la porte extérieure.

Un homme vêtu d'une blouse et coiffé d'un bonnet de coton vint au-devant de la nourrice.

— Qu'est-ce que vous demandez? — lui dit-il.

— Un peu d'eau fraîche, mon cher monsieur.

— Passez là, au fond, — vous verrez la fontaine.

Suzanne pénétra sans défiance dans une seconde pièce.

L'homme en blouse fredonna entre ses dents le refrain d'une ronde populaire.

Trabucos, à ce signal, entra sans bruit et verrouilla la porte du couloir.

Suzanne reparut, portant avec précaution la timbale pleine d'eau.

Elle se trouva face à face avec son hôte inconnu, qui lui barrait le passage.

— Je vous remercie, mon cher monsieur, — lui dit-elle, mais pardon ! je voudrais sortir... on m'attend...

— Vous croyez?... — demanda l'homme en ricanant.

— Sans doute, — fit Suzanne surprise et presque effrayée.

— Eh bien! on vous attendra, voilà tout.

— Mais, monsieur...

— Il n'y a pas de mais...

— Vous avez donc quelque chose à me dire?...

— Sans doute, que j'ai quelque chose à vous dire...

— Eh bien! j'écoute, mais au moins, faites prévenir ma maîtresse...

— Où est-elle, votre maîtresse?

— Devant la porte, dans sa voiture.

— Vous croyez? — répéta l'homme avec le même ton narquois et goguenard.

— Je ne le crois pas, j'en suis sûre! voyez plutôt...

— Ça peut se faire, et, puisque vous voulez voir, voyons...

L'homme en blouse, tout en parlant, prit Suzanne par la main, la conduisit auprès de la fenêtre et lui montra la berline qui, après avoir tourné sur elle-même, venait de changer de route et s'éloignait dans la direction de Paris, au plus rapide galop de ses deux vigoureux chevaux.

— Ah! mon Dieu! — s'écria Suzanne au désespoir, — ah! mon Dieu!...

L'inconnu partit d'un long éclat de rire.

— Mais, au nom du ciel! — continua la nourrice, — pourquoi me retenir ici tandis que ma maîtresse s'éloigne... tandis qu'on l'enlève peut-être?... Quel est votre but?... qu'est-ce que tout cela signifie?...

— Cela signifie que vous êtes prisonnière, ma chère amie, — répondit Trabucos, qui se montra pour la première fois.

— Prisonnière!...

— Parfaitement; — d'ailleurs, soyez tranquille, il ne vous sera fait aucun mal.

— Prisonnière! — répéta la nourrice, et de qui?

— De votre serviteur très-humble, — fit Trabucos en saluant ironiquement.

— De vous?

— En personne.

— Et pourquoi?

— Ce n'est pas mon secret.

— Et jusqu'à quand?

— Il m'est impossible de vous le dire, vu que je ne le sais pas moi-même...

— Mais, monsieur, c'est une infamie!

— Possible.

— Il y a une justice en ce monde... il y a des juges à Paris! je porterai plainte, je vous ferai condamner!...

— Allons donc!

— Oui, monsieur, oui, je le ferai...

— Eh! non, vous ne le ferez pas!

— Qui m'en empêchera?

— Le bon sens... Quand on vous apprendra certaines choses que je ne puis vous dire, mais que vous saurez bientôt, vous ne songerez plus qu'à vous taire.

— Au moins, monsieur, je vous le demande à genoux, dites-moi quel malheur menace ma pauvre maîtresse... ma chère Louise?...

— Aucun.

— Mais... on l'enlève?...

— De son plein gré, je vous assure...

— Cependant...

— Ah! ma bonne dame, de grâce, cessez vos questions, elles ne serviraient qu'à me mettre dans la fâcheuse nécessité de refuser de vous répondre. — J'ai une consigne, je l'exécute, voilà tout... — Donnez-vous la peine de me suivre...

— Où me menez-vous?

— Dans une jolie petite chambre du premier étage... vous y serez comme chez vous.

Trabucos quitta la pièce dans laquelle avait eu lieu le précédent entretien...

Suzanne le suivit.

En traversant le couloir qui conduisait à l'escalier, la bonne nourrice eut la pensée de s'enfuir et jeta vers la porte d'entrée un regard furtif et interrogateur.

Mais le cas était prévu : l'homme en blouse, — immobile, — les bras croisés et la pipe à la bouche, — se tenait devant cette porte, rendant ainsi toute évasion impossible.

Trabucos et la vieille femme montèrent les degrés tremblotants d'un mauvais escalier et entrèrent ensemble dans une chambre presque nue dont l'unique fenêtre ouvrait sur la campagne.

A travers cette fenêtre, amplement garnie de solides barreaux, et aussi loin que la vue pouvait s'étendre, on ne découvrait que les ailes tournoyantes de quelques moulins à vent, ou ces roues gigantesques exhaussées sur des massifs de maçonnerie et qui servent à l'exploitation des carrières.

— Voici, jusqu'à nouvel ordre, votre domicile politique, — dit Trabucos à Suzanne en lui montrant du doigt un lit de sangle et une chaise. — Quand vous aurez faim ou soif, ma chère dame, on vous donnera à manger et à boire; — rien ne vous manquera, et, peut-être ce soir, peut-être demain, peut-être dans huit jours, vous serez libre de vous en aller. — Ainsi donc, croyez-moi, ne vous faites pas de mauvais sang, car ça ne servirait absolument à rien.

« Sur ce, j'ai l'honneur de me déclarer votre serviteur de tout mon cœur, et je vous laisse méditer en paix sur les vicissitudes des choses de ce monde en général et des voyages en particulier... »

Trabucos fit deux pas vers la porte, puis il s'arrêta et se retourna pour ajouter :

— A propos, ma chère dame, vous aurez la complaisance, n'est-ce pas? de ne point appeler à votre secours, car vous nous mettriez ainsi dans la nécessité douloureuse de vous attacher les mains et de vous bâillonner, ce qui, vous le comprenez à merveille, serait, quoique indispensable, singulièrement pénible et pour vous et pour nous.

Suzanne ne répondit pas.

Trabucos salua de nouveau, sortit et ferma la porte à double tour, puis il cria :

— Ici, Cabestan!

— Voilà, — répondit l'homme en blouse en montant l'escalier.

— Tu vas t'asseoir là, sur cette marche, — poursuivit Trabucos; — tu vas y fumer ta pipe et ne pas bouger, car souviens-toi de ce que je te dis, mon bonhomme : si madame s'échappe, foi de Trabucos, je te casse les reins!...

IX

L'ALLÉE DE LA SANTÉ.

La berline continuait à rouler du côté de la barrière d'Enfer, car, disons-le en passant, le postillon, en quittant la rue Saint-Dominique, ne s'était nullement dirigé vers Charenton, et c'était pour empêcher Suzanne de s'apercevoir de ce changement de route que M. de Préaulx avait baissé les stores.

Dick Chester fouettait les chevaux à outrance, et, pour nous servir d'une expression consacrée par l'usage, il *brûlait le pavé.*

Cette rapidité excessive centuplait les souffrances de Louise et, à chacun des brusques cahots de la voiture, une contraction douloureuse venait plisser son front et faisait frémir ses lèvres pâles.

Martial prit dans ses deux mains l'une des mains de la jeune fille, et la serra avec une apparente effusion de tendresse et de pitié.

Louise, redressant à demi son corps, ployé par la

douleur, dans l'un des angles de la voiture, dit d'une voix grave, lente et sombre :

— Ainsi, Martial, c'est fini ; — vous avez atteint votre but , — vous n'avez reculé devant rien; pas même devant la ruse et la violence, pour me séparer de tous ceux qui m'aimaient. — Je suis maintenant en votre absolu pouvoir, — j'y suis, flétrie, j'y suis, déshonorée ; — Martial, vous devez être content !

Ces derniers mots furent prononcés avec une indicible amertume.

— Combien vous êtes ingrate envers moi ! — répondit le jeune homme. — Mais je ne puis vous en vouloir, pauvre enfant, — vous souffrez cruellement et la douleur vous égare !...

— Je vous l'ai dit, — poursuivit Louise, — nous n'avions, après notre honteuse faute, nous n'avions qu'un parti à prendre, qu'un refuge à espérer, — c'était un humble aveu, un aveu fait à deux genoux et le front dans la poussière, — c'était l'espoir de trouver dans le cœur de mon père miséricorde et pardon... Vous n'avez pas voulu, Martial ; vous avez conçu je ne sais quel sombre projet, vous avez échafaudé autour de moi je ne sais quelle trame obscure... Faites, Martial, faites... achevez votre œuvre !... je me regarde aujourd'hui comme une fille maudite par son père, — morte à l'honneur et morte au monde... — je m'abandonne à vous... Marchez !... je suis si bien perdue, que vous ne pouvez pas me perdre davantage !

— C'est bien, Louise ! — s'écria le jeune homme avec une colère concentrée, — mais qui, malgré lui, perçait dans le son de sa voix et dans l'expression de sa figure, — c'est bien ! accusez-moi !... maudissez-moi ! — Dites que je vous perds, alors que je vous sauve !... Dites que e ne vous aime pas... dites que je ne vous ai jamais jaimée... je suis calme en vous écoutant, Louise, car l'avenir parlera pour moi...

Martial se tut.

Il était pâle et ses yeux étincelaient.

Mademoiselle de Basseterre remua les lèvres pour répondre.

Mais, au lieu des paroles attendues, un cri s'échappa de sa gorge haletante.

Ses membres, tordus par une convulsion, craquèrent comme des sarments jetés dans un brasier.

Ses prunelles tournèrent dans leurs orbites, et ne laissèrent voir que le blanc des yeux, injecté de sang.

Puis enfin elle murmura d'une façon inarticulée, et en entrecoupant chaque mot par des cris :

— Oh !... mon Dieu !... mon Dieu !... plutôt... mourir... que... de... souffrir ainsi !...

Les premières douleurs de l'enfantement s'emparaient de la malheureuse fille.

Martial se pencha, brisa du poing la glace de devant de la voiture et cria à Dick Chester, d'une voix assez retentissante pour dominer le bruit du galop et l'assourdissant fracas des roues sur la chaussée :

— Plus vite ! — Plus vite ! — Crève les chevaux, mais arrive !...

Le postillon enfonça de nouveau les mollettes de ses éperons sanglants dans le ventre de son porteur, — il cingla de coups de fouet ses flancs couverts d'écume, — et l'attelage s'emporta avec une vitesse croissante et furieuse.

Dix minutes se passèrent ainsi.

Durant ces dix minutes, on avait fait une lieue, et Dick Chester arrêta net ses chevaux épuisés à cent pas environ de la barrière d'Enfer.

Martial sauta en bas de la voiture. — Louise était plus calme, mais brisée par la crise qu'elle venait de subir.

Le jeune homme revint au bout de quelques secondes avec un fiacre qu'il avait été chercher à la station de la barrière, et dans lequel il fit monter Louise.

Lui-même s'assit à côté d'elle après avoir dit au cocher :

— Boulevard d'Enfer, — Allée de la Santé, nᵒ 2.

Le fiacre s'ébranla lourdement.

§

Les boulevards extérieurs, — nous disons cela pour ceux de nos lecteurs qui ne connaissent point Paris, ou pour les Parisiens qui n'ont jamais quitté le faubourg Saint-Honoré, la rue Saint-Denis ou la Chaussée-d'Antin (et il y en a plus qu'on ne le pense), — les boulevards extérieurs sont une des choses les plus belles, mais les plus tristes qu'il soit possible d'imaginer.

Cette route large et plantée d'arbres gigantesques, qui tourne autour de la grande ville et l'enferme dans une ceinture verdoyante, est presque toujours et presque absolument déserte.

Certaines parties, il est vrai, celles par exemple qui avoisinent la barrière Rochechouart et la barrière Blanche, s'émaillent de cabarets borgnes et de misérables guinguettes ; — d'autres, grâce à la proximité de la Grande-Chaumière et de la Chartreuse, voient affluer durant les beaux soirs de l'été la population insouciante des étudiants et des grisettes, qui viennent, sous la surveillance du vénérable père Lahire et de messieurs les agents de police, se livrer aux délices excentriques du cancan et de la polka.

Mais, sauf ces rares exceptions, les boulevards qui nous occupent offrent l'aspect d'une majestueuse et lugubre solitude.

§

Après une demi-heure de marche, le fiacre de Martial s'engagea dans l'Allée de la Santé, étroite avenue, longue de quelques centaines de pas et débouchant tout auprès du boulevard d'Enfer.

Cette Allée est aujourd'hui presque entièrement bordée de maisons, mais en 1803 elle n'en comptait guère que cinq ou six.

Celle qui portait le nᵒ 2, et devant laquelle s'arrêta la voiture, était sans contredit la plus considérable des alentours.

Elle avait trois étages, badigeonnés à neuf, et chacune de ses fenêtres était munie de volets verts, presque tous soigneusement fermés.

Au-dessus de la porte d'entrée, un grand tableau, peint à l'huile et retenu contre la muraille par de forts crampons de fer, représentait une belle dame, élégamment vêtue à la mode du temps, et ramassant *sous un chou* un gros enfant nouveau-né, frais et joufflu comme un amour, et tendant vers la dame en question ses petites mains grassouillettes.

Le *ciel* était d'un beau rose pâle, semé de petits nuages bleuâtres ; — l'un de ces nuages s'entr'ouvrait et laissait apercevoir les mollets rebondis d'un second enfant, prêt à tomber sous un deuxième chou.

Au bas de l'objet d'art que nous venons de décrire imparfaitement se lisaient les mots suivants, écrits en magnifiques lettres dorées de six pouces de haut :

MADAME Vᵒ LABRADOR

sage-femme,

fait les accouchements, — reçoit des pensionnaires, traite à forfait.

DISCRÉTION A TOUTE ÉPREUVE.

Martial descendit de voiture et sonna à la porte.

Chose étrange ! cette porte était bardée de fer et hérissée de gros clous à têtes saillantes ; — un petit guichet, revêtu d'une grille épaisse, achevait de lui donner une complète ressemblance avec l'entrée d'une prison.

Au bout d'un instant, le guichet s'ouvrit et une voix tremblotante demanda :

— Qui est là?

— Moi, *Régulus*, — répondit Martial.

— Est-ce que *madame* vous attend?

— Oui, — elle est prévenue de mon arrivée.

— Êtes-vous seul?

— Non, j'amène une dame.

— Eh bien! restez là un moment, je vais voir.

Le guichet se referma, et Martial, frappant du pied avec une impatience fébrile, se promena de long en large d'un pas rapide entre le fiacre et la maison.

Son attente ne fut pas longue.

La lourde porte tourna sur ses gonds criards, et une vieille femme apparut sur le seuil en disant :

— Vous pouvez entrer, monsieur *Régulus*.

— Enfin! — murmura le jeune homme, — c'est ma foi bien heureux!

Aidé par la vieille femme, il fit sortir de la voiture Louise engourdie par la douleur et presque évanouie; il paya le cocher et, prenant sa maîtresse dans ses bras, il pénétra dans l'intérieur de la maison.

La vieille referma soigneusement la porte et poussa de triples verrous; ensuite, se tournant vers Martial, elle lui dit :

— Montez, monsieur *Régulus*, *madame* vous attend dans le salon du premier étage.

X

LA SAGE-FEMME.

Arrivé au premier étage, Martial, tenant toujours entre ses bras Louise complètement évanouie, se trouva en face d'un corridor assez long.

Cinq ou six portes latérales ouvraient dans ce corridor.

Un épais tapis, si moelleux qu'on croyait en le foulant marcher sur un lit de ouate, assourdissait le bruit des pas.

En face se voyait une portière de damas entrebâillée.

C'est vers cette dernière issue que se dirigea le jeune homme, qui semblait parfaitement au fait des êtres de la maison.

Le salon dans lequel il entra offrait un aspect si surprenant, qu'il mérite, sans contredit, les honneurs d'une description particulière et détaillée.

Qu'on se figure une pièce de moyenne grandeur, entièrement tendue d'un papier vert sombre, sur lequel des baguettes de cuivre doré dessinaient de nombreux panneaux.

Dans ces panneaux étaient fixés des socles d'ébène, et chacun de ces socles supportait, celui-ci des préparations anatomiques, celui-là de petits squelettes dans des attitudes bizarres, — d'autres enfin de grands bocaux de cristal remplis d'esprit de vin dans lequel nageaient de monstrueux avortons.

Au milieu du salon, sur un piédestal de trois pieds de haut, se trouvait un groupe allégorique et mythologique, presque de grandeur naturelle et d'un merveilleux travail.

Ce groupe représentait le petit dieu *Cupidon* armé de sa torche et les yeux couverts du classique bandeau.

— *L'enfant malin* (pour nous servir du style de l'époque) était au moment de trébucher sur le bord d'une tombe entr'ouverte, et conduisait par la main *la Mort*, à laquelle il servait de guide.

Nos lecteurs conviendront sans peine que, dans le sanctuaire d'une sage-femme, ces emblèmes étaient d'un choix singulier et peu rassurant.

Ce n'est pas tout.

Une très-complète collection de ces effroyables instruments de chirurgie dont la vue seule donne le frisson, et dont nous tairons la forme et l'usage par égard pour les nerfs délicats de nos *charmantes* lectrices, se trouvaient réunis en faisceau et formaient un trophée dans l'un des angles du salon.

La cheminée était en marbre noir, et la pendule d'ébène incrustée d'argent supportait une tête de mort, jaune et polie comme du vieil ivoire.

Le damas sombre qui recouvrait les meubles s'assortissait aux couleurs du papier de la tenture.

Une femme, assise dans une *bergère* au coin de la cheminée, se leva vivement et fit deux pas au-devant de Martial.

Cette femme était madame Labrador, la maîtresse de la maison.

Petite, agile, grasse, brune et fortement colorée, madame Labrador pouvait avoir de trente-deux à trente-cinq ans.

Sa figure était agréable, — ses lèvres souriaient sans cesse, et n'était l'expression fausse et presque sinistre de ses grands yeux noirs à fleur de tête, on aurait juré qu'il ne se pouvait point rencontrer de plus joyeuse et de plus charmante commère.

Un bonnet de tulle, ruché et orné de fleurs artificielles et de papillons, trônait sur les boucles crêpées de ses cheveux d'ébène.

Une robe de soie marron, serrée à outrance, sanglait sa taille replète.

Elle portait sur cette robe un grand tablier blanc, — semblable à celui dont les chirurgiens font usage à la clinique.

Telle était madame Labrador au physique.

Quant à son moral, il nous sera bientôt donné de l'apprécier.

La sage-femme, — nous le répétons, — fit quelques pas au-devant de Martial.

— C'est donc vous, monsieur Régulus, lui dit-elle; — je vous attendais plus tôt, d'après ce que vous m'aviez dit l'autre jour.

— Je n'ai pas perdu une minute, — répondit le jeune homme en déposant Louise sur un *canapé*.

— Ah çà! voilà ma pensionnaire?... — continua la sage-femme en désignant mademoiselle de Basseterre.

— Oui, — fit Martial.

— Peste! je vous en fais mon compliment, — elle est jolie! — Ah çà! mais elle a donc ressenti déjà les premières douleurs, que la voilà évanouie!

— Si elle a souffert? Je le crois bien!... je tremblais que nous ne pussions pas arriver à temps!

— La situation eût été embarrassante, en effet! dit la sage-femme en riant gaiement; — un accouchement en voiture!... c'est rare et peu commode!...

Tout en parlant, madame Labrador s'approcha de Louise et lui tâta le pouls.

— Ah! ah! — fit-elle, — ça presse! la dernière crise approche... dépêchons-nous...

— De quoi faire?...

— De porter notre chère vestale dans la chambre que je lui destine. Aidez-moi, — ou plutôt, non, — sonnez Fanchon, elle me sera plus utile que vous... Les hommes sont si maladroits!

Martial obéit, et madame Labrador, soutenant par les épaules la jeune fille que la servante avait prise par le milieu du corps, la porta dans une petite chambre proprement et confortablement meublée, la déshabilla et la mit au lit.

Ceci fait, la sage-femme revint auprès de M. de Préaulx, qui l'attendait dans le salon.

Elle s'approcha de lui d'un air mystérieux, l'entraîna dans l'embrasure de l'une des fenêtres, et lui dit à l'oreille en se haussant sur la pointe des pieds :

— Ah çà ! — nous n'avons point encore parlé de la chose la plus importante...

— Que voulez-vous dire ? — demanda Martial.

— Vous ne devinez pas ?

— Non.

— Eh bien donc ! — puisque avec vous on doit mettre les points sur les *i*, — soyons clairs ; FAUT-IL QUE L'ENFANT VIVE ?

Martial fit un soubresaut et regarda celle qui lui parlait.

Mais, tout en prononçant les épouvantables paroles que nous venons de souligner, la sage-femme n'avait point modifié l'expression habituelle de sa physionomie, et le plus gracieux sourire s'épanouissait sur ses lèvres roses.

— S'il faut qu'il vive ! — s'écria M. de Préaulx ; — certes, je le crois bien !...

— Mais pas si haut ! — pas si haut donc ! interrompit madame Labrador en s'efforçant de mettre sa main sur la bouche de son interlocuteur, — est-ce qu'on crie ces choses-là à pleins poumons ?... — Au nom du ciel, taisez-vous ! nous ne sommes pas seuls dans la maison, songez-y !...

— Et vous, madame, — poursuivit Martial sans baisser la voix, — songez que je vous rends responsable de la vie de cet enfant et que je vous en réponds... sur votre vie, à vous !...

— Eh ! mon Dieu, soit ! — Dame ! je pensais vous être agréable en vous demandant cela... j'aime bien mieux qu'il en soit autrement ; au moins on ne se compromet pas ! — Mais j'en ai vu qui payaient bien cher la bagatelle dont vous vous effarouchez tant...

— Oh ! c'est que moi, j'ai mes raisons, voyez-vous !

— Vos raisons ! — Tiens, et moi qui croyais que c'était l'amour paternel qui vous faisait parler...

Martial haussa les épaules sans répondre.

— A propos, — continua madame Labrador, — vous n'oubliez pas, je le suppose, ce qui a été convenu l'autre jour ?...

— A propos du paiement ?

— Mon Dieu, oui. — J'ai toute confiance en vous, mais vous savez le proverbe : *Un bon* TIENS...

— *Vaut mieux que deux* : TU L'AURAS. — C'est trop juste, voici la somme.

Et Martial mit dans la main de madame Labrador un rouleau de vingt-cinq louis qu'elle vérifia soigneusement.

— Le compte y est, dit-elle.

Puis elle engloutit le rouleau dans l'immense poche de son tablier blanc.

— Vous voilà payée, n'est-ce pas ? fit Martial.

— Sans doute, monsieur Régulus, et je ne vous réclame rien.

— Eh bien ! si dans cinq jours celle que vous allez accoucher est en état de sortir d'ici, — je joindrai dix louis aux vingt-cinq que vous venez de recevoir.

— Dans cinq jours ?

— Oui.

— Dame ! ce que vous me demandez là est bien difficile... presque impossible même ; — cependant, on tâchera.

En cet instant, un gémissement faible, partant de la pièce voisine, dont la porte était restée entr'ouverte, annonça que Louise venait de reprendre connaissance.

A ce gémissement succéda un cri aigu.

— Nous y voilà, — dit la sage-femme, — le moment est arrivé — je me sauve ; — pendant ce temps-là, restez ici, monsieur Régulus, vous ne feriez que m'embarrasser là-bas.

Madame Labrador détacha quelques instruments du trophée étrange dont nous avons déjà parlé, puis elle quitta précipitamment le salon.

Pendant plus d'une heure, Martial, qui foulait le tapis d'un pas inégal et rapide, entendit retentir, sinon à son cœur, du moins à son oreille, des clameurs et des plaintes semblables à celles que doivent pousser les damnés dans l'enfer.

A ces clameurs et à ces plaintes se mêlaient des craquements d'os et des bruits de fer se heurtant contre du fer.

C'était horrible !

Et cependant Martial restait impassible.

Parfois le silence se faisait pour un instant.

Puis, après cette minute de répit, revenait un cri plus aigu et plus déchirant que ceux qui l'avaient précédé.

Enfin, et peu à peu, soit que les angoisses fussent moins intolérables, soit que l'excès de la torture eût amené un complet épuisement, les plaintes s'affaiblirent et allèrent en décroissant ; aux soupirs et aux sanglots de la malheureuse fille se mêlèrent les vagissements d'un enfant nouveau-né, et madame Labrador jeta à Martial à travers la cloison, avec un accent de triomphe et de joie, la phrase consacrée :

— C'est un garçon ! — la mère et l'enfant se portent bien !

XI

TROIS ÉCRITS.

L'accouchement avait été pénible, mais madame Labrador était une femme habile et expérimentée, et Louise, malgré les tortures qu'elle venait de subir, se trouva, aussitôt après sa délivrance, dans un état beaucoup plus satisfaisant qu'on n'aurait pu l'espérer et le croire.

Lorsque Martial entra dans la chambre de la jeune fille, deux heures après la naissance de l'enfant qui sera le héros de cette histoire, mademoiselle de Basseterre dormait d'un sommeil profond, quoique agité.

Madame Labrador, assise au pied du lit, berçait entre ses bras l'innocente créature qui faisait son entrée dans la vie sous de si tristes auspices.

Martial s'approcha de Louise et, sans la réveiller, il détacha une petite croix d'or qu'elle portait à son cou.

La sage-femme le regardait avec surprise.

Il se pencha vers elle et lui dit tout bas :

— Venez, et apportez l'enfant.

Madame Labrador le suivit.

Tous deux passèrent au salon.

Martial attisa le feu et posa sur les braises ardentes la croix qu'il tenait à la main.

— Qu'allez-vous faire ? — demanda la sage-femme.

— Vous le verrez, — répondit-il.

Déjà le bijou, chauffé à blanc, ne se distinguait presque plus des charbons incandescents qui l'environnaient.

Martial prit l'enfant, et, défaisant avec précaution les langes dont il était enveloppé, il mit à nu son bras et sa petite épaule.

— Qu'allez-vous faire ? — répéta madame Labrador.

Mais cette fois Martial ne répondit point.

Il saisit avec des pincettes la croix brûlante et presque en fusion, et l'appuya fortement sur le bras droit de son fils.

Les chairs frémirent, — une légère fumée s'éleva, et l'enfant, chez qui le sentiment de la douleur précéda l'instinct de la vie, poussa un faible cri.

Martial arracha la croix d'or et sourit en voyant l'empreinte nette et ineffaçable qu'il venait de produire.

— Voilà qui est bien ! — dit-il. — Reprenez cet enfant, remettez-le dans son berceau et revenez ici. — Nous avons à causer.

La sage-femme obéit.

Pendant sa courte absence, Martial alla chercher dans l'un des angles du salon une petite table sur laquelle se trouvaient du papier, des plumes et une écritoire.

Il approcha cette table de la cheminée, disposa une large feuille de vélin et trempa dans l'encre une plume fraîchement taillée.

Madame Labrador rentra.

— Me voici, — fit-elle; — je pense que vous allez enfin m'expliquer...

Martial l'interrompit en lui disant :

— Asseyez-vous...

Et du geste il indiqua la chaise qu'il venait de placer devant la table.

— Mais...

— Asseyez-vous, — répéta-t-il.

— M'asseoir! pourquoi faire?

— Pour écrire.

— Quoi?

— Je vais vous dicter.

Madame Labrador s'assit en murmurant :

— Cependant je voudrais savoir...

— Écrivez! — dit le jeune homme.

— Ah çà! mon cher, — vous me parlez comme si vous étiez le maître ici et comme si j'étais la servante ; mais je vous préviens...

— Écrivez! répéta Martial, et cette fois d'un ton tellement impératif que la sage-femme baissa la tête et prit la plume.

— Êtes-vous prête? — demanda-t-il.

— Oui.

— Je dicte :

« Moi, soussignée, — veuve Labrador, — sage-femme, » — demeurant à Paris, allée de la Santé, n° 2, — dé- » clare que mademoiselle Louise de Basseterre, — fille » unique et mineure du marquis de Basseterre, — est » venue en ma maison, aujourd'hui 7 mars 1803, pour » y réclamer mes soins et qu'elle y est accouchée, sur » les trois heures de relevée, d'un enfant du sexe mas- » culin, né viable, né vivant et dont elle m'a affirmé que M. Martial » de Préaulx était le père naturel.

» Je déclare en outre que cet enfant porte sur le bras » droit, entre le coude et l'épaule, une empreinte in- » délébile en forme de croix, empreinte faite en ma pré- » sence, par M. Martial de Préaulx, avec un bijou rougi » au feu, — bijou appartenant à mademoiselle de Bas- » seterre.

» En foi de quoi j'ai signé le présent écrit.

« Veuve LABRADOR. »

Ce 7 mars 1803.

— Mais — dit la sage-femme quand elle eut achevé — la jeune personne s'appelle donc mademoiselle de Basseterre?

— Vous le voyez.

— Et vous, monsieur Régulus, vous êtes monsieur de Préaulx?

— Sans doute.

— C'est bon à savoir, — murmura madame Labrador.

Martial devina le mouvement dès lèvres de la sage-femme, et il sourit de son plus mauvais sourire.

— Nous n'avons pas fini, — reprit-il après avoir plié en quatre et mis dans son portefeuille la déclaration précédente.

— Il y a encore quelque chose à écrire?

— Oui.

— Par exemple! c'est trop fort, et je refuse !!

— Dépêchons-nous ! — s'écria Martial en frappant du pied.

Comme la première fois, la sage-femme comprit qu'elle était la plus faible et céda.

Martial reprit sa dictée :

« Moi, soussignée, — veuve Labrador, — sage-femme, » — demeurant à Paris, allée de la Santé, n° 2, — dé- » clare que j'ai offert à M. de Préaulx de le débarrasser » de l'enfant qui vient de naître, et j'ajoute que, si cet » enfant vit encore, c'est uniquement parce que M. de » Préaulx a repoussé avec horreur ma détestable pro- » position.

» En foi de quoi j'ai signé le présent écrit. »

Ce 7 mars 1803.

Madame Labrador, furieuse et épouvantée, s'élança de son siège, jeta la plume loin d'elle et s'écria :

— Je n'écrirai point !

— Est-ce que ce n'est pas l'expression de la vérité?

— Peut-être, mais il faut que vous soyez fou pour me proposer de pareilles choses.

— Je suis fou, soit! — mais je vous dis que vous écrirez...

— Non.

— Et que vous signerez !

— Non! cent fois non! J'aimerais mieux mourir !...

— Eh bien! à votre aise! — Puisque vous me forcez à employer les grands moyens, tant pis pour vous !... Vous parlez de mourir ! — C'est le mieux du monde !

— Écrivez, ou je vous tue.

Tout en disant ces mots, Martial avait tiré de sa poche un petit pistolet à deux coups.

Il l'avait armé avec le plus grand calme, et, posant le doigt sur la détente, il en dirigeait le double canon contre la sage-femme.

— J'obéis... j'obéis !... — s'écria cette dernière, pâle d'effroi et suppliante ; — mais, au nom du ciel, ne me tuez pas !... Je ferai tout ce que vous voudrez !!!

— Hâtez-vous donc ! — dit alors Martial en désarmant son pistolet et en le remettant dans sa poche.

La sage-femme chancelante se dirigea vers la petite table ; elle ramassa la plume et se laissa retomber sur sa chaise.

— Enfin, voyons, — demanda-t-elle d'une voix en-trecoupée, — pourquoi me forcer à écrire et à signer un aveu qui peut me perdre?... Que vous ai-je fait, mon Dieu?

— Vous ne m'avez rien fait, — répondit Martial, — mais vous savez mon véritable nom et celui de la jeune fille qui dort dans la chambre voisine : — ceci est de trop, ma chère madame Labrador, et je veux pouvoir vous ôter la fantaisie de vous mêler de mes petites affaires, si cette fantaisie vous prenait, une fois que j'aurai quitté votre maison.

— Au moins, vous me jurez que jamais...

— Je vous jure de garder votre secret, tant que vous garderez le mien! Cela doit vous suffire. — Voyons, finissons-en, — j'ai à sortir, — hâtez-vous.

La tremblante sage-femme écrivit et signa.

Cette seconde déclaration fut rejoindre la première dans le portefeuille de M. de Préaulx.

— Retournez auprès de Louise, — dit-il alors, — j'ai besoin d'être seul un instant.

Madame Labrador quitta le salon, et Martial, la rem-plaçant à la petite table, traça les phrases suivantes, dont le style ambigu et mélodramatique n'aurait point déparé les plus mystérieux romans de ce bon M. Du-cray-Duménil.

« Des circonstances graves, et qui intéressent au plus » haut point le repos et l'honneur d'une puissante et » noble famille, obligent les parents de l'enfant que » voici à cacher pour un temps sa naissance.

» On ne tardera point d'ailleurs à venir le réclamer.

» Il ne devra être remis qu'à la personne qui pré- » sentera le double de cette déclaration et de plus une

Nº 96.

ROMANS NOUVEAUX

CONFESSIONS D'UN BOHÊME
PAR XAVIER DE MONTÉPIN

10 centimes.

ROMANS NOUVEAUX

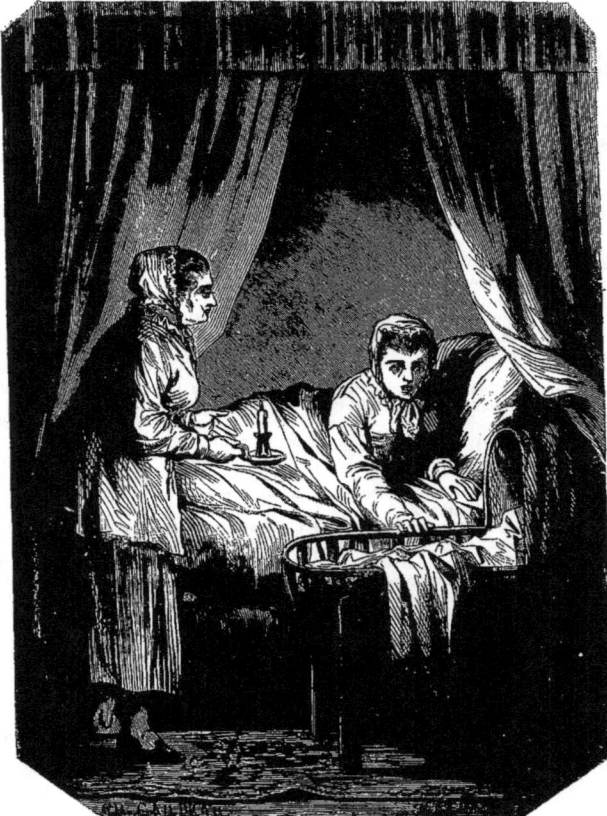

Mon fils! donnez-moi mon fils! (Page 27.)

» petite croix d'or s'adaptant exactement à l'empreinte
» tracée sur le bras droit de cet enfant, auquel on est
» instamment prié de donner au baptême le nom de
» LOUIS-RAPHAEL.
» Le jour où l'enfant sera rendu à sa famille, une
» somme de dix mille livres sera comptée à celui ou à
» ceux qui auront pris plus spécialement soin de lui.

» Paris, 7 mars 1803. »

Après avoir écrit, puis copié en caractères romains
(caractères qui rendent l'écriture méconnaissable), les
quelques lignes que nous venons de reproduire, Martial
s'ajusta des moustaches et des favoris postiches, s'enveloppa de son manteau et quitta la maison de madame
Labrador.

§

Il était environ onze heures du soir quand M. de
Préaulx revint frapper à la porte de la sage-femme.

Le guichet s'ouvrit et Martial fut introduit avec les
précautions accoutumées.

— Où est votre maîtresse? —demanda-t-il à la vieille
servante.

— Madame s'est couchée il n'y a pas un quart d'heure.

— Il faut que je lui parle à l'instant. — Allez la prévenir, elle se lèvera. — Je vais l'attendre au salon; donnez-moi de la lumière.

Au bout d'un instant, madame Labrador rejoignait
son visiteur.

— Que me voulez-vous encore? — lui demanda-
t-elle.

— Je veux l'enfant.

— Pour l'emporter?

— Oui.

— Qu'en allez-vous faire?

— Cela me regarde.

— C'est juste; mais je dois vous annoncer une chose.

— Laquelle?

— C'est que vous tuerez la mère.

— Tuer la mère! que dites-vous?

— Elle ne dort plus. — Peu de temps après votre départ, la fièvre de lait s'est déclarée, — elle a presque le délire et son agitation est extrême; — si elle se voit enlever son fils, il y aura redoublement de fièvre, transport au cerveau, et, ma foi! je ne réponds plus de rien.

— Il me parait facile d'éviter ce malheur.

— Comment ?

— Portez à Louise une potion calmante, — mêlez un narcotique à cette potion; — Louise est sans défiance, elle boira, et j'attendrai, pour prendre l'enfant, qu'elle soit endormie.

— Soit, — mais que dira-t-elle à son réveil?

— Ceci est mon affaire, et je me charge de tout : — quant à vous, ma chère madame Labrador, faites ce que je vous dis sans perdre de temps.

— J'y vais.

Et elle sortit du salon.

Un peu avant minuit, Martial, quittant pour la seconde fois l'allée de la Santé, montait dans une voiture qui stationnait au boulevard d'Enfer.

Il portait sous les plis de son manteau l'enfant enveloppé de ses langes.

Dans ces langes étaient cachés deux objets.

D'abord une bourse contenant vingt-cinq louis.

Puis l'acte de naissance qu'il avait rédigé lui-même et qui devait servir un jour à lui faire reconnaître son fils.

Le cocher avait sans doute reçu des instructions spéciales, car il arrêta son véhicule vers le haut de la rue d'Enfer.

Là, Martial descendit. — Il fit quelques centaines de pas et se trouva en face d'une grande maison, à bon droit célèbre.

Cette maison était l'*hospice des Enfants-Trouvés.*

Il tira le cordon d'une cloche.

Le *tour* s'ouvrit.

Il y déposa l'enfant, et, s'éloignant rapidement, rejoignit la voiture, dans laquelle il monta et qui repartit aussitôt.

XII

M. DE PRÉAULX.

Le moment nous parait venu de dire à nos lecteurs ce qu'était en réalité ce personnage étrange, que jusqu'à cette heure nous avons connu sous le triple nom de *Martial de Préaulx,* de *Fabuleux* et de *Régulus.*

Cette explication comporterait de longs développements et ses détails offriraient, du moins nous le croyons, un vif intérêt de curiosité.

Mais, par malheur, la place nous manque.

Déjà le PROLOGUE a pris sous notre plume, et pour ainsi dire à notre insu, des dimensions exagérées.

Chacune des pages, cependant indispensables, que nous ajoutons maintenant, empiète sur la légitime propriété du récit qui se déroulera dans les prochains volumes.

C'est donc en quelque sorte, pour nous, un devoir de conscience de nous abstenir de tout détail dont l'absolue nécessité ne nous semblera pas démontrée.

Nous devons nous borner à une trame sans broderies.

Nous devons crayonner une esquisse rapide, et ne revêtir ni d'ombres, ni de couleurs, les simples lignes de notre tableau.

C'est ce que nous allons essayer de faire.

§

Tout le monde sait comment le forçat *Coignard* était devenu, grâce à son incroyable hardiesse, *le comte Pontis de Sainte-Hélène.*

Personne n'ignore par quelles ruses machiavéliques *Vautrin,* ce type magnifique qui domine, comme un colosse au front d'airain et aux pieds de boue, tous les personnages de la *Comédie humaine,* s'était incarné en la personne de l'abbé *Carlos Herrera,* le diplomate espagnol.

On ne sera donc point surpris d'apprendre que, par un procédé à peu près identique, l'homme qui nous occupe avait volé le nom et la position sociale du véritable *Martial de Préaulx,* dans les circonstances que voici :

Jacques Piedfort, domestique de confiance de M. Hubert de Préaulx, vieux et digne gentilhomme du midi de la France, avait épousé Marinette, la fille de chambre de mademoiselle Pauline de Blangy, le jour même où cette dernière devenait la femme de M. de Préaulx.

Les nouvelles mariées accouchèrent en même temps, neuf mois après cette double union, et mirent au monde chacune un fils.

L'enfant du gentilhomme reçut le nom de Martial.

Celui du valet s'appela Antoine.

Marinette Piedfort les nourrit tous les deux.

M. de Préaulx voulut que les frères de lait fussent élevés ensemble et reçussent une éducation semblable, sans aucune distinction de naissance.

Ceci eut lieu, et l'on remarqua, non sans étonnement, qu'une fois l'âge de raison arrivé, Martial faisait preuve de beaucoup moins d'intelligence et d'aptitude que son camarade d'études.

Mais en revanche le caractère du jeune gentilhomme était d'une douceur et d'une égalité parfaites, tandis qu'Antoine Piedfort se montrait violent, — rusé, — menteur et envieux.

Ces dispositions détestables lassèrent peu à peu la bonne volonté de M. de Préaulx le père, et une juste sévérité dut remplacer l'indulgence qu'on avait témoignée jusqu'alors à l'enfant.

Cette sévérité l'exaspéra. — Il se roidit et voulut résister.

La patience de M. de Préaulx était à bout. — Le méchant garçon fut mis à la porte du château et contraint d'aller garder les bestiaux dans les champs.

Mais Martial, désolé, implora avec larmes la grâce de son frère de lait. — Antoine, en apparence repentant et soumis, vint faire amende honorable et tout fut oublié.

Plusieurs années se passèrent ainsi.

Les enfants étaient devenus des jeunes gens; — déjà ils atteignaient leur dix-huitième année.

Un beau jour, Antoine força l'armoire de son père, — vola les économies du brave domestique, — et disparut sans qu'il fût possible, malgré toutes les recherches, de découvrir ce qu'il était devenu.

Nous pouvons renseigner nos lecteurs à cet égard.

Antoine avait gagné Paris.

Là, tant que dura son argent, il mena, sous un nom supposé, une vie d'orgies et de débauches.

Une fois sans le sou, il vécut d'industrie, et bientôt de rapines.

Sur ces entrefaites la Révolution éclata.

Le fils du valet, bien digne de comprendre et d'apprécier les doctrines démagogiques, joua un rôle notable dans les clubs et dans les émeutes.

Il vendit plus d'un *suspect,* livra plus d'un *aristocrate* et fit tomber plus d'une tête.

Puis, soupçonné à son tour, malgré son *patriotisme*

éclatant et *prouvé*, l'honorable *citoyen* se vit forcé de quitter Paris et de se diriger vers la frontière.

Au moment de l'atteindre, il rencontra dans une misérable auberge de village un jeune homme qui fuyait comme lui, et qui, après l'avoir regardé longtemps, se jeta dans ses bras en pleurant.

Ce jeune homme était son frère de lait, Martial de Préaulx, dont le père venait de mourir sur l'échafaud et qui rejoignait l'armée des princes.

Le lendemain, les deux fugitifs repartaient ensemble au point du jour.

Ils s'arrêtèrent pour passer la nuit suivante dans une ferme abandonnée.

Ils étaient entrés deux. — Un seul ressortit.

Antoine. d'un coup de pistolet, avait brisé la tête de son compagnon pour lui prendre son or, ses papiers et jusqu'à son nom.

On devine le reste.

Le plébéien, devenu noble par un meurtre, fut accueilli comme un frère par les émigrés.

Le récit de ses malheurs excita la sympathie et la compassion générales.

Le marquis de Basseterre, en particulier, se prit pour lui d'une vive tendresse et le ramena en France à son retour de l'émigration.

Aussitôt introduit dans cet intérieur, Martial, puisque tel était son nom désormais, conçut un plan d'une profondeur et d'une habileté diabolique.

Il résolut de se rendre maître de l'immense fortune du marquis, en devenant son gendre malgré lui.

Pour cela faire, il commença par *séduire* la fille de son bienfaiteur.

Louise devint grosse, et nous l'avons vue suppliant son amant d'avouer à M. de Basseterre la faute qu'ils avaient commise et qu'un mariage pouvait effacer.

Mais ce n'était pas le compte de Martial.

Il craignait que le marquis, fouillant dans son passé avant de consentir à l'union qu'on lui demanderait, ne vînt à faire briller quelque terrible lueur sur ses antécédents.

Pour éviter un dénouement semblable, voici ce qu'il avait résolu.

S'emparer de l'enfant que Louise mettrait au monde, pour rendre, en gardant cet enfant, tout autre mariage impossible.

Attendre la mort du marquis, — et, si cette mort tardait trop, aider par le poison l'œuvre lente de la vieillesse.

Une fois resté seul avec la mère aveugle et la fille séduite, il n'existait plus d'obstacles, et le faux Martial de Préaulx devenait le mari de l'une des plus nobles et des plus riches héritières de France.

Mais, pour arriver à ce but, il fallait triompher de difficultés sans nombre.

La première était de motiver une absence de Louise, absence assez longue pour rendre possible un accouchement secret.

Martial n'imagina rien de mieux que d'écrire la lettre que nos lecteurs peuvent retrouver au cinquième chapitre de ce prologue, lettre que la comtesse Arthémise de Basseterre, chanoinesse du chapitre noble de Remiremont, était censée avoir adressée à son frère depuis son lit de mort.

Signature, timbre et cachet, Martial imita tout.

Le succès fut complet, — nous le savons déjà, — et la pensée d'un soupçon ne traversa même point l'esprit confiant du marquis.

Nous avons vu Louise livrée à son hardi séducteur, qui l'enlevait en plein jour, devant sa famille et devant ses gens.

Nous avons vu la séquestration de la bonne Suzanne, gardée par deux bandits, dans une maison déserte.

Nous avons assisté à l'accouchement de la jeune fille chez madame Labrador, la digne sage-femme de l'allée de la Santé.

Nous savons enfin ce qu'était devenu l'enfant.

Jusqu'ici, tout a marché au gré des désirs de Martial.

Un facile triomphe doit-il couronner de même la suite de son entreprise?

C'est ce que nous apprendra l'avenir.

XIII

SUZANNE.

Il pouvait être une heure du matin lorsque mademoiselle de Basseterre sortit du sommeil léthargique dans lequel elle avait été plongée par le breuvage de madame Labrador.

Une veilleuse en porcelaine, placée sur la table de nuit, ne répandait dans la chambre qu'une clarté douteuse.

Louise, malgré sa faiblesse extrême, se souleva sur son coude et promena son regard autour d'elle.

Elle aperçut le berceau, — elle se souvint de tout ce qui venait de se passer, et elle se pencha pour voir son enfant.

Le berceau était vide.

Louise poussa un cri perçant et se laissa retomber en arrière.

Madame Labrador accourut, simplement vêtue d'un jupon et d'une camisole de nuit.

Elle tenait une lampe à la main.

— Eh bien! demanda-t-elle, — qu'est-ce? qu'y a-t-il? et pourquoi criez-vous de manière à réveiller tous les gens qui dorment dans la maison?

— Mon fils... dit la jeune mère d'une voix impatiente, — mon fils, — donnez-moi mon fils...

— Votre fils... répondit la sage-femme non sans un certain embarras, — je ne peux pas vous le donner...

— Pourquoi?

— Il n'est plus ici.

— Qu'en avez-vous fait?

— Moi, rien.

— Mais... qui donc?...

— C'est monsieur Régulus qui l'a emporté...

— Monsieur Régulus?... murmura Louise avec une profonde stupeur.

— Ah! c'est la langue qui me tourne... je voulais dire monsieur Martial, votre amant, enfin...

— Martial! lui! — Qu'en a-t-il fait?...

— Il l'a porté en nourrice.

— Où?

— Tout près d'ici, — à Vaugirard, — chez une femme dont je lui ai donné l'adresse, — une bonne grosse paysanne, allez! fraîche, dodue, bien portante, et qui en aura joliment soin; — vous irez le voir sitôt que vous serez rétablie.

— Mais, — demanda Louise, un peu rassurée par la réponse de Madame Labrador, — pourquoi donc m'avoir enlevé mon enfant sans me prévenir, sans me le laisser embrasser?...

— Dame! — d'abord parce que vous dormiez, ensuite parce que ça vous aurait fait de la peine de vous séparer de ce chérubin chéri qui est joli comme les amours, et parce que, dans votre état, il faut éviter par-dessus tout les émotions vives.

— Et vous m'assurez qu'on en aura soin?

— Pour ça, je puis en répondre sur ma tête... le fils d'un roi ne serait pas mieux traité!

— Et je le verrai bientôt?

— Cela dépend de vous : — si vous vous tourmentez, vous vous rendrez malade et ce sera du retard; si au contraire vous vous laissez soigner paisiblement, dans cinq ou six jours vous pourrez embrasser ce charmant poupon.

— Il est beau, n'est-ce pas?

— Je vous l'ai déjà dit, il est aussi superbe que Cupidon, fils de Vénus; — mais c'est assez causé comme ça, ma petite dame; dormez, ça vous fera du bien; et, tenez, commencez par boire ceci, c'est un calmant.

Madame Labrador présenta à Louise une tasse de porcelaine contenant le reste de la potion opiacée, — la jeune fille avala d'un trait ce breuvage. — L'effet fut prompt, — presque aussitôt elle se rendormit profondément.

Peu d'instants après, Martial rentra.

— S'est-elle réveillée? — demanda-t-il à la sage-femme.

— Oui.

— Alors, elle sait tout?

— Elle sait que l'enfant n'est plus là.

— Comment a-t-elle pris la chose?

—. Mieux que je ne l'espérais.

— Vraiment?

— Oui. — Elle a commencé par crier et gémir; mais je n'ai presque point eu de peine à lui faire entendre raison.

— Que lui avez-vous dit?

— Que l'enfant était en nourrice à Vaugirard.

— Fort bien.

— Et qu'elle pourrait le voir dès qu'elle serait en état de sortir.

— C'est le mieux du monde. — Maintenant je me charge du reste. — A propos, madame Labrador, vous n'avez pas oublié?

— Quoi?

—. Ce que je vous ai promis.

— Ah! ah! — les dix louis supplémentaires...

— Précisément.

— Oh! je m'en souviens à merveille.

—. Eh bien! les gagnerez-vous?

— Je l'espère, je puis même dire que j'en suis sûre, si toutefois il n'arrive point d'accidents inattendus.

— Bravo! — pouvez-vous me donner un lit pour cette nuit?

— Sans doute. — Venez par ici.

Martial suivit madame Labrador, et le plus profond silence ne tarda point à régner dans la maison de la sage-femme.

Cinq jours s'étaient écoulés depuis les événements qui précèdent.

L'état de mademoiselle de Basseterre était complètement satisfaisant.

— Elle pourra partir demain, — avait dit à Martial la sage-femme, rayonnante à la pensée d'empocher les dix louis convenus.

M. de Préaulx, le matin du cinquième jour, monta dans un cabriolet de place, et, sortant de Paris par la barrière d'Enfer, il se fit conduire à la petite maison où Trabucos et Cabestan avaient la mission de garder Suzanne.

Trabucos fumait devant la porte.

— Te voilà? — dit-il à Martial; — ma foi, tant mieux, car je commençais à trouver le temps terriblement long!

— Il n'y a plus que patience à avoir, répondit le faux, gentilhomme; demain je viendrai te relever.

— Tu auras raison, car vingt-quatre heures de plus et, parole d'honneur! je crois que je désertais.

— Où est Cabestan?

— Sur l'escalier, — il n'en bouge pas.

— Et que fait la prisonnière?

— Pas grand'chose: — elle passe la moitié de son temps à nous menacer de la justice, et l'autre moitié à nous promettre beaucoup d'argent si nous voulons la laisser aller...

— Ah! ah!

— Mon Dieu, oui, c'est comme ça! — mais nous sommes incorruptibles. — Est-ce que tu montes?

— Je suis venu pour cela.

— Eh bien! je te garantis que tu vas entendre une homélie d'un joli style!

— Je suis prêt à tout! — répondit Martial en riant.

Et il entra dans la maison.

Suzanne, lorsqu'elle entendit ouvrir la porte de sa chambre, quitta vivement la chaise sur laquelle elle était assise, et M. de Préaulx ne put s'empêcher de remarquer avec surprise le changement étrange et la profonde altération des traits de la pauvre femme.

En cinq jours elle avait vieilli de dix ans.

Ses yeux étaient caves et ses joues marbrées par les larmes.

A la vue de Martial, elle croisa ses deux bras sur sa poitrine avec un geste tout viril, et elle s'écria d'une voix sourde et presque menaçante:

— Enfin, c'est vous! — enfin, c'est vous!

— Mieux vaut tard que jamais, n'est-ce pas? — répondit Martial en essayant de prendre un ton plaisant, mais sans y réussir.

— Enfin, c'est vous! — répéta Suzanne pour la troisième fois, — et, puisque vous voilà, il faut que je sache enfin ce qui se passe!...

Et, tandis qu'elle parlait ainsi, elle s'était emparée du poignet de M. de Préaulx qu'elle serrait dans ses mains avec une violence convulsive.

— Je suis ici pour vous dire ce que vous avez envie de savoir, — répliqua le jeune homme; — mais, par le diable! lâchez-moi, Suzanne, vous me faites mal!

— Où est Louise? — cria la nourrice sans desserrer son formidable étau.

— Lâchez-moi, et je vous le dirai.

— Eh bien! parlez donc! vous voyez bien que je ne vous tiens plus!

— Louise n'est pas loin d'ici, — répondit Martial en frottant son poignet meurtri; — il ne tient qu'à vous de la voir demain.

— Que faut-il faire?

— M'obéir.

— Ordonnez!

— C'est ce que je vais faire, mais écoutez-moi d'abord, nourrice; quelques explications préliminaires sont indispensables.

— J'écoute.

Martial s'assit sur l'unique chaise, — Suzanne s'appuya sur le bord du lit, car ses jambes fléchissaient.

— Il faut que vous sachiez, — continua M. de Préaulx avec le plus cynique aplomb, — il faut que vous sachiez que, depuis un an à peu près, je suis l'amant heureux de mademoiselle de Basseterre...

— C'est faux! — s'écria Suzanne en tressaillant comme si elle eût été soumise au contact d'une pile de Volta; — c'est faux! — c'est un mensonge infâme!

— C'est si peu faux, — répondit froidement Martial, — que je vous ai séparée de Louise pour la conduire dans la maison d'une sage-femme où elle vient d'accoucher d'un fils.

Suzanne était pâle comme un linge.

Elle s'avança vers M. de Préaulx en murmurant les paroles suivantes plutôt qu'elle ne les prononçait, car son gosier, contracté par la douleur et la colère, se refusait à l'émission distincte des sons:

— Ah! c'est ainsi!... et tu viens me le dire, à moi!... et tu viens te vanter d'avoir souillé, lâchement, honteusement, cette fleur de beauté et d'innocence, cette blanche et pure enfant que j'ai bercée dans mes bras... que j'ai nourrie de mon lait!... Ah! misérable!... misérable!... qui donc me donnera un couteau, que je te tue comme on tue un serpent!!!

— Voulez-vous me faire le plaisir de m'écouter, Suzanne? — demanda Martial en profitant de l'instant où la nourrice se taisait, suffoquée par l'émotion.

— T'écouter! — et que peux-tu dire encore après ce que je viens d'entendre?...

— Je peux vous dire que ce qu'il vous plaît d'appeler une infamie est une chose toute naturelle... — Louise et moi, nous nous aimions...

— Dis donc plutôt, — interrompit Suzanne, — que tu t'es emparé d'elle par un crime, par la violence!...

— Comme il vous plaira, nourrice; je ne discuterai point avec vous sur les mots; d'ailleurs, amour ou crime ont eu le même résultat : — Louise est mère, mais sa faute est secrète, et peut se réparer...

— Se réparer!... comment?

— Un mariage...

— Avec toi?

— Sans doute.

— Allons donc! — depuis quand les valets épousent-ils les filles de leurs maîtres?

— Suzanne! — s'écria Martial en devenant pourpre de fureur et d'orgueil blessé, — Suzanne, prenez garde!!!

Ces paroles furent accompagnées d'un geste menaçant, mais presque aussitôt Martial ressaisit tout son empire sur lui-même, et ajouta d'un ton plus calme :

— Je ne suis point le valet de votre maître, Suzanne, et, quoique je sois pauvre, ma noblesse vaut la sienne!

— Toi, noble! — répondit la vieille femme avec une expression de souverain mépris, — toi, noble! — tu dois être le fils du laquais de ta mère!!!

Suzanne, — on le voit, — créait d'avance, dans sa légitime colère, la magnifique imprécation que notre grand poète devait mettre plus tard dans la bouche de son *Triboulet*, lorsque le fou du roi crie aux seigneurs débauchés de la cour de François Ier :

Des gentilshommes! — vous! — au milieu des huées,
Vos mères, aux laquais, se sont prostituées !!!

Martial demeura impassible sous le coup de cette nouvelle insulte.

Suzanne continua :

— Non, tu n'es pas noble, toi qui flétris la fille de ton bienfaiteur; — non, tu n'es pas noble, toi qui salis la maison qui t'abrite, — toi qui veux changer en poison, pour celui qui te le donne, le pain qu'on partage avec toi! — tu n'es pas noble, car tu es lâche, et moi, moi qui ne suis qu'une pauvre servante, — je te méprise et je te crache à la face, lâche et misérable que tu es!...

— Tout ceci est fort bien, répliqua Martial avec un imperturbable sang-froid. Mais il faut en finir, nourrice, car il est urgent de songer à nous entendre...

— Nous entendre!!!

— Oui.

— Moi et toi??...

— Oui.

— Jamais!

— C'est ce qui vous trompe, nourrice, et vous allez le voir.

— Quel nouveau mensonge, quelle infamie nouvelle va-t-il inventer?... — murmura Suzanne.

— Ah çà! — reprit Martial avec impatience, — faites-moi le plaisir de m'écouter sans m'injurier et sans m'interrompre, ou je vais vous faire bâillonner.

Frémissante de colère, mais domptée par cette menace, la nourrice se tut.

— Je vous répète, — continua M. de Préaulx, — qu'il faut que nous nous entendions! — Dans l'intérêt de Louise, il le faut! — Vous et moi, nous sommes à l'heure qu'il est les seuls dépositaires du secret de sa faiblesse : — il est nécessaire, il est *indispensable* que vous sachiez garder ce secret...

— Et certes, voilà ce que je ne ferai pas, voilà ce que je ne veux pas faire! Aussitôt libre, je révèlerai votre infamie à monsieur le marquis, et il vous traitera comme on traite les gens de votre sorte...

— Vous êtes folle, nourrice! — En agissant ainsi, vous perdriez mademoiselle de Basseterre, — je serais chassé de l'hôtel, Louise resterait déshonorée et sa vie serait à tout jamais perdue. — Si vous vous taisez, au contraire, le marquis se laissera toucher, et le mariage effacera notre faute. — Vous voyez bien que vous vous tairez!

— Non, — car être votre femme, ce serait pour Louise la pire des hontes et le plus grand des malheurs... je parlerai...

— C'est votre dernier mot?

— Oui.

Cette fermeté inébranlable, à laquelle il était loin de s'attendre, dérangeait étrangement les plans de Martial et remettait en question le résultat d'une partie qu'il avait crue gagnée.

Il résolut de tenter un dernier effort et d'obtenir, par la terreur, ce que Suzanne refusait à la persuasion.

Pour cela faire, il ouvrit la porte et cria du haut de l'escalier :

— Trabucos! — Cabestan!

Les deux hommes accoururent.

— Madame n'est pas raisonnable, — leur dit-il en désignant Suzanne.

— Tant pis! — répondit Trabucos.

— Et nous sommes forcés de nous arrêter à un parti pénible... bien pénible... — continua Martial.

— Lequel?

— Madame ne sortira plus d'ici.

— Très-bien, — fit Trabucos en faisant étinceler la lame d'un long couteau.

— Inutile! s'écria Martial, — pas de sang, mes amis, — quelques moellons et un peu de mortier, voilà tout ce qu'il faut.

— Que veux-tu dire?

— Je veux dire que vous allez murer la fenêtre et la porte de cette chambre; — en dix minutes ça peut être fait, — dépêchez-vous; nous retournerons à Paris ensemble, parfaitement rassurés sur la discrétion de madame.

— Suffit, — répondit Trabucos en descendant avec Cabestan.

Martial et Suzanne restèrent seuls.

La nourrice tremblait de tous ses membres.

M. de Préaulx l'observait à la dérobée.

La malheureuse femme fit, à deux reprises, un effort pour parler, mais sans pouvoir articuler un seul mot.

En face de la mort affreuse dont on la menaçait, elle avait perdu son assurance et son courage.

Enfin, elle parvint à murmurer :

— Laissez-moi vivre.... je ne parlerai pas...

— Ah! ah! — fit Martial, — vous avez réfléchi? — tant mieux nourrice, tant mieux! — Ainsi vous promettez de ne pas me trahir?...

— Oui.

— Ce n'est pas tout que de le promettre, il faut le jurer...

Martial tira de sa poche un petit livre qu'il ouvrit, puis il continua :

— Il faut le jurer sur l'*Évangile* que voici; il faut le jurer sur votre part de paradis, — et par le salut de votre âme.

Suzanne étendit la main et fit le serment demandé dans la forme que Martial exigeait.

En ce moment, Trabucos et Cabestan reparurent chargés de moellons.

— L'affaire est arrangée, mes amis, — leur dit M. de Préaulx; — cette chère nourrice s'est rendue à l'excellence de mes arguments, et demain je la prendrai en passant. — Jusque-là, continuez à lui tenir bonne et fidèle compagnie. — Il n'y a plus que patience, comme je le disais à Trabucos tout à l'heure.

Puis Martial quitta la chambre, remonta dans le cabriolet qui l'avait amené, et regagna rapidement Paris.

XIV

LES COMPLICES

Le lendemain, au point du jour, après avoir largement payé les bons soins de madame Labrador, Martial, montant dans un fiacre avec Louise, encore bien pâle et bien faible, se faisait mener à la barrière d'Enfer, où stationnait la voiture conduite par notre ancienne connaissance le faux postillon Dick Chester.

En moins d'une heure la berline atteignit la petite maison où Suzanne était prisonnière.

La nourrice, enfin mise en liberté, reprit sa place à côté de Louise, à qui elle ne put que serrer les mains en les mouillant de larmes amères.

Trabucos, debout sur le seuil, cria d'une voix retentissante :

— Bon voyage, mes chers enfants!

Et la voiture, s'ébranlant de nouveau, se dirigea cette fois vers la route de l'Orléanais.

A la première poste, on changea de chevaux et Dick Chester regagna Paris, où il n'eut rien de plus pressé que de vendre, pour son compte, l'attelage payé par Martial, transaction commerciale qui, de sa part, nous paraît à vrai dire, la chose du monde, la moins surprenante.

Le lendemain, dans la matinée, les voyageurs arrivaient au château de Bois-Tracy, résidence de la comtesse Arthémise de Basseterre, sœur du marquis.

Nous savons déjà que la lettre qu'on croyait écrite par la chanoinesse à son frère avait été tout simplement fabriquée par Martial, dont elle servait les projets en fournissant le prétexte nécessaire pour éloigner Louise de sa famille.

Le hasard avait permis que les assertions de cette lettre apocryphe fussent, presque de point en point, conformes à la vérité.

Ainsi, la chanoinesse s'était bien réellement vue contrainte de prendre le lit durant la semaine précédente et sa maladie, sans être désespérée, donnait cependant à ses médecins de vives inquiétudes.

Elle éprouva une joie profonde de l'arrivée inattendue de sa nièce, mais à cette joie ne se mêla nul sentiment de surprise.

De leur côté, Louise et Suzanne, à qui la leçon avait été faite par Martial, ne dirent pas un mot qui dût éveiller les soupçons de la chanoinesse, laquelle demeura convaincue que M. de Basseterre, ne pouvant venir lui-même, lui envoyait sa fille de son propre mouvement.

La comtesse Arthémise, voulant adresser à son frère une lettre dans ce sens, se servit de Martial comme de secrétaire, et le hardi jeune homme modifia à son gré les expressions qui pouvaient amener la découverte de sa ruse.

A cette lettre, que la chanoinesse signa sans la relire, Louise joignit quelques lignes, par lesquelles elle annonçait son prochain retour.

En effet, le jour du départ était déjà fixé, quand l'indisposition de la comtesse Arthémise prit tout à coup un caractère imprévu d'extrême gravité.

Vainement les soins les plus éclairés et les plus assidus lui furent prodigués sans relâche, — au bout de deux fois vingt-quatre heures, la malade octogénaire rendit son âme à Dieu, en appelant une dernière bénédiction sur le front pâli de Louise qui pleurait agenouillée à son chevet.

La jeune fille se fit précéder à Paris par cette triste nouvelle, et, après avoir assisté aux funérailles de sa tante, elle se remit en route, vêtue de deuil et le cœur doublement brisé.

L'absence de Louise, — y compris le temps passé dans la maison de madame Labrador, — avait duré un peu moins de trois semaines.

§

La nuit tombait au moment où la berline faisait son entrée dans la cour de l'hôtel de la rue Saint-Dominique.

Tandis que Martial rentrait dans son appartement et serrait, dans l'armoire secrète que nous connaissons, la double déclaration de la sage-femme et l'acte de naissance qu'il avait rédigé lui-même, Louise mêlait ses pleurs à ceux de son père, et couvrait de baisers les paupières sans regard de la pauvre aveugle, sa mère.

Un valet de pied vint frapper doucement à la porte de M. de Préaulx.

— Entrez, — fit ce dernier. — Ah! c'est vous, Comtois; que voulez-vous, mon ami?

— Je viens, — répondit le domestique, — pour avoir l'honneur de prévenir monsieur qu'il y a dans l'antichambre deux personnes qui le demandent...

— Deux hommes?...

— Oui, monsieur.

— Ont-ils dit leur nom?

— Non, monsieur, — mais ils paraissent désirer bien vivement vous voir, car, depuis une semaine, ils n'ont point manqué de venir s'informer, matin et soir, si vous étiez de retour.

Martial se sentit pris d'un tremblement involontaire.

— Comtois, — dit-il, — décrivez-moi ces hommes, je vous prie.

— L'un d'eux, — répondit le valet, — est à peu près de ma taille; il a des cheveux et des moustaches d'un blond ardent tirant sur le rouge; l'autre est petit et maigre; — je le crois Anglais. — Au total, ce sont des individus de piètre mine.

— Fort bien. — Avez-vous dit que j'étais de retour?

— Oui, monsieur... J'ai peut-être eu tort?...

— Pas le moins du monde.

— Faut-il aller prévenir que vous ne pouvez recevoir aujourd'hui?

— Non pas, Comtois, — j'ai parfaitement reconnu ces messieurs au portrait que vous m'en avez tracé; ce sont des protégés à moi, de braves et dignes gens à qui j'ai promis d'être utile. Introduisez-les sur-le-champ.

— Oui, monsieur.

Comtois sortit.

— Malédiction! — s'écria Martial resté seul, que peuvent-ils me vouloir, et pourquoi viennent-ils ici? — Malédiction! malédiction!

Au bout d'une minute la porte s'ouvrit de nouveau.

Trabucos et Dick Chester, introduits par le valet de pied, entrèrent dans l'appartement.

Trabucos avait le sourire sur la bouche.

Dick Chester promenait autour de lui un regard défiant et narquois.

Martial était pâle et se mordait convulsivement les lèvres.

Cependant il sut commander à son trouble et dit d'une voix caressante, qui contrastait étrangement avec l'extrême agitation de son visage :

— Messieurs, je suis enchanté de vous voir, — véritablement enchanté, — asseyez-vous, je vous prie. — Comtois, avancez des sièges.

Le valet obéit et se retira.

Dès qu'il eut quitté la chambre, Martial courut à la porte, poussa le verrou et abaissa les lourdes draperies de damas, afin d'étouffer le son des voix et le bruit des paroles.

Ensuite il revint à ses visiteurs et se posa en face d'eux, le sourcil froncé et les bras croisés sur la poitrine.

Trabucos lui tendit la main.

Martial ne la prit pas.

Il frappa le parquet du talon de sa botte et s'écria vivement :

— De par tous les diables, messieurs, je crois que vous êtes fous !

— Fous ! — répéta Trabucos, — pourquoi ?

— Pourquoi ? — répondit Martial ; — parce qu'il faut que vous ayez complétement perdu la tête pour venir ici...

— Je ne comprends pas.

Martial haussa les épaules.

— Non, — dit de nouveau Trabucos, — non, je ne comprends pas... Nous avons à te parler, — nous savons ton adresse, — nous venons chez toi. — Je ne vois pas où il y a de la folie là-dedans, et je ne m'explique point la raison pour laquelle tu nous reçois si mal...

— Ne pouviez-vous donc me voir ailleurs; à l'estaminet de la rue des Postes, par exemple, ou à mon logement de la rue Mazarine ?

— Non, car ce que nous avons à te dire ne souffre pas de retard, et nous ne savions quand tu jugerais convenable d'aller à l'un des deux endroits que tu viens de citer.

— Mais au moins, vous pouviez m'écrire un mot et me donner un rendez-vous.

— A quoi bon écrire, quand il est si facile de parler ; — nous sommes venus, — nous sommes ici, — rien ne peut faire que n'y soyons pas ; — quitte donc cette mine renfrognée et bourrue qui ne te va pas le moins du monde ; redeviens gentil ; — donne-nous du tabac pour bourrer nos pipes, ou des cigares, si tu le préfères. — Assieds-toi sans mordre tes pouces, et causons comme un trio d'amis.

— Mais... ne pouvons-nous du moins remettre à plus tard..... cet entretien ?

— Impossible ! — répliqua Trabucos, — IL FAUT qu'il ait lieu tout de suite !

A la manière dont fut accentuée cette dernière phrase, Martial se sentit à son tour dominé par son complice.

Il courba la tête et s'assit.

Martial, nous le répétons, se laissa tomber sur une chaise, tandis que Trabucos le regardait de l'air d'un chat qui tient une souris sous sa patte et s'amuse de ses angoisses avant de la croquer, et que Dick Chester ricanait sournoisement, malgré le flegme britannique de sa physionomie impassible.

— Qu'y a-t-il ? dit enfin M. de Préaulx : — voyons, parlez, j'écoute...

— Il me semble, — reprit Trabucos sans répondre d'abord à ces questions précipitées, — il me semble que nous t'avons demandé tout à l'heure du tabac ou des cigares. — Si tu pouvais y joindre quelques petits verres de liqueurs assorties, tu nous obligerais...

— Vous ne fumerez pas ici, — répliqua brusquement Martial.

— Tiens ! et pourquoi donc ?

— Parce que vous n'êtes point à l'estaminet, comme vous paraissez le croire, mais bien dans l'hôtel du marquis de Basseterre.

— C'est juste ! mais au moins, on peut boire...

— Si vous avez soif, je n'ai que de l'eau à vous offrir.

— Plus que ça d'hospitalité ! !! — tu ne te ruineras pas, mon cher, à recevoir les amis !... — Enfin, suffit, — ce n'est ni pour fumer ni pour ingurgiter que nous sommes venus, — ce n'est pas même, je le dis sans façon, pour te demander des nouvelles de ta précieuse santé ! — Donc je vais droit au fait ; voici ce qui nous amène...

— Enfin ! — murmura Martial.

Trabucos se renversa dans son fauteuil, — caressa sa moustache rousse, et, prenant le ton d'un homme qui va causer des nouvelles du jour ou parler politique, il commença ainsi :

— Ce n'est point d'aujourd'hui que nous nous connaissons, mon très cher, et si tes souvenirs sont fidèles, tu dois te rappeler qu'en des temps plus heureux, nous cultivions ensemble fort gentiment, ma foi ! la montre et le foulard... — Tu n'as point oublié ce détail, n'est-ce pas ?...

Martial fit de la tête un signe affirmatif.

Trabucos continua :

— De cette époque date entre nous une amitié vive et sincère ; — je fus ton Pylade, ô Fabuleux ! — car tu t'appelais, ou du moins tu te faisais appeler Fabuleux, et j'ignorais encore le brillant pseudonyme de Martial de Préaulx qui te décore aujourd'hui.

« Un peu plus tard, guidés, comme tous les honnêtes gens, par nos instincts démocratiques, nous fûmes de chauds sans-culottes ; — nous pérorâmes ensemble dans les clubs et dans les sections, et nous eûmes la gloire de sauver la patrie une demi-douzaine de fois pour le moins.

« Un jour tu disparus.

« Le bruit se répandit que le rasoir national t'avait fait la barbe... gratis.

« Ceci ne m'étonna point ; mais, foi de Trabucos ! je te regrettai et je te donnai plusieurs larmes à tes mânes.

« Juge de ma joie et de ma surprise quand, il y a peu de mois de cela, je te vis apparaître un matin à l'estaminet du Chien coiffé.

« Les battements de mon cœur, alors que je te pressais sur le tien, durent te révéler toute mon émotion.

« Tu me dis que tu venais de voyager, tu me donnas ton adresse rue Mazarine, sous ton ancien nom de Fabuleux, et tu m'ouvris ta bourse, ce qui était d'un bon camarade.

« J'y puisai sans scrupule, car, vu nos antécédents, je regardais la propriété comme la mienne et tout me semblait devoir être commun désormais entre nous.

« Ce que je pense alors, je le pense encore, mon très-cher, je le pense plus que jamais.

« Or, ta position est brillante : — tu es noble, à ce qu'il paraît, — tu as le pied dans une excellente maison, — tu es au mieux avec la fille unique d'un vieux marquis millionnaire, charmante personne que tu emmènes dans des endroits mystérieux pour qu'elle y puisse accoucher à son aise. »

Martial fit un geste violent de dénégation.

— Oh ! ne dis pas non, — reprit Trabucos, — ce serait parfaitement inutile ; — je t'ai fait suivre, mon bon ami, et je suis au courant de tes faits et gestes, aussi bien que madame Labrador, la digne sage-femme de l'allée de la Santé. — Tu vois !

M. de Préaulx resta comme écrasé sous le coup de cette révélation.

Trabucos continua, sans paraître remarquer le trouble croissant de Martial :

— Je le répète, ta position est brillante ; — du jour au lendemain tu deviendras, par un bon mariage, l'un des premiers capitalistes de Paris ; — tant mieux pour toi, et surtout tant mieux pour nous, car nous allons profiter de la belle passe dans laquelle tu te trouves ; — autrement dit, et pour parler en termes plus nets, moi qui te suis tout dévoué, et Dick Chester que j'ai pris sous ma protection, nous désirons nous retirer des affaires, et nous le pourrons, grâce à toi...

— Je ne comprends pas... — murmura Martial.

— Eh ! si, tu comprends ! — tu comprends même à merveille ! — d'ailleurs je m'explique : — tu vas nous faire à chacun une jolie petite rente qui nous permettra de vivre sans rien faire, comme d'estimables bourgeois,

— de cultiver dans nos heureux loisirs le billard bucoli-
que, le domino patriarcal, et de nous offrir de temps à
autre un dîner fin, arrosé de champagne, au Cadran-Bleu,
avec du sexe et tous les accessoires.

Trabucos s'arrêta.

— Est-ce tout ? — demanda Martial.

— A peu près.

— Vous voulez de l'argent ?

— Oui.

— Je n'en ai pas.

— Trouves-en.

— Où ?

— Ceci ne nous regarde pas ; c'est ton affaire.

— Et si je ne puis en trouver ?...

— Ça changera la thèse.

— Que ferez-vous ?

— Nous en demanderons à ta maîtresse, mademoiselle
de Basseterre.

— Et si elle n'en a pas plus que moi ?...

— Nous nous adresserons au vieux marquis ; — il en
aura, lui.

— Vous êtes parfaitement décidés à agir comme vous
me le dites ?...

— Oh ! parfaitement.

— Ainsi, de propos délibéré et pour une misérable
somme, vous perdrez une jeune fille, vous la déshono-
rerez aux yeux de son père !...

Pour toute réponse, Trabucos se mit à fredonner :

> Malbrouc s'en va-t-en guerre.
> Mironton ton, ton, mirontaine,
> Malbrouc s'en va-t-en guerre,
> On n'sait quand il r'viendra !

— Vous n'avez donc pas de cœur ? — poursuivit M. de
Préaulx.

— Et toi ? riposta carrément Trabucos en fixant un
regard si profond sur ce dernier se vit contraint de baisser les yeux sans répondre.

« Finissons-en, — poursuivit l'incommode complice.
— Nous sommes venus en amis te proposer un marché ;
— il dépend de toi que nous nous en allions en amis, —
ou en ennemis, à ton choix. — N'est-ce pas, Dick Chester ?

— Oui, — grommela l'Anglais. — Ça dépend de lui.

— Réfléchis donc, et décide-toi !

Tandis que Trabucos prononçait ces dernières paroles,
la figure de M. de Préaulx avait changé d'expression.
De sombre et contractée qu'elle était d'abord, elle s'é-
tait faite soudain ouverte et souriante.

— Ma foi ! — fit-il d'un ton leste et dégagé, — vous
êtes venus en amis, vous avez eu raison, et vous vous
en irez de même. — Il ne sera pas dit que mon fidèle
Trabucos aura vainement compté sur son vieux camarade Fabuleux...

— Tiens ! tiens ! tiens ! — murmura Dick Chester. —
Goddam ! comme le vent a tourné !

— Ainsi, ça va ? — demanda Trabucos avec un reste
de méfiance.

— Pardieu ! si ça va ! — répondit Martial en riant, —
je le crois bien ! — D'abord je suis tout disposé à vous
obliger, ensuite vous avez une certaine manière de mettre le marché à la main qui ne permet guère de refus...

— Dame ! — interrompit Trabucos, — cette méthode est
peut-être un peu vive, mais tu vois qu'elle est bonne.

— Ah ! rendez-moi la justice de croire que je n'avais
pas besoin de menaces pour m'exécuter, et que je l'aurais fait de moi-même et de bon cœur !

— Cependant tu t'es laissé tirer un peu l'oreille.

— Afin de donner plus de prix à mes concessions.

— Allons, soit ! — Je veux te croire et je te rends toute
mon estime. — Voici ma main.

— Je la presse avec bonheur, Trabucos.

— Maintenant, occupons-nous de nos affaires.

— Très-volontiers. — Disposez de moi. — Je demande
cependant à vous adresser une requête...

— Laquelle ?

— C'est d'apporter quelque modération dans vos exigences immédiates. — Songez que je ne suis point encore marié, et que, pour que nous ayons à nous partager plus tard un magnifique gâteau, il ne faut pas faire
d'imprudences.

— Ce que tu dis là est plein de bon sens ; — nous
nous contenterons, quant à présent, de la moindre
chose.

— Qu'appelez-vous : *la moindre chose* ?

— Ah ! une bagatelle.

— Mais encore ?

— Dame ! mille francs par mois à chacun de nous,
jusqu'au jour de ton mariage... C'est raisonnable, n'est-ce
pas ?

— Très-raisonnable.

— Après le *conjungo*, nous verrons à établir nos petites stipulations sur des bases plus larges. — Quelle est
la fortune du beau-père ?

— Cent et quelques mille livres de rentes.

— Joli denier ! ! !

— Mais, oui ! — Vous en aurez votre bonne part, mes
gaillards !

— Nous l'espérons ! — Et maintenant que nous sommes d'accord, nous allons te quitter, aussitôt, bien entendu, que tu nous auras compté le premier mois de
notre pension, car je t'avouerai que nous sommes, pour
le quart d'heure, fort à court d'argent, ce brave Dick
Chester et moi.

Martial prit dans un tiroir un billet de cinq cents francs
et le présenta à Trabucos, en lui disant :

— Je n'ai que cela chez moi, — prenez toujours et
partagez-vous cette bagatelle pour ce soir ; — demain je
vous compterai le reste.

— Demain ?

— Oui.

— Ici ?

— Non pas, et j'espère bien que vous aurez la complaisance de n'y plus remettre les pieds ! vous finiriez
par me compromettre...

— Mais alors, où te verrons-nous ?

— A mon logement de la rue Mazarine. — je vous y
invite à souper.

— C'est convenu.

— J'y serai à neuf heures précises.

— Nous ne te ferons point attendre. — Surtout, n'oublie pas les quinze cents livres.

— Sois tranquille.

— A demain.

— A demain, mes excellents amis.

Martial tira les verrous qu'il avait poussés, puis il
agita une petite clochette et dit au valet qui se présenta :

— Comtois, reconduisez ces messieurs.

Trabucos et Dick Chester firent un salut des plus hum-
bles et quittèrent l'appartement.

XV

LE SOUPER.

Martial, resté seul, appuya pendant quelques instants
ses coudes sur la table qui se trouvait devant lui et cacha
sa tête dans ses mains.

Ensuite il se leva et se mit à parcourir sa chambre,
de l'allure brusque et saccadée d'une bête fauve qui,
prise au piège, tourne dans la fosse profonde où elle est
tombée.

N° 97.

ROMANS NOUVEAUX

CONFESSIONS D'UN BOHÊME

PAR XAVIER DE MONTÉPIN

10 centimes.

ROMANS NOUVEAUX

Madame ne sortira plus d'ici. (Page 29.)

Et, tout en marchant, il prononçait des mots interrompus.

— Oh! murmurait-il d'une voix basse et haletante,
— oh! si je croyais en Dieu, je dirais que Dieu me punit... Je touchais au port... j'arrivais... j'abordais... et
voici l'écueil qui se dresse devant moi... Oh! ces hommes!... ces hommes!... Je suis à eux... je leur appar-
tiens... ils peuvent me perdre... ils me perdront...
Oui, ils me perdront, — car un jour viendra, un jour
où je ne pourrai plus céder à leurs exigences qui vont
aller croissant sans cesse, et se renouvelant toujours!..
— Ils me perdront... sans le vouloir peut-être. Ne
suffit-il pas en effet d'un mot... d'un seul mot, prononcé dans l'ivresse, pour m'arracher à mes rêves
d'avenir et m'envoyer au bagne? Et je suis rivé à
cette chaîne!... Comment la rompre? Que faire? Que
résoudre?

. . . .

Martial marchait de plus en plus vite.

Il se tordait les mains et de grosses gouttes de sueur
ruisselaient sur son front...

Tout à coup il s'arrêta et parut se calmer.

— Je n'ai pas deux chemins à suivre! — dit-il.

« Ma partie est devenue mauvaise! Cependant je puis
encore la gagner! Mais il ne s'agit ni de se désespérer,
ni de perdre la tête. Il faut agir. J'agirai! »

§

Le lendemain, — longtemps avant l'heure convenue
avec Trabucos et Dick Chester, — M. de Préaulx était
à son logement de la rue Mazarine.

Une nappe, d'une éclatante blancheur, couvrait la
table boiteuse qui faisait partie du mobilier et qu'on
avait débarrassée pour cette circonstance des pipes et
des cartes qui la couvraient habituellement.

Le père André, l'honorable concierge dont nous connaissons déjà le zèle et les sympathies à l'endroit de son mystérieux locataire, avait été chargé de tous les achats.

Et, nous devons le dire pour rendre à sa délicatesse un éclatant hommage, il n'avait point mis dans sa poche plus de cinquante pour cent sur le prix total de ses acquisitions gastronomiques.

Certains cuisiniers de bonne maison ne font pas *danser l'anse du panier* avec une modération si grande.

Un pâté de foie gras se dressait triomphalement au beau milieu de la table.

Un jambonneau et une volaille froide flanquaient dignement cette pièce de résistance.

Trois couverts, symétriquement disposés, attendaient les trois convives.

A côté de chaque assiette, il y avait une demi-douzaine de verres de toutes les grandeurs.

Sur la commode se voyait une formidable rangée de bouteilles du plus vénérable aspect, et dont un réseau de toiles d'araignées attestait le grand âge.

Deux paquets de cigares promettaient après le dîner les doux parfums de la Havane.

Les bougies de quatre chandeliers, prêtés par le père André, illuminaient joyeusement les apprêts du festin, de concert avec un grand feu.

Bref, l'affreuse chambre que nous avons décrite au commencement de ce prologue avait un air de fête, et ce soir-là l'on devait oublier, en y pénétrant, l'horrible nudité des murs, mal recouverts par un papier gras, humide et tombant en écailles.

— *Môsieu* n'a plus besoin de mes petits services? — demanda le concierge après avoir donné un dernier coup d'œil à la belle ordonnance du festin.

— Non, père André, — retournez à votre loge, et laissez monter tout à l'heure M. Trabucos, que vous connaissez, et qui viendra avec une autre personne. .

— Ça suffit, *Môsieu*, ça suffit,

Et le père André regagna son cordon et l'antique culotte à laquelle il était en train d'ajuster un *accessoire* important.

Martial ferma soigneusement derrière lui la porte de la première pièce et revint dans la chambre à coucher, qui servait de salle à manger.

— A l'œuvre! se dit-il.

Parmi les bouteilles posées sur la commode, il en] prit une de forme bizarre.

Elle était mince, — en verre presque blanc, — pourvue d'un goulot d'une longueur démesurée, et sur son étiquette on lisait, en lettres d'or, ce nom glorieux :

JOHANNISBERG.

Martial la déboucha avec des précautions infinies, de manière à ne détériorer que le moins possible le goudron armorié qui l'encapuchonnait.

Ceci fait, il versa dans un verre à Bordeaux la valeur de deux doigts à peu près du contenu de la précieuse bouteille.

Ensuite il tira de sa poche un très-petit flacon, hermétiquement fermé à l'émeri.

Ce flacon, enveloppé de papier bleu, portait, tracés à la main sur une étroite étiquette, ces deux mots sinistres :

Acide prussique.

Le contenu du flacon remplaça dans la bouteille le vin du Rhin qui venait d'en être ôté, et Martial, avec un couteau rougi au feu, ressouda si habilement les cassures du goudron, qu'il était impossible de ne pas croire à son intacte virginité.

Sûr, désormais, de la réussite de ses projets, Martial alluma un cigare, s'assit au coin du feu, se croisa les jambes et attendit.

Son attente ne fut pas longue.

Deux coups, frappés d'une façon particulière à la porte d'entrée, lui annoncèrent l'arrivée de ses hôtes.

Il courut leur ouvrir, et les accueillit de l'air le plus riant.

— Sapristi ! — s'écria tout d'abord Trabucos qui, nous ne savons pourquoi, affectionnait les comparaisons antiques, tirées de l'*Almanach des Muses*, — sapristi ! *Lucullus soupe chez Lucullus !* — Fabuleux, je suis content de toi ! — Tu as bien fait les choses, et, franchement, ta réception d'aujourd'hui vaut un peu mieux que celle d'hier.

— C'est qu'aujourd'hui je suis chez moi, — réplica Martial ; — attendez qu'il en soit de même à l'hôtel de Basseterre, et vous en verrez bien d'autres, mes très-chers !

— Rien que d'y penser, l'eau m'en vient à la bouche !

— Décidément, tu es un garçon entendant bien la vie, et je t'accorderais mon estime si tu ne l'avais déjà, — mais tu l'as ! — n'est-ce pas qu'il a notre estime, Dick Chester ?

— Il l'a, — répondit l'Anglais.

— Voyons, — reprit Trabucos, — les bons comptes font les bons amis! apportes-tu notre argent ?

— Sans doute.

— Eh bien ! donne-nous-le tout de suite. — Tout à l'heure, quand nous serons gris, nous ne penserions peut-être plus à te le demander, et ça te contrarierait.

— Le voici, — fit Martial — j'ai pris la somme en or, c'est plus commode et plus portatif.

— Tu as bien fait, — j'aime l'or, moi ! C'est une jolie monnaie, et puis on gagne sur le change.

Martial mit sur la table une poignée de doubles louis.

— Le compte y est, — dit-il, — voyez.

Trabucos et Dick Chester se ruèrent sur le métal et l'eurent bientôt fait disparaître dans leurs larges goussets.

En les regardant ainsi, âpres à la curée, se partager ses dépouilles, Martial demeurait impassible, mais son regard exprimait une joie sombre et farouche.

— En voilà pour un mois ! — cria Trabucos ; — à table, maintenant.

— A table ! — répéta Martial.

Les trois convives s'assirent et Dick Chester, s'armant d'un long couteau, éventra le pâté de foie gras, tandis que Trabucos décoiffait un premier flacon de vin de Beaune.

§

Le souper durait depuis deux heures.

Un assez grand nombre de bouteilles vidés étaient éparses sur le plancher.

On avait bu vaillamment.

Si Martial et ses hôtes n'étaient pas complètement ivres, il ne s'en fallait que de bien peu, à en juger du moins par le débraillé de leur toilette, le laisser-aller de leur attitude et l'excentricité de leurs paroles et de leurs gestes.

Dick Chester, se croyant sans doute aux courses d'Epsom ou de New Market, pressait du talon les montants de sa chaise et criait à tue-tête :

— Hop ! — eh ! hop ! — Hamlet ! — hop ! *my dear!* hop !... eh ! hop !...

Trabucos fredonnait amoureusement le vieux chant révolutionnaire :

Ça ira,
Ça ira,
Ça ira,
Les aristocrat's, à la lanterne

Ça ira,
Ça ira,
Ça ira,
Les aristocrat's, on les pendra !!

Quant à Martial, il paraissait entièrement absorbé par l'importante occupation à laquelle il se livrait sans relâche, et qui consistait à diviser un long bouchon en un nombre infini de petites rondelles.

Tout à coup Trabucos interrompit sa chanson et dit :

— Fabuleux... mon ami Fabuleux... mon fabuleux ami... donne-moi à boire... j'ai soif...

— Moi aussi... ajouta Dick Chester comme un écho.

— Ah ! vous avez soif ?... — fit Martial.

— A mort ! — répondirent simultanément les deux hommes.

— Eh bien ! mes enfants, vous allez boire... et quelque chose de soigné... Et ensuite vous remercierez votre ami, car il a gardé le meilleur pour la fin... votre ami...

— Vive Fabuleux ! — cria Trabucos, — il a bien mérité de la patrie... je demande pour lui *les honneurs de la séance*... et je les lui accorde... à... à l'unanimité !

Martial se leva et, tout en décrivant des zig-zags qui eussent peut-être paru exagérés à un observateur attentif et de sang-froid, il atteignit la commode.

Il prit la bouteille de *johannisberg*, veuve alors de presque toutes ses compagnes, et il regagna sa place.

— Qu'est-ce ? demanda Trabucos.

— Du vin du Rhin, rien que ça ! répondit Martial.

— Je ne le connais... que de nom... mais je vais faire avec plaisir sa connaissance intime... tu dis que c'est bon ?

— Auprès de ce liquide, feu le nectar n'était que de la Saint-Jean !

— Alors débouche et dépêche-toi...

— Débouche toi-même... j'y vois double...

— Il est gris ! cria Trabucos en ricanant et en prenant la bouteille que Martial lui tendait. Oh ! il est gris ! Vive la République une et indivisible ! Liberté, — Égalité, — Fraternité ou la mort !!!

Et tout en vociférant, Trabucos, après de longs efforts, parvint à extirper le bouchon rebelle.

— Vivat ! reprit-il en remplissant trois verres jusqu'au bord.

— Buvons à la réussite de mes projets ! dit Martial d'une voix étrange, qu'il s'efforçait en vain de rendre calme.

— Ça y est ! trinquons à ton mariage !

Les trois verres, soulevés en même temps, se heurtèrent.

La main de Martial tremblait violemment.

— Buvons ! répéta-t-il.

Trabucos porta sous ses narines, pour en savourer l'odeur, le breuvage transparent et limpide comme de l'ambre en fusion.

Dick Chester, plus impatient, avala d'un trait le contenu de son verre. . . . .

Soudain il poussa un cri rauque.

Ses yeux tournèrent dans leur orbite injecté de sang.

Ses ongles crispés s'enfoncèrent dans sa poitrine velue.

Puis, comme frappé de la foudre, il tomba sur le plancher.

Ce spectacle terrible dissipa à l'instant même l'ivresse de Trabucos.

Il regarda Martial.

Il le vit pâle, tremblant, respirant à peine.

C'en fut assez, il devina, il comprit.

D'un bond, il se trouva à côté de M. de Préaulx, qui, ne s'attendant point à cette brusque attaque, ne put se mettre en défense.

Des deux mains, il le saisit à la gorge, et, le secouant à l'étrangler, il lui dit :

— C'est du poison, n'est-ce pas ?

— Non, non, non ! balbutia Martial qui râlait déjà,

— Tu le jures ?

— Oui...

— Alors, prends ce verre et bois.

— Jamais...

— C'est donc du poison ? tu en conviens ?

— Non.

— Eh bien ! bois !

Martial, qui ne pouvait plus parler, fit un geste de refus.

De la main droite, Trabucos prit sur la table un couteau catalan, et il en appuya la pointe acérée sur la poitrine de M. de Préaulx, qu'il contenait de la main gauche.

— Je vais compter jusqu'à trois, fit-il ; si, quand je dirai TROIS, tu n'as pas bu, j'enfonce...

Martial se débattit, mais le poignet de Trabucos était un étau.

— UN ! dit-il.

— Grâce !... murmura Martial.

Trabucos haussa les épaules, en indiquant du regard le corps inanimé de Dick Chester ; il attendit pendant une seconde, puis il reprit :

— DEUX !

— Pitié ! fit M. de Préaulx en se tordant comme un serpent.

Trabucos ne parut même pas l'entendre, il dit :

— TROIS !

Et le couteau catalan s'enfonça de près d'un pouce dans la poitrine de Martial.

— Je boirai ! hurla ce dernier.

— Bois donc ! répondit Trabucos à son lâche complice, que l'épouvante et la douleur rendaient fou.

— Pitié ! voulut répéter M. de Préaulx.

Mais la pointe d'acier se rapprocha de ses chairs palpitantes.

Il ferma les yeux et but.

. . . .

— Ma foi ! se dit alors Trabucos en faisant passer dans ses poches la montre et la bourse de Martial et l'or que renfermaient les goussets de Dick Chester, il faut convenir que je l'ai échappée belle ! Qui jamais aurait cru cela, surtout de la part d'un camarade ! Ah ! tout va de mal en pis dans notre époque, et les hommes deviennent bien canailles ! Sur qui compter désormais, puisque les amis vous jouent des tours pareils ? Sur qui compter, grand Dieu !... je vous le demande !

Puis, quittant ce logis tout taché de vin et de sang, et où gisaient deux cadavres, il descendit le sombre escalier et sortit de la maison en criant au père André :

— Ils sont gris comme quarante mille hommes et dorment là-haut comme des bienheureux ! ne les réveillez pas !

XVI

ÉPILOGUE DU PROLOGUE.

Le lendemain des événements que nous venons de raconter, et au moment où deux heures de l'après-midi sonnaient à la pendule *rocaille* du petit salon blanc et or dans lequel nous avons introduit nos lecteurs au début de cette histoire, M. de Bassetterre, délivré momentanément de la goutte et de ses rhumatismes, se promenait de long en large dans ce même salon, et donnait de minute en minute des signes non équivoques d'impatience.

Enfin il s'arrêta devant la table ronde, prit son sifflet d'argent et l'approcha vivement de ses lèvres.

Un valet de pied accourut.

— M. de Préaulx est-il enfin rentré? demanda le vieil-lard.

— Non, monsieur le marquis, répondit le domestique.

— Et vous êtes bien sûr qu'il est sorti depuis hier soir?...

— Oui, monsieur le marquis.

— Et que depuis lors il n'a point reparu à l'hôtel?...

— Oui, monsieur le marquis, parfaitement sûr.

— C'est étrange! Allez, et recommandez encore qu'on m'envoie Martial, aussitôt qu'il arrivera...

— Oui, monsieur le marquis.

Le laquais quitta le salon et M. de Basseterre reprit sa promenade en se disant :

— Sorti depuis hier! et pas encore rentré! je tremble sans savoir pourquoi... il me semble que je devine un malheur...

Au bout de cinq minutes, le valet de pied se présenta de nouveau.

— Eh bien? demanda vivement le marquis, l'a-t-on vu?

— Non, monsieur le marquis...

— Que voulez-vous, alors?

— J'ai l'honneur d'apporter sa correspondance à mon-sieur le marquis.

En effet le domestique tenait à la main un plateau d'argent sur lequel étaient posées plusieurs lettres.

M. de Basseterre s'assit, prit ces lettres, et les exa-mina d'une façon distraite, sans se donner la peine d'en briser les enveloppes.

La suscription de l'une d'elles attira cependant son at-tention.

Cette lettre, écrite sur du papier gris et commun, por-tait une adresse tracée d'une écriture contrefaite et ainsi conçue :

A MADEMOISELLE,

MADEMOISELLE DE BASSETERRE,

En l'hôtel de monsieur le marquis de Basseterre,
Rue Saint-Dominique,

A Paris.

Et plus bas ces mots en grosses lettres :

TRÈS-PRESSÉE ET RECOMMANDÉE D'UNE FAÇON TOUTE PARTICULIÈRE, POUR ÊTRE REMISE EN MAINS PROPRES A MADEMOISELLE DE BASSETERRE.

De l'enveloppe s'exhalait une senteur de pipe, exces-sivement prononcée.

— Qui donc, se demanda le marquis en reposant la lettre sur la table, qui donc peut écrire à ma fille sur un chiffon pareil... sale et puant comme celui-là?...

Après une minute de réflexion, il ajouta :

— C'est quelque pauvre honteux, sans doute, deman-dant une aumône... qui, certes, ne lui sera point refu-sée... Je veux me mettre de moitié dans la bonne œuvre de cette chère et douce enfant.

Et le marquis reprit la lettre dont il brisa le cachet, formé d'une cire rouge grossière et sans empreinte.

Mais à peine eut-il parcouru du regard le papier qu'il venait de déployer, que son visage exprima la stupéfac-tion et l'horreur.

Il lut avidement.

Quand il eut achevé, il passa la main sur son front, comme pour en éloigner une horrible vision...

Ses yeux semblaient s'agrandir de minute en minute, et l'on eût dit qu'un souffle passait dans ses longs che-veux blancs.

Alors il recommença sa lecture, ligne par ligne, mot par mot.

— Oh! murmura-t-il d'une voix éteinte, ce n'est pas vrai!... Ayez pitié de moi, mon Dieu!

Il se leva et voulut marcher.

Ses jambes fléchirent.

La lettre s'échappa de ses mains.

Une teinte violette, semblable à la vague croissante, envahit rapidement son cou, son visage, et monta jus-qu'à son front.

Sa bouche se contourna d'une horrible manière et ses yeux semblèrent se voiler.

Il étendit les bras, il battit l'air de ses deux mains, cherchant un point d'appui et n'en pouvant trouver.

Alors, tombant de toute sa hauteur, il roula sur le parquet, en entraînant dans sa chute la table ronde que sa tête avait heurtée.

Le marquis de Froid-Mantel de Basseterre, loyal gen-tilhomme et dernier de sa race en ligne masculine, ve-nait de succomber à une attaque d'apoplexie foudroyante.

§

Voici ce que contenait la lettre que Louise, peu d'in-stants après la catastrophe, put ramasser à côté du corps de son père :

« Mademoiselle,

« Vous êtes priée de vous rendre demain, seule et à » midi précis, dans le jardin des Tuileries.

» A côté du troisième arbre, à gauche, en entrant » dans l'allée des Feuillants, un homme misérablement » vêtu vous abordera en vous disant :

— « AYEZ PITIÉ D'UN PAUVRE VIEILLARD ! »

» Vous mettrez six billets de banque, de mille livres » chacun, dans la main de cet homme.

» Si vous n'obéissez pas, mademoiselle, à la prière ou » plutôt à l'ordre que vous recevez en ce moment, de-» main, avant la fin du jour, monsieur le marquis, votre » père, saura que vous êtes, depuis un an, la maîtresse » d'un misérable voleur, qui, sous le nom de Martial de » Préaulx, se proposait de vous épouser, et de qui vous » avez un enfant, dont vous êtes accouchée il y a dix » jours, dans la maison de madame Labrador, sage-femme, » demeurant à Paris, allée de la Santé, no 2.

» Si au contraire vous remettez les six mille livres, » vous n'entendrez jamais parler de l'auteur de cette » lettre, il vous le jure, foi d'honnête homme!

» Il est inutile de prévenir la police ou de ne pas ve-» nir seule au rendez-vous qui vous est assigné : vous n'y, » trouveriez personne, et vous seriez promptement at-» teinte par une inévitable vengeance. »

A la vue de ces lignes fatales, une pensée horrible, et malheureusement trop justifiée, s'empara de l'esprit de l'infortunée jeune fille.

Elle se dit qu'elle venait d'assassiner son père, et cherchant à ne point survivre à son crime involontaire, elle voulut se briser la tête contre les murailles du sa-lon.

On l'emporta sans connaissance, car telle fut la vio-lence du premier choc, qu'elle s'évanouit à l'instant même.

Quand elle reprit ses sens, elle était en proie au délire d'une fièvre cérébrale ardente.

Pendant six semaines les médecins désespérèrent de ses jours.

Enfin la bonté de sa constitution et les forces de sa jeunesse triomphèrent des progrès du mal.

Louise, hors de tout péril, reprit, avec la conscience de son être, les souvenirs du passé et le sentiment de la douleur.

Elle demanda sa mère.

On ne lui répondit que par des larmes muettes.
Elle était orpheline ! orpheline et seule au monde !

§

Dix-sept ans après l'époque à laquelle commence ce prologue, c'est-à-dire en 1820, il y avait dans l'hôtel de Basseterre un grand mouvement et un grand tumulte.

Des ouvriers nombreux travaillaient sans relâche, ceux-ci à élever des cloisons, ceux-là à ouvrir des portes de communication, d'autres à monter des lits, rangés en file, dans les magnifiques salons d'autrefois, transformés aujourd'hui en dortoirs.

Voici quelle était la cause de tous ces changements et de tous ces travaux.

Mademoiselle de Basseterre, voulant racheter, par une expiation éclatante et continuelle, l'unique faute de sa vie, n'avait pas mis les pieds une seule fois, depuis seize ans, hors de l'hôtel de sa famille.

Là, dans la solitude et le recueillement, elle menait la vie d'une sainte et s'imposait un touchant martyre.

La totalité de ses immenses revenus était consacrée au soulagement des infortunes qui se révélaient à elle.

Aucune prière ne la trouvait insensible, elle avait des consolations pour toutes les douleurs, des secours pour toutes les misères.

Son nom était devenu le synonyme de *bonté*, *d'indulgence* et de *charité*.

Et cependant la noble fille ne croyait point encore avoir fait assez, et, comparant la pénitence au crime, elle espérait à peine pouvoir mériter jamais l'absolution de sa conscience.

Pendant l'année qui suivit la mort du marquis et la disparition de Martial, toutes les démarches possibles avaient été tentées par Louise pour retrouver la trace de son fils.

Ces démarches étaient restées sans résultat.

La seule personne qui pût tenir un bout du fil conducteur, madame Labrador, prétendit, et c'était vrai, qu'elle ignorait de la manière la plus absolue ce que M. de Préaulx avait fait de l'enfant.

Force fut donc de renoncer à tout espoir.

Pendant seize ans, Louise attendit.

Puis, sûre, ou se croyant sûre désormais, que le fils de son fatal amour était perdu pour elle, elle résolut d'accomplir un projet formé depuis longtemps.

C'était de métamorphoser l'hôtel de Basseterre en une maison de refuge et de secours pour les pauvres jeunes filles séduites et abandonnées au moment de devenir mères.

Louise, au jour et à l'heure où nous la retrouvons, surveillait la mise en œuvre de cette touchante pensée.

Un grand changement, un changement terrible, s'était fait en elle.

Quoiqu'elle n'eût alors que trente-sept ans, son visage pâle, amaigri, et pour ainsi dire diaphane, offrait tous les signes caractéristiques de la vieillesse, signes rendus plus saillants par le costume et les voiles de deuil qu'elle n'avait jamais cessé de porter.

Le beau regard de ses grands yeux bleus offrait une expression de douloureuse mélancolie, et le murmure de la prière fervente agitait sans trève ses lèvres décolorées.

Ses mains fluettes et presque transparentes comptaient les grains d'ébène et d'or d'un rosaire béni.

On eût dit l'une de ces religieuses, épuisées par les macérations, dont les peintres de l'école espagnole nous ont laissé de sublimes portraits.

Telle était Louise, tandis qu'elle surveillait les travailleurs qui appropriaient à sa pieuse destination le rez-de-chaussée de l'hôtel.

Elle achevait de donner quelques ordres relatifs à la pose des banquettes dans une antichambre transformée en salle d'attente, quand un menuisier s'approcha d'elle, la casquette à la main, et lui présenta un portefeuille assez volumineux.

— Qu'est-ce que cela, mon ami ? lui demanda-t-elle, et que contient ce portefeuille ?

— Je ne sais pas, mademoiselle, — répondit l'ouvrier ; nous l'avons trouvé, mes camarades et moi, tout à l'heure, dans une armoire secrète, caché par un panneau de boiserie que nous venions de déplacer ; il y avait en outre, dans cette armoire, des pistolets et une bourse que voici.

— Une armoire secrète ! Dans quelle chambre, je vous prie ?

— Dans la petite chambre à coucher qui a des rideaux bleus et dont la fenêtre donne sur le jardin.

Louise pâlit.

La pièce que le menuisier venait de désigner était l'une de celles que Martial habitait autrefois.

Elle prit d'une main tremblante l'objet qu'on lui présentait, et monta s'enfermer dans son appartement.

Là, elle ouvrit le portefeuille.

Un cri de joie s'échappa de ses lèvres, tandis qu'elle parcourait du regard les papiers qui y étaient renfermés depuis si longtemps.

Parmi ces papiers, nos lecteurs l'ont déjà deviné, se trouvait le double de la déclaration attachée aux langes de l'enfant dans la nuit du 7 mars 1803.

Louise allait retrouver son fils !

L'instinct maternel se réveillait en elle dans sa toute-puissance, et faisait tressaillir les fibres de ce cœur qu'elle croyait si bien mort aux choses de ce monde !

— Une voiture ! cria-t-elle, qu'on aille à l'instant me chercher une voiture !

On amena un fiacre, car depuis bien des années Louise n'avait plus de chevaux.

Une demi-heure après, mademoiselle de Basseterre descendait à la porte de l'Hospice des Enfants-Trouvés.

Elle présenta la déclaration de M. de Préaulx, et s'engagea, comme le veut l'usage, à rembourser à l'administration tous les frais faits pour l'éducation de l'enfant qu'elle réclamait.

On consulta les registres ; on y trouva la mention des signes particuliers et l'original de l'acte de naissance dont le double était représenté.

Louis-Raphaël était resté à l'hospice jusqu'à l'âge de dix ans, c'est-à-dire jusqu'en 1813.

A cette époque, il avait été remis au maître d'école de Ville-d'Avray, qui, séduit par la jolie figure et les bonnes dispositions de l'enfant, avait déclaré vouloir se charger de lui, pour lui apprendre son état.

Depuis lors, on n'avait plus entendu parler du jeune garçon.

Louise, munie d'une lettre du directeur de l'hospice, se mit en route pour Ville-d'Avray, sans perdre une minute.

Le maître d'école vivait encore.

Mais l'enfant n'était plus avec lui.

Trois ans auparavant, Louis-Raphaël avait tout à coup changé de caractère et de conduite.

Malgré tout ce qu'on avait pu faire et dire pour l'arrêter sur la route du mal, il s'était lié fatalement avec les pires sujets du pays.

Puis, après avoir épouvanté les bonnes âmes du voisinage par le scandale de désordres d'autant plus inouïs que leur auteur entrait à peine dans l'adolescence, il avait complètement disparu.

— Je ne sais s'il est vivant, ajouta le bon maître d'école. Mais s'il est mort, tant mieux, car le pauvre garçon, que j'aimais comme mon propre enfant, suivait le chemin qui mène au bagne ! !

Louise repartit, l'âme brisée.

Entre elle et le monde, tout était fini, bien fini, désormais !

Elle n'avait plus l'espoir, disons mieux, elle n'avait plus le désir de retrouver son fils.

Première partie. — Un protecteur.

I

LES GALERIES DE BOIS.

Le Palais-Royal !

C'était jadis *l'enfer* de Paris.

C'était le centre de tous les plaisirs, le milieu de toutes les joies, de toutes les orgies, de toutes les voluptés.

C'était un pandémonium mystérieux et bizarre, où se dépensaient en une journée des sommes folles d'or et d'amour.

C'était tout à la fois un bazar, une maison de jeu, un lupanar et une taverne.

Des bouts les plus lointains du monde les étrangers accouraient dans son enceinte, fascinés par l'étrange poésie de ce lieu sans rival et sans équivalent.

Voilà ce que le Palais-Royal était autrefois.

C'est aujourd'hui, sans contredit, l'endroit de Paris le plus vulgaire et le plus prosaïque.

De sa gloire éclatante et fangeuse il n'a rien conservé !

Son jardin, quand le ciel est pur et l'air tiède, se voit en proie à la foule bariolée des flâneurs, des bonnes d'enfants, des acteurs sans engagement, des convalescents et des provinciaux.

Les flâneurs, avec l'oisive curiosité des badauds de Paris, regardent les manœuvres gymnastiques des petites filles qui sautent à la corde, les évolutions des *pierrots* classiques se disputant une miette de pain ou les combats de deux roquets.

Les petites bonnes, au tablier blanc et au grand bonnet cauchois, guettent au passage le *militaire* français, le *tourlourou* galant, auquel elles ont assigné un tendre rendez-vous devant le fameux *canon-horloge*, et veillent le moins possible sur les progénitures confiées à leurs soins.

Les acteurs en disponibilité parlent d'engagements, de succès, de couronnes, trop souvent aussi, par malheur, de sifflets et de pommes cuites, et surveillent l'apparition de quelques-uns de leurs *illustres* confrères du théâtre Montansier, espérant obtenir au passage une poignée de main de Ravel, de Levassor, d'Alcide Touzé, de Sainville ou de Grassot, commémoration touchante des camaraderies départementales, et peut-être bien encore l'offre plus substantielle d'un dîner.

Les convalescents, étendus sur deux chaises et enveloppés de douillettes mollement rembourrées, hument l'air chaud et les rayons vivifiants du soleil.

Les provinciaux, enfin, marchent le nez en l'air, la mine naïve et ébahie, s'arrêtant à chaque boutique, et posant le pied sur la queue des chiens ou sur les ballons des enfants.

Vous le voyez, c'est triste !

Mais en 1822 le Palais-Royal était à l'apogée de sa splendeur.

Les *Galerie de bois* existaient encore et leur renommée était européenne.

Il est indispensable de consacrer ici quelques pages à la description de cet infernal bazar, absolument inconnu de la jeune génération actuelle, mais dont nos pères conservent un souvenir brûlant, et duquel ils font des récits que nos fils ne voudront pas croire.

A la place qu'occupe aujourd'hui cette galerie vitrée qu'on appelle *Galerie d'Orléans*, et qui sert immanquablement de lieu de rendez-vous aux étrangers gourmets qui veulent expérimenter ensemble les délices gastronomiques de *Véfour* ou des *Frères Provençaux*, s'élevaient alors des maisonnettes chancelantes, construites en planches grossièrement assemblées, étroites, peu couvertes, à peine éclairées sur le jardin et sur la cour par des lucarnes qui prétendaient passer pour des fenêtres, mais qui ressemblaient en réalité aux soupiraux d'une prison.

Un triple rang de ces maisonnettes formait une double galerie.

Les boutiques de la rangée du milieu, ouvrant sur les deux galeries, n'étaient éclairées que par les vitrages et ne respiraient que les méphitiques exhalaisons des galeries, hautes de douze pieds à peine.

Ces boutiques, larges de six pieds pour la plupart et longues de huit ou dix, tout au plus, se louaient jusqu'à la somme exorbitante de mille écus par an, tant leur position leur donnait de valeur, à cause de l'immense affluence de curieux et de promeneurs.

De petits treillages peints en vert protégeaient les rangées qui prenaient jour sur la cour et sur le jardin, sans doute afin que la maçonnerie peu solide sur laquelle s'adossaient ces boutiques ne fût point démolie peu à peu par le frottement sans cesse renouvelé des passants.

« Là, — dit Balzac, qui a consacré aux *Galeries de bois* un chapitre de l'une de ses plus magnifiques études, — là, se trouvait un espace de deux ou trois pieds, où végétaient les produits d'une botanique inconnue à la science, et mêlés à diverses industries non moins florissantes. »

Une *maculature* coiffait un rosier, en sorte que les fleurs de rhétorique étaient embaumées par les fleurs de ce jardin mal soigné mais fétidement arrosé.

Des rubans de toutes les couleurs ou des prospectus fleurissaient les feuillages.

Le papier, les débris de modes, étouffaient la végétation.

Vous trouviez un nœud de ruban sur une touffe de verdure, et vous étiez déçus vos idées sur les fleurs que vous veniez admirer en apercevant une coque de satin qui figurait un dahlia.

Du côté de la cour, comme du côté du jardin, l'aspect de ce palais fantasque offrait tout ce que la saleté parisienne a produit de plus bizarre : des rechampissages lavés, des plâtres refaits, des peintures, des écriteaux fantasiaux.

Ces galeries étaient percées au milieu par un passage, comme aujourd'hui, et, comme aujourd'hui, l'on y pénétrait encore par les deux péristyles actuels, commencés avant la Révolution et abandonnés faute d'argent.

La belle galerie de pierre qui mène au Théâtre-Français formait alors un passage étroit, d'une hauteur démesurée, et si mal couvert qu'il y pleuvait souvent.

Elle était appelée *Galerie vitrée*, pour la distinguer des *Galeries de bois*.

Les toitures de ces bouges étaient toutes d'ailleurs en si mauvais état, que la maison d'Orléans eut un procès avec un célèbre marchand de cachemires et d'étoffes qui, pendant une nuit, trouva des marchandises avariées pour une somme considérable. Et le marchand eut gain de cause.

Les toitures, en quelques endroits, étaient composées d'une double toile goudronnée.

Le sol de la *Galerie vitrée*, où Chevet commença sa

fortune, et celui des *Galeries de bois*, était le sol naturel de Paris, augmenté du sol factice amené par les bottes ou les souliers des passants.

En tout temps, les pieds y heurtaient des montagnes et des vallées de boue durcie, incessamment balayées par les marchands, et qui demandaient aux nouveaux venus une certaine habitude pour y marcher.

Ce sinistre amas de crotte, ces vitrages encrassés par la pluie et par la poussière, ces huttes plates et couvertes de haillons au dehors, la saleté des murailles commencées, cet ensemble de choses qui tenait du camp des bohémiens, des baraques d'une foire, des constructions provisoires dont Paris entoure les monuments qu'on ne bâtit pas ; cette physionomie grimaçante allait admirablement aux différents commerces qui grouillaient sous ce hangar impudique, effronté, plein de gazouillements et d'une gaieté folle où, depuis la révolution de 1789 jusqu'à la révolution de 1830, il s'est fait d'immenses affaires.

Pendant vingt années, la Bourse s'est tenue en face, au rez-de-chaussée du palais.

Ainsi, l'opinion publique, les réputations, se faisaient et se défaisaient là, aussi bien que les affaires politiques et financières.

On se donnait rendez-vous dans ces galeries, avant et après la Bourse.

Tout le Paris des banquiers et des commerçants encombrait souvent la cour du Palais-Royal, et refluait sous ces abris par les temps de pluie.

La nature de ce bâtiment, surgi sur ce point on ne sait comment, le rendait d'une étrange sonorité.

Les éclats de rire y foisonnaient.

Il n'arrivait pas une querelle à un bout, qu'on ne sût à l'autre de quoi il s'agissait.

Il n'y avait là que des libraires, de la poésie, de la politique et de la prose, des marchandes de modes et des *filles* qui y venaient seulement le soir.

Là fleurissaient les nouvelles et les livres, les jeunes et les vieilles gloires, les conspirations de la tribune et les mensonges de la librairie.

Là se vendaient les nouveautés au public qui s'obstinait à ne les acheter que là.

Quelques boutiques avaient des devantures, des vitrages assez élégants ; mais ces boutiques appartenaient aux rangées donnant sur le jardin et sur la cour.

Jusqu'au jour où périt cette étrange colonie sous le marteau de l'architecte Fontaine, les boutiques entre les deux galeries furent entièrement ouvertes, soutenues par des piliers comme les boutiques des foires de province, et l'œil plongeait sur les deux galeries à travers les marchandises ou les portes vitrées.

Comme il était impossible d'y avoir du feu, les marchands n'avaient que des chaufferettes ; ils faisaient eux-mêmes la police du feu.

Une imprudence pouvait enflammer en un quart d'heure cette république de planches desséchées par le soleil et comme enflammées déjà par la prostitution, encombrées de gaze, de mousseline, de papiers, et soufflées par les courants d'air.

Les boutiques de modistes étaient pleines de chapeaux inconcevables, et qui semblaient être là moins pour la vente que pour la montre ; tous accrochés par centaine à des broches de fer terminées en champignon, et pavoisant les galeries de leurs vives couleurs.

Pendant vingt ans, tous les promeneurs se sont demandés sur quelles têtes ces chapeaux achevaient leur carrière.

Des ouvrières égrillardes raccrochaient les hommes et les femmes par des paroles emmiellées et astucieuses, suivant les us et coutumes du carreau du Temple, et avec le langage des halles.

Une belle fille, debout sur un tabouret, et douée d'une langue aussi déliée que ses yeux étaient actifs, harcelait et provoquait sans relâche les passants :

— Achetez-vous un chapeau, madame ?

— Un joli chapeau, rose et blanc, frais comme vos joues...

— Regardez-moi ça, madame, forme nouvelle, tout ce qu'il y a de plus distingué. Sa Majesté la reine d'Angleterre et l'impératrice de toutes les Russies en ont fait prendre douze douzaines la semaine passée !

— Laissez-moi donc vous vendre quelque chose, monsieur...

— Tout ce que vous voudrez, avec la manière de s'en servir...

— Allons, monsieur, vous qui êtes si bel homme ! laissez-vous tenter, vous verrez que vous serez content, et ça ne vous coûtera pas cher !

Et cœtera... etc... etc... '

Tout ce vocabulaire fécond et pittoresque, mais dont nous supprimons à dessein les termes trop grandes, était varié par les inflexions de voix, par des critiques sur les passants.

Les libraires et les marchandes de modes vivaient en bonne intelligence.

Dans le passage nommé si fastueusement la *Galerie vitrée*, dit Balzac, que nous citons encore, se trouvaient les commerces les plus singuliers.

Là s'établissaient les ventriloques, les charlatans de toute espèce ; les spectacles où l'on ne voit rien, et ceux où l'on vous montre le monde.

Là s'est établi, pour la première fois, un homme qui a gagné sept ou huit cent mille francs à parcourir les foires.

Il avait pour enseigne un soleil tournant dans un cadre noir, autour duquel éclataient ces mots, en rouge, sur un transparent :

ICI

L'HOMME VOIT

CE QUE DIEU

NE SAURAIT VOIR !

Prix : deux sous.

L'aboyeur ne vous admettait jamais seul, ni jamais plus de deux.

Une fois entré, vous vous trouviez nez à nez avec une grande glace.

Tout à coup une voix qui eût épouvanté Hoffmann le Berlinois partait comme une mécanique dont le ressort est poussé.

— Vous voyez-là, messieurs, ce que, dans toute l'éternité, Dieu ne saurait voir, c'est-à-dire votre semblable.

— Dieu n'a pas son semblable !...

Vous vous en alliez honteux, sans oser avouer votre stupidité.

De toutes les petites portes partaient des voix semblables qui vous vantaient des cosmoramas, des vues de Constantinople, des spectacles de marionnettes, des automates qui jouaient aux échecs, des chiens qui distinguaient la plus belle femme de la société, etc...

Le ventriloque Fitz-James a fleuri là, dans le café Borel, avant d'aller mourir à Montmartre, mêlé aux élèves de l'École Polytechnique.

Il y avait des fruitières et des marchandes de bouquets, et un fameux tailleur, dont les broderies militaires reluisaient, le soir, comme des soleils.

Le matin, jusqu'à deux heures après midi, les *Galeries de bois* étaient muettes, sombres et désertes.

Les marchands y causaient comme chez eux.

Le rendez-vous que s'y donnait la population parisienne ne commençait que vers trois heures, à l'heure de la Bourse.

Dès que la foule venait, il se pratiquait des lectures

gratuites, à l'étalage des libraires, par les jeunes gens affamés de littérature et dénués d'argent.

Les commis, chargés de veiller sur les livres exposés, laissaient charitablement les pauvres gens tourner les pages.

S'il ne s'agissait que d'un in-12 de deux cents pages, comme *Smarra, Pierre Schlémilh, Jean Sbogar, Thérèse Aubert*, en deux séances il était lu.

En ce temps-là, les cabinets de lecture n'existaient pas, il fallait acheter un livre pour le lire; aussi les romans se vendaient-ils alors à des nombres qui paraîtraient fabuleux aujourd'hui; il y avait donc je ne sais quoi de français dans cette aumône faite à l'intelligence jeune, avide et pauvre.

Ce terrible bazar brillait de toute sa poésie à la tombée du jour.

Des rues adjacentes allaient et venaient un certain nombres de *filles* qui pouvaient s'y promener sans rétribution.

Les *Galeries de pierre* appartenaient à des *maisons* privilégiées, qui payaient le droit d'exposer des créatures habillées comme des princesses, entre telle et telle arcade, et à la place correspondante dans le jardin.

Les *Galeries de bois* étaient, pour la prostitution, un terrain public; une femme pouvait y venir, en sortir, accompagnée de sa proie, et l'emmener où bon lui semblait.

Ces femmes attiraient donc, le soir, aux *Galeries de bois*, une foule si considérable, qu'on y marchait au pas, comme à la procession ou au bal masqué.

Ces femmes, venues de toutes les contrées, et presque toutes belles à damner saint Antoine, étaient parées des costumes les plus gracieux de chaque nation.

La France, la Grèce, la Judée, l'Italie, la Turquie, la Pologne, l'Espagne, l'Inde, la Perse, que sais-je encore! étaient représentées par de ravissantes créatures vêtues de robes, de mantilles, de dolmans, de burnous, de ce qui couvrait le moins et dévoilait le plus.

Des turbans, des bérets, des diadèmes, des plumes, des fleurs, couvraient à demi des chevelures brunes. blondes, cendrées, noires, fauves, tressées, bouclées, dénouées ou flottantes.

Le brouhaha des voix et le bruit de la promenade formaient un murmure qui s'entendait du milieu du jardin, comme une basse continue, brodée des éclats de rire des filles et des cris de quelques rares disputes.

Les personnes comme il faut, les hommes les plus marquants y étaient coudoyés par des gens à figures patibulaires.

Ce monstrueux assemblage avait je ne sais quoi de piquant; les hommes les plus insensibles étaient émus.

Aussi tout Paris est-il venu là jusqu'au dernier moment. Il s'y est promené sur le plancher de bois que l'architecte a fait au-dessus des caves pendant qu'on les bâtissait.

Des regrets immenses et unanimes ont accompagné la chute de ces ignobles morceaux de bois.

La démolition des galeries et la suppression des jeux ont enlevé au Palais-Royal son dernier caractère de corruption gigantesque.

Il était peut-être le seul endroit du monde où se pût rencontrer une maison ainsi distribuée :

Au rez-de-chaussée, un *restaurateur* et un *armurier!*
A l'entre-sol, un *Mont-de-Piété!*
Au premier, un *tripot!*
Au second, un *harem!*

Ainsi, entre quatre murailles se trouvaient réunies toutes les jouissances de l'abdomen, de l'épiderme et de la cupidité! sans compter le suicide pour couronner l'œuvre et finir dignement l'orgie!

Nous le répétons, le Palais-Royal, aujourd'hui, n'est plus rien.

Chose étrange et triste, touchante et profonde moralité de notre époque! La débauche était son âme et sa fortune; en perdant ses vices, il a perdu sa vie!

II

TENTATIONS.

C'était au mois de juin de l'année 1822.

Neuf heures du soir venaient de sonner.

La journée avait été étouffante et les promenades de Paris s'encombraient d'une foule avide d'un peu d'air pur et de bienfaisante fraîcheur.

Mais l'espoir de cette foule était absolument déçu. La chaleur, en effet, semblait augmenter au lieu de décroître.

Le ciel sombre, constellé d'étoiles d'or, pesait sur la grande ville, lourd et brûlant comme un disque d'airain, et pas un souffle de brise ne venait effleurer les tempes baignées de sueur et les lèvres blanchies par la poussière.

Le jardin du Palais-Royal, surtout, resserré entre les quatre façades qui pendant douze heures avaient concentré sur lui les rayons d'un soleil tropical, le jardin du Palais-Royal, disons-nous, était une véritable fournaise.

Et cependant la foule des promeneurs ne se ralentissait pas, et, de minute en minute, de nouveaux venus débouchant par toutes les issues accouraient grossir les masses déjà compactes.

C'est à peine si l'incessante cohue pouvait se frayer un passage à travers les rangs pressés des *nymphes* et des *appareilleuses*.

La luxure flottait dans l'air.

L'atmosphère se saturait d'une électricité voluptueuse.

Les plus sages se sentaient troublés.

Les plus calmes croyaient assister à la mise en scène d'une de ces visions étranges familières aux mangeurs d'opium.

On ne vivait pas : on dormait, on rêvait en marchant. Ce n'était plus Paris. C'était l'Orient, l'Orient, fou d'une ardeur lubrique et préludant à la fête d'Astarté.

Soudain la brise s'éleva.

Une clameur joyeuse s'échappa de toutes les bouches.

Toutes les poitrines, arides et desséchées, s'offrirent au souffle si longtemps attendu, qui, s'emparant aussitôt des mille parfums des femmes et des fleurs, métamorphosa le jardin entier en une immense cassolette.

Une sorte de torpeur sensuelle succéda à cette première sensation d'ineffable bien-être. Un accablement plein de charmes, une irrésistible et molle volupté étreignaient l'âme et le corps, et l'on se laissait aller sans résistance aux suggestions de l'heure et du lieu.

C'était enfin un enivrement presque semblable à celui que Victor Hugo décrit d'une façon si merveilleuse dans ces vers des *Orientales* :

Parfois l'on entendait vaguement dans les plaines
S'étouffer des baisers, se mêler des haleines,
Et les deux villes sœurs, lasses des feux du jour
Soupirer mollement d'une étreinte d'amour;
Et le vent qui passait sous le frais sycomore
Allait tout parfumé de Sodome à Gomorrhe!!

N° 98.

CONFESSIONS D'UN BOHÈME

10 centimes.

ROMANS NOUVEAUX

PAR XAVIER DE MONTÉPIN

ROMANS NOUVEAUX

Mais le poignet de Trabucos était un étau. (Page 35.)

§

Depuis la tombée de la nuit, un jeune homme, remarquable à plus d'un titre, errait parmi les groupes, allant tantôt à droite, tantôt à gauche, selon que le flux ou le reflux de la vague humaine le poussait au hasard.

Évidemment ce jeune homme ne cherchait rien et n'attendait personne, car il s'abandonnait avec la plus complète inertie aux oscillations qu'imprimaient à sa marche les coudes de ses voisins, et peu semblait lui importer d'avancer ou de reculer, d'aller de biais ou de marcher en ligne droite.

Il pouvait avoir vingt ans.

Il était grand et mince; les traits de son visage, couronnés par une forêt de beaux cheveux noirs naturellement bouclés, offraient un type d'une admirable distinction, d'une douceur et d'une régularité toute féminines.

Une pâleur extrême, un air de souffrance et d'abattement, ajoutaient encore à la distinction que nous venons de signaler.

Sa peau blanche et transparente et l'exquise finesse de ses extrémités révélaient à l'œil observateur des indices à peu près certains d'une origine aristocratique.

Et cependant la misère, la misère froide, complète, sordide, se lisait dans son étrange et misérable accoutrement.

Il portait un pantalon de coutil, jadis blanc, mais à cette heure zébré de mille taches et boueux jusqu'à la hauteur du genou, quoique, depuis plus de quinze jours, les rues de Paris les plus fangeuses eussent été séchées et presque calcinées par la chaleur.

Un vieux gilet, dont ne saurions décrire la nuance, se croisait, grâce à des ficelles, sur une chemise horrible.

Enfin un habit noir à longue queue de morue déchi-

quetée offrait, aux coudes et au milieu du dos, de déso-
lantes solutions de continuité.

Joignez à cette toilette peu somptueuse un chapeau
sans fond et des souliers en lambeaux, et vous jugerez
combien il fallait que fût éclatante la beauté de notre
personnage, pour ne se point annihiler dans ce cadre
hideux.

Après avoir erré longtemps, ainsi que nous venons de
le dire, le jeune promeneur, fatigué sans doute de tant
de marches et de contre-marches, quitta le centre du
jardin et se dirigea vers la galerie qui longe la rue de
Valois.

Cette galerie était moins encombrée que le reste du
palais et la circulation s'y trouvait, sinon facile, du
moins possible.

Là notre jeune homme s'arrêta, tout pensif, devant
les vitrages resplendissants d'un magasin de comestibles.

Sur les tablettes de marbre blanc s'étalaient des jam-
bons savoureux, des fruits veloutés, des poissons énormes étalés sous des couches de glace, des pâtés entr'ouverts, des primeurs de toutes les espèces, des flacons de
liqueurs des îles, enfin ces myriades de superfluités
luxueuses créées à l'usage de ceux qui de leur ventre
ont fait leur dieu.

En contemplant toutes ces merveilles, le regard du
jeune homme prit la même expression que quand, l'instant d'avant, il se fixait sur les gorges nues et sur les
épaules blanches et satinées des filles d'amour.

Puis il fit deux gestes.

Deux gestes déchirants et lugubres dans leur simplicité...

D'abord il porta douloureusement la main sur sa poitrine.

Ensuite il toucha l'une après l'autre les deux poches
de son gilet et celles de son pantalon...

Aucun bruit métallique ne s'échappa de leurs profondeurs.

Donc il était sans un sou.

Sans un sou! et il avait faim!!!

Le pauvre garçon, s'arrachant alors au féerique mi-
rage qui ne pouvait qu'ajouter aux angoisses de son estomac vide, fit quelques pas en avant.

Mais, de nouveau, et pour ainsi dire malgré lui, il
s'arrêta devant une seconde boutique :

C'était celle d'un changeur.

On eût dit à le voir que quelque pouvoir surhumain
le tenait cloué là.

Ses yeux, grandis par la contemplation, dévoraient
les richesses protégées par le mince grillage de fer, et
semblaient s'illuminer des fauves reflets de l'or.

C'est qu'en effet, dans de larges sébiles, étincelaient
à la fois des quadruples, des guinées, des ducats, des
piastres, des roupies, les monnaies du monde entier.

Le précieux métal apparaissait là sous toutes les
formes et sous tous les aspects, réalisant une gamme
de couleurs d'une admirable variété :

L'or était tantôt rouge, tantôt jaune ou verdâtre, tantôt pâle et rosé.

Des pièces de cinq francs, toutes neuves, frappées à
l'effigie du bon roi Louis XVIII, s'alignaient en piles
innombrables.

Des rouleaux éventrés réalisaient l'allégorie trop souvent menteuse des cornes d'abondance.

Des paquets de billets de banque révélaient la toute-
puissance du crédit, comparable à celle de l'argent.

Le jeune homme, immobile et muet, s'absorbait de
plus en plus dans sa préoccupation profonde.

Sa poitrine était haletante.

Ses tempes battaient violemment.

De grosses gouttes de sueur ruisselaient sur son visage.

Enfin il fit sur lui-même un effort désespéré, il

quitta la galerie, et, rentrant dans le jardin, il s'assit
sur l'un des bancs de pierre adossés aux pilastres du
palais.

Hélas! il n'avait fait que changer de supplice.

Au premier étage, c'est-à-dire au-dessus de sa tête,
se trouvaient les salons d'un tripot.

Les fenêtres étaient largement ouvertes, à cause de la
chaleur étouffante.

Et, à des intervalles réguliers, on entendait tomber
ces mots sacramentels :

— Faites votre jeu, messieurs.

— Le jeu est fait, rien ne va plus.

— Rouge passe! Impair gagne! etc... etc...

Puis les bruissements métalliques et soyeux de l'or et
des billets froissés par le râteau des croupiers.

Le jeune homme passa la main sur son front.

Une sorte d'égarement se peignit dans sa physionomie.

Il se leva de son banc et se disposa à quitter, non-
seulement le jardin, mais encore les galeries et le Palais-Royal.

En ce moment, une main se posa sur son épaule et
une voix fortement timbrée lui dit :

— J'ai l'honneur, monsieur, de vous souhaiter le bonsoir.

Le jeune homme se retourna, non sans surprise, et se
vit face à face avec un inconnu.

III

L'INCONNU.

L'inconnu qui venait de s'adresser si inopinément la
parole à notre nouvelle connaissance était un homme
d'environ quarante-cinq ans, de taille moyenne et de
complexion vigoureuse.

Ses cheveux coupés en brosse, ses favoris courts, ses
longues moustaches noires retroussées, donnaient à sa
figure basanée un cachet éminemment militaire.

Il portait le costume à la mode du jour : redingote
bleue avec un collet d'une hauteur démesurée et des
manches à gigots; pantalon blanc, bouffant de la ceinture et échancré sur le cou-de-pied, de façon à découvrir
entièrement la botte.

Un chapeau fort évasé du haut et retroussé des bords
(de cette forme qu'aujourd'hui l'on appelle vulgairement
chapeau tromblon), se penchait crânement sur son
oreille droite.

Un ruban de deux ou trois couleurs ornait sa boutonnière, et sa main, bien gantée, jouait avec une canne
de grosseur respectable.

Depuis une heure à peu près, ce monsieur suivait pas
à pas le jeune homme que nous suivions nous-mêmes,
et qui ne se doutait point de cette occulte surveillance.

Il l'avait vu, jetant les regards de flamme aux courtisanes des Galeries de bois.

Il l'avait observé en face du magasin de comestibles,
puis auprès de la boutique du changeur, et enfin sous
la fenêtre de la maison de jeu.

A chacune de ces stations, un sourire de plus en plus
triomphant était venu faire frissonner les poils rudes de
sa moustache.

Enfin, à la dernière, il s'était dit en hochant joyeusement la tête :

— Jeune, beau, libertin, gourmand, cupide, joueur et
pauvre! décidément c'est le diable qui me l'envoie! Je
chercherais dix ans, sans trouver aussi bien!!

Et comme le jeune homme quittait son banc de pierre,
juste au moment où la réflexion s'énonçait se formu-
lait dans l'esprit de l'inconnu, ce dernier fit deux pas en
avant et lui toucha l'épaule en disant :

— J'ai l'honneur, monsieur, de vous souhaiter le bon-soir.

— Bonsoir, monsieur, répondit sèchement le jeune homme, après s'être assuré par une minute d'examen attentif qu'il n'avait jamais vu son interlocuteur.

— Vous plairait-il, monsieur, de m'accorder la faveur d'un moment d'entretien? reprit l'inconnu de l'air le plus gracieux, sans se laisser décourager par la froideur de la réception qui lui était faite.

— Moi, monsieur? demanda l'adolescent.

— Vous-même.

— J'ai tout lieu de supposer qu'il y a ici quelque erreur de votre part, et que vous me prenez pour un autre...

— Non, monsieur, il n'y a pas d'erreur.

— Ainsi, vous croyez me connaître?

— Nullement, monsieur, et j'ai la certitude de vous rencontrer ici pour la première fois de ma vie.

— Mais alors, je ne comprends pas...

— C'est précisément pour vous expliquer ce que vous ne comprenez point que je prends la liberté de vous demander de nouveau la faveur d'un moment d'entretien.

— Soit. Je vous écoute...

— Si vous vouliez bien m'accompagner jusque dans la rue voisine, nous pourrions causer, sans être à cha-que instant dérangés par la foule...

— Je vous suis, monsieur.

Les deux interlocuteurs sortirent du Palais-Royal, et s'arrêtèrent sur le trottoir peu éclairé de la rue de Valois.

Quelques spectres de femmes les coudoyaient en pas-sant et murmuraient à leur oreille des paroles obscènes et des promesses libertines.

C'étaient de malheureuses créatures qui, trop laides ou trop mal vêtues pour oser affronter les lumières écla-tantes du grand bazar de la prostitution, mendiaient l'obole du vice en frôlant les murailles sombres.

L'inconnu reprit la parole :

— Sans doute, dit-il, ma démarche vous paraît bi-zarre?...

— J'avoue, en effet, que je ne puis m'en rendre compte...

— Attendez pour juger! Je vous porte, monsieur, un très-vif intérêt...

— Vous! à moi!! s'écria le jeune homme dont l'éton-nement croissait.

— Oui, monsieur, moi, à vous.

— Et pourquoi cela, je vous prie?

— Parce qu'on s'attache aux gens en raison de l'im-portance des services qu'on leur a rendus...

— Eh bien?

— Et que je viens de vous rendre un service énorme.

— Un service... énorme!... dites-vous?...

— Je maintiens le mot.

— Et quand cela?

— Tout à l'heure...

— Ceci est-il une plaisanterie, monsieur?

— Pas le moins du monde...

— Alors, permettez-moi de vous le dire, vous êtes fou!

— Je vais vous obliger à convenir du contraire. Où alliez-vous, quand je vous ai posé la main sur l'épaule?

— Où j'allais? répéta le jeune homme en tressaillant.

— Oui, où alliez-vous?

— Que vous importe?

— Il m'importe peu en effet que vous me le disiez, car je le sais.

Un sourire d'incrédulité se dessina sur les lèvres de l'adolescent.

L'inconnu continua :

— Vous alliez traverser la rue Saint-Honoré, puis la rue du Coq, puis la place du Louvre, pour arriver enfin

à la Seine par le plus court chemin. Vous alliez vous noyer.

— Monsieur! s'écria le jeune homme.

— Est-ce vrai? demanda froidement l'inconnu.

Puis, voyant que son interlocuteur baissait la tête et gardait le silence, il reprit :

— Et pourquoi vouliez-vous en finir avec la vie, je vous le demande? pour les raisons les plus frivoles, les plus insignifiantes! parce que vos poches sont vides, parce que l'on vous a renvoyé, faute de paiement, du garni que vous occupiez, parce que les vêtements que vous avez sur le corps sont en piteux état et qu'il vous est impossible de les remplacer, parce qu'enfin vous n'a-vez peut-être pas déjeuné ce matin, et qu'à coup sûr vous n'avez pas dîné ce soir...

— Monsieur! monsieur! Vous me connaissez donc?...

— Pas le moins du monde, je vous le répète.

— Mais alors, comment savez-vous?...

— Je ne sais rien, je devine, et votre exclamation me prouve que je devine juste.

— Et vous ne trouvez pas suffisantes les raisons qui me poussent au suicide?...

— Je les trouve pitoyables.

— En vérité! fit l'adolescent avec un sourire amer.

— C'est comme j'ai l'honneur de vous le dire.

— Je voudrais vous voir à ma place.

— Ah! je voudrais m'y voir aussi; j'aurais vint-cinq ans de moins, ce qui m'arrangerait fort!

— Eh! qu'importe mon âge, puisque je vais mourir?...

— Allons donc, mon jeune ami, permettez-moi de vous donner ce nom, allons donc! vous ne mourrez pas le moins du monde, c'est moi qui vous le dis.

— Auriez-vous par hasard la prétention de mettre ob-stacle à mes volontés?

— J'ai cette prétention.

— Par la violence?

— Non, par la persuasion.

— Je vous préviens que vous échouerez.

— J'aurai du moins l'honneur de l'avoir entrepris!

déclama l'inconnu d'une façon comique.

— Mais, monsieur, vous ne savez pas que je n'accep-terais maintenant la vie qu'à la condition de pouvoir sa-tisfaire tous mes goûts, réaliser tous mes rêves...

— Après?

— Vous ne savez pas que mes instincts me poussent à tous les plaisirs, à toutes les sensualités? J'adore la bonne chère, les femmes et le jeu...

— Eh bien?

— Eh bien! vous n'avez, je le suppose, ni le pouvoir ni la volonté de me donner tout cela...

— Qui sait? demanda l'inconnu.

— Monsieur, reprit l'adolescent en fixant sur son in-terlocuteur un regard empreint tout à la fois et de re-proche et de colère, il est cruel de jouer avec l'agonie d'un homme qui vous demande rien.

— Faites-moi le plaisir, mon jeune ami, de ne point dénaturer le sens de mes paroles. Je m'explique d'une façon claire, précise, catégorique, je vous offre positivement ce luxe, ces jouissances et ces plaisirs que vous ambitionnez et sans lesquels, je le pense comme vous, la vie ne vaut point la peine d'être regrettée ni même conservée.

Ces dernières phrases furent prononcées d'un ton si net et si précis, que l'adolescent se vit forcé de les pren-dre au sérieux.

— Ah çà! demanda-t-il, vous avez donc quelque crime à me proposer?

— Un crime! répéta l'inconnu en riant à gorge dé-ployée; ma foi! mon jeune ami, si je ne connaissais l'é-tat de vos finances, je croirais que vous venez d'assister au boulevard à la représentation de quelque bon gros mélodrame, bien noir et bien rempli de pactes mystérieux ! — Regardez-moi, je vous prie, avec quelque attention, et dites-moi si vous me trouvez l'apparence d'un malfaiteur.

— Non, certes !... balbutia l'adolescent, honteux du soupçon qu'il venait d'émettre.

— Soyez tranquille, continua l'homme âgé, soyez parfaitement tranquille et ne vous creusez pas la tête pour chercher des raisons biscornues à l'intérêt que je vous témoigne. Je n'attends quoi que ce soit de vous, ni en bien ni en mal ; tout ce que j'exige, c'est que vous renonciez pour ce soir à vos velléités de suicide ; il n'y a rien de plus malsain que d'aller se noyer l'estomac vide ! venez souper avec moi, et si demain matin vos idées sont toujours les mêmes, je vous promets de ne faire aucun effort pour vous retenir, et, ma foi ! la Seine coulera pour vous comme elle coule pour tout le monde ! Venez-vous, oui ou non ?

— Oui, répondit le jeune homme.

— A la bonne heure, voilà parler !

L'inconnu se mit en marche, suivi par l'adolescent.

IV

M. LE BARON.

Les deux individus que le hasard venait de mettre en rapport descendirent ensemble la rue de Valois jusqu'à l'angle de la rue Saint-Honoré.

En cet endroit stationnait un tilbury d'une grande élégance, attelé d'un cheval anglais dont un connaisseur n'eût point manqué d'admirer la belle encolure, le large poitrail, la tête fine et intelligente et les jambes sèches et nerveuses.

Devant ce cheval, et le contenant du geste et de la voix, se tenait debout un groom de proportions microscopiques, vêtu d'une redingote noire sanglée par un ceinturon de cuir blanc, orné de bottes à larges revers qui rejoignaient une culotte de peau, et coiffé d'un chapeau de feutre à large cocarde noire.

— Montez, je vous prie, dit le plus âgé de nos personnages en désignant le tilbury à son compagnon.

Ce dernier, après avoir hésité pendant une seconde, franchit le marchepied et s'assit sur le coussin de gauche.

Le maître de la voiture prit place à côté de lui, saisit d'une main les rênes de soie blanche, de l'autre le fouet à poignée d'argent, et, tandis que le groom se hissait lestement derrière la voiture, il fit claquer sa langue contre son palais, en murmurant :

— Hop ! Favori ! hop !

Le noble animal partit avec la rapidité de l'éclair, et le cabriolet, habilement dirigé au milieu du dédale des voitures qui se croisaient et se dépassaient, longea pendant un instant la rue Saint-Honoré, entra dans la rue Croix-des-Petits-Champs, traversa la place des Victoires, s'engagea dans la rue des Fossés-Montmartre, et, au bout de quelques minutes, s'arrêta devant une maison de la rue Meslay.

Au premier cri du groom, la porte de cette maison s'ouvrit, et le tilbury roula sous la voûte qui conduisait à une vaste cour.

— Nous sommes arrivés, dit l'homme âgé.

Et il descendit le premier, après avoir jeté les guides au domestique, qui venait de reprendre son poste à la tête du cheval.

— Voulez-vous me suivre ? ajouta-t-il ; ce n'est pas bien haut.

En effet, après avoir franchi les marches luisantes d'un escalier somptueusement éclairé, les deux compagnons se trouvèrent sur le carré du premier étage, en face d'une porte à deux battants recouverte en velours grenat garni de clous à tête de cuivre.

L'inconnu heurta légèrement avec le pommeau de sa canne.

La porte s'ouvrit ; un grand laquais, en livrée verte et or et portant des aiguillettes de même, apparut sur le seuil et s'effaça respectueusement pour laisser entrer les arrivants.

— Baptiste, dit à ce valet l'homme qui paraissait le maître de la maison, faites servir immédiatement à souper. Deux couverts et du champagne frappé.

Le domestique s'inclina en répondant :

— Oui, monsieur le baron.

— Mais d'abord, ajouta ce dernier, apportez au salon un flacon de madère et des biscuits. Allez.

Le laquais disparut par une porte latérale, et les nouveaux venus, après avoir traversé l'antichambre, pénétrèrent dans un salon de moyenne grandeur.

Ce salon, par une bizarrerie de bon goût, était meublé tout à l'orientale.

Une tenture de cachemire blanc à grandes palmes recouvrait les murailles.

Un large divan, bas et circulaire, étalait les couleurs variées de son lampas éblouissant.

Enfin les pieds foulaient une natte d'une extrême finesse et d'une incomparable fraîcheur.

Un *narghilé*, d'argent massif et ciselé, était placé sur un trépied au milieu de la chambre.

Le personnage que nous avons entendu nommer *monsieur le baron* ôta son chapeau, ouvrit les deux fenêtres et s'écria :

— On étouffe ici, morbleu ! Il est étonnant qu'on ne puisse, même avec toutes les précautions imaginables, se garantir chez soi de cette horrible chaleur ! La température de ce salon est celle d'une étuve ! Qu'en dites-vous, mon jeune ami ?

Et il se tourna vers l'adolescent.

Mais ce dernier ne répondit point.

Il était entièrement absorbé par la contemplation des objets qui l'entouraient, sans doute il ne retrouvait point dans ses souvenirs l'équivalent d'un luxe pareil.

Le baron mordit sa moustache pour dissimuler un sourire, et se jeta sur le divan en s'essuyant le front.

En ce moment le domestique rentra.

Il portait sur un plateau de vermeil deux petites coupes en véritable verre de Bohême, un large flacon de cristal taillé à facettes, et une pile de biscuits glacés.

La lumière des flambeaux, jouant dans les ciselures du cristal, faisait étinceler le vin de Madère comme des topazes en fusion.

Le baron remplit une coupe, et la présenta lui-même au jeune homme, qui en avala rapidement le contenu, tout en dévorant deux biscuits.

— Doucement, mon jeune ami, lui dit le baron avec un nouveau sourire ; songez que nous allons nous mettre à table.

L'adolescent rougit légèrement et reposa sur le plateau sa coupe vide.

— Avez-vous donné des ordres, Baptiste ? demanda le maître de la maison.

— Le souper de monsieur le baron sera prêt dans dix minutes, répondit le valet.

— Faites en sorte que l'on se hâte, je vous prie.

Les dix minutes n'étaient pas écoulées que déjà retentissait l'annonce sacramentelle :

— Monsieur le baron est servi.

— Fort bien. Voulez-vous venir, mon jeune ami ?

L'adolescent suivit son hôte.

Il commençait à se croire le jouet de quelque songe charmant, mais éphémère, et tremblait de s'éveiller.

La salle à manger offrait le plus gracieux coup d'œil.

Elle était boisée tout en chêne verni et chacun de ses panneaux sculptés représentait des scènes de chasse, des fleurs ou des fruits.

La table, recouverte d'une nappe damassée en toile de Hollande et d'un très-beau service en porcelaine du Japon, était chargée de volailles, de poissons, de confitures rares, de fruits des deux mondes, etc..., etc...

Plusieurs bouteilles du vin pétillant d'Aï se congelaient dans de grands rafraîchissoirs en argent, remplis de glace.

Deux candélabres à huit branches éclairaient *à giorno* ces merveilles gastronomiques.

Enfin des bassins de marbre blanc, en forme de coquilles, placés dans chacun des angles de la salle à manger et recevant la poussière humide de petits jets d'eau continus, entretenaient dans l'atmosphère cette délicieuse fraîcheur que le baron se plaignait, l'instant d'avant, de ne pouvoir trouver nulle part.

Les deux hommes s'assirent en face l'un de l'autre.

— Mettez une clochette auprès de mon couvert, dit le baron au domestique. Bien. Maintenant, vous pouvez vous retirer ; si j'ai besoin de vous, je sonnerai.

L'amphitryon et son convive restèrent seuls.

L'adolescent jetait à chaque plat des regards de convoitise et d'impatience.

Le malheureux mourait de faim.

— Vous offrirai-je de cette galantine ? demanda le baron.

Pour toute réponse, le jeune homme tendit son assiette.

Et l'on n'entendit pendant un instant que le bruit actif et continu de ses mâchoires qui broyaient les morceaux avec la vitesse et la régularité d'une meule.

En deux minutes, l'assiette fut vide.

— Goûtez à ce champagne, je vous prie, dit le baron ; je crois que vous en serez content : c'est du *bouzy œil-de-perdrix*, d'une excellente année.

Le jeune homme goûta, et un rayonnement sensuel, symptôme d'une vive jubilation intérieure, vint s'épanouir sur son visage.

— Eh bien ! demanda le baron, comment le trouvez-vous ?

— Plus que parfait !

— Ceci me prouve que vous êtes connaisseur. Accepterez-vous un morceau de cette truite ?

— Très-volontiers.

L'assiette se remplit de nouveau, et la truite disparut en un clin d'œil, comme avait fait la galantine.

Le baron semblait enchanté du brillant appétit de son convive.

— Allons, lui dit-il, faites honneur de nouveau à ce bouzy, puisqu'il vous a plu ; ensuite, je vous offrirai une aile de faisan. Ce volatile infortuné vient de la forêt royale de Saint-Germain ; mon chef de cuisine est en relations avec un coquin de braconnier, mauvais drôle, mais chasseur habile, qui ne me laisse manquer de gibier en aucune saison, et qui, pourvu qu'on ne marchande point avec lui, s'inquiète en vérité fort peu de dépeupler *les plaisirs du roi.*

L'adolescent fit honneur au bouzy, ainsi qu'on le lui demandait.

Ensuite il *accepta* une aile de faisan, puis, après l'aile, vint la cuisse, puis l'autre aile, puis la seconde cuisse, et enfin la carcasse... tout y passa.

Il est bien entendu que de larges rasades arrosaient, comme il convient, chaque morceau.

Après ces exploits, une compote d'ananas disparut, presque entière, dans l'infatigable estomac de l'insatiable convive, lequel, après avoir épuisé jusqu'à la dernière goutte une première bouteille, se mit en devoir d'en entamer une seconde.

Il eût été difficile, en ce moment, de reconnaître en lui le jeune homme pâle et désespéré que nous avons rencontré dans le jardin du Palais-Royal.

Ses joues, tout à l'heure encore livides et tirées, s'empourpraient d'un brillant vermillon et semblaient presque s'arrondir.

Son regard brillait joyeusement, et les plis précoces d'un sombre découragement s'étaient effacés de son front.

Cette rapide transformation avait restitué toute leur beauté primitive à ses traits si expressifs et si gracieux. N'étaient les vêtements en lambeaux, la transformation eût paru complète.

Un soupir de contentement s'échappa de sa poitrine, et il s'écria :

— Ah ! monsieur ! je ne sais pas si je me noierai demain matin comme j'en avais formé le projet ; mais ce qu'il y a de sûr, c'est que je garderai, même dans l'autre monde, une éternelle reconnaissance du prodigieux souper que vous m'avez donné ce soir !

Et, tout en parlant, il saisit la main du baron, et la serra dans les siennes avec cette effusion naturelle à l'homme qu'un excellent repas et de nombreuses libations viennent de disposer à une surabondance de tendresse.

Le baron répondit à cette démonstration par une pression également affectueuse et dit en souriant :

— Vous noyer ! mon jeune ami ! ah ! ne parlez pas davantage de cette folie, s'il vous plaît !...

— Cependant...

— Chut ! pas un mot de plus. Nous causerons tout à l'heure ; maintenant, achevons de souper...

Le baron sonna.

Baptiste parut.

— Le café, des sorbets, des liqueurs et des cigares ! lui dit l'amphitryon ; vous apporterez du café brûlant et du café à la glace ; ayez-nous des sorbets au rhum et des sorbets au marasquin ; surtout faites vite, vous êtes en général beaucoup trop lent, Baptiste.

Le laquais baissa la tête avec une humilité profonde et sortit.

V

LES CONFIDENCES.

— Mon jeune ami, dit le baron à son convive lorsque Baptiste eut mis à exécution les ordres dont il venait d'être chargé, vous voyez que les liqueurs sont à portée de votre main ; voici des sorbets ; il y a dans cette aiguière du café à la glace : donc, trêve de cérémonies, servez-vous vous-même ; prenez ce qui vous conviendra, et, si vous le voulez bien, causons.

— Causons, répéta le jeune homme ; je ne demande pas mieux.

— D'abord, permettez-moi de vous présenter le maître de céans.

— Le maître de céans ! mais je croyais que c'était vous...

— En effet, c'est moi-même.

— Eh bien ?...

— Eh bien ! je désire précisément me présenter à vous, car je ne suppose pas que vous sachiez mon nom.

— C'est juste.

— Aussi je vais vous l'apprendre :

« Je m'appelle le baron Ludovic-Anatole-Sacramento de Maubert ; ma famille, d'origine espagnole, mais depuis deux siècles naturalisée en France, passe pour être illustre, et parmi mes ancêtres je compte de grands capitaines. J'ai cinquante-trois ans, je suis garçon, je possède soixante-deux mille quatre cent vingt-six livres de rentes, plus une fraction appréciable. J'ai passé une partie de ma vie au service de diverses puissances étrangères, ce qui m'a donné la franchise et la brusquerie d'un vieux soldat ; enfin, lorsque je me suis décidé à quitter la vie active des camps et des batailles, j'avais conquis par mon faible mérite le grade équivalent à celui de colonel, et de plus les insignes des ordres militaires que vous voyez à ma boutonnière. Ces quelques mots, mon jeune ami, renferment toute mon histoire, et vous me connaissez à cette heure comme si nous ne nous étions jamais quittés. J'ose attendre de vous quelques renseignements analogues. Croyez bien, je vous en prie, que c'est l'intérêt seul et non point une vaine curiosité qui dicte ma démarche... D'abord, comment vous appelez-vous ?

— Je m'appelle Louis Raphaël, répondit le jeune homme.

— *Louis* est le nom de baptême sans doute, et Raphaël le nom de famille ?

— Je le suppose.

— Vous le supposez !! vous n'en êtes donc pas sûr ?

— Non.

— Cependant vous devez être au fait du nom de votre famille, je suppose...

— Eh bien ! monsieur, c'est ce qui vous trompe !

— Bah ! est-ce que par hasard vous seriez ?...

— Enfant trouvé ? Oui, monsieur.

Et tandis que Louis Raphaël prononçait ces mots, la rougeur de la honte lui montait au visage.

Le baron semblait radieux, au contraire ; ses regards pétillaient de joie, et il se frottait vivement les mains.

— Pourquoi donc rougir, mon jeune ami ? s'écria-t-il enfin. Ce n'est pas votre faute si vous êtes entré dans ce monde par une porte dérobée, et d'ailleurs les enfants de l'amour sont tous heureux et tous gentilshommes.

— Heureux ! je ne sais pas si je le serai jamais. Gentilhomme ! je suis sûr de l'être.

— Ah ! ah !

— Oui, monsieur, et j'en ai des preuves qui, selon moi, sont positives.

— Lesquelles, mon jeune ami, lesquelles ?

— D'abord, je porte un signe ineffaçable, qui prouve qu'on attachait une très-grande importance à me retrouver un jour.

— Un signe, dites-vous ?

— L'empreinte d'un bijou, d'une petite croix rougie au feu et appliquée sur mon bras droit le jour de ma naissance.

— Ceci me semble significatif, en effet.

— N'est-ce pas ?

— Oui, sans doute... Mais est-ce tout ?

— Non. J'ai su de plus, par l'indiscrétion d'un employé de la maison des *Enfants-Trouvés*, que les langes qui m'enveloppaient étaient de la plus fine toile, et qu'à ces langes on avait joint une bourse pleine d'or et un papier déclarant que j'appartenais à une famille noble, riche, puissante, que des circonstances fortuites obligeaient seules cette famille à se séparer de moi pour un temps, mais qu'elle viendrait me réclamer un jour et qu'alors une somme considérable serait la récompense de celui ou de ceux qui m'auraient plus particulièrement protégé.

— Eh bien ! est-on venu ?

— Me réclamer ?

— Oui.

— Je n'en sais rien.

— Et comment ne le savez-vous pas ?

— Depuis treize ans j'ai quitté l'hospice des *Enfants-Trouvés*.

— Sans y retourner jamais et sans vous informer ?

— Oui.

— Pourquoi donc ?

— A cause de tout ce qui s'est passé depuis ces treize ans.

— Que s'est-il donc passé ?

— Trop de choses !

— Ne voulez-vous pas me les dire, ces choses ?

— J'aimerais mieux me taire.

— Libre à vous de garder le silence, mon jeune ami, mais je vous assure que vous me connaissez bien mal, si vous croyez que l'aveu de quelques sottises, de quelques peccadilles, nuirait le moins du monde à l'intérêt que vous m'inspirez ! !

— Cependant... s'il y avait plus que des sottises... plus que des peccadilles ?...

— Eh ! qu'importe ! Ne sais-je pas que la jeunesse est folle parfois, et que souvent son impétueuse ardeur l'enivre, comme pourraient le faire les vins les plus capiteux ! Ne sais-je pas qu'en de certaines heures le sang-froid et la raison s'envolent des cerveaux les mieux organisés, et qu'on n'est pas plus responsable des actes commis dans ces moments-là que l'homme ivre ne doit l'être du vol ou du meurtre consommé dans son ivresse !

Ce monstrueux paradoxe, lancé en avant avec une conviction admirablement jouée, parut impressionner vivement Raphaël.

Le baron s'aperçut de l'effet qu'il venait de produire et poursuivit :

— Oui, mon jeune ami, j'ai pour la fougue des vertes années d'inépuisables trésors d'indulgence. Foin de ces censeurs austères qui prêchent la vertu quand même, et ne savent comprendre que la vertu n'est possible qu'alors que les passions sont éteintes !! Moi je pense autrement. Quel âge avez-vous, je vous prie ?

— Vingt ans.

— Vingt ans ! Mais à cet âge les fautes n'existent pas et les crimes eux-mêmes, s'ils étaient possibles, devraient êtres impunis ! Vingt ans ! et vous vous croyez coupable... excellente et candide nature ! Allez, mon jeune ami, allez : quoi que vous ayez fait, je vous le dis en vérité, vous êtes, à mes yeux, absous par vos vingt ans !!

Le baron considérait très-attentivement Louis Raphaël, pour étudier sur lui les résultats de son infernale éloquence.

Ces résultats dépassaient son attente.

Évidemment le jeune homme en l'écoutant, se réhabilitait à ses propres yeux.

M. de Maubert voulut porter le dernier coup aux indécisions de son convive, et il ajouta :

— Voilà quelle est ma manière d'envisager les choses, et je crois l'avoir puisée aux sources d'une saine philosophie ; mais si mes arguments vous ont paru sans force, si mes convictions n'ont point passé dans votre esprit, gardez le silence, mon jeune ami, conservez vos secrets : je serais désolé que vous supposiez un seul instant que j'exige de vous des confidences pénibles, en échange de la chétive hospitalité dont je m'estime heureux de vous avoir vu profiter...

— Ah ! monsieur le baron, s'écria Louis Raphaël, je suis prêt à tout vous dire.

— Non, non, mon jeune ami, je ne puis rien entendre je refuse positivement vos confidences...

— Vous m'en voulez donc beaucoup de mon hésitation de tout à l'heure ?

— Pas le moins du monde.

— Alors, prouvez-le moi.

— Comment ?

— En consentant à m'écouter.

— Impossible ! demandez-moi toute autre chose ; mais pour cela, non !

— Je vous en supplie...

— Non, vous dis-je !...

— Eh bien ! monsieur le baron, il ne me reste qu'à prendre congé de vous et à revenir à mes récents projets...

— Jeune fou ! quelle tête vous avez ! ! Allons, puisqu'il faut absolument en passer par tous vos caprices, parlez, j'écoute.

— Ah ! monsieur le baron, combien vous êtes bon, et combien je vous remercie ! !

Raphaël prit la main de son hôte, et la serra de nouveau avec une affectueuse cordialité.

— Je commence, dit-il ensuite.

« L'y voilà ! » pensa le baron, et il ajouta tout haut :

— Surtout, n'oubliez rien !

— Soyez tranquille, je vous dirai tout. J'avais sept ans, quand on m'annonça que j'allais quitter l'hospice. Le maître d'école de Ville-d'Avray consentit à se charger de moi, et comme il présentait toutes les garanties exigées par l'établissement, on me remit entre ses mains.

— Quel homme était-ce que ce maître d'école ?

— Un fort brave homme et dont je n'ai point à me plaindre, mais rigide, austère, méticuleux, à cheval sur la religion, sur la morale, etc... Il prétendit que j'avais beaucoup d'intelligence et me fit rudement travailler...

— Ce qui ne vous amusait guère ?

— Mon Dieu ! j'en prenais mon parti, et tout alla bien tant que je fus un enfant ; mais, sitôt que je devins un jeune homme, je commençai à trouver la sujétion un peu rude et les leçons fort ennuyeuses, surtout les leçons de morale.

— C'était bien naturel.

— Vous comprenez qu'il est dur de servir la messe tous les matins, de faire épeler des bambins pendant six jours de la semaine et de chanter au lutrin chaque dimanche, quand on ne songe qu'à regarder les jolies filles dans le blanc des yeux et à s'en aller voir avec elles si la mousse est touffue au pied des grands chênes dans les bois de Ville-d'Avray...

— Ah ! mon gaillard, vous étiez précoce ! !

— Un peu.

— Et, dites-moi, conduisiez-vous ainsi beaucoup de gentes bachelettes sur la mousse, au fond des bois ?

— Mais, pas trop mal ! répondit Raphaël avec une nuance de fatuité.

— Ce qui nuisait nécessairement aux psaumes du lutrin et à l'abécédaire des bambins ?...

— Je vous le laisse à penser ! Mes absences devenaient chaque jour plus longues et plus fréquentes...

— Et le maître d'école en savait-il la cause ?

— Quelquefois...

— Que faisait-il alors ?

— Comme toujours, des sermons sans fin, entrelardés de textes de l'Écriture ; il criait à l'abomination, à la désolation, il parlait de déchirer ses vêtements, de se voiler la face et de répandre des cendres sur sa tête...

— Ah ! ah ! ah ! s'écria le baron en riant aux éclats, en vérité, tout cela est d'un comique achevé ! Votre récit m'amuse plus que je ne saurais le dire ! Continuez, je vous en prie.

— A cette époque, reprit Raphaël prodigieusement flatté de l'élogieuse interruption de M. de Maubert, à cette époque, je me liai d'une façon très-intime avec un certain nombre de jeunes gens de mon âge, charmants garçons, fils de bons bourgeois de Ville-d'Avray.

— Personne ne dut vous blâmer de ces relations, j'imagine ?...

— Voilà ce qui vous trompe, monsieur le baron ; on prétendait que ces bons garçons étaient précisément les plus mauvais sujets du pays, et que nous formions ensemble une bande de vrais garnements...

— Ce qui n'était point vrai, n'est-ce pas ?

— Certes non ! Nous ne nous réunissions que pour courir les aventures et pour faire de joyeux repas ; ils avaient tous de l'argent ; moi, j'en manquais absolument,

mais j'avais trouvé un moyen de suppléer à la pénurie de mes finances.

— En vérité ! Je suis curieux de connaître ce moyen.

— Oh ! il était bien simple : nous prenions rendez-vous dans une guinguette quelconque ; ces messieurs payaient le vin et les accessoires ; moi, je fournissais en nature les poulets, les lapins, les pigeons et les fruits...

— Vous aviez donc une basse-cour, un clapier, un colombier et un verger ?

— Oui et non. Je n'en possédais pas en propre, mais je faisais de fréquents emprunts à ceux de tous nos voisins.

— C'était une petite industrie fort ingénieuse et très-inoffensive.

— Croiriez-vous que certaines gens hargneux osaient qualifier de vols ces innocents escamotages ?...

— Je le crois, mais je ne le comprends pas ! Que voulez-vous, cependant ? Il y a des esprits si mal faits !

— Le maître d'école, voyant tout cela, redoublait de sermons et de désolations, mais je finissais toujours par le calmer et le consoler, ce qui fait que ça alla, cahin-caha, jusqu'au jour de la grande anecdote...

— Quelle anecdote ?

— Je vais vous la dire. Un beau soir, nous étions une demi-douzaine qui venions de rigoler dans un cabaret, à trois quarts de lieue de Ville-d'Avray ; il était à peu près onze heures, peut-être minuit. Nous revenions à travers champs, nous tenant par le bras, trébuchant par-ci par-là, tombant quelquefois, nous relevant toujours, et chantant à tue-tête, quand tout à coup le diable, qui se mêle sans cesse de ce qui ne le regarde pas, voulut que nous rencontrassions une jeune femme...

— Ceci devient de plus en plus intéressant.

— La jeune femme en nous entendant se cache, mais on la dépiste ; elle se sauve, on la poursuit ; elle tombe, on l'attrape ; elle crie, on la fait taire ; elle se débat, mais en vain, et l'emporte dans la forêt...

— Diable ! diable ! !

— Justement ! c'est le diable qui s'en mêlait, je vous l'ai déjà dit !

— Et dans la forêt, qu'en fit-on ?

— Je vous assure que pour ma part je ne m'en souviens guère... j'étais ivre comme dix tonneaux.

— Et le lendemain, qu'arriva-t-il ?

— Il arriva que les parents de la jeune femme déposèrent une plainte entre les mains de M. le procureur du roi, et comme aucun de nous n'était d'humeur à attendre les résultats de l'instruction, comme d'ailleurs la clameur publique signalait en nous les auteurs du méfait, nous prîmes tous, et chacun de notre côté, la résolution salutaire de quitter le pays, ce que nous fîmes immédiatement.

VI

SOLDAT.

Raphaël s'interrompit pendant un instant, pour remplir jusqu'au bord un verre à liqueur et le vider d'un trait.

— Mon jeune ami, dit le baron profitant de cette minute de silence, l'anecdote que vous venez de me narrer démontre selon moi, jusqu'à l'évidence, combien mon système philosophique repose sur des bases solides. Il est clair comme le jour que le fait dont vous venez de me parler constitue un de ces actes que la loi appelle crimes et qu'elle punit d'une façon rigoureuse ! et cependant, dites-moi, vous trouviez-vous bien coupable ?...

— Non.

— C'est qu'en réalité vous ne l'étiez point. Le vin que vous aviez bu devait seul encourir le blâme de la *sottise* qu'il vous avait fait commettre, *sottise* dont, pour votre part, vous n'aviez même pas conservé un souvenir distinct.

— Cela est vrai.

— Croyez-vous d'ailleurs que je m'apitoie beaucoup sur le malheureux sort de votre soi-disant victime? Remarquez, je vous prie, que ce n'est pas elle qui a porté plainte, mais bien son mari ou ses frères. Mais ne nous arrêtons pas davantage, et poursuivez votre récit. Après avoir quitté Ville-d'Avray, qu'êtes-vous devenu ?

— J'ai mené pendant une année environ une existence nomade et misérable, sans asile et presque sans pain.

— Mais enfin, comment viviez-vous?

— Je cueillais des fruits aux arbres des jardins, je dérobais des pommes de terre dans les champs, et je les faisais rôtir sous la cendre d'un feu de branchages et de mousse. Je couchais dans les bois quand il faisait beau, dans quelque grange ou dans une chaumière abandonnée alors que venaient les mauvais temps.

— Pauvre garçon, quelle vie!

— Elle était rude : aussi je ne tardai point à m'en dégoûter complètement, et je voulus entrer dans quelque grande ville. J'avais traversé une partie de la France, et je me trouvais alors tout auprès de Lyon ; mais mes vêtements en lambeaux, je ne me le dissimulais pas, devaient me faire arrêter comme vagabond, si je me présentais aux barrières.

— Suprême injustice des hommes, qui jugent leurs semblables sur le plus ou moins de délabrement du costume!!

— C'est bien vrai, ce que vous dites là, monsieur le baron, mais le fait est que je devais avoir une singulière mine. Figurez-vous que depuis longtemps je marchais pieds nus; mon pantalon s'effrangeait comme une dentelle usée; ma chemise était en charpie et ma veste ne me tenait plus sur le corps!!

— Comment suppléer à tout cela?

— Le hasard y pourvut.

— Ah! ah!

— Oui, je trouvai une bourse...

— Par terre, sur la grande route?

— Hélas non! dans la poche d'un bon fermier qui revenait de la ville en état de complète ivresse... Ah! monsieur le baron, ce fut un tort, un tort immense, je le sais!!

— Pourquoi donc? N'est-ce pas l'impérieuse nécessité qui vous dictait ses lois? Votre action n'était point un vol, c'était tout simplement un impôt forcé, levé par votre misère sur la fortune d'un de vos frères plus heureux... C'était la mise en pratique de la grande maxime fraternelle et humanitaire : Toi, *tu as*; moi, *je n'ai pas, partageons!* Où est le mal?

— Le fait est que je n'en vois aucun; d'ailleurs la bourse était peu garnie.

— Ah! tant pis!!

— Son contenu me permit cependant d'acheter des souliers, une chemise de grosse toile, une blouse de paysan et un chapeau de paille. Ainsi vêtu, je fis dans Lyon une entrée peu triomphale.

— Je le crois sans peine.

— Grâce aux quelques sous qui m'étaient restés de ma *trouvaille*, je pus, durant trois ou quatre jours, manger dans des gargotes et coucher chez des *logeurs*; mais une fois mon pécule épuisé, plus de nourriture et pas de gîte! Dès la première nuit, une patrouille me ramassa sur le pavé, et la police correctionnelle me condamna à huit jours de prison comme vagabond. En sortant de la geôle, je n'avais d'autre alternative que de mourir de faim ou de me faire voleur, et comme l'un ne me convenait pas plus que l'autre, je pris le parti de m'engager.

— Vous engager?

— Oui.

— Mais il me semble que pour se faire inscrire sur les contrôles des armées de Sa Majesté le roi de France et de Navarre, deux choses sont indispensables!

— Lesquelles?

— Dix-huit ans et des papiers.

— Vous avez parfaitement raison; or je n'avais que dix-sept ans et demi, et pas le moindre papier.

— Comment pûtes-vous résoudre cette double difficulté?

— Un brave garçon dont j'avais fait la connaissance sous les verrous, et qui s'intéressait à moi, me procura l'acte de naissance de son frère, qui venait de mourir au moment où il atteignait sa dix-neuvième année.

— Et cet acte de naissance fut présenté par vous comme le vôtre?

— Oui.

— Ainsi, ce n'est pas sous le nom de Louis Raphaël que vous êtes entré au service?

— C'est sous le pseudonyme de *Pierre Nicou* que je fus admis à l'honneur de porter le glorieux pantalon garance, et de manger à la gamelle peu ragoûtante de messieurs les soldats du roi.

— La vie de caserne vous séduisit-elle?

— Peu. La discipline surtout m'était insupportable; vingt fois par jour je me sentais des envies féroces de casser les reins à tous ces imbéciles de sous-officiers de mon régiment, qui, parce qu'ils avaient sur la manche un mauvais morceau de galon, croyaient devoir me traiter du haut de leur grandeur.

— Ce sentiment vous honore, mon jeune ami, et prouve que vous avez l'âme noble et le cœur bien placé.

— Cependant je me contenais de mon mieux, à cause de la salle de police et des conseils de guerre, et j'aurais peut-être fait mon chemin tout comme un autre dans le 19ᵉ de ligne, sans un incident imprévu qui vint m'arrêter net.

— Voyons un peu l'incident; je m'attends à quelque chose de bizarre.

— Et vous n'avez pas tout à fait tort! Il faut vous dire, monsieur le baron, que, grand et mince comme vous me voyez, l'uniforme m'allait à merveille; sans fatuité, je n'étais pas mal...

— Je le crois volontiers.

— Nous étions depuis trois mois en garnison à Strasbourg et, quoique simple troupier, je donnais souvent dans l'œil aux jolies petites Alsaciennes, séduisantes comme des amours avec leurs jupes courtes, leurs gorgerettes brodées et pailletées, leurs longs cheveux tombant en deux grosses nattes jusque sur leurs talons, et leurs petits bonnets d'une forme si coquette et si originale.

— Cupidon et Mars sont frères!

— On le dit. Bref, l'amour me dédommageait un peu des ennuis du service, et je n'avais pas trop à me plaindre du sort, quand arriva l'époque de la fête de Kehl.

— La fête de Kehl, dites-vous?

— Oui. Un joli petit village, situé moitié en France et moitié en Allemagne. Le pont de Kehl traverse le Rhin, qui sert de frontière à cet endroit, et sur ce pont se trouvent deux sentinelles, l'une française, à l'extrémité de droite, l'autre allemande, du côté opposé. La fête de cet endroit est célèbre dans l'Alsace entière : il y a des danses, des jeux, des marchands forains et des saltimbanques, tout comme au rond-point des Champs-Élysées les jours de réjouissances publiques. Depuis

N° 99.

ROMANS NOUVEAUX

CONFESSIONS D'UN BOHÊME
PAR XAVIER DE MONTÉPIN

10 centimes.

ROMANS NOUVEAUX

Regardez-moi ça, madame! forme nouvelle! (Page 39.)

longtemps, un certain nombre de mes camarades et moi, nous avions formé le projet de ne point manquer une si belle occasion de nous divertir; aussi, dès le matin, munis de *permissions de dix heures* bien en règle, nous nous mettions en route et, le long du chemin, nous contions fleurette aux paysannes et aux bourgeoises qui s'en allaient à la fête, toutes seules ou avec leurs galants...

— Votre récit commence à la manière d'une idylle, mon jeune ami, interrompit M. de Maubert; je ne sais pourquoi, cependant, je prévois qu'il finira comme un mélodrame!

— Vous allez voir, monsieur le baron : à peine arrivés, nous nous installons sous une tonnelle de verdure, au bord du Rhin, et là, nous nous mettons à chanter des gaudrioles tout en buvant de la bière mousseuse et en fumant des cigares de contrebande, qui sont excellents et dont on a quatre pour un sou.

A ce détail, le baron se mit à rire.

CONFESSIONS D'UN BOHÊME.

7

Raphaël reprit :

— Une de mes poches était à moitié pleine de gros sous que j'avais gagnés aux camarades en jouant à la *drogue* et à d'autres amusements militaires, et, de temps à autre, je faisais sonner cette monnaie pour me donner quelque importance, de telle sorte qu'on me croyait cousu d'or. Sur ces entrefaites, voici qu'arriva sous la tonnelle un sergent de ma compagnie, fort joli garçon, très-aimé du beau sexe, presque aussi célèbre que moi par le nombre et l'éclat de ses conquêtes, et surnommé la *Clef-des-Cœurs*, à cause de cette particularité. Ce sergent retroussait sa moustache et donnait le bras à sa maîtresse, une très-belle fille, que je connaissais de vue, et qui m'avait témoigné beaucoup de bon vouloir par ses œilliades encourageantes, lors de nos rencontres fortuites. Je profitai de la circonstance pour lorgner de nouveau la jeune personne, qui se mit à me sourire du meilleur de son cœur.

— Diable! diable!

— Oui, monsieur le baron, c'est comme dans l'affaire de Ville-d'Avray, voyez-vous ! le diable s'en mêlait. La bière que j'avais bue, la fumée du tabac, les sourires et les œillades de cette femme, tout ça me monta à la tête et je m'approchai de la table où elle s'était assise avec *la Clef-des-Cœurs*.

VII

LE SERGENT.

« Au moment où je les abordais, continua Raphaël, *la Clef-des-Cœurs* s'apprêtait à payer sa dépense et tirait de sa poche cinq ou six pièces de cinq francs, qu'il faisait reluire au soleil.

« — Fichtre, mon sergent, lui dis-je, comme vous voilà riche !

« — Mais-z-oui, pétit, me répondit-il avec son accent provençal (c'était un Bordelais), jé suis-z-assez bien en fonds pour lé quart d'heure !

« — Si vous voulez, mon sergent, je vous joue cinq francs en un cent de piquet ?

« — Tu as donc dé l'argent, pétit ?

« — Pas trop mal.

« — Et d'où qu'il té vient, sans indiscrétion ?

« — Dame ! j'ai reçu hier, de mon honorable famille, par l'intermédiaire du vaguemestre Noël Pichard, une *haute paie* assez flatteuse !

« Et, tout en parlant, je faisais sonner ma monnaie.

« — Ça va, pétit, me dit alors le sergent qui se croyait de première force, jé fais ta partie, cent sous en cent points *sèches !* Garçon, des cartes, et vivement !

« On apporta les cartes demandées, nous nous mîmes au jeu. La chance était pour moi, je gagnai la première partie.

« — Ma révanche ! dit *la Clef-des-Cœurs*.

« — Volontiers, sergent.

« Je gagnai la seconde partie comme la première.

« *La Clef-des-Cœurs* s'entêta et voulut continuer.

« Tous les camarades faisaient cercle autour de nous.

« La maîtresse du sergent me lançait des regards de plus en plus brûlants, à mesure qu'elle voyait les pièces de cinq francs changer de propriétaire.

« En une demi-heure le sous-officier était complètement à sec.

« Il se leva en jurant comme un païen et prit le bras de sa maîtresse pour s'en aller.

« — Minute, lui dis-je.

« — Qu'est-cé qué tu mé veux encore ?

« — Vous offrir une dernière revanche.

« — Eh ! jé n'ai plus le sou, grâce à toi, méchant poussé-caillou, et jé né veux pas jouer sur parole.

« — Il vous reste un enjeu, mon sergent.

« — Léquel ?

« — Mamzelle Paméla.

« — Tu dis ?…

« — Je dis que je vous la joue, si elle y consent, contre tout ce que je vous ai gagné.

« — Et moi je ne demande pas mieux ! s'écria la jolie fille.

« Les camarades se mirent à rire.

« *La Clef-des-Cœurs* devint pâle comme un homme qui n'aurait plus une goutte de sang dans les veines.

« Il nous lança, à sa maîtresse et à moi, un regard qui nous aurait tués sur place, si un regard pouvait tuer.

« Puis, après une minute de réflexion, il se rassit en disant :

« — *Tonnerré dé dious !* fait comme il est dit ! peut-être bien qué la chance ellé sé lassera à la fin dé mé vexer !

« Et il reprit les cartes.

« Mais il n'avait plus sa tête à lui, il jouait à tort et à travers et ne défendait même pas sa partie : en un demi-quart d'heure il avait perdu.

« La belle Paméla vint s'asseoir auprès de moi, jeta ses bras autour de mon cou et m'embrassa.

« Il paraît que *la Clef-des-Cœurs* aimait éperdument cette créature et que la colère et la jalousie mêlées le rendirent fou.

« Il saisit sur la table un verre rempli de bière et me le lança à la tête en criant :

« — Ah ! lé brigand ! il m'a volé !

« J'évitai le choc en baissant la tête.

« Le verre alla se briser à vingt pas de là, mais la bière me couvrit la figure.

« Dame ! monsieur le baron, ça me mit hors de moi-même, car après tout j'avais joué sans tricher et gagné loyalement ; je tirai mon briquet, je me jetai sur le sergent, et, malgré les efforts des camarades qui cherchaient à me retenir, je lui enfonçai ma lame dans la poitrine, jusqu'à la garde.

« Alors j'entendis un grand cri et je me vis couvert de sang.

« A mes pieds *la Clef-des-Cœurs* se roulait dans la poussière en se tordant comme un serpent coupé par morceaux.

« Je compris vaguement que je venais de tuer un homme, un homme qui était mon supérieur en grade ; et comme les camarades, qui me voyaient immobile dans un état de complète stupeur, me poussaient par les épaules en me répétant :

« — Sauve-toi ! Sauve-toi ! je pris ma course et je ne m'arrêtai que quand mes jambes, épuisées de fatigue, se dérobèrent sous moi.

« Je courais depuis bien des heures, au moment où je fus vaincu par la fatigue, car déjà la nuit commençait à descendre. Je ne savais pas où j'étais ; seulement je voyais au loin, sur ma droite, à travers les vapeurs du soir, le clocher gigantesque de la cathédrale de Strasbourg.

« A ma gauche, il y avait un petit bois ; j'y entrai, je m'assis, ou plutôt je me laissai tomber au pied d'un arbre, et je me mis à réfléchir. »

Raphaël s'interrompit ; il passa deux fois la main sur son front, et tendit son verre au baron qui le remplit de rhum.

Puis il se fit un instant de silence.

— Ah ! la vérité est que votre position n'était rien moins que gaie, mon pauvre ami ! dit enfin M. de Maubert tandis que son convive savourait à petites gorgées le breuvage de la Jamaïque.

— C'est ce que je me répétais sur tous les tons, répondit le jeune homme.

— Vous vous êtes trouvé presque toujours, pendant votre jeunesse, sous le coup d'une fatalité bien bizarre et bien acharnée.

— Oui, répéta Louis Raphaël, bien bizarre, bien acharnée et surtout bien terrible !

— Certes, votre conduite, en cette dernière circonstance, était juste, naturelle, et nul blâme ne pouvait l'atteindre…

— N'est-ce pas ?

— Je dirai plus, elle était la seule digne d'un homme de tête et de cœur. Répondre par un coup de sabre à une horrible insulte, voilà ce que tout gentilhomme aurait fait comme vous.

— Aussi je ne me repens pas.

— Et vous avez raison ! le sergent *la Clef-des-cœurs* avait mérité son sort ; en le punissant, vous avez fait justice, et cependant, voyez un peu sous quel triple point de vue la loi martiale pouvait et devait envisager cette conduite que, moi, je loue…

— La loi martiale, dites-vous ?

— Oui, le conseil de guerre devant lequel vous auriez passé si l'on vous eût arrêté :

« *Primo*, engagement militaire contracté sous un faux nom et à l'aide de papiers qui ne vous appartenaient point.

« *Secundo*, meurtre commis sur la personne de votre supérieur.

« *Tertio*, enfin, désertion avec armes et bagages. Tudieu ! la moindre de ces bagatelles entraînait les travaux forcés à perpétuité, et les deux autres LA MORT ! Le conseil eût été unanime, mon jeune ami, parfaitement unanime !

— Vous croyez, monsieur le baron ?

— J'en suis-sûr ! très-sûr ! trop sûr !...

Un tremblement convulsif s'empara de Raphaël.

— Mais vous ne me trahirez point, n'est-ce pas ? balbutia-t-il.

— Vous trahir ! moi ! répondit le baron d'un ton affectueux ; quelle folie dites-vous là ? Non-seulement je ne veux pas vous trahir, mais encore ma volonté ferme et mon plus vif désir sont de réparer à votre égard les injustes rigueurs de la fortune !

— Ah ! monsieur, combien vous êtes bon ! s'écria Raphaël profondément ému.

— Ce que je fais est tout simple, mon jeune ami ; j'ai toujours aimé à protéger et à soutenir les gens que la fatalité poursuivait. C'est une sorte de défi jeté au mauvais destin, que je suis fier de combattre et de vaincre ; mais nous reviendrons sur tout cela plus tard ; maintenant, je vous en prie, continuez votre récit.

Raphaël se recueillit pendant un instant afin de dominer complètement son émotion, puis il reprit :

— La première idée qui se présenta à mon esprit d'une façon distincte, fut que, sans doute, on était à ma poursuite, que l'ordre de procéder à mon arrestation allait être donné sur les grandes routes et qu'il était impossible que je fisse cinq cents pas le lendemain matin sans être arrêté, grâce à mon uniforme qui me signalait à tous les regards.

« A peine m'étais-je dit cela, qu'il me sembla voir apparaître des gendarmes à chaque point de l'horizon ; je me levai précipitamment et je m'enfonçai dans l'épaisseur du petit bois, malgré les ronces et les broussailles qui déchiraient mes mains et ensanglantaient mon visage.

« J'avais ainsi marché pendant quelque temps, et je me croyais parvenu dans un fourré impénétrable quand, à une très-faible distance, j'entendis un murmure de voix.

« En même temps, j'entrevis à travers le feuillage une lueur très-vive.

« Sans en douter, j'avais franchi le milieu du bois et je me trouvais à la lisière, du côté opposé à celui par lequel j'étais arrivé.

« Je m'étendis à plat ventre sur la mousse et je rampai dans la direction des voix que je venais d'entendre.

« A vingt pas, derrière un arbre, se trouvait une misérable hutte, bâtie avec de la boue et des branchages.

« La porte de cette hutte était ouverte, un grand feu de sarments pétillait dans la cheminée et c'était la lueur de ce feu que j'avais entrevue.

« Un petit garçon, armé d'une longue cuiller de bois, remuait le contenu d'une vaste chaudière suspendue au-dessus de la flamme.

« En dehors de la maison et tout auprès de moi, une femme âgée s'occupait à rassembler du linge, qui achevait de sécher sur une ficelle attachée à deux arbustes.

« Et, sans interrompre son labeur, la vieille femme recommandait à l'enfant de ne point laisser brûler la soupe de son père, tandis que le marmot jurait ses grands dieux de surveiller religieusement et sans distractions la savoureuse soupe aux choux. »

VIII

TRISTE MÉTIER

— Parmi les vêtements troués et le linge grossier que la vieille femme allait serrer dans sa demeure, continua Raphaël, se trouvaient un sarreau bleu, un pantalon de toile à sac et plusieurs bonnets de coton, comme les paysans en portent pour aller aux champs.

« Ces objets, de si peu de valeur, devinrent immédiatement le but de ma plus ardente convoitise, car, s'il m'était possible de me les procurer, je me regardais comme à moitié hors de péril !

« Mais comment faire pour en obtenir la possession ?

« Les acheter ? il n'y fallait point songer ; c'eût été pour ainsi dire me dénoncer moi-même et révéler à tout le pays le déguisement du déserteur.

« Les dérober ? oui, mais par quel moyen ?

« La vieille achevait sa besogne et elle allait les emporter avec le reste.

« Mon âme tout entière avait passé dans mes yeux. Mon cœur battait violemment, je restais immobile, la poitrine palpitante et le regard fixé sur cette défroque villageoise qui ne valait pas trois francs, et que j'aurais payée d'une fortune, si cette fortune eût été en mon pouvoir.

« Tout à coup, bonheur inespéré ! Dieu ou le diable eurent pitié de moi, le hasard ou la Providence vinrent à mon aide !

« Le jeune garçon, qui s'était emparé d'une poignée de sarments, les jeta dans l'âtre pour aviver le feu.

« Il y réussit si bien que, grâce à cet accroissement subit de flamme et de chaleur, la soupe aux choux en ébullition déborda de la chaudière et se répandit dans le foyer avec force bruit et force fumée.

« L'enfant fondit en larmes et jeta les hauts cris.

« La vieille femme, abandonnant son linge, courut à la cheminée afin d'obvier au désastre.

« Je saisis cet instant, si court et si propice.

« Je m'élançai de ma cachette, je fis main-basse sur la blouse, sur le pantalon et sur un des bonnets de coton ; puis, certain de ne pas avoir été vu, je regagnai le bois avec ma proie, et je me tapis de nouveau sous le feuillage.

« Au bout d'une minute la vieille revint, elle chercha de tous côtés les objets que je venais de soustraire, et, ne les trouvant point, elle se mit à crier d'une voix glapissante :

« — Au voleur ! au voleur !

« Je ne donnai pas signe de vie, comme bien vous pensez, et la digne femme, interrompant enfin ses clameurs, se consola de son mieux en fouettant le petit garçon qui cependant n'en pouvait mais !

— Ainsi va le monde ! interrompit philosophiquement le baron ; lorsqu'il y a une affaire où un coupable et un innocent, c'est presque toujours l'innocent qu'on punit !

— Quand la nuit fut tout à fait venue, continua Raphaël, je regagnai l'intérieur du petit bois, je changeai de vêtements, et, faisant de mon uniforme un paquet que je portai sous mon bras, je me remis en marche.

« Quelques heures de repos m'avaient rendu des forces ; seulement je mourais de faim, et surtout de soif. Il pouvait être dix heures du soir.

« J'allais à travers champs, sans direction positive et ne cherchant qu'à m'éloigner le plus possible de Strasbourg.

« Je ne tardai point à être arrêté par un infranchissable obstacle. Le Rhin me barrait le passage et je ne savais pas nager.

« Je descendis la berge, je baignai dans l'eau du

fleuve mon visage et mes mains, je bus abondamment ; puis j'étalai sur la rive mon habit d'uniforme et mon pantalon rouge, de manière à ce que ceux qui trouveraient ces dépouilles, le lendemain, dussent croire à un suicide.

— Bravo ! s'écria M. de Maubert ; cette invention, mon jeune ami, vous fait infiniment d'honneur ! Le bruit de votre mort s'est répandu sans doute, et cela n'a pas peu contribué, peut-être, à ralentir les recherches.

— Je le pense, monsieur le baron ; toujours est-il que rien ne m'empêcha de quitter librement l'Alsace et de me diriger du côté de Paris.

« Je ne m'appesantirai point sur les détails de mon voyage, qui fut long, car je marchais lentement en affectant l'allure paresseuse et insouciante d'un paysan qui revient du village voisin, et je faisais des détours énormes afin d'éviter les villes où mon signalement pouvait avoir été donné.

« Quand par hasard je rencontrais un gendarme, je le saluais poliment, et, plus d'une fois, il m'arriva d'engager la conversation avec quelqu'un de ces braves soutiens de l'ordre public.

« L'argent gagné par moi au pauvre la Clef-des-Cœurs suffisait pour me faire vivre, de pain et d'eau bien entendu, mais je ne me décourageais point et je rêvais des jours meilleurs...

— Ah ! mon jeune ami ! s'écria M. de Maubert, je ne saurais vous dire combien cette fermeté de caractère m'enchante et rehausse encore l'excellente opinion que j'avais déjà de vous ! Mais comment se fait-il, je vous prie, qu'avec un esprit si vigoureux et si bien trempé, vous ne soyez venu à concevoir la fatale résolution que, sans moi, vous auriez exécutée ce soir même ?

— Dans un instant, vous le saurez, monsieur le baron.

— C'est juste ; je me tais et j'écoute.

— Quand j'atteignis la barrière de Charenton, mes souliers ne tenaient littéralement plus à mes pieds ; ma blouse, que je lavais de temps en temps dans l'eau des rivières pendant mon voyage, s'effrangeait lamentablement, et j'avais dans ma poche, pour toute fortune, une pièce de trente sous.

« Cependant il fallait manger ; mais comment gagner sa vie à Paris, quand on n'a point de papiers, point de recommandations, et que, pour une foule d'excellentes raisons, on doit chercher à se tenir dans l'ombre ?

« Nécessité n'a pas de loi, monsieur le baron, c'est un proverbe tristement vrai ; aussi, malgré ma répugnance, je me mis à exercer tous ces métiers honteux qui ne sont pas des métiers !...

« Je vendis des contre-marques.

« J'ouvris les portières des fiacres.

« Je jetai des planches sur les ruisseaux par les temps d'orage.

« Et tout cela, je vous le jure, me faisait trouver bien amer mon pain de chaque jour !

— Pauvre garçon ! fit le baron.

— Enfin, il le fallait ! poursuivit Raphaël ; mais je vous ai déjà dit que, quoique enfant trouvé, je me crois gentilhomme, et je sentais mon sang se révolter dans mes veines, chaque fois que je tendais la main pour y recevoir le gros sou, qui, je ne me le dissimulais point, n'était en réalité qu'une aumône.

« Un soir, il y a six mois de cela, je stationnais par une pluie battante, sur le boulevard Saint-Martin, près du péristyle de l'Ambigu.

« Je me rendais utile en mettant mon bras entre les roues boueuses des fiacres et les robes de soie des jolies femmes qui descendaient de voiture, attirées en foule par la représentation de je ne sais quel mélodrame à succès.

« J'avais déjà récolté près de quarante sous et je me promettais bien de ne pas m'arrêter en si beau chemin,

quand je me sentis saisir à la cravate par derrière et enlever si violemment que j'en perdis la respiration.

« Je me crus d'abord arrêté par la police et je n'essayai pas de me défendre.

« Mais bientôt je compris que j'étais dans l'erreur, car celui qui m'avait soulevé me remit sur mes jambes et lâcha ma cravate.

« Je pus me retourner alors et regarder mon adversaire.

« C'était un grand gaillard haut de près de six pieds, vêtu comme moi d'une blouse et orné de longs cheveux et d'une véritable barbe de sapeur ou de tambour-major.

« Il mit son poing serré à deux pouces de ma figure et me dit d'une voix effroyablement enrouée par l'usage du rogomme et l'habitude des disputes :

« — C'est donc toi, propre à rien, qui viens nous couper l'herbe comme ça sous la patte et faire ton beurre aux dépens des bons zigs !

« — Qu'est-ce que vous me voulez ? demandai-je à ce géant.

« — Je veux que tu files d'ici !

« — Et pourquoi ?

« — Parce que ça me convient.

« — Le boulevard est à moi comme à vous, je pense ; ainsi, laissez-moi tranquille !

« — Je te dis, méchant môme, que tu vas décaniller, et lestement, sinon...

« — Sinon ?

« — Sinon je te casse en quatre sur mon genou, et je me fabrique une gibelotte avec tes morceaux !

« Je n'avais pas peur du géant, quoiqu'il fût trois ou quatre fois plus vigoureux que moi, mais il me semblait voir des sergents de ville rôder aux alentours, et je voulais à tout prix éviter une dispute ; car si, à tort ou à raison, on me conduisait au poste, je ne savais pas trop comment je ferais pour en sortir.

« Je dévorai donc mon humiliation et ma colère, et je répondis simplement :

« — C'est bon ! on s'en va !

« — Ah ! le faignant ! s'écria mon adversaire. Voyez-vous comme il canne !

« Je fis quelques pas pour m'éloigner.

« Derrière moi j'entendis des éclats de rire, et les malfaisants gamins de Paris se mirent à répéter sur tous les tons :

« — Ohé ! le capon ! Ohé ! le niquedouille ! A la chien-en-lit ! à la chie-en-lit !

« Ces huées m'exaspérèrent complètement.

« Je n'y tins plus. J'oubliai combien pouvaient être terribles pour moi les conséquences d'une dispute et d'une arrestation.

« Je revins sur mes pas et je me précipitai à l'encontre de mon adversaire.

« Lui, sans s'émouvoir, raidit son bras tendu, et, m'atteignant en pleine poitrine, m'envoya rouler à dix pas de là, dans la boue.

« — Il a son compte ! dit une voix.

« — Pas encore ! m'écriai-je en me relevant tout étourdi et en revenant à la charge.

« — Tiens ! mais il est rageur, le roquet ! fit le géant en ricanant. Eh bien ! il aura encore du nan-nan, puisqu'il en veut !

« Et, tout en parlant, il leva sur moi son bras colossal pour me défoncer le crâne d'un gigantesque coup de poing.

« Mais son poing ne retomba pas.

« Pendant notre courte lutte, j'avais changé de position et je me trouvais alors sous un réverbère dont la lueur éclairait en plein mon visage.

« Le géant s'arrêta net, me considéra curieusement, et l'exclamation :

« — Ah ! bah ! s'échappa de sa gorge.

« J'avais suspendu mon attaque, car la chute terrible
que je venais de faire m'avait brisé le corps et je sentais
mes jambes tremblantes se dérober sous moi.

« — Ah! bah! répéta le géant, c'est ça qui serait
drôle!

« Il m'examina de nouveau ave une attention profonde
et reprit :

« — Mais, oui, c'est lui! c'est bien lui! Tu l'es, n'est-ce
pas?

« — Qui donc? balbutiai-je.

« — Le petit de Ville-d'Avray?...

« — Oui, répondis-je.

« — Ah! sacrebleu! s'écria mon adversaire, et j'allais
le démolir! nom d'un nom! c'est n'avoir pas de chance!
Reconnais-moi donc, mon pauvre vieux, je suis Jean-
Paul, Jean-Paul en personne! Mais viens par ici un peu,
nous allons *jaspiner* [1].

« Le géant me prit alors par le bras et m'entraîna rapidement en disant aux spectateurs de la scène que je
viens de vous raconter :

« — C'est un ami! souvenez-vous de ça, les autres, et
n'oubliez pas que le premier qui le vexe, je le casse sur
mon genou et j'en fais un civet de lièvre!

IX

JEAN-PAUL.

— Ma foi, mon jeune ami, dit M. de Maubert, ce Jean-
Paul, l'un de vos camarades de Ville-d'Avray sans doute,
me paraît un fort mauvais drôle, du moins à le juger par
son langage et par ses manières!

— Le pauvre garçon a mal tourné, répondit Raphaël ;
du reste, il n'était pas méchant.

— Cependant son agression brutale et sans motifs...

— Il ignorait que ce fût moi.

— C'est juste.

— Je poursuis : Jean-Paul m'entraîna donc avec lui
le long du boulevard, du côté des petits théâtres.

« Il marchait très-vite; moi, je me traînais avec peine,
car tous mes membres étaient endoloris, et, si mon compagnon ne m'avait soutenu de son bras de fer, je serais
tombé dix fois pour une.

« Nous nous engageâmes ensemble dans la rue des
Fossés-du-Temple que nous parcourûmes dans les deux
tiers de sa longueur à peu près.

« Jean-Paul s'arrêta devant une petite maison du
genre de celles qu'on nomme vulgairement : *maisons
borgnes.*

« Il poussa une porte qui céda sous sa pression, et il
entra le premier dans une allée complètement obscure,
en me disant :

« — Vas-y de confiance et toujours tout droit. Je t'a-
vertirai quand nous serons à l'escalier.

« — Nous y voici, ajouta-t-il au bout d'une seconde.
Prends la corde et tâche de ne pas te laisser choir.

« Après avoir gravi à tâtons un certain nombre de
marches aussi raides que celles d'une échelle de meunier,
j'entendis une porte crier en tournant sur ses gonds, mon
compagnon me prit par la main pour m'introduire dans
la chambre qu'il venait d'ouvrir, puis il battit le briquet
et alluma une chandelle.

« La pièce dans laquelle nous nous trouvions était
si basse que c'est à peine si l'on pouvait s'y tenir debout.

« Il y avait dans un coin deux maigres matelas jetés sur
un bois de lit en sapin.

« Une table et deux chaises complétaient l'ameuble-
ment qui valait bien dix francs.

« — Assieds-toi, me dit Jean-Paul en avançant une
des chaises sur laquelle je me laissai tomber.

1. Causer.

« Ensuite il ouvrit un placard, y prit une bouteille et
deux verres, qu'il remplit jusqu'au bord, et ajouta en
s'asseyant en face de moi :

« — Avale, mon garçon, avale! L'eau-de-vie, vois-tu,
c'est un baume souverain. Ça guérit tous les maux.

« — Ah çà! demandai-je après avoir bu, fais-moi donc
le plaisir de m'expliquer pourquoi tu voulais m'assommer
tout à l'heure?

« — C'est simple et naturel, me répondit-il, je fais la
police du boulevard...

« — La police!!

« — Oui, pour les amis, s'entend. Nous sommes un
certain nombre de bons enfants qui exploitons *la contre-
marque* et le *marche-pied*, et j'empêche les intrus de
venir nous tondre la laine sur le dos... mais, pour ce
qui est de toi, je regrette la chose, j'ai tapé trop légèrement...

« — Trop légèrement!!! m'écriai-je ; diable! je ne
trouve pas!!

« — Farceur! reprit Jean-Paul avec un gros rire ; tu
me comprends bien : je veux dire que j'aurais dû mieux
dévisager ta frimousse avant de cogner.

— C'est mon avis.

« — Enfin, n'en parlons plus, car, après tout, je ne
t'ai pas fait grand mal : une simple chiquenaude, à peine
de quoi tuer une puce.

« — Merci!

« — Il n'y a pas de quoi! mais suffit! nous sommes
ensemble pour *jaspiner, jaspinons!* Qu'est-ce que tu
fais à Paris?

« — Ce que je faisais ce soir quand tu m'as rencontré.

« — Et c'est tout?

« — Oui.

« — Alors, tu couves la misère?

« — Oui.

« — Imbécile!!

« — Comment, imbécile?

« — Oui, double sot, triple animal!!

« — Mais il me semble que toi-même...

« — Oh! moi, c'est bien différent; je mange à plus d'un
râtelier.

« — Que veux-tu dire?

« — Je veux dire que si j'ouvre des fiacres pour un
sou, ce n'est pas que l'argent me manque, et en voici la
preuve...

« Jean-Paul prit dans le placard deux ou trois piles de
pièces de cinq francs et me les montra, puis il se rassit
en ajoutant :

« — Je veux dire que si je flâne sur le trottoir, en
blouse et en simple casquette, ce n'est pas faute de *frus-
ques*, car je possède le fin *montant* de casimir, la *car-
magnole* de velours, le chapeau *rupin*, et, quand ça me
convient, je suis aussi cossu qu'un milord anglais et
mieux couvert qu'un agent de change!

« — Tu as donc un autre état?

« — Parbleu!

« — Et lequel?

« — Ah! voilà...

« — Ne peux-tu me le dire?

« — Si vraiment; tu es un ancien *camaros*, je compte
sur toi et je veux te mettre de moitié dans mon industrie
et dans mes *bénéfs.*

« — Ainsi tu me feras gagner de l'argent?

« — Gros comme toi! Toutes les délices de la vie!!

« — Parle donc, mon cher, parle vite!

« — M'y voilà. D'abord, il faut que tu saches que je
pratique la contre-marque entre huit et onze heures du
soir, parce qu'il est utile de pouvoir justifier dans l'occasion de ses moyens d'existence, quand M. le procureur
du roi a l'indiscrétion de s'occuper de vos petites
affaires... ce qui arrive... quelquefois; mais la vérité

est que je possède une autre spécialité : je fais le commerce...

« — Le commerce... de quoi ?

« — De toutes sortes de marchandises que j'achète à très-bon marché et que je vends fort cher.

« — A très-bon marché, dis-tu ?

« — Oui.

« — Cependant ces marchandises te coûtent... quelque chose...

« — La peine de les prendre.

« — Tu voles ! ! !

« — Positivement.

« Cette confidence me bouleversa ; mais je me sentais au pouvoir de Jean-Paul qui pouvait abuser de la solitude et de mon état de faiblesse pour me faire un mauvais parti ; je dissimulai donc ma surprise et ma terreur.

« Mon ancien camarade continua :

« — Nous sommes nombreux, nous sommes habiles, et nous prenons si bien toutes nos précautions qu'il est excessivement rare qu'on nous flanque le grappin dessus, et que plusieurs de la bande, moi entre autres, restons blancs comme neige aux yeux de madame la police. Fu nous seras prodigieusement utile, je vois ça d'ici ; tu es beau garçon, et, quand tu auras fait un bout de toilette, on te prendra pour un grand seigneur, ce qui est fameux pour monter des coups conséquents. Presque point de besogne et de gros profits, voilà l'existence de Sardanapale qui t'est réservée. Ça te va-t-il ?

« — Ça me va, répondis-je.

« — Alors, touche là, c'est une affaire conclue. Nous en parlerons plus longuement demain matin ; ce soir je te laisse. Couche-toi dans mon lit, tu dois en avoir bon besoin ; moi je sors : on m'attend pour une *opération* intéressante. J'emporte la clef ; si l'on venait frapper avant mon retour, tu n'ouvrirais pas.

« — C'est convenu.

« — Bonne nuit et à demain !

« — A demain.

« Jean-Paul quitta la chambre, je restai seul et je me jetai sur le grabat, en me promettant bien de quitter cette maison dès le point du jour et de n'y jamais revenir.

« Mais j'avais compté sans le sommeil lourd et profond qui s'empara de moi presque à l'instant et ne s'interrompit que lorsqu'une sensation imprévue vint me réveiller en sursaut.

« Les rayons du soleil inondaient la chambre de leur joyeuse clarté à travers les vitres poudreuses, et Jean-Paul, debout auprès du lit, venait de me toucher l'épaule.

« — Eh bien ! me demanda-t-il, comment vas-tu ce matin ?

« — Beaucoup mieux.

« — Quelle chance ! allons, lève-toi vite !

« J'étais tout habillé, en une seconde je fus sur pied.

« Je m'aperçus alors qu'il y avait sur la table deux objets nouveaux, un paquet assez volumineux et un mouchoir noué par les quatre coins.

« — C'est ma *part de prise*, dit Jean-Paul en remarquant la direction de mes regards.

« Il défit les nœuds du mouchoir, lequel était rempli d'écus, et il ajouta :

« — Prends ces soixante francs, petit...

« — Non ! m'écriai-je.

« — Ne vas-tu pas faire la bégueule ! c'est une avance, voilà tout. Prends, te dis-je, je le veux, et il le faut, ainsi pas de réplique ! Tu vas aller au Temple, tu y feras l'acquisition d'une *pelure* soignée, habit, veste et culotte dans le dernier genre, tu endosseras cette défroque qui t'ira comme un gant, tu feras de ta journée tout ce qui te conviendra, et ce soir nous nous retrouverons. Connais-

tu le cabaret de l'*Épi-scié*, sur le *boulevard du Crime*' à côté de l'hôtel Foulon ?

« — Je le connais.

« — Fort bien. Je t'y attendrai à onze heures précises.. D'ici là je t'aurai trouvé de l'ouvrage. Maintenant, file, et va te faire beau... Ah ! j'oubliais, devant le monde tu m'appelleras *Carillon*, c'est mon nom d'agrément.

« Jean-Paul me poussa dehors et ferma la porte derrière moi.

« Il m'avait mis, bon gré mal gré, les soixante francs dans la main, et je ne les avais acceptés que pour éviter une discussion, en me proposant de les lui renvoyer par le premier commissionnaire que je rencontrerais ; mais, une fois dehors, et lorsque je jetai les yeux sur mon ignoble blouse et sur mes chaussures sans semelles, l'idée de posséder enfin une toilette presque élégante me séduisit et me fascina à tel point que je n'eus pas le courage de résister à cette tentation, et que je m'acheminai machinalement vers le Temple.

« — D'ailleurs, me disais-je à moi-même pour me mettre en paix avec ma conscience qui me reprochait de m'associer à un vol en profitant d'un argent volé, un costume décent me procurera sans doute les moyens de gagner ma vie d'une façon honorable ; j'économiserai, je rendrai le plus tôt possible à Jean-Paul, les soixante francs qu'il me prête, et je n'aurai en définitive pas la moindre chose à me reprocher. Peut-être, monsieur le baron, trouvez-vous que j'avais tort de raisonner ainsi ?...

— Non, mon jeune ami, répondit M. de Maubert, vous avez complètement raison, et je ne saurais que vous approuver.

Raphaël continua :

— J'arrivai au Temple, je marchandai plusieurs habillements complets, mais le prix de presque tous me parut exorbitant, et comme je le dis sans façon, cette franchise m'attira force injures de la part des boutiquiers exaspérés.

« Mais enfin, sur la *place de la Rotonde*, je fis la découverte d'un fripier plus consciencieux ou plus pressé de vendre, qui, moyennant la somme de cinquante francs, me fournit une redingote verte dite *polonaise*, ornée de passementerie et de brandebourgs, un pantalon gris, un gilet, un chapeau, une cravate, une chemise, une paire de bas et des souliers.

« Tout cela n'était ni bien neuf, ni bien solide, je n'ai pas besoin de vous le dire ; mais je me laissai subjuguer par la fallacieuse apparence de ces divers ajustements, et je gagnai en toute hâte les boulevards, afin de faire admirer aux passants ma splendeur de fraîche date et surtout afin de contempler, tout à mon aise, mon image reflétée dans la devanture des boutiques.

« Je me trouvais mieux mis qu'un fils de pair de France et j'avais l'intime conviction que les hommes me suivaient d'un œil jaloux et les femmes d'un regard amoureux et charmé.

« Il me restait douze francs, y compris les quarante sous gagnés la veille au soir devant l'Ambigu.

« J'entrai dans un restaurant d'ordre modeste, et j'y déjeunai, puis je repris fièrement ma promenade triomphale.

X

ROUGE ET NOIRE.

— Je consacrai la journée entière, jusqu'à l'heure du dîner, à cette exhibition de moi-même, continua Raphaël, puis j'entrai dans un restaurant à dix-huit sous de la rue de l'Arbre-Sec, car, bien résolu à ne pas accepter l'association que m'avait proposée Jean-Paul, je voulais ménager le plus possible mes finances.

« J'achetai cependant un cigare en sortant de table, et ne sachant que faire de mon temps et de ma personne, j'allai me promener dans les galeries du Palais-Royal.

« Déjà je venais de les parcourir à deux reprises et dans tous les sens, quand, après avoir peu à peu ralenti le pas, je m'arrêtai machinalement.

« J'étais en face de cette petite porte au-dessus de laquelle le *numéro 113* se détache en caractères d'un rouge ardent, sur un transparent lumineux.

« Je n'avais jamais joué, et je me souvenais tout à coup de cette croyance populaire qui prétend qu'on est sûr de gagner quand on joue pour la première fois.

« Je ne suis ni superstitieux ni crédule, et je n'ajoutais pas la moindre foi à l'adage erroné qui me revenait en mémoire...

« Et cependant, je ne sais quelle voix intérieure, je ne sais quel instinct divinatoire, me criait d'essayer.

« Tenté vivement, mais encore indécis, je restais debout sur le seuil, ne sachant si je devais avancer ou reculer, quand je fus heurté par trois ou quatre jeunes gens qui sortaient de la maison de jeu.

« Leurs figures rayonnantes exprimaient la joie du triomphe, ils secouaient en marchant les écus dont leurs poches étaient pleines, et l'un d'eux, dans un accès de facile générosité, jeta une pièce d'or à un pauvre diable qui le regardait d'un œil d'envie.

« Cet aspect me décida. Je montai.

« Dans l'antichambre, on me prit mon chapeau, ce qui me surprit fort.

« J'entrai dans la première salle...

« A peine avais-je affronté cette atmosphère brûlante, à peine avais-je eu le temps de regarder les visages des joueurs, visages joyeux ou désespérés, que je me sentis pris d'une sorte de fièvre ou plutôt de vertige.

« La salle, humble et quasi-nue, me parut un palais, et je vis s'entr'ouvrir devant moi les perspectives de l'Eldorado.

« Un vieux monsieur, vêtu de noir, dont la mise décente attestait cependant la misère, s'approcha de moi de l'air le plus soumis, et me demanda avec un sourire obséquieux :

« — Monsieur se propose de jouer, sans doute ?

« — Oui, répondis-je.

« Mon interlocuteur tenait de la main droite une longue épingle, et de la main gauche une carte percée d'une infinité de petits trous.

« Il consulta cette carte et ajouta :

« — Monsieur me permettra de lui faire observer que *la noire* a passé six fois.

« Je ne compris pas ce que le vieux monsieur voulait me dire, et je ne lui en demandai point l'explication.

« Je jetai une pièce de quarante sous au hasard, elle tomba sur *la rouge*.

« *La rouge* sortit.

« Je ne m'aperçus point que j'avais gagné, et je fis *paroli* sans le savoir.

« *La rouge* sortit de nouveau et comme personne ne me disait de prendre mon argent, je me figurai que j'avais perdu et je continuai machinalement à regarder le jeu, sans me rendre compte de sa marche, et surtout sans croire que je fusse intéressé d'une façon directe à ce qui se faisait devant moi.

« Aussi je m'étonnais fort d'entendre, à chaque nouveau coup, une sorte de frémissement circuler dans la galerie, et de voir tous les yeux se fixer sur moi.

« Enfin le vieux monsieur me poussa vivement le coude en disant :

« — Mais, monsieur, vous voulez donc absolument reperdre ?

« — Reperdre quoi ? demandai-je.

« — Ne voyez-vous pas que la rouge a passé onze fois ?

« — Eh bien ?

« — Eh bien ! vous gagnez *quatre mille quatre-vingt-quatorze francs*, puisqu'il y en a au jeu *quatre mille quatre-vingt-seize*, et que votre première mise était de *deux francs*. Au nom du ciel, arrêtez-vous !

« — Comment ! tout cela est à moi ? m'écriai-je.

« — Mais sans doute !

« Je me hâtai de m'emparer de mon énorme gain.

« Il était temps.

« Le coup d'après, *la noire* sortit.

« Au moment où j'allais quitter le salon, le vieux *ponte*, en habit noir, m'aborda de nouveau, et me dit :

« — Si monsieur a été content de mes petits avis, j'espère que monsieur ne m'oubliera pas ?...

« Je lui jetai toute ma monnaie et je m'enfuis avec les quatre billets de banque.

« J'étais hors de moi-même, j'étais ivre, j'étais fou !

« A peine pouvais-je croire à la réalité du fabuleux bonheur qui venait de me tomber du ciel, et pour me convaincre qu'un songe ne m'abusait point, j'entrai chez un changeur et je métamorphosai en or le papier de la banque de France.

« Alors seulement, et en sentant le précieux métal frémir sous mes doigts palpitants, j'acquis une certitude palpable, je me crus riche, je me crus millionnaire, il me sembla que cet argent serait inépuisable, et d'ailleurs je n'aurais qu'à retourner au *numéro 113* pour en gagner autant et plus ! . . . .

« Ma première pensée en ce moment, je dois le dire, et l'une de celles qui me rendirent le plus heureux, fut que j'allais pouvoir m'acquitter à l'instant même envers Jean-Paul, en lui rendant les soixante francs qu'il m'avait prêtés le matin ; mais il était à peine dix heures, et je n'avais rendez-vous avec lui qu'à onze heures.

« Je commençai donc par aller rue de Richelieu, et je louai, dans l'un des beaux hôtels garnis qui avoisinent la place Louvois, un petit logement de cent louis par an, dont je payai le premier mois d'avance.

« Ensuite, je pris une voiture de remise et me fis conduire au boulevard du Temple, en face du cabaret de l'*Épi-Scié*.

« Là, je mis pied à terre, et j'entrai dans ce bouge horrible dont, sans doute, monsieur le baron, vous ne vous faites aucune idée...

— Pardonnez-moi, mon jeune ami, interrompit M. de Maubert ; il n'est rien dans Paris que je n'aie voulu connaître par moi-même. Cette curiosité est dans mes mœurs, j'aime tout voir et tout savoir. L'estaminet dont il s'agit ne pouvait échapper à mes investigations ; je l'ai visité deux fois avec dégoût, mais sans surprise.

— Dans ce cas, reprit Raphaël, il est inutile de vous le décrire...

— Tout à fait inutile.

— A travers un nuage de fumée, j'aperçus Jean-Paul, il buvait de l'eau-de-vie avec deux autres individus.

« — Mazette ! s'écria-t-il en me voyant, comme te voilà flambart ! on dirait d'un hospodar de Valachie, ou d'un marchand de vulnéraire suisse ! rien que ça de genre ! parole d'honneur, tu m'éblouis !

« Jean-Paul avait le nez rouge, le geste incertain, les yeux plus petits et plus brillants qu'à l'ordinaire.

« Évidemment il était, sinon ivre, du moins un peu gris.

« Je me souvins de la recommandation qu'il m'avait faite la nuit même à propos de son nom de guerre, et je lui dis :

« — J'ai à te parler, *Carillon*.

« — Eh bien ! parle, répondit-il ; je t'écoute, petit.

« — Il s'agit de choses confidentielles, et ces messieurs...

« — Ces messieurs sont des amis!

« — N'importe, ce que j'ai à te dire ne regarde que toi, et je ne le dirai qu'à toi.

« — Ah! *misère humaine!* que de mystères! Enfin suffit, on y va!

« Jean-Paul se leva et transporta son verre à une autre table.

« — C'est bête comme tout, ce que tu fais là! s'écriat-il quand je l'eus rejoint; à quoi bon se cacher des amis, lorsqu'on doit *travailler* ensemble?

« — Voilà justement ce qui te trompe : je ne *travaillerai* ni avec eux, ni avec toi...

« — Allons donc!

« — C'est comme ça.

« — Ainsi tu te dédis?

« — Oui.

« — C'est positif et définitif?

« — Tout ce qu'il y au monde de plus positif et de plus définitif!

« — Sacrebleu! fit alors Jean-Paul en donnant un coup de poing sur la table, c'est pas gentil, mon garçon, et tu n'es qu'un méchant filou!...

« — Un filou! m'écriai-je en bondissant; pourquoi me dis-tu cela, Jean-Paul!

« — Parce que ça est!

« — Comment, ça est?...

« — Oui. Ce matin tu promettais tout ce que je voulais, parce que tu avais besoin de moi pour te *renipper*; et maintenant que tu as dépensé mon argent à t'introduire dans des elbœufs à brandebourgs, tu me brûles la politesse! Je te le répète, tu m'as friponné, et friponner les amis, c'est dégoûtant!

« — Mais écoute-moi donc, imbécile, et tu verras que tu te plains à tort!

« — A tort! par exemple!

« — Eh oui! puisque je ne suis ici, ce soir, que pour te le rapporter, ton argent...

« — Bah!

« — Et la preuve, c'est que le voici.

« Je pris dans ma poche une poignée d'or, et je présentai trois napoléons à Jean-Paul.

« — Plus que ça de monnaie! dit-il en voyant mes mains pleines de louis.

« — J'en ai bien d'autres! répondis-je.

« — Ah! farceur! et moi qui te croyais nigaud! Il paraît que tu as trouvé à *travailler* tout seul.

« — Pas dans le sens que tu donnes à ce mot.

« — Ainsi cet argent-là n'est pas volé?

« — Non.

« — T'as donc des rentes?

« — Aucune.

« — T'as fait un héritage, alors?

« — Pas davantage.

« — Je donne ma langue aux chiens, explique-moi la chose.

« — J'ai joué et j'ai gagné, voilà tout.

« — Tu avais des fonds pour jouer, à ce qu'il paraît!

« — Quarante sous m'ont rapporté quatre mille francs.

« — Mazette! quelle chance! Tu vas manger ça et vivre comme un seigneur?...

« — Mais oui.

« — Et après?

« — Comment, après?

« — Quand il ne restera plus rien du petit *saint-frusquin*?

« — J'en gagnerai d'autre.

« — Pas sûr!

« — Je crois le contraire.

« — Enfin, tant mieux pour toi!

« — Merci.

« — Dans tous les cas, si la chance tourne, et si tu retombes dans la panne, souviens-toi des amis. Ce que je t'ai proposé tient toujours, et, quand tu le voudras, je t'associerai à mon commerce; vois-tu? ça, c'est encore plus sûr que les cartes!

« — Je te sais gré de tes offres, mais je ne suppose pas que j'en profite.

« — A ton aise!

« Jean-Paul me donna une poignée de main, et je quittai le cabaret pour aller prendre possession de mon nouveau logement. »

XI

LES TENDRESSES DU BARON.

Raphaël s'arrêta et regarda la pendule placée sur un socle de marbre noir ciselé, dans le panneau qui lui faisait face.

Elle indiquait minuit moins un quart.

— Mon Dieu! monsieur le baron, dit le jeune homme, voilà près d'une heure et demie que je parle : combien vous devez être fatigué et ennuyé de ce long récit!... J'espère cependant que vous vous souviendrez que je n'ai fait qu'obéir à vos ordres en vous racontant ma vie...

— Je crois, répondit M. de Maubert avec un sourire, je crois que vous agissez en ce moment comme certains littérateurs qui semblent faire peu de cas de leurs ouvrages, afin de s'attirer des compliments. Eh bien! mon jeune ami, vous les aurez, vos compliments, et qui plus est, vous les aurez très-sincères, car je vous écoute avec un intérêt croissant; vos paroles me font l'effet d'un roman plein de naturel et d'imprévu, chose rare par le temps qui court, et je voudrais que vous eussiez à raconter pour tout le reste de la nuit.

— Vous êtes mille fois trop bon, monsieur le baron, mais j'ai presque fini.

— Tant pis!

— Permettez-moi de dire : *tant mieux!* Je reprends et j'achève : pendant six semaines à peu près, je menai, de tous points, l'existence d'un homme riche; j'avais monté ma garde-robe et pris une voiture au mois; je fréquentais les théâtres; je dînais chez Véfour; je me faisais le sultan du harem des *Galeries de bois;* bref je ne me refusais rien...

— Et vous aviez raison : jouir, voilà le but de la vie, le seul du moins que je comprenne et que j'approuve.

— Oui, sans doute, mais à ce train-là mes quatre mille francs s'écorniaient et s'amoindrissaient avec une effrayante rapidité.

« Quand il ne me resta plus que 25 louis, je me dis qu'il était temps de remplir à nouveau ma bourse, et je retournai au *numéro* 113.

« Mais j'avais perdu ma virginité de joueur et mon étoile ne brillait plus au ciel.

« Après des intermittences qui firent de ma soirée une véritable agonie, je sortis du tripot parfaitement à sec.

« Le lendemain, je congédiai ma voiture, je vendis ma montre, une partie de ma garde-robe et retournai jouer.

« Je perdis encore.

« Un espoir insensé continuait à me soutenir; je vendis le reste de mes effets, réservant seulement ceux que j'avais sur le dos; je quittai l'hôtel élégant que j'habitais, je m'installai dans une horrible maison garnie de la rue de Chartres, et je retournai au 113.

« Je perdis toujours.

« J'allai au Temple, suprême ressource! là, en échange des vêtements neufs que je portais, un fripier me donna vingt francs et la plus ignoble défroque qui me couvre en ce moment.

« Il y a de cela huit jours.

« Je courus au jeu.

N° 100.

ROMANS NOUVEAUX

CONFESSIONS D'UN BOHÊME

PAR XAVIER DE MONTÉPIN

10 centimes.

ROMANS NOUVEAUX

Je me sentis saisir à la cravate. (Page 52.)

« Avec mes vingt francs, je gagnai dix louis.

« Pendant cette semaine je me soutins, ballotté par de nouvelles intermittences et ne pouvant ni perdre ni gagner.

« Enfin, hier au soir, au moment où j'arrivai au tripot, je trouvai la galerie en grand émoi.

« Chose inouïe! *la rouge* venait de passer vingt fois de suite.

« C'est la fortune qui me revient! » pensai-je.

« Et je jetai mes dix louis sur la noire.

« *La rouge* sortit pour la vingt et unième fois!

« Il ne me restait pas un sou.

« J'allai me coucher.

« Ce matin, le propriétaire de mon garni monta chez moi et me demanda le paiement d'une semaine d'avance, les huit premiers jours étant écoulés.

« Je le priai d'attendre.

« Il me mit à la porte en m'engageant à ne pas revenir.

« Je sortis; j'avais faim, je ne déjeunai pas.

« La journée se passa, je ne saurais trop vous dire comment, car je n'avais que d'une façon très-imparfaite la conscience de mes actes.

« L'idée me vint d'aller trouver Jean-Paul; mais cette vie infâme, avec le bagne en perspective et peut-être l'échafaud, me fit horreur et m'épouvanta.

« D'un autre côté, après ces quelques semaines d'une existence joyeuse et dorée, je ne pouvais me résoudre à reprendre mon métier de vendeur de contre-marques, porter de nouveau la casquette et la blouse me paraissait impossible.

« Je me dis qu'il valait mieux mourir.

« Mon parti fut bientôt pris.

« La nuit était venue.

« Je voulus jeter un dernier regard à toutes les séductions, à toutes les voluptés du monde, à cette coupe de délices dont j'avais un instant approché mes lèvres, et que je quittais pour jamais.

« J'entrai dans le Palais-Royal.

« Vous savez le reste, monsieur le baron.

« Vous m'avez arrêté sur le seuil de la mort.

« Maintenant, je vous le demande encore : que voulez-vous faire de moi ? »

Le baron prit un air sérieux et dit d'une voix tout à la fois affectueuse et grave :

— A cette question, mon jeune ami, je répondrai, comme je le dois d'ailleurs, d'une façon nette et précise.

« Le hasard vous a envoyé à moi : je veux faire de vous le fils que m'a refusé l'amour.

« Je veux ouvrir à deux battants, devant vous, les portes d'une vie de plaisirs et de bonheur.

« Je veux vous attacher à moi par tous les liens de l'affection et de la reconnaissance.

« Je veux être pour vous plus qu'un père n'est pour son fils ; car, au lieu d'un censeur rigide et morose, vous trouverez en moi un ami toujours indulgent, un confident toujours facile.

« Je veux que, dès aujourd'hui, ma bourse soit la vôtre, comme, après moi, ma fortune sera votre fortune.

« Et, en vous offrant cela, je crois vous offrir peu de chose, car je vous demande en échange votre tendresse, votre tendresse tout entière.

« Dites, voulez-vous me la donner ? »

Le baron était debout, il avait prononcé ces dernières paroles d'un ton véhément et pathétique.

— Oui, oh ! oui ! répondit le jeune homme ému jusqu'aux larmes par une scène si étrange et si inattendue, à vous tout mon amour !

— Alors, s'écria M. de Maubert avec un geste digne de Frédérick Lemaître, le premier comédien de notre époque, Raphaël ! ô mon fils, viens sur le cœur de ton père !

Raphaël se jeta dans les bras entr'ouverts du baron, et les deux hommes se confondirent en une longue et muette étreinte.

Ce fut un spectacle digne, en vérité, des pinceaux d'un peintre de génie.

Le fils de Martial se livrait, sans arrière-pensée aucune, à la joie immense qui débordait en lui.

Sur la figure rude et faussement bienveillante de M. de Maubert se lisait, au contraire, l'expression d'un amer sarcasme et d'une raillerie infernale, tandis qu'il feignait d'essuyer, sous sa paupière gauche, une larme qui ne coulait point.

Jamais, peut-être, le groupe sublime de *Méphistophélès* et de *Faust* ne s'était incarné dans une forme plus vivante, plus palpable et plus satanique.

Le baron mit fin le premier à ces tendresses frelatées et à ces effusions menteuses.

— Tu dois être brisé de fatigue, mon pauvre ami ? dit-il.

— C'est vrai.

— Viens te reposer ; demain matin nous causerons, un peu du passé, beaucoup de l'avenir.

— Oui, monsieur...

— Appelle-moi ton père !

— Oui, mon père...

— Oh ! que ce doux nom me fait de bien ! Raphaël, nous sommes heureux...

— Je le crois, mon père...

— Et moi, j'en suis sûr, mon fils... Suis-moi, cher enfant.

Le baron prit sur la table un flambeau, ouvrit une porte latérale, et s'avança dans une galerie pleine de tableaux, de curiosités et d'objets d'art.

Au fond de cette galerie, il ouvrit une seconde porte et introduisit Raphaël dans une pièce petite et coquette, tendue d'une étoffe de soie pâle, à grandes fleurs.

On eût dit un boudoir de petite-maîtresse.

Les meubles et le lit étaient en bois de rose, et le parquet imitait, par ses incrustations, une mosaïque italienne du plus beau travail.

— Voici ta chambre provisoire, dit le baron avec un sourire ; tu vois qu'elle est logeable.

— C'est un palais ! répondit le jeune homme.

— Non pas ! et pour toi, mon cher enfant, nous aurons beaucoup mieux ; mais je suis pris au dépourvu, et j'ignorais ce matin que le ciel m'enverrait ce soir un fils. Bonne nuit, mon ami, couche-toi, dors et repose bien, car nous avons énormément de courses et de choses à faire dans la journée de demain.

Les deux hommes échangèrent une dernière accolade, et le baron se retira.

Raphaël, resté seul, s'efforça de ne point penser aux événements incompréhensibles de cette soirée étrange.

Il avait peur de devenir fou.

Il se coucha et, malgré le trouble de ses sens, il ne tarda point à s'endormir.

Mais son sommeil fut peuplé par des rêves aussi bizarres que la réalité.

Il lui sembla d'abord qu'il menait jusqu'au dénouement son sinistre projet de suicide.

Il se voyait debout sur le parapet du Pont-Neuf, et se précipitait dans l'espace.

Il se sentait tourbillonner comme une feuille jetée au vent, entre le ciel semé d'étoiles et les eaux noires de la Seine.

Mais, au moment où il touchait ses eaux si sombres et si froides, elles devenaient soudain lumineuses et pétillantes.

La rivière se métamorphosait en un bassin immense rempli de vin de Champagne, dans lequel nageaient, en guise de poissons, des faisans tout rôtis.

Des chaînes de fleurs soutenaient Raphaël qui, marchant gaillardement sur les flots, atteignait à pied sur un charmant tilbury dans lequel il prenait place.

A peine avait-il touché les coussins moelleux de la légère voiture, que le baron se trouvait assis auprès de lui, fouettait l'hippogriffe, moitié dragon et moitié cheval, qui piaffait entre les brancards et qui s'élançait aussitôt avec une vitesse fantastique.

Après quelques instants d'une course plus rapide que celle de Lénore, dans la ballade de Bürger, le tilbury s'arrêtait.

Les deux hommes se trouvaient à côté d'une échelle dont la base était large et dont le sommet se perdait dans les nuages.

— Il faut monter ! disait le baron.

— Montons, répondait Raphaël.

Et tous deux commençaient à franchir les échelons.

Ils montaient, ils montaient, mais l'échelle semblait s'allonger à dessein sous leurs pieds fatigués.

Déjà la terre n'apparaissait plus que comme un point obscur, et le but restait invisible.

Le rêve tournait au cauchemar.

Raphaël était haletant, sa poitrine se soulevait convulsivement, et ses membres se raidissaient.

Enfin le supplice eut un terme.

L'échelle magique devint un escalier de marbre.

Une porte d'or, constellée d'éblouissants rayons, s'ouvrit devant les arrivants.

Des bouffées de parfums et d'harmonie vinrent frapper Raphaël au visage et rafraîchirent son front mouillé de sueur.

Le baron le prit par la main et l'introduisit au milieu des délices orientales du paradis de Mahomet.

. . . .

XII

LE VICOMTE RAPHAEL.

Il était neuf heures du matin quand Raphaël ouvrit les yeux.

Dans le premier moment, il lui fut impossible de se rendre un compte exact et de sa situation actuelle, et de ce qui s'était passé la veille au soir, et de l'endroit dans lequel il se trouvait.

Mais, peu à peu, ses souvenirs revinrent en foule et un joyeux sourire se dessina sur ses lèvres qui murmurèrent :

— Je n'y comprends rien, mais qu'importe !

En même temps il chercha du regard ses vêtements.

Ils avaient disparu du siège sur lequel il les avait placés en se couchant.

A leur place se trouvait une robe de chambre de toile perse, un large pantalon de nankin, une chemise de toile de Hollande garnie de dentelles, des chaussettes de soie, un bonnet grec et des pantoufles brodées.

Sur la table de nuit il y avait une ravissante montre de Bréguet, garnie de ses breloques et d'une chaîne d'or émaillé d'un travail exquis.

Un portefeuille de maroquin noir et une bourse de soie rouge accompagnaient cette montre.

Raphaël visita la bourse.

Elle contenait cinquante louis.

Il ouvrit le portefeuille.

Quatre billets de banque de cinq cents francs chacun s'en échappèrent.

Sur une petite feuille de papier étaient écrits ces mots :

« *Pour les menues dépenses de mon cher fils Louis Raphaël.* »

— Décidément, pensa le jeune homme, cela me va de plus en plus, et mon père adoptif fait grandement les choses, il faut lui rendre cette justice !

Comme il achevait de formuler dans son esprit cette phrase élogieuse, le baron entra sur la pointe du pied.

Il vit que Raphaël était éveillé et s'approcha du lit pour lui serrer la main en disant :

— J'ai une nouvelle à t'annoncer, mon cher enfant.

— A moi?

— Une bonne nouvelle...

— Ah !

— Je viens de la rue d'Enfer...

— Vous êtes allé à l'hospice? s'écria Raphaël.

— Oui.

— Eh bien?...

— J'ai obtenu les renseignements les plus circonstanciés, les plus minutieux...

— Et vous avez appris?...

— D'abord l'exacte vérité de tout ce que tu m'avais dit toi-même hier, et de plus...

— De plus ?

— Que depuis ton départ de l'hospice personne ne s'était informé de toi, personne ne t'avait réclamé...

— Mais tout à l'heure, cependant, vous me parliez d'une bonne nouvelle...

— Sans doute.

— Je ne vous comprends pas.

— Ah ! ton cœur devrait me deviner... Je me réjouis, moi, de te voir abandonné des tiens, car si tu retrouvais ta famille, Raphaël, ta famille, riche, noble, puissante, elle prendrait la première place dans tes affections et je ne serais plus le premier pour toi... Comprends-tu, maintenant, mon fils?

— Bon père ! fit Raphaël en serrant pour la seconde fois la main du baron, fussé-je un fils de roi, jamais, jamais je ne cesserais de vous aimer.

Le baron fit semblant d'essuyer une larme sous sa paupière droite.

Disons en passant qu'il n'avait pas mis les pieds à l'hospice des *Enfants-Trouvés*, et que son but, en débitant ce mensonge à Raphaël, était tout simplement d'éloigner de l'esprit du jeune homme la pensée d'aller lui-même aux informations, ce à quoi il réussit à merveille.

— Voyons, reprit M. de Maubert, lève-toi, mon ami, tes fournisseurs attendent dans l'antichambre que tu veuilles bien les recevoir.

— Mes fournisseurs ! ! !

— Sans doute, ton bottier, ton tailleur, ton chemisier, que sais-je encore?... Ce sont de braves gens, pour qui tu seras une excellente pratique, car c'est moi qui paierai les factures.

Raphaël sauta à bas de son lit et passa rapidement le pantalon et la robe de chambre dont nous avons parlé.

Ensuite on introduisit Staub, le tailleur ; puis le bottier Sakoski, ces illustres législateurs qui promulgaient à leur époque les changeantes lois de la mode.

Ils avaient eu soin de se munir de vêtements tout prêts et de chaussures toutes confectionnées, de telle sorte que Raphaël eût immédiatement une garde-robe fort confortable en attendant qu'on pût lui livrer ses commandes, qui devaient prendre un certain temps, car la liste en était formidable.

Quand Raphaël eut revêtu une toilette du matin, charmante de simplicité et d'élégance, il devint impossible de rencontrer un cavalier de plus haute mine et de tournure plus aristocratiquement distinguée.

C'était bien le type du gentilhomme de race, aussi reconnaissable à la finesse de ses formes, même pour le vulgaire grossier, que le cheval de pur sang pour les connaisseurs.

Il était si beau que le baron le conduisit devant une glace et lui dit :

— Regarde-toi, mon fils, et dis-moi si je n'ai pas le droit d'être fier de mon ouvrage, car tu es un peu mon ouvrage.

Raphaël, qui s'admirait, ne répondit point.

— Allons déjeuner, reprit M. de Maubert ; ensuite nous nous mettrons en route pour te trouver un logement.

— Un logement? répéta le jeune homme ; je ne demeurerai donc pas avec vous?

— Non, sans doute: à ton âge tu serais ici trop loin du véritable centre de Paris ; et puis un jeune homme mène nécessairement une vie peu compatible avec l'apparente gravité d'un homme dans ma position ; mais, quoique nous ne devions pas loger ensemble, nous nous verrons tous les jours, et tu m'inviteras souvent chez toi à de petits soupers gaillards et d'aimables parties carrées ; les apparences seront sauvées, quant à ce qui me concerne, et que faut-il en ce monde pour être plus que parfait? sauver les apparences, voilà tout, mon garçon ! Sur ce, à table et hâtons-nous !

En sortant de table, le baron et Raphaël montèrent en voiture et gagnèrent le boulevard de Gand.

Là, ils se mirent en quête d'appartements à louer.

Après quelques recherches infructueuses, ils découvrirent enfin, tout auprès des Bains-Chinois, un délicieux petit entre-sol, du prix de cent louis par an, avec écurie et remise.

Le baron l'arrêta sur-le-champ.

Deux jours après, cet entre-sol était meublé de la façon la plus ravissante.

Les armoires étaient pleines de linge, la cave abondamment fournie de vins choisis et précieux.

Il y avait, sous la remise, un charmant cabriolet.

Dans l'écurie trois chevaux anglais.

Un valet de chambre, un jockey et une cuisinière devaient composer l'état de maison du jeune homme.

Le quatrième jour, M. de Maubert conduisit Raphaël dans cet appartement qui réunissait tous les luxes, toutes les superfluités de la vie, et l'y installa.

— Te voilà chez toi, lui dit-il en le faisant asseoir sur le *canapé* du salon ; maintenant, mon enfant, permets-moi de te donner quelques conseils.

— Je les suivrai, mon bon père, comme s'ils étaient des ordres.

— Des ordres ! ah ! pour Dieu ! ne prononce pas ce vilain mot, je ne dirais plus rien.

— Eh bien ! je vous écoute... comme un père...

— J'aime infiniment mieux que tu m'entendes, tout simplement, comme un ami...

— Soit.

— Je désire que tu dépenses le plus d'argent possible...

— Ça sera facile.

— Je désire que, pour remplir ta bourse quand elle sera vide, tu t'adresses toujours à moi, jamais à d'autres.

— Je vous le promets.

— Je désire que tu prennes des leçons de danse, d'escrime et d'équitation, sous la direction des meilleurs maîtres et avec une extrême assiduité.

— C'est convenu.

— Que tu ne voies pas mauvaise compagnie... en hommes, bien entendu : les femmes sont toujours nos égales, prises dans un salon ou ramassées dans la rue !...

— Soyez tranquille.

— Bientôt je te présenterai dans le monde ; tu y seras admirablement reçu, car je vais faire courir, sur ton compte, une certaine histoire mystérieuse qui te procurera d'innombrables succès...

— Une histoire !

— Oui. Je répandrai le bruit que tu es le fils naturel d'une tête couronnée qui doit te reconnaître un jour et qui t'a placé sous ma tutelle. Je ne concernai aucun nom, mais j'entourerai mon récit d'une gaze assez transparente pour que tout le monde puisse deviner, et assez épaisse cependant pour qu'il soit impossible de recevoir un démenti formel.

— Votre idée est excellente !

— N'est-ce pas ? A ce propos, je crois qu'il est bon que tu prennes un titre quelconque.

— Oui, mais lequel ?

— Peu importe, *comte* ou *vicomte*... Vicomte t'irait-il ?

— Parfaitement.

— Alors, adoptons-le : *vicomte* est bien porté. Vicomte *Raphaël*, cela sonne à merveille. Tu auras soin de faire graver des cartes de visite.

— Dès demain.

— Avec une couronne dans l'angle gauche.

— C'est convenu.

— Enfin, mon cher enfant, la dernière et la plus importante de mes recommandations est celle-ci : Amuse-toi beaucoup ! amuse-toi sans cesse, car on regrette amèrement, quand on devient vieux, tout le temps de sa jeunesse qu'on n'a point consacré au plaisir... Sur ce, bonjour, et à tantôt. Viens me rejoindre au Palais-Royal, à six heures précises, nous dînerons ensemble aux *Frères Provençaux* ; je ne serai point fâché de faire une petite débauche !

Le baron quitta son protégé, que désormais nous appellerons le vicomte Raphaël, et se dit en remontant en voiture, tandis que de ses yeux jaillissait un double éclair :

— Tout est prêt ! tout est prévu ! à l'œuvre, maintenant !

I

UN DÉJEUNER DE GARÇONS.

Six mois s'étaient écoulés depuis les événements que nous avons mis sous les yeux de nos lecteurs à la fin du précédent volume.

Docile aux instructions de M. de Maubert, le vicomte Raphaël avait utilisé ce temps pour s'adonner à tous les exercices du corps, indispensable complément de l'éducation d'un *parfait gentilhomme*.

Ses dispositions naturelles venant en aide à son ardeur, il avait merveilleusement profité des leçons de maîtres habiles.

Il montait à cheval comme feu M. de La Guérinière.

Il tenait l'épée aussi bien que le chevalier de Saint-Georges, de batailleuse mémoire.

Il aplatissait douze balles de suite sur une empreinte moins large que le diamètre d'un pain à cacheter.

Et enfin il dansait à faire mourir de jalousie M. de Trénis en personne.

Au milieu de ces douces occupations, chacun de ses jours (qu'on nous passe cette expression) était tissu d'or et de soie.

Tous les luxes, toutes les jouissances de la vie, avaient été rassemblés autour de lui par M. de Maubert, lequel, de plus, mettait sa bourse à la disposition du jeune homme et ne cessait de l'encourager à y puiser sans façon.

Raphaël, jusqu'à cette époque, était allé fort peu dans le monde, mais il avait contracté des liaisons plus ou moins intimes avec un certain nombre de jeunes gens.

Ces derniers, soigneusement choisis par M. de Maubert, qui s'était rendu l'intermédiaire de leurs relations avec Raphaël, appartenaient à la haute classe de la société, et à la catégorie de ces fils de famille insouciants et dissipateurs, démoralisés dès la sortie du collège par la soif et l'abus des plaisirs de toutes sortes, libertins blasés à vingt ans, passant une moitié de leur vie à chercher de l'argent chez les juifs et les usuriers, l'autre moitié à gaspiller les sommes si chèrement acquises, escomptant leurs héritages à venir, allant jusqu'à trouver que ces héritages se faisaient bien longtemps attendre ; mais conservant, au milieu de cette effrayante et précoce dépravation, les formes et les allures de la meilleure compagnie.

Le baron attendait, pour produire dans le monde son fils adoptif, que le contact de ces aimables viveurs lui eût donné les hautes façons et le vernis aristocratique qui lui manquaient encore.

Ceci posé, remettons sur leurs *rails* les *wagons* de notre récit, et marchons à *toute vapeur*.

§

Il était un peu moins de midi, et plusieurs personnes se trouvaient déjà rassemblées dans le délicieux entre-sol du boulevard de Gand, entre-sol occupé par le vicomte.

Ce jour-là, Raphaël donnait un déjeuner de garçons.

Le nombre des convives devait être de dix, l'amphitryon compris.

Or trois invités manquaient encore à l'appel.

C'était d'abord le baron de Maubert.

Puis deux amis de Raphaël, MM. Albert de Prie et Philippe de Lansac.

Albert de Prie, âgé de vingt-deux ou vingt-trois ans et fils unique d'un membre de la chambre haute qui devait lui laisser avec son titre de pair de France une fortune de trois millions, passait pour l'un des plus charmants jeunes gens de Paris.

Il était spirituel, instruit, et, quoique prodigue et libertin, il valait beaucoup mieux, somme toute, par le cœur et par l'esprit, que la plupart de ses compagnons. Nous n'avons rien à dire de M. de Lansac.

La pendule du salon de Raphaël indiquait, nous le répétons, midi moins quelques minutes, et le déjeuner avait été annoncé pour onze heures.

Aussi les sept jeunes gens qui, pour tuer le temps, buvaient du vin de Madère en fumant des cigares de la Havane, maugréaient-ils fort à l'endroit des retardataires.

— C'est incompréhensible! disait l'un.

— Qui peut les retenir ainsi? demandait un autre.

— Comment diable se fait-il qu'Albert et Philippe, tous deux gens sachant vivre, dépassent d'une façon aussi incongrue les limites du quart d'heure de grâce!!!

— Es-tu bien sûr, Raphaël, de les avoir invités?

— Pardieu! répondit le vicomte, je leur ai écrit hier matin, et mon nègre *Acajou* m'a rapporté leurs réponses que voici.

— Alors je n'y comprends rien!

— Midi sonne! J'ai une faim féroce!

— Et moi donc!

— J'avalerais vingt-quatre douzaines d'huîtres d'Ostende et autant de Marennes, rien que pour me mettre en train.

— Une idée, messieurs, s'écria l'un des convives.

— Voyons l'idée!...

— Nous sommes entre amis, n'est-ce pas?

— Sans doute.

— Eh bien! entre amis, l'on ne se gêne guère et la cérémonie n'est pas de rigueur... Si nous nous mettions à table tout simplement sans attendre ces camarades félons? qu'en dis-tu, Raphaël?

— Je dis, messieurs, répondit le maître du logis, que je serais dix fois de votre avis, s'il ne s'agissait que de Philippe et d'Albert; mais le baron de Maubert doit être l'un des nôtres, et, bien que son retard soit incompréhensible, rien au monde ne me déterminerait à me mettre à table avant son arrivée.

— Ah! le fait est qu'on doit au baron toutes sortes d'égards! c'est un homme précieux, fort grand seigneur, fort bon enfant, obligeant au delà de toute expression et ayant toujours vingt-cinq louis à votre service... fit observer l'un des convives, le jeune comte de Salluces.

— Je suis bien aise de voir que vous lui rendez justice, dit le vicomte en souriant.

— Il n'y a ici qu'une voix sur son compte, répondit le jeune homme qui venait de parler; donc, puisque c'est le baron qu'on attend, attendons sans murmurer; seulement, Raphaël, fais-nous donner quelques biscuits... Nous distrairons notre appétit en les trempant dans ce madère qui est parfait.

Raphaël allait sonner quand la porte du salon s'ouvrit.

Acajou, magnifique nègre de Nubie poudré à frimas et galonné à outrance, apparut sur le seuil et cria d'une voix gutturale:

— Monsieur Philippe de Lansac!

— Enfin! en voici un! c'est bien heureux! dirent à la fois deux ou trois jeunes gens en courant au-devant du nouveau venu.

Mais ils reculèrent aussitôt avec étonnement et presque avec effroi.

M. de Lansac, grand garçon de vingt-six ans, fort amoureux de sa personne et renommé pour les suprêmes recherches de son élégance, offrait aux yeux, dans ce moment, le plus complet et le plus surprenant désordre de vêtements et d'allures.

Il était pâle comme un linceul.

Un des pans de sa redingote flottait déchiré sur son pantalon de couleur claire, tout taché de sang ainsi que ses manchettes et le devant de sa chemise.

En proie à une violente émotion, il se laissa tomber dans un fauteuil et ne put, dès l'abord, répondre aux nombreuses questions qui lui furent aussitôt adressées:

— Qu'est-ce?

— Qu'y a-t-il?

— D'où viens-tu?

— Que t'est-il arrivé?

— Pourquoi ce sang?

— Es-tu blessé?

Ces interrogations, sortant à la fois de toutes les bouches, se croisaient et se heurtaient confusément.

Enfin M. de Lansac releva la tête et murmura:

— C'est affreux! affreux! affreux!

— Mais quoi? quoi donc?

— Ce que j'ai vu! ce qui vient de se passer, mes amis!...

— Un malheur? demanda Raphaël.

— Un horrible malheur...

— Qui te frappe?

— Moi personnellement, non, mais nous tous.

— Comment?

— Vous m'attendiez, n'est-ce pas? et avec moi Albert de Prie?...

— Oui, mais quel rapport?...

— Albert ne viendra pas... il est mort depuis une heure...

— Mort!!!

— C'est son sang qui couvre mes mains et mes vêtements.

— Un assassinat, peut-être?...

— Non, un duel.

— Avec qui et à quel propos?...

— Je vais tout vous dire, mais permettez-moi de me remettre pendant un instant et d'attendre l'arrivée du second témoin de notre pauvre ami...

— Son second témoin?

— Le baron de Maubert.

— Le baron!... Où est-il?

— Chez lui; il a voulu y descendre en revenant de Vincennes pour changer de vêtements; il sera ici dans cinq minutes. Conduis-moi dans ta chambre, je te prie, Raphaël, je désirerais laver mes mains sanglantes et t'emprunter une chemise et un pantalon, car je ne puis rester en cet état...

— Viens avec moi, dit le vicomte.

Au moment où le maître de la maison et son hôte venaient de sortir ensemble, la porte du salon s'ouvrit de nouveau, et M. de Maubert fut annoncé par Acajou.

La physionomie du baron était calme, presque souriante, et ce ne pouvait voir de plus minutieusement correct que l'ensemble de sa toilette.

— Philippe de Lansac est arrivé, sans doute? demanda-t-il après avoir répondu aux saluts empressés qui l'accueillirent.

— Oui, dit quelqu'un, il est dans la chambre de Raphaël.

— Alors, vous savez déjà la triste nouvelle que nous vous apportons?

— Nous savons la déplorable mort de ce pauvre Albert, mais nous ignorons encore les détails, et si vous voulez bien, monsieur le baron, nous renseigner à ce sujet...

— Je préfère laisser cette tâche douloureuse à Philippe de Lansac, interrompit le baron; il était beaucoup plus avant que moi dans l'intimité de M. de Prie, et c'est à lui qu'appartient de droit l'oraison funèbre du défunt...

Il y avait, dans la manière dont fut prononcée cette dernière phrase, une teinte d'ironie, mais si bien voilée et si invraisemblable d'ailleurs en cette circonstance, qu'elle passa complétement inaperçue.

Le baron prit un cigare, l'alluma, et un silence à peu près général régna dans le salon jusqu'au retour de Raphaël et de Philippe.

Le vicomte alla serrer affectueusement la main de son protecteur, puis il s'approcha de la cheminée et sonna.

Acajou parut.

Le vicomte lui fit un signe auquel le domestique répondit par une inclination affirmative.

— Messieurs, dit alors Raphaël, si vous voulez bien passer à la salle à manger, le déjeuner est prêt.

L'instant d'après, les neuf convives étaient installés autour d'une table somptueusement servie.

Une seule place restait vide, et les regards se tournaient involontairement vers le siége préparé pour un hôte qui, le matin encore plein de vie et d'avenir, dormait maintenant d'un sommeil éternel.

Le repas commença sous cette impression lugubre.

II

LE PROLOGUE D'UN DRAME.

Nous éprouvons le besoin d'expliquer à l'avance et très-brièvement notre pensée, avant d'entamer le présent chapitre.

Cette explication préliminaire est indispensable, car, à son défaut, rien ne serait plus facile que de mal comprendre ou de dénaturer à dessein nos intentions.

Quelques amis, juges bienveillants et éclairés, nous ont reproché plus d'une fois de nous mettre en flagrante contradiction avec nous-mêmes, en défendant ardemment dans les journaux dits *réactionnaires* la cause de l'aristocratie, tandis que nous attaquions souvent dans nos livres cette même aristocratie.

Une telle accusation est plausible, mais elle porte à faux.

Oui, nous sommes et nous serons toujours les champions de cette noblesse vaillante et généreuse qui, depuis des siècles, dévouée à son pays, à son roi et à son Dieu, est fière à bon droit de son drapeau glorieux, de son honneur intact et de son blason sans tache.

Mais, si haut placés qu'ils soient sur les degrés de l'échelle sociale, nous sommes les adversaires incessants de ces gentilshommes dégénérés, oisifs et corrompus, sans talents et sans intelligence, inutiles à tous et à charge à eux-mêmes, bons tout au plus à devenir des palefreniers passables, — ridiculement orgueilleux des beaux noms qu'ils ne savent point porter, tenant à grand honneur de se casser les reins dans les périls sans gloire de tous les steeple-chases, — fiers jusqu'à l'outrecuidance de se voir les amants en titre de quelque maigre danseuse dont ils achètent au rabais les bonnes grâces frelatées, — copiant enfin, mais d'une façon basse et mesquine, les vices et les ridicules de nos ancêtres de la Régence.

Pour ces gentilshommes-là, eussent-ils dans leurs veines le plus pur sang de France, nous ne professons que dédain et mépris; nous les tenons pour les plus dangereux ennemis de la véritable aristocratie, car ils la font, par leur conduite, haïr et mépriser, et nous déclarons (nous qu'on n'accusera certes pas de tendances démocratiques) que nous estimons dix fois plus haut l'honnête ouvrier qui travaille pour gagner son pain, que le gentilhomme abâtardi à qui manquent la tête et le cœur.

Or (nous l'avons donné à entendre dans le premier chapitre de ce volume, et nous le répétons), c'est précisément à cette jeunesse dorée et flétrie qu'appartenaient les amis de Raphaël, et le but de ces préambules est d'empêcher les démagogues nos adversaires de se faire une arme, contre la noblesse en général, des scènes que nous allons décrire et des caractères qu'il nous faudra esquisser, en passant, dans les chapitres qui vont suivre.

§

Le repas commença, nous l'avons dit, sous le coup d'une préoccupation lugubre.

Mais l'insouciance et l'égoïsme étaient le fond du caractère de tous les convives, et bientôt ils s'efforcèrent d'éloigner l'impression douloureuse qui les assombrissait.

M. de Lansac seul, trop profondément ému pour se remettre aussi vite, restait sombre et silencieux.

— Philippe, mon ami, dit tout d'un coup Raphaël, ne vas-tu pas nous raconter enfin ce qui s'est passé ce matin ?...

— Je suis prêt, répondit le jeune homme.

— Halte-là ! s'écria le baron, le moment est mal choisi, ce me semble, pour narrer cette sombre histoire : chaque chose a son heure... A quoi bon parler de sang quand le vin de Champagne pétille ? Déjeunons d'abord, puisque nous sommes à table pour cela; aussitôt que nous aurons fini, il sera temps de parler des morts... Imitons les médecins habiles qui prescrivent l'antidote avant la maladie, et combattons la tristesse à venir par ce vin d'Aï frappé, le plus infaillible, le plus souverain de tous les remèdes !

On applaudit chaleureusement à ces lieux communs de philosophie épicurienne, et, chacun s'efforçant de suivre les préceptes de M. de Maubert, le déjeuner ne tarda point à prendre la physionomie joyeuse qu'il aurait dû avoir si la mort n'en avait pas décimé les convives.

A mesure que circulaient les flacons, la gaieté revenait, les voix, assourdies d'abord, remontaient peu à peu à leur diapason habituel, et le murmure toujours croissant des exclamations et des éclats de rire se mêlait au bruit cristallin des coupes entre-choquées et aux explosions des bouchons qui sautaient.

M. de Lansac lui-même cédait à son insu à l'entraînement général, ce qui s'expliquera facilement quand on saura que, pour s'étourdir sans doute, il buvait plus que tous les autres et ne laissait pas un seul instant son verre vide.

Au bout d'une heure, tous les convives (sauf le baron qui semblait être à *l'épreuve du vin*), entraient dans cet état de demi-ivresse qui dégénère bien rarement, pour les véritables *viveurs*, en une ivresse complète et abrutissante.

Cependant certains commençaient à n'avoir plus de façon très-nette la conscience de leurs actes, car l'un d'eux ayant élevé sa coupe qu'il vida d'un trait en criant :

— A la santé du mort !

Tous répétèrent en riant cet abominable toast et crièrent à leur tour en riant aux éclats :

— A la santé du mort !

Ces mots rappelèrent Philippe de Lansac au sentiment de la situation ; il se leva, mais non sans peine, et balbutia :

— Je vais vous raconter la chose... le moment est bien choisi, n'est-ce pas, baron ?

— Racontez si vous voulez, répondit M. de Maubert, ils ne vous écouteront pas !

Philippe se rassit, et, posant l'une de ses mains sur ses

yeux, parut se concentrer en lui-même afin de rassembler ses souvenirs flottants.

Sans doute ce travail le remit soudainement en face d'un spectacle bien terrible, car son ivresse se dissipa tout à coup, et, quand il releva la tête, une étrange pâleur avait envahi son visage, presque pourpre l'instant d'auparavant.

Cependant il commença sans se préoccuper le moins du monde de la très-médiocre attention que lui prêtaient ses auditeurs :

— Hier au soir, dit-il, j'étais resté chez moi ; j'avais la migraine et je m'apprêtais à me mettre au lit.

« Dix heures venaient de sonner.

— Ah ! dix heures venaient de sonner ?... répéta l'un des convives d'une voix pâteuse et hésitante.

— Oui.

— Très-bien... mon cher... très-bien...

— Pourquoi m'interromps-tu ?

— Pour rien... continue...

— J'entendis tout à coup agiter la cloche de ma porte d'entrée avec une violence inusitée, reprit Philippe ; mon domestique courut ouvrir, et, presque aussitôt, Albert se précipita dans ma chambre, pâle, le regard effaré et es cheveux en désordre.

« — Qu'y a-t-il donc ? m'écriai-je.

« — As-tu cinquante mille francs ? me demanda-t-il brusquement.

« — Non.

« — Peux-tu te les procurer ?

« — D'ici à combien de temps ?

« — D'ici à une heure, répondit-il en regardant la pendule.

« — Tu es fou ! en huit jours je ne viendrais pas à bout de trouver cette somme !

« — Ainsi c'est impossible ?

« — Oui.

« — Tout à fait impossible ?

« — Oui.

« Il regarda de nouveau la pendule, me tendit la main en murmurant :

« — Dans une heure je serai mort ! et il fit quelques pas vers la porte.

« Je courus à lui en disant :

« — Où vas-tu ?

« Il ne me répondit pas.

« — Laisse-moi te suivre... ajoutai-je.

« — Viens si tu veux... dit-il.

« Je me hâtai d'échanger ma robe de chambre contre une redingote, et je descendis avec lui.

« Une voiture était arrêtée devant la porte.

« Il monta dans cette voiture.

« Je l'y suivis.

« Au milieu des ténèbres, j'entrevis vaguement une forme blanche adossée à l'angle de droite.

« En même temps une voix de femme, voix brisée par les sanglots, demanda :

« — Eh bien ?

« — Rien, répondit Albert, et il répéta deux fois : — Rien ! rien !

« Puis se penchant en dehors, il cria au cocher de toucher à ton adresse, Raphaël...

— A mon adresse ? murmura le vicomte.

— Oui.

— Et vous vîntes ici ?

— Sans doute.

— Mais j'étais sorti.

— Pardieu ! je le sais bien. Nous allâmes ensuite chez M. de Maubert et chez vous aussi, messieurs, qui m'écoutez, chez vous tous...

— Quoi faire ? demanda l'un des jeunes gens.

— Chercher cinquante mille francs.

Un éclat de rire universel accueillit ces paroles.

— Vous riez, s'écria Philippe avec une sorte de colère, vous riez ! cependant, sur mon honneur ! je vous jure que ce n'est pas drôle !

— Ne vous occupez pas d'eux et continuez, dit le baron.

Philippe reprit :

— Malgré l'extrême vitesse du cheval qui nous entraînait, toutes ces démarches infructueuses nous avaient pris un temps assez long, et, comme nous passions dans la rue Grange-Batelière, onze heures sonnaient à l'horloge de la mairie du deuxième arrondissement.

« A ce bruit, la femme qui nous accompagnait et qui, depuis notre départ, n'avait pas cessé de pleurer, jeta un cri perçant.

« Albert était assis à côté de moi. Je le sentis frémir et trembler de tous ses membres.

« Il se pencha de nouveau à la portière et jeta ces mots au cocher :

« — Rue Guénégaud, numéro 16 ; marche à fond de train, crève ton cheval, je le paierai !

« La voiture repartit avec une incroyable rapidité.

« Au moment où nous gravissions au grand trot la montée du Pont-Neuf, Albert me heurta involontairement du coude et je l'entendis armer des pistolets.

« — Que veux-tu donc faire ? lui demandai-je à voix basse.

« — Ne m'interroge pas, répondit-il, tu verras. »

« Deux minutes après, la voiture s'arrêta.

« Nous étions arrivés.

« Albert sauta sur le pavé, sans s'aider du marche-pied.

« Je le suivis.

« Nous nous trouvions en face de la porte cochère d'une haute et sombre maison.

« Les sanglots de notre compagne redoublaient...

III

UN DRAME.

Il y avait, dans le récit de M. de Lansac, quelque chose de si bizarre et de si attachant, que les convives de Raphaël, malgré leur *ébriosité* croissante, avaient fini par prêter au conteur toute la somme d'attention dont ils pouvaient disposer en ce moment ; attention machinale, à la vérité, plutôt qu'intelligente ; mais enfin ils écoutaient, et, vu le nombre des bouteilles vides, c'était beaucoup.

Philippe continua :

— Albert de Prie, dit-il, mit la main avec une violence convulsive sur le lourd marteau de fer de la porte cochère.

« Mais il n'avait point encore eu le temps de le laisser retomber, quand cette porte s'ouvrit soudain, et quand nous nous trouvâmes en face d'un troisième personnage que nous reconnûmes aussitôt à la lueur d'un réverbère qui nous éclairait.

« Ce personnage, vous le connaissez tous, messieurs, c'était le banquier William Stackpland.

— Celui qui a une si jolie femme ? interrompit Raphaël.

— Oui, répondit Philippe ; si jolie qu'on l'avait surnommée *la belle Anglaise* !

Puis il reprit :

— La figure du banquier était aussi décomposée que celle d'Albert, et, quand il nous aperçut, il se jeta en arrière, par un brusque soubresaut, comme s'il eût marché sur un reptile.

« Ce premier mouvement, qui ressemblait à de l'épouvante, ne dura d'ailleurs qu'une seconde et la réaction fut terrible.

« La pâle figure de M. Stackpland s'injecta de sang, ses regards prirent une expression foudroyante, il fit un pas en avant, et, se ruant sur Albert avec une telle impétuosité que je n'eus pas le temps de me jeter entre eux, il le souffleta sur les deux joues en lui criant :

« — Ah! misérable! misérable!!!

« La stupeur me cloua sur place...

« J'entendis les dents d'Albert se heurter violemment, il ne prononça pas une parole, mais saisissant un des pistolets tout armés qu'il portait sur lui, il en dirigea le canon contre le front du banquier.

« Involontairement je fermai les yeux; mais, n'entendant pas la détonation prévue, je les rouvris aussitôt.

« M. Stackpland avait croisé ses bras sur sa poitrine, et il disait avec un rire strident, dont je n'oublierai de ma vie l'expression sinistre :

« —Assassinez-moi, monsieur, ce dernier exploit couronnera dignement votre œuvre!!!

« A mon grand étonnement, Albert abaissa son arme en répondant d'une voix sourde :

« — Vous avez raison, ce n'est pas ainsi qu'il faut en finir! Quand nous reverrons-nous, monsieur ?

« — Demain.

« — Où ?

« — A Vincennes.

« — Votre heure ?

« — Huit heures du matin.

« — Et votre arme ?

« — Le pistolet.

« — Demain donc, monsieur, à l'heure dite, et au lieu convenu, vous me trouverez à vos ordres.

« Après ces quelques mots échangés, M. Stackpland porta la main à son chapeau et s'éloigna d'un pas rapide et irrégulier.

« Lorsqu'il eut disparu à l'extrémité opposée de la rue, Albert s'approcha de la voiture.

« Il jeta un regard dans l'intérieur, puis il revint à moi et je l'entendis murmurer :

« — Elle est évanouie! eh bien! après tout, mieux vaut qu'il en soit ainsi! du moins, pendant ce temps, elle ne souffre pas !

« La porte cochère était restée ouverte.

« Albert s'engagea sous la voûte, je marchais derrière lui.

« Soudain il s'arrêta, et, se tournant vers moi, il dit :

« — Philippe, je t'en prie, ne me suis pas...

« — Pourquoi ? demandai-je.

« — Parce que je veux être seul à répondre de ce que je vais faire !

« — Ce que tu vas faire ! répétai-je ; mon Dieu ! qu'est-ce donc ?

« — Un de ces actes de suprême justice que chacun doit comprendre et pardonner, mais que les lois appellent un crime !,..

« — Un crime!!!

« — Oui, je vais tuer un homme, ou plutôt, je me trompe, je vais écraser un serpent !

« Je voulus parler.

« Albert ne m'en laissa pas le temps.

« — Pas de conseils, me dit-il, ni de discours, ils seraient inutiles ; seulement, je te le répète, reste là.

« — Je te suivrai jusqu'au bout, lui répondis-je.

« — Puisque tu le veux, viens donc. »

« Albert se remit à marcher sans ajouter un mot.

« Au moment où nous passions devant la loge du portier, derrière les vitrages de laquelle brillait une faible lumière, un organe enroué et endormi nous cria :

« — Chez qui que vous allez, messieurs ?

« — Chez Jacob Ismaïl, répondit mon compagnon.

« Je remarquai que sa voix tremblait en prononçant ce nom.

« — Il est sorti, cria l'organe enroué.

« — Non, répliqua Albert, nous venons de rencontrer dans la rue, à l'instant, quelqu'un qui le quitte.

« — Dame ! ça se peut tout de même. Montez voir. Au quatrième, la porte à droite, vous savez...

« Nous nous engageâmes dans un escalier peu ou même point éclairé, et nous atteignîmes l'étage en question.

« Albert qui connaissait les êtres, trouva, tout en tâtonnant, un cordon de sonnette, et me le mit dans la main en disant :

« — Sonne, doucement d'abord, je te prie, moi je ne pourrais pas.

« Je fis ce qu'il me demandait.

« Personne ne vint.

« — Plus fort ! dit Albert.

« Je sonnai plus fort, et toujours sans résultat.

« Ceci dura cinq minutes environ.

« Albert marchait à grands pas sur le carré, et, d'instant en instant, il se frappait le front et la poitrine.

« Parfois il s'arrêtait et prêtait l'oreille, croyant ouïr un bruit intérieur.

« Mais tout restait silencieux.

« Enfin il lui devint impossible de commander plus longtemps à son impatience et à sa colère, il m'arracha le cordon de la cloche et l'agita d'une façon si violente qu'il lui resta dans les mains.

« Alors il se jeta sur la porte avec une sorte de rage, cherchant à l'ébranler avec ses deux poings et la heurtant sans relâche du talon de sa botte.

» A chaque coup, la porte rendait un bruit métallique et sonore.

« Évidemment elle était doublée de fer, il ne fallait donc point songer à la renverser.

« Malgré cette certitude, Albert s'acharnait contre elle.

« Cependant un semblable tapage, à cette heure et dans ce paisible quartier, faisait scandale.

« La maison s'emplissait de rumeurs.

« Aux fenêtres de chaque étage apparaissaient des visages effarés, des têtes ébahies coiffées de bonnets de nuit.

« — Au feu ! criait-on.

« — Au voleur !

« — A l'assassin !

« — A la garde !

« Albert semblait ne rien entendre, et il continuait à frapper, tout en répétant :

« — L'infâme ! l'infâme ! il se cache...

« La situation devenait critique.

« Les cris : à la garde ! à l'assassin ! redoublaient ; d'une minute à l'autre nous pouvions être arrêtés.

« J'entraînai Albert, et, bon gré malgré, je lui fis descendre rapidement l'escalier, tout en renversant quelques vieilles femmes qui cherchaient à nous barrer le passage.

« L'instant d'après nous étions dans la rue.

« Albert s'approcha de la voiture.

« La portière était ouverte et le cocher qui avait quitté son siège m'aperçut à mon compagnon et lui dit :

« — Monsieur, cette dame n'est plus là...

« — Où donc est-elle ? fit Albert en tremblant.

« — Tout là-bas, là-bas, au bout de la rue, on l'aperçoit encore. Elle a voulu absolument descendre. Voyez-vous comme elle court !... »

« On distinguait vaguement en effet, dans le lointain, une forme blanche qui s'éloignait avec rapidité.

« — Oh ! mon Dieu ! s'écria notre ami : la malheureuse ! où va-t-elle ? Je tremble ! Viens, Philippe, courons...

« Nous nous mîmes à la poursuite de la fugitive.

« Mais elle avait une énorme avance.

« Quand nous atteignîmes l'extrémité de la rue, elle touchait presque déjà au parapet qui longe la rivière.

« — Fanny ! Fanny ! dit Albert d'une voix stridente, me voici ! attends-moi ! attends-moi donc !

Nº 101.

ROMANS NOUVEAUX

CONFESSIONS D'UN BOHÈME

PAR XAVIER DE MONTÉPIN

10 centimes.

ROMANS NOUVEAUX

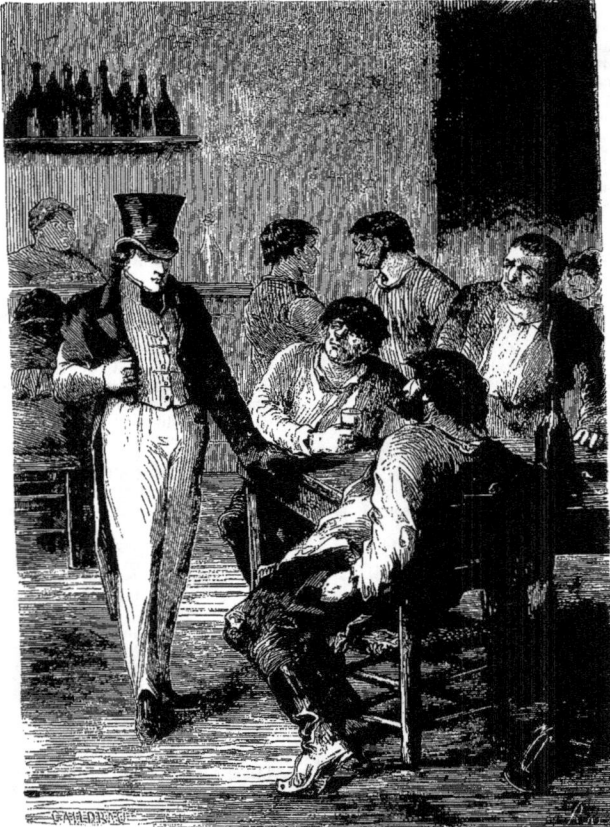

Comme te voilà flambart! (Page 55.)

« La jeune femme entendit ces mots, sans doute, car elle parut hésiter et elle tourna la tête à demi de notre côté.

« Mais, hélas ! cette hésitation fut courte.

« D'un dernier élan la fugitive atteignit le parapet, elle rassembla toutes ses forces pour le franchir, et le bruit d'un corps lourd, frappant les eaux de la Seine, arriva jusqu'à nous. . . . .

. . . .

« Quand, arrivés à notre tour, nous nous penchâmes au-dessus du fleuve qui, gonflé par les pluies, brisait contre la jetée ses ondes impétueuses et noires, tout avait disparu.

« L'obscurité était profonde autour de nous, et rien ne pouvait nous indiquer la place où la malheureuse femme venait de s'engloutir.

« Un gémissement désespéré s'échappa de la poitrine d'Albert.

« Il voulut s'élancer.,.

« Mais j'avais deviné son projet funeste ; je l'entourai de mes bras, et je le contins.

« Une horrible lutte s'engagea alors entre nous.

« A demi fou, et furieux de ma résistance, il me frappait pour me faire lâcher prise.

« Je me cramponnais à lui, et je lui rendais coup pour coup afin d'user ses forces.

« Mais la surexcitation nerveuse avait doublé son énergie.

« J'allais être vaincu !

« Il ne me restait qu'un parti à prendre, c'était d'essayer de la persuasion.

« — Tu veux mourir ! m'écriai-je ; tu ne songes donc point que ta vie ne t'appartient pas, puisque tu te bats demain !...

« Ces mots produisirent un effet magique.

« Albert cessa de se débattre. Une complète prostration s'empara de tout son être, et, brisé par les émotions physiques et morales qui venaient de l'assaillir, il s'évanouit entre mes bras.

« Je le portai dans la voiture, et je donnai l'ordre au cocher de nous conduire chez moi sur-le-champ, »

IV

CHANTAGE

— Voilà donc les choses qui se passent à Paris, en l'an de grâce 1825, et à l'heure peu solennelle où commencent les soupers du Rocher-de-Cancale, s'écria Raphël, Pour Dieu ! qu'on ne vienne plus nous dire que les mélodrames de MM. Victor Ducange et Guilbert de Pixérécourt sont invraisemblables ! le récit de Philippe leur dame le pion à tous, et ce récit, par malheur, est effroyablement vrai ! ! !

— Comme vous le dites, effroyablement vrai, par malheur ! répéta le baron.

— Mais, continua Raphaël, quel est donc ce Jacob Ismaïl, que le pauvre Albert voulait tuer à toute force, et quelle est cette femme mystérieuse qui s'est ainsi noyée ?

— Patience ! répondit Philippe qui ménageait ses effets, comme on dit au théâtre ; vous saurez cela dans un instant.

« Je reprends :

« Avec l'aide du cocher et de mon domestique, je montai dans mon appartement Albert toujours évanoui, et je le couchai, tout habillé, sur un lit.

« Je frottai ses tempes avec du vinaigre, je lui fis respirer les sels d'un flacon que la jolie petite marquise de Laugeron a laissé chez moi l'autre jour, et au bout de peu d'instants un profond soupir m'annonça qu'Albert revenait à lui-même.

« Il rouvrit les yeux, se dressa sur son séant et promena tout autour de lui un regard vague et comme égaré.

« Mais la mémoire lui revint bien vite, et sans doute une crise nerveuse n'aurait point tardé à amener un second évanouissement, si des torrents de larmes n'étaient venus soulager le pauvre garçon...

— Des larmes ! interrompit l'un des convives, le comte Hector de Salluces.

— Sans doute.

— Allons donc, mon cher, tu blagues !

— Pourquoi me dis-tu cela ?

— Parce qu'un homme ne doit pas et ne peut pas pleurer, et que, pour l'honneur d'Albert, je soutiendrai mordicus que tu nous racontes des bourdes !

— Ainsi tu ne comprends pas les larmes ? demanda Raphaël.

— Non.

— Et rien ne t'en ferait verser ?

— Non, trois fois non !

— Ainsi, la mort de ton père te laisserait les yeux secs ?

—Parbleu ! Si mon père passait de vie à trépas, j'aurais quatre-vingt mille livres de rentes, c'est-à-dire quatre-vingt mille consolations excellentes pour effacer radicalement un très-petit chagrin !

— Tu ne pleurerais point ton frère ?

— Certes ! Songe donc que mon frère, en se laissant mourir, me ferait fils unique !

— Et ta maitresse ?

— Quelle sotte question me fais-tu là ? Est-ce qu'on regrette une maitresse ! On s'en sert comme d'un instrument de plaisir ; mais l'aimer, pas si sot !

— Salluces a raison, dit gravement M. de Maubert en intervenant dans le débat. D'ailleurs, à quoi servent les larmes ? Peuvent-elles donc vous rendre ce que vous

avez perdu ? Non. Donc, c'est une folie de pleurer, et les sanglots d'Albert sont la preuve, à mon sens, d'un caractère faiblement trempé.

— Ma foi ! reprit Philippe, prenez-le comme vous voudrez, et tirez des larmes d'Albert toutes les conséquences qu'il vous plaira. Moi, je suis historien, et je raconte ce que j'ai vu...

« Albert pleura, je le répète, et pleura longtemps.

« Quand enfin il fut un peu calmé, je lui adressai de nombreuses questions, et ses réponses m'expliquèrent tout ce qui s'était passé sous mes yeux depuis deux heures.

« Il faut vous dire, d'abord, qu'Albert était l'amant de madame Stackpland...

— Bah ! s'écrièrent deux ou trois jeunes gens.

— Mon Dieu, oui, Vous ne vous en doutiez pas, ni moi non plus, mais ce pauvre Albert avait la déplorable manie de ne point vouloir compromettre ses maitresses...

— C'est vrai, la discrétion fut un de ses défauts...

— Défaut stupide ! fit Salluces, car à quoi bon, je vous le demande, se donner la peine de courtiser des bégueules du grand monde, si ce n'est pour les afficher ensuite ?...

— Salluces est dans le vrai, ajouta l'un des convives, certaines femmes doivent être pour nous comme des chevaux de luxe, que nous payons horriblement cher... Si nous ne pouvions les monter, autant vaudrait remplir nos écuries de bidets du Morvan.

— Quant à moi, reprit Salluces, excepté pour la question d'amour-propre et de parade, j'aime mieux une fille qu'une duchesse.

— Albert n'était pas de votre avis, messieurs, reprit Philippe, et, après tout, il était dans son droit, car chacun ici-bas doit prendre son plaisir où il le trouve. Il trouvait le sien à adorer mystérieusement madame Stackpland, et leur tendre intimité durait depuis un an, quand arriva le dénouement terrible que je vais vous conter.

« Vous savez à merveille que les femmes dites honnêtes, et qui ne coûtent rien, coûtent par le fait beaucoup plus cher que toutes les autres, à cause de la tenue et de la représentation qu'elles sont en droit d'exiger de leurs amants.

« Albert, dont la fortune était aux sept huitièmes dévorée, ne put longtemps soutenir son train de maison. Il s'endetta, et quelqu'un eut la fatale inspiration de l'adresser à l'usurier juif Jacob Ismaïl, qui se montra coulant et consentit à lui donner, en échange de sa très-médiocre signature, un certain nombre de forts bons billets de banque.

« Tout allait donc pour le mieux dans le meilleur des mondes, et peut-être aucun nuage ne serait-il venu troubler l'horizon couleur de rose des deux amoureux, si madame Stackpland n'eût été possédée, comme d'ailleurs presque toutes les femmes, d'une véritable manie épistolaire.

« Non contente des tendres paroles et des doux serments qu'elle pouvait prodiguer à Albert dans l'intimité, elle lui écrivait toutes sortes de charmants petits billets, avec recommandation expresse de les brûler aussitôt, recommandation prudente et sage que notre ami se gardait bien de suivre.

« Les précieux autographes de sa bien-aimée étaient très-précieusement recueillis par lui et serrés dans un portefeuille qui ne le quittait jamais.

« De là vint tout le mal, et l'esprit reste confondu en présence de la trame infernale dont Albert fut la victime.

« Notre pauvre ami, vous le savez aussi bien que moi, messieurs, dépensait sans compter.

« Un jour arriva où le besoin d'argent se fit de nouveau sentir, et où Albert s'adressa pour la seconde fois à Jacob Ismaïl.

« Ce jour était venu avant-hier.

« Ismaïl consentit à prêter la somme qu'on lui demandait, mais il mit pour condition *sine quâ non* à cette affaire qu'Albert lui donnerait à souper, le soir même, aux *Frères-Provençaux.*

« Souper avec un usurier est chose peu réjouissante ; mais, comme dit un vieux proverbe : *nécessité n'a pas de loi.* Albert accepta.

« Que se passa-t-il à ce repas ? Albert n'a pas pu me le dire d'une façon distincte, car à peine avait-il bu deux ou trois verres de vin qu'une ivresse rapide et incompréhensible s'empara de lui, et à cette ivresse ne tarda point à succéder un sommeil lourd et profond.

« Quand il se réveilla, le portefeuille contenant les lettres de madame Stackpland n'était plus dans sa poche.

« Aucune de ces lettres n'était signée, et l'idée d'un vol ne pouvait se présenter à son esprit ; aussi sa première sensation fut du chagrin et du dépit, plutôt qu'une inquiétude poignante.

« Cependant il courut chez Jacob. On lui répondit qu'on n'avait pas revu le juif.

« Albert rentra et se mit au lit.

« Le lendemain matin, hier, l'horrible vérité lui apparut enfin.

« Madame Stackpland, folle d'épouvante et de désespoir, arriva chez lui.

« Elle venait de recevoir une lettre conçue en ces termes :

« Madame,

« Le hasard a fait tomber entre mes mains toute vo-
« tre correspondance avec M. Albert de Prie.

« La valeur de ces lettres est immense ; aussi, je suis
« parfaitement décidé à en tirer bon parti.

« Néanmoins, madame, je ferai dans cette occurrence
« tout ce qui dépendra de moi pour vous être agréable.

« M. Stackpland payerait cinquante mille écus les
« vingt-huit autographes dont je suis possesseur.

« Je vous donnerai la préférence, à des conditions
« moins avantageuses pour moi.

« Le portefeuille et son contenu seront remis, sous
« enveloppe, à la personne qui me comptera cent mille
« francs de votre part, aujourd'hui, avant huit heures
« du soir.

« Cent mille francs, pour vous qui êtes la femme d'un
« des plus riches banquiers de Paris, c'est un bien
« mince sacrifice ; aussi, je suis convaincu que vous
« n'hésiterez pas.

« Si, à huit heures, je n'avais pas les cent mille francs,
« à dix heures et demie les lettres seraient vendues à
« M. Stackpland.

« Ceci est mon dernier mot.

« Il est inutile de me proposer des à-compte ; je n'en
« accepterais aucun.

« J'ai l'honneur d'être, madame, avec le plus profond
« respect, etc., etc.

« JACOB ISMAÏL.

« 17, rue Guénégaud. »

V

LE DÉNOUEMENT D'UN DRAME.

— La vérité se dévoilait enfin, poursuivit Philippe ; il était évident que Jacob Ismaïl n'avait prêté de l'argent à Albert que pour l'attirer dans un piége, lui voler les lettres de sa maîtresse, et pratiquer, à l'aide de ces lettres, un *chantage* odieux.

« Madame Stackpland avait apporté tous ses bijoux ;

elle espérait réaliser, en les vendant, la somme nécessaire pour désintéresser l'usurier.

« Albert se trouvait dans la plus horrible position où puisse se trouver un homme de cœur.

« La femme qu'il aimait avec adoration était à demi perdue, perdue à cause de lui, de lui seul, et il ne pouvait rien pour la sauver, rien pour lui venir en aide, car ses ressources pécuniaires étaient épuisées sauf les deux ou trois billets de banque que, la veille au soir, il avait reçus de Jacob, et personne n'aurait voulu lui prêter sur son mobilier une somme de quelque importance.

« D'ailleurs le temps manquait.

« Albert prit les bijoux de madame Stackpland et sortit pour aller les vendre.

« Mais partout où il présenta ces objets, on ne rougit point de lui offrir un prix qui représentait à peine le tiers de leur valeur réelle !

« Une partie de la journée s'écoula ainsi en démarches infructueuses.

« Enfin, vers le soir, un marchand plus consciencieux se résigna à ne réaliser qu'un bénéfice de cent pour cent et compta quarante-cinq mille francs à Albert.

« Un tapissier lui donna en outre deux mille francs de ses meubles, ce qui, joint au prêt de Jacob, complétait cinquante mille francs.

« C'était juste la moitié du chiffre indispensable.

« Albert se rendit chez le juif pour lui offrir ce qu'il avait déjà réuni, et le supplier de lui accorder un peu de temps pour le reste.

« Jacob n'était pas chez lui, ou, ce qui revenait au même, il ne voulait voir personne. Sa porte resta close.

« Albert vint alors chercher madame Stackpland, qui l'attendait dans l'agonie de l'incertitude et du désespoir, et il se remit en courses. Il alla d'abord chez M. de Maubert, qu'il ne trouva point...

— Bien malheureusement, interrompit le baron, car je me serais estimé très-heureux de le tirer de peine.

— Nous n'en doutons point, monsieur, répondit Philippe en s'inclinant, nous connaissons tous, et de longue date, votre généreuse bienveillance !

Puis il reprit :

— Aussitôt que cette dernière planche de salut fut brisée sous son pied chancelant, Albert accourut chez moi... Je vous ai raconté les résultats horribles de notre visite à la rue Guénégaud...

« Je n'ai pas besoin de vous dire au milieu de quelles déchirantes angoisses s'écoula le reste de la nuit.

« Aux premières clartés du jour, Albert me pria d'aller chez M. de Maubert lui demander d'assister comme témoin au duel dont l'heure approchait.

« M. de Maubert se mit à l'instant même à notre disposition.

« Nous partîmes pour Vincennes, où M. Stackpland se trouvait déjà, quoique nous fussions en avance de près d'un quart d'heure.

« Au moment de notre arrivée, le banquier vint à nous.

« Son apparence était calme et digne, mais on voyait à sa pâleur livide combien il avait souffert, et, durant la nuit précédente, des rides profondes s'étaient creusées sur son front, la veille encore mat et poli comme de l'ivoire.

« — Monsieur, dit-il en s'adressant à Albert d'une voix grave, avec quelque chose de cependant l'émotion faisait trembler, au moment d'entamer un combat, mortel sans aucun doute pour l'un de nous, et peut-être pour tous les deux, ma conscience d'honnête homme exige que je vous adresse une question.

« — Parlez, monsieur, balbutia Albert.

« M. Stackpland parut hésiter, cependant il parvint à se rendre complétement maître de son émotion, et prononça les paroles suivantes :

« — Depuis hier... la malheureuse femme... que vous avez perdue... n'a point reparu chez moi... Qu'est-elle devenue, monsieur?...

« Albert cacha sa tête dans ses mains et ne put répondre.

« J'entrainai M. Stackpland à quelques pas de là et je lui racontai ce qui s'était passé.

« — Pauvre Fanny! pauvre Fanny! murmura-t-il en levant les yeux au ciel quand j'eus achevé, ta faute fut grande, mais ta punition fut terrible! Que Dieu te pardonne comme je te pardonne moi-même!

« Puis il ajouta après un instant de silence :

« — Je suis à vos ordres, messieurs!

« Que Salluces me prenne, s'il le veut, pour point de mire de ses épigrammes, je n'en déclarerai pas moins devant tous que je fus profondément ému de la grande et noble simplicité de cette douleur et que quelques larmes vinrent mouiller mes paupières...

— Te railler, mon cher, interrompit Salluces ironiquement, Dieu m'en garde! je compatis autant que toi aux infortunes conjugales de ce généreux... *mari*!

(Nous croyons devoir substituer le mot *mari* à l'expression employée par le jeune homme, quoique Molière et Paul de Kock (le poëte glorieux et le romancier populaire) n'aient ni l'un ni l'autre reculé devant le mot propre, malgré sa crudité hardie. Notre pruderie, en cette circonstance, est un hommage rendu à la juste susceptibilité de nos charmantes lectrices.)

Philippe haussa les épaules.

Raphaël lui tendit la main.

Philippe poursuivit :

— Les conditions du duel, conditions exigées par les témoins de M. Stackpland, furent simples mais effrayantes.

« Les deux pistolets devaient être chargés, et les combattants placés à dix pas, avec le droit de tirer à volonté, en marchant l'un sur l'autre, aussitôt après le troisième coup frappé dans la main par un des témoins.

« Vous voyez qu'il y avait quatre-vingt-dix-neuf chances sur cent pour que le duel fût doublement meurtrier.

« Les pistolets furent apprêtés et les adversaires mis en place.

« C'est à M. de Maubert qu'échut la pénible mission de donner le signal.

« A peine le troisième coup venait-il de retentir, qu'Albert fit feu, presque sans viser.

« M. Stackpland chancela, mais il ne tomba point et se mit à marcher en avant.

« La balle avait porté en pleine poitrine.

« Albert attendait les bras croisés.

« Le banquier, couvert du sang qui ruisselait de sa large blessure, avançait lentement, mais avançait toujours.

« Quand il fut à trois pas d'Albert, il s'arrêta.

« Évidemment il ne pouvait plus se soutenir, et ses forces s'en allaient avec son sang.

« J'espérais qu'il allait tomber.

« Il n'en fut rien.

« Il éleva le canon de son pistolet à la hauteur de la tête de son adversaire, qui le regardait sans trembler.

« Un demi-sourire se dessina sur ses lèvres livides, et il pressa la détente en murmurant :

« — Fanny, je te venge!

« En même temps il s'affaissa sur lui-même, et des flots d'écume rougeâtre s'échappèrent de sa bouche.

« Il était mort.

« Notre malheureux ami devait souffrir plus longtemps.

« Sa gorge avait été traversée de part en part, et il tomba en même temps que M. Stackpland.

« Son agonie fut horrible.

« Il ne pouvait prononcer aucune parole, mais, au milieu de souffrances inouïes, il se roulait dans une boue sanglante, en poussant des gémissements inarticulés et déchirants.

« Des convulsions tordaient tous ses membres.

« Je voulus le soulever. Il se cramponna à mes vêtements que ses mains crispées mirent en lambeaux.

« Ses yeux roulaient dans leur orbite, et ses dents se brisaient en se heurtant dans les paroxysmes de la douleur.

« Enfin ses gémissements s'éteignirent peu à peu, une dernière et faible convulsion agita son corps qui se raidit.

« Les soulèvements de sa poitrine s'apaisèrent.

« Ses prunelles tournèrent dans leur orbite.

« Il avait cessé de souffrir. »

. . . .

Un instant de silence et une émotion générale suivirent les dernières paroles de Philippe.

Mais bientôt M. de Salluces, haussant les épaules et secouant la tête comme s'il voulait chasser bien loin le sentiment honorable qui le dominait malgré lui, s'écria avec une insouciance brutale, un peu forcée, il est vrai :

— Eh! oui, sans doute, cela est fort triste; mais que voulez-vous que nous y fassions? Tout le monde s'est bien conduit; les combattants ont agi en hommes de cœur, les témoins ont fait leur devoir, et quand bien même nous nous désolerions pendant vingt-quatre heures consécutives, nos larmes et nos gémissements ne ressusciteraient pas les défunts! Remarquez d'ailleurs, messieurs, je vous en prie, qu'il est utile de garder notre commisération pour nous-mêmes; car, fervents adeptes, comme nous le sommes, du principe qui se formule ainsi : *Les femmes de nos amis sont nos femmes*, il peut aujourd'hui, demain, ou la semaine prochaine au plus tard, nous en arriver autant qu'à ce pauvre Albert... Ai-je tort ou raison? Dites-moi *oui* ou *non*, et parlez franc!

— Évidemment tu as raison, répondirent quelques jeunes gens.

— Au diable donc la mélancolie! Chantons en chœur, si vous le voulez, le refrain que vous savez tous :

« Quand on est mort, c'est pour longtemps,
Dit un vieil adage
Fort sage!...

« Et ensuite parlons d'autre chose!! Raphaël, mon ami, fais-nous donner du punch! »

Le vicomte fit un signe à Acajou, et au bout de quelques instants les flammes bleuâtres du rhum léchaient les bords d'un immense bol en argent.

Grâce au dérivatif et aux plaisanteries nouvelles du jeune comte de Salluces, la conversation ne tarda point à reprendre une allure joyeuse et débraillée.

On passa successivement en revue toutes ces choses importantes et futiles qui défrayent les causeries du monde.

On parla des courses et de l'Opéra, des chevaux pur-sang et des danseuses à la mode.

On compromit plusieurs femmes par le récit entièrement dégagé de maintes bonnes fortunes, imaginaires ou réelles.

Quelques-uns eurent de l'esprit; d'autres s'efforcèrent d'en avoir.

Bref, on s'amusa fort, et la réunion commencée sous de tristes auspices ne tarda point à devenir une véritable orgie.

Salluces, qui s'était ménagé d'une façon exceptionnelle et en dehors de ses habitudes, prit alors le bras de M. de Maubert, et l'entraîna dans l'embrasure d'une croisée en lui disant :

— Baron, deux mots, je vous prie.

— Qu'y a-t-il? demanda M. de Maubert.

— Voulez-vous me rendre un service?

— Sans doute... si je le puis.

— Vous le pouvez.

— De quoi s'agit-il?

— De me prêter quelque argent dont j'ai grand besoin pour acheter deux chevaux alezans qui sont à vendre, et pour donner une parure à Antonia, ma danseuse.

— Ah! ah!

— Il ne s'agit, du reste, que d'une bagatelle...

— Une bagatelle?

— Oui, cinq cents louis...

— Ah! ah! répéta M. de Maubert.

— Eh bien! mon cher baron, pouvez-vous et voulez-vous, oui ou non?

— Diable! vous me faites là une question embarrassante...

— Pourquoi donc?

— Parce que si je refuse, vous voudrez savoir quelle est la cause de ce refus...

— Sans doute.

— Et ma réponse sera désagréable et pour vous et pour moi.

— Ainsi vous refusez?

— Hélas! oui.

— J'attends l'explication de ce procédé, qui me surprend, je l'avoue.

— L'explication est bien simple: c'est que...

— C'est que?...

— Je n'ai pas d'argent comptant... voilà.

— Allons donc, mon cher baron, vous voulez rire. Il y a une heure à peine, vous nous affirmiez que vous seriez venu de grand cœur à l'aide d'Albert de Prie.

— C'est exact; et, puisque vous me poussez dans mes retranchements, je vais vous dire la vérité... vraie.

— J'attends, baron.

— Eh bien! si j'avais prêté de l'argent à Albert, Albert me l'aurait rendu, tandis que vous...

— Me prenez-vous donc pour un escroc, monsieur?...

— Pas le moins du monde. C'est le temps et l'occasion qui vous auraient fait défaut, et non point la bonne volonté; or, comme je suis homme de trop bonne compagnie pour réclamer jamais de mes amis ce que j'ai pu mettre à leur disposition, nous aurions fini par oublier tous les deux cette dette...

— Baron!! s'écria vivement Salluces.

— Ne vous fâchez pas, je vous prie, interrompit M. de Maubert. Il vous faut de l'argent, dites-vous? eh bien! sans bourse délier, je puis venir à votre aide.

— Comment cela?

— En vous indiquant quelqu'un qui prendra votre signature.

— Un usurier?

— Pas précisément, un escompteur qu'on dit honnête...

— Ah! baron, ils me connaissent tous, et j'ai bien peur...

— Vous êtes *brûlé*. Parbleu! je le sais bien. Mais celui-là, m'a-t-on affirmé, est facile et coulant, et fera votre affaire.

— Le connaissez-vous?

— Pas personnellement, quoique j'en aie beaucoup entendu parler.

— Comment s'appelle-t-il?

— Van-Gripp.

— Excellent nom!!

— Caractéristique en effet.

— Et il demeure?...

— Boulevard Saint-Martin, le numéro m'échappe, mais c'est presque en face du théâtre. Tout le monde vous indiquera la maison.

— Ah çà! mais ce Van-Gripp va me prendre des intérêts énormes...

— Qu'est-ce que cela vous fait?

— Comment, ce que cela me fait!!

— Vous n'aurez qu'à ne point lui payer le capital: ça rognera d'autant les intérêts...

— Au fait, c'est une idée.

— Excellente!!

— Je la mettrai à profit.

— Ce ne sera pas votre coup d'essai dans ce genre.

— Vous êtes railleur aujourd'hui, baron!

— Ma foi! pas plus qu'à l'ordinaire.

— Enfin, je ne vous en veux pas; et si Van-Gripp m'ouvre sa caisse, je vous remercierai de bon cœur.

— Il n'y a en vérité pas de quoi! cette race des escompteurs me déplaît, et je suis enchanté de trouver l'occasion de leur adresser un mauvais client.

— Encore, baron!

— Toujours, mon cher.

— Décidément il est impossible d'avoir le dernier avec vous; vous maniez trop habilement la riposte. Du reste, je suivrai vos conseils et je passerai demain au boulevard Saint-Martin.

— Un dernier mot. J'ai ouï dire qu'on ne rencontrait Van-Gripp chez lui qu'entre midi et deux heures.

— Fort bien. J'irai à midi.

Peu d'instants après cette entretien confidentiel, tous les convives s'en allèrent successivement.

Le baron, resté le dernier, dit à Raphaël en le quittant:

— J'ai à causer sérieusement avec toi, mon ami; je viendrai demain matin à dix heures. Attends-moi, je te prie.

— J'y serai, répondit Raphaël.

VI

LE BUT DE L'AMOUR.

A l'heure dite, le lendemain matin, M. de Maubert était chez Raphaël.

— Monsieur le vicomte n'est pas seul, lui dit Acajou en clignant de l'œil d'un air significatif.

— Peu importe, répondit le baron qui s'approcha de la porte de la chambre à coucher et frappa discrètement.

— Qui est là? demanda Raphaël.

— Moi, répondit le baron.

— Entrez, entrez! cria le vicomte.

M. de Maubert ouvrit la porte.

On entendit un joli petit cri de femme, et une jeune fille courut se blottir derrière les rideaux demi-baissés de l'alcôve.

Raphaël, en robe de chambre, était étendu dans une bergère auprès de la cheminée.

Il tendit la main au baron et dit à la jeune fille:

— Allons donc, Azurine, ne fais pas la bégueule, ma chère!

— Tiens, c'est le baron! répondit la petite voix. Dame! je n'en savais rien...

Et Azurine, quittant sa cachette dans le charmant désordre de son costume du matin, revint en sautillant s'établir près du feu.

— Bonjour, mon rat, lui dit M. de Maubert, tu vas bien?

— Comme ça, baron! il me semble que je maigris.

— Voyez-vous, la coquette, fit son interlocuteur en riant, elle veut nous faire admirer son épaule rose et potelée...

— Ma foi! non.

— Menteuse!!

Et le baron se pencha pour mettre un baiser sur le cou d'Azurine.

— Laissez-moi tranquille, fit celle-ci d'un air mutin; bas les pattes et bas les lèvres, ou je vous égratigne.

— Diable! !

— C'est comme ça ! j'ai de la vertu... ce matin. D'ailleurs Raphaël est jaloux.

— Comme un tigre ! répondit le vicomte avec un éclat de rire.

— Et puis je suis très-pressée, il faut que je me dépêche de me coiffer et que je file : on m'attend.

— Ah ! on t'attend, vertueuse fille ! répéta le baron, et tu en conviens ! c'est du moins de la franchise !...

— C'est mon directeur, monsieur ! répondit Azurine d'un air de pudeur blessée; honni soit qui mal y pense ! On va me distribuer un rôle dans le ballet nouveau, le rôle de *l'Amour*.

— Tu t'en tireras à merveille, vu ta grande habitude de jouer les amours par-dessous jambe.

— N'équivoquons pas, baron, je vous prie.

— Je n'ai garde, cher ange; d'ailleurs une fille de ta vertu ne comprend point les équivoques.

Azurine rougit avec un commencement de dépit et d'irritation.

Raphaël intervint dans le débat.

— Voyons, mon cher baron, dit-il, laissez tranquille cette petite ; elle n'est pas de force à joûter avec vous.

— Pourtant, reprit Azurine en accentuant sa phrase d'une moue épigrammatique, je ne crois pas le baron très-fort, vu son âge !

— Bravo! fit le vicomte, elle a pris sa revanche.

— Je lui rends les armes, ajouta M. de Maubert, et je suis prêt à payer l'impôt des vaincus. Qu'est-ce que tu veux que je te donne, Azurine ?

— Des bonbons.

— Je n'en ai point dans ma poche, mais voici de quoi en acheter.

Et M. de Maubert mit dix louis dans la griffe rose d'Azurine qui sauta de joie en disant :

— Ça vaut bien un baiser, baron, prenez-en deux.

— Merci !

Puis la maîtresse du vicomte, ayant achevé de lisser ses cheveux blonds, rajusta tant bien que mal son peignoir de soie à larges raies, s'enveloppa dans un grand châle, mit sur sa tête un petit chapeau coquet et quitta la chambre en coulant en criant à Raphaël :

— À ce soir, mon chéri. Baron, je suis votre servante.

Azurine, ravissante pécheresse de dix-huit ans au plus faisait partie du personnel de l'Académie Royale de musique.

Elle était jolie comme les amours, dont elle tenait l'emploi dans les ballets mythologiques, et, sous une apparence naïve et presque enfantine, elle cachait la rouerie la plus diabolique et la plus expérimentée.

Depuis trois mois à peu près, grâce à sa provocante beauté et grâce surtout à ses raffinements de corruption, elle régnait en souveraine moins sur le cœur que sur les sens du vicomte Raphaël.

Nous n'avons pas besoin d'ajouter qu'elle le trompait à cœur joie avec une foule d'individus moins jeunes, moins beaux, moins spirituels et moins généreux que lui.

Ceci est de règle générale pour toutes les femmes galantes, et Azurine ne faisait point exception à cette règle.

— Cette petite est vraiment drôlette, dit M. de Maubert resté seul avec Raphaël; un de ces jours tu me la prêteras, n'est-ce pas, vicomte ?

— Hein ? fit le jeune homme en dressant l'oreille.

Le baron répéta la phrase.

— J'avais bien entendu ! répondit Raphaël avec une moue fort accentuée.

— Ça n'a pas l'air de te convenir énormément ! ajouta le baron en souriant.

— Damé !

— Eh bien ! mon cher, n'en parlons plus ; quand j'en aurai envie, je la prendrai sans te prévenir.

— Ah ! comme ça, à la bonne heure, je vous laisse le champ parfaitement libre, mon cher baron... Mais, si j'ai bonne mémoire, vous m'avez annoncé, hier, que vous aviez à me parler de choses importantes ?...

— Très-importantes, en effet, car il s'agit de ton avenir.

— Ah ! ah !

— Depuis six mois que je te connais, mon cher enfant, et que j'ai su apprécier les éminentes qualités de ton esprit et de ton cœur, je me suis attaché à toi chaque jour davantage...

— Et certes, interrompit vivement Raphaël, vous n'avez point trouvé en moi un ingrat, car je vous rends bien, et de tout cœur, l'affection que vous me portez.

Le baron serra la main de son pupille et reprit :

— Je veux assurer ta position future, je veux la faire solide et enviable, et j'ai rêvé pour toi un mariage magnifique.

— Un mariage ! ! s'écria Raphaël.

— Sans doute.

— Mais il me semble qu'il y a des obstacles... insurmontables.

— Lesquels ?

— D'abord je n'ai pas de famille.

— Que ceci ne t'inquiète point.

— Je ne vis que de vos bienfaits et ma fortune est nulle.

— Faut-il donc que je te répète que tout ce qui est à moi t'appartient ! Je compte d'ailleurs t'adopter avec les formalités légales, de telle sorte que tu deviendras véritablement mon fils.

— Enfin, mon cher baron, songez que je suis bien jeune...

— Aussi ce mariage dont je parle n'est-il qu'un projet lointain. Je compte te laisser encore plusieurs années de liberté...

— Ah ! tant mieux !

— Seulement je tiens à ce que tu fasses de cette liberté un usage utile, propre à servir la réalisation de mes vues ultérieures.

— Je ne vous comprends pas très-bien.

— Je vais m'expliquer. Depuis notre rencontre dans le jardin du Palais-Royal, je t'ai laissé la bride sur le cou, tu as vécu à ta guise et à ta fantaisie, perdant joyeusement ton temps en compagnie de quelques jeunes fous.

— Est-ce un reproche ?

— Pas le moins du monde, puisque moi-même j'ai créé pour toi ces relations éphémères qui, du reste, ont parfaitement rempli le but que j'en attendais...

— De quel but parlez-vous, je vous prie ?

— D'effacer en tes allures les traces trop visibles de ton ancienne vie bohémienne.

— Et que prétendez-vous, aujourd'hui ?

— T'initier à une autre existence, tout à la fois plus sérieuse et plus charmante. T'introduire dans un monde où tu brilleras, j'en suis certain. T'ouvrir les salons de la haute aristocratie. Te mettre en rapport avec les notabilités politiques, financières, littéraires et artistiques de notre époque, et surtout changer complètement le genre et la SPÉCIALITÉ de tes amours ! Tu n'as eu jusqu'à présent que des femmes sans conséquence, tu n'as connu que des actrices, des grisettes ou des courtisanes; avec ces créatures on perd son argent et on compromet sa santé, voilà tout. Désormais, tu t'attacheras au char des grandes dames, et tes plaisirs serviront à ton avenir, car par les femmes on arrive à tout, souviens-toi de ceci, mon garçon.

— Quoi ! baron, s'écria Raphaël avec une sorte d'effroi, vous me défendez les amours faciles ?

— Absolument. Tu es appelé à mieux que cela, songe donc, cher enfant :

« Qu'à vaincre sans péril, on triomphe sans gloire ! »

— Mais non pas sans plaisir ! répondit le jeune homme.

— Plaisirs vulgaires ! satisfactions brutales où l'amour-propre n'a rien à voir !

— Tant que vous voudrez, mais...

— Il n'y a pas de *mais* qui tienne ! suis un peu mon raisonnement, s'il te plaît : Le beau triomphe que de conquérir, en ouvrant sa bourse, le cœur toujours aux enchères de quelque créature, plus ou moins jolie, mais que tout le monde a eue avant toi, et qui se donnera, ou plutôt se vendra à tout le monde après toi ! et ne va pas te figurer au moins que ces folles maîtresses qui se succèdent dans tes bras te tiennent compte le moins du monde de ta jeunesse et de ta beauté ! pas si sottes, ma foi ! ce qu'elles voient en toi, c'est uniquement l'homme qui paye, et tiens pour certain qu'elles accorderaient leurs bonnes grâces à ton laquais, plutôt que de ne te point donner de rival.

— Ah ! baron, vous allez trop loin !

— Du tout ! — ce que je te dis n'est pas de la calomnie, mais bien de la belle et bonne médisance... Or, il m'est impossible d'admettre qu'un garçon de ta valeur abdique à tout jamais, au profit de ces drôlesses, les succès flatteurs qui l'attendent !

« Songe donc, mon cher enfant, à l'attrait du fruit défendu ! songe donc à ta joie, à ton enivrement, quand tu verras une femme belle, jeune, riche, titrée, entourée de respects et d'hommages, céder peu à peu à l'ardeur communicative de la passion que tu sauras lui peindre ! Quelle volupté divine ne trouveras-tu pas à tromper un mari soupçonneux, à faire battre un cœur vierge encore, et, quand l'heure de la possession sera venue, quand la grande dame t'appartiendra tout entière, quel divin orgueil de pouvoir te dire au milieu des murmures d'une fête somptueuse, sous les girandoles lumineuses d'un bal éblouissant : — Cette femme si belle et qu'on croit si sévère, c'est ma maîtresse, c'est mon esclave ! ces lèvres si dédaigneuses ont doucement pressé mes lèvres ; ce regard impérieux s'est fait pour moi tendre et soumis ; j'ai caressé sans voile ces épaules éclatantes qui font pâlir les diamants ; j'ai dénoué ces cheveux noirs ; pas un désir n'ose monter jusqu'à cette femme, tant cette femme est haut placée, et pourtant...

« Comprends-tu cela, Raphaël ?

— Oui, certes ! s'écria le jeune homme, vous parlez avec une chaleur !... vos tableaux ont une magie !...

— L'influence de la vérité m'exalte malgré moi, et, je le sens, me donne presque de l'éloquence ; mais ce n'est pas tout encore : quand tu as épuisé la coupe des jouissances matérielles, quand tu es lassé de la maîtresse, l'amie te reste, une amie puissante, disposée à te servir en toutes choses et avec ardeur ; tu deviens ambitieux, elle te sert de marche-pied ; tu veux des places, des honneurs, elle se fait solliciteuse ; un brillant mariage se présente, elle n'a de repos qu'après l'avoir conclu pour toi !

« Et tout ceci, mon enfant, est vrai, matériellement vrai ! je pourrais t'en donner cent exemples. Crois-tu maintenant que les faciles amours avec lesquels tu voudrais te voir rompre méritent seulement un regret ?...

— Vous avez complètement raison, et je veux suivre vos conseils.

— Voilà qui est parler ! aussi, dès demain, je vais te conduire dans le monde.

— Dès aujourd'hui, si vous voulez.

— Tes bonnes dispositions m'enchantent.

— N'est-ce pas pour moi que je vais travailler ?

— C'est vrai ; mais combien de gens ne voit-on pas, qui, quoi qu'on fasse puisse dire, brisent obstinément leur avenir ! — A propos, il sera convenable de rompre avec Azurine.

— Aussi le ferais-je.

— Agis, du reste, en galant homme avec cette petite, et fais-lui quelque cadeau ; voici mille écus, tu peux en consacrer une partie à cet objet.

— Cher baron, vous êtes bon, mille fois trop bon !

— Pas un mot de plus, ou je me fâche.

— Soit.

— Maintenant, je te quitte... emploie ton temps comme tu le jugeras convenable aujourd'hui, et songe bien qu'à partir de demain une nouvelle existence va commencer pour toi.

— C'est convenu.

— A demain donc.

— A demain.

VII

LE THÉÂTRE DE MADAME.

Nous sommes obligés de faire franchir à notre récit un nouvel espace de six mois environ, en nous bornant à enregistrer succinctement les faits de quelque importance survenus durant ce laps de temps.

D'abord, le lendemain du déjeuner chez Raphaël, ce dernier, en compagnie de Philippe de Lansac, était allé rue Guénégaud s'informer du juif Ismaël, auquel les deux jeunes gens se proposaient d'administrer une correction méritée.

Mais il leur avait été répondu par le portier que le digne escompteur avait déménagé dans la nuit précédente sans donner sa nouvelle adresse ; et, comme ils manifestaient à cet égard une incrédulité fort naturelle, on leur avait offert de visiter l'appartement, désert en effet, et complétement démeublé.

Lorsque Raphaël parla de cette excursion à M. Maubert, celui-ci haussa les épaules en disant :

— En vérité, mon garçon, je ne te comprends pas ; de quoi te mêles-tu ?

— Mais, répondit le vicomte, je me mêle de châtier un impudent coquin ! ai-je donc tort ?

— L'intention est bonne, sans doute, cependant, si tu veux te faire le don Quichotte de la morale et rompre ainsi des lances contre tous les abus et contre tous les vices, je dois te prévenir que ton rôle sera très-fatigant et, de plus, fort ridicule !

La conversation en resta là.

Ce même jour, entre midi et une heure, le jeune comte de Salluces avait pris le chemin du boulevard Saint-Martin, pour frapper à la porte de Van-Gripp l'usurier, chez qui il avait été reçu.

Nous ne saurions préciser ce qui se passa dans cette entrevue, mais nous avons tout lieu de supposer que le résultat en fut satisfaisant pour le viveur, car le lendemain il paradait au bois de Boulogne avec les chevaux alezans qui lui faisaient envie et un superbe cachemire de l'Inde se drapait élégamment sur les blanches épaules d'Amanda la danseuse.

Au bout de trois mois, un duel, dont les détails restèrent enveloppés d'un mystère profond, eut lieu entre M. de Salluces et le mari d'une jeune femme de qui il était l'amant.

Le baron de Maubert fut l'un des témoins de cette rencontre dans laquelle le mari succomba.

A partir de ce moment, une intimité bizarre s'établit entre le baron et M. de Salluces, intimité hautaine et quasi-protectrice de la part du baron, soumise au contraire et pleine de subordination et d'apparent respect du côté du jeune roué, qui se fit l'inséparable compagnon, et, pour ainsi dire, le flatteur de Raphaël.

Docile aux officieux conseils de son protecteur, le vicomte avait rompu avec Azurine, et, devenu très-assidu dans les salons aristocratiques des faubourgs Saint-Germain et Saint-Honoré, il cherchait, de la meilleure foi du monde, une femme à aimer.

Bien souvent déjà il avait senti son cœur s'émouvoir à l'aspect de quelques-unes des reines de la mode.

Mais toujours le baron, qui exerçait un contrôle occulte et incessant sur les actes et même sur les pensées de son pupille l'avait empêché de donner suite à ces ardeurs irréfléchies.

— Telle femme, lui disait M. de Maubert, n'est point assez belle pour qu'on en puisse être fier.

« Telle autre est par trop facile, et c'est vouloir jeter follement au vent les fleurs de son amour, que de s'inscrire sur une liste qui compte déjà les noms de cent triomphateurs.

« Celle-ci, surveillée à outrance par un mari défiant, par des frères soupçonneux, reste dans la catégorie de ces places fortes si bien défendues, qu'il faut perdre des années à en faire le siège, avant que de les amener de gré ou de force à la capitulation.

« Celle-là, enfin, cachant un cœur de glace dans un corps de déesse, c'est rêver l'impossible que de nourrir l'espoir insensé d'échauffer ce bloc de marbre.

Raphaël, découragé à demi, disait alors au baron d'une voix dolente :

— Mais je n'aimerai donc jamais !!!

Et le baron lui répondait :

— Patience ! il faut savoir attendre.

Voilà où en étaient les choses au moment où nous recommençons notre travail d'historien.

§

Transportons-nous, si vous le voulez bien, au théâtre du Gymnase, alors appelé THÉATRE DE MADAME, nom glorieux dont il était fier et qu'il avait le droit de porter, grâce au patronage de cette bonne et charmante princesse, Marie-Caroline de Naples, duchesse de Berry.

On jouait ce soir-là nous ne savons plus lequel des petits chefs-d'œuvre de Scribe, qui a fait tant de chefs-d'œuvre, et MADAME assistait à la représentation.

Avons-nous besoin de dire que la salle était pleine ?

Une loge, une seule, restait vide.

C'était l'avant-scène située en face de celle de la duchesse de Berry.

Et cependant cette loge était louée, car plusieurs personnes s'étant successivement présentées pour l'occuper, à toutes il avait été dit que l'administration n'avait plus le droit d'en disposer.

La soirée avançait et il ne restait que deux actes à jouer, quand enfin la porte de l'avant-scène s'ouvrit sans bruit et quand deux personnes vinrent en prendre possession.

L'une était une toute jeune femme, presqu'une enfant (elle avait seize ans à peine).

Elle s'assit au premier rang et posa son bouquet sur le rebord de la loge.

Son compagnon resta un peu en arrière dans la pénombre, de telle sorte qu'il était impossible de distinguer ses traits.

Cette entrée fit sensation.

Toutes les lorgnettes de l'orchestre furent aussitôt braquées sur la jeune femme, dont les amateurs se mirent à examiner minutieusement et à détailler les charmes avec enthousiasme.

Raphaël toucha le coude du baron, à côté duquel il était assis, et qui semblait singulièrement préoccupé.

— Hein ? fit M. de Maubert.

— Regardez donc, dit le jeune homme.

— Quoi ?

— La nouvelle venue.

— Ah ! ah ! répondit le baron en essuyant avec son gant les verres ternis de sa lorgnette, voyons un peu...

— Eh bien ! comment la trouvez-vous ?

— Ravissante !

— N'est-ce pas ?

— C'est sans contredit l'une des plus jolies personnes que j'aie jamais rencontrées !

Cet éloge, de la part de M. de Maubert, en disait davantage que les louanges les plus exagérées dans la bouche de tout autre.

Et certes, ces louanges, quelles qu'elles fussent, devaient sembler mesquines en face de la réalité.

Cette jeune femme, en effet, plutôt petite que grande, et mignonne à l'excès dans toutes ses proportions, réalisait à merveille le charmant et vaporeux idéal des sylphides de la brumeuse Allemagne.

Dans l'ovale fin et délicat de son visage brillaient de grands yeux d'un bleu sombre et profond, au regard mélancolique et chaste, voilés par de longs cils et baignés dans un fluide que nous appellerions *éthéré* si cette expression ne nous semblait outrecuidamment prétentieuse.

Des cheveux d'une incroyable abondance, de ce blond cendré, doux et rare, qui rendit si célèbre la chevelure de la belle duchesse de Guiche, encadraient, dans leurs boucles soyeuses, des joues à peine rosées, mais dont la peau était d'une finesse et d'une transparence idéales.

La petite main, gantée de blanc, qui s'appuyait négligemment sur le rebord de la loge, semblait la main d'un enfant de huit ans.

Enfin, tout l'ensemble de la ravissante créature que nous venons de décrire, avait quelque chose de virginal et d'angélique.

Telle devait être Titania évoquée par un poëte dans le songe d'une nuit d'été.

Une toilette de la plus exquise simplicité ajoutait encore au charme surhumain de l'inconnue.

Ses cheveux blonds n'avaient pour tout ornement qu'une rose blanche placée du côté droit, à la mode espagnole.

Sa robe, d'un bleu pâle, montait jusqu'à la naissance du cou, laissant deviner les formes pleines du corsage.

Un seul diamant servait d'agrafe à cette robe.

Mais ce diamant, bijou quasi royal, valait cinquante mille écus.

On voit que l'inconnue dont nous venons d'esquisser le portrait avait des droits incontestables à l'attention et surtout à l'admiration du public qui remplissait la jolie salle du Gymnase.

Un incident imprévu vint ajouter encore à la curiosité et à l'enthousiasme.

Pendant l'entr'acte qui précédait la dernière pièce, un des gentilshommes de madame la duchesse de Berry quitta la loge princière et vint se faire ouvrir l'avant-scène sur laquelle se fixaient tous les regards.

Là, il échangea quelques mots avec le cavalier de la jeune femme. Ce dernier s'inclina profondément en signe de respectueuse adhésion, puis, offrant aussitôt son bras à sa compagne, il la conduisit à la loge de son Altesse Royale.

La duchesse de Berry accueillit la visiteuse avec cette bonté si gracieuse et si touchante, devenue chez elle une seconde nature.

Ensuite elle adressa quelques mots qui semblaient également bienveillants au cavalier de la merveille inconnue qui venait de lui être présentée.

Ce cavalier était un beau vieillard de soixante-dix ans environ, admirablement conservé, malgré son âge, et

No 102.

ROMANS NOUVEAUX

CONFESSIONS D'UN BOHÊME

PAR XAVIER DE MONTÉPIN

10 centimes.

ROMANS NOUVEAUX

Adieu, mademoiselle! murmura-t-il. (Page 76.)

offrant dans les traits nobles et caractérisés de son visage un peu sévère, comme aussi dans son allure imposante et dans son port de tête plein de dignité, le type le plus parfait du grand seigneur de haute race.

Sur son habit noir étincelait, à côté de la croix de Saint-Louis, la plaque de commandeur de l'ordre royal de la Légion d'honneur.

— Quel est ce personnage? demanda Raphaël à M. de Maubert.

— Je ne sais, répondit le baron; je le connais de vue, mais j'ignore son nom.

— Croyez-vous qu'il soit le mari de la ravissante créature avec laquelle il se trouve?

— Son mari ou son père.

— Elle est bien jeune, pour être sa femme...

— Sans doute, mais une jeune fille ne porterait pas de diamants.

— Elle est sa maîtresse, peut-être?...

— Tu es fou, mon cher! répondit le baron en haussant les épaules; est-ce que la présence de cette femme dans la loge de la duchesse de Berry ne dément pas d'avance ton absurde supposition?

— C'est juste, balbutia Raphaël.

— Une autre fois, ajouta M. de Maubert à voix basse, réfléchis un peu avant de parler, mon enfant! Une naïveté comme celle qui vient de t'échapper pourrait te faire le plus grand tort, et, sans aucun doute, ceux qui l'entendraient seraient en droit de se demander où donc tu as vécu jusqu'alors...

Raphaël courba la tête avec humilité et confusion.

M. de Maubert n'insista point.

§

Cependant le spectacle venait de finir et la foule affluait à la sortie du Gymnase.

Le baron et le vicomte avaient des premiers quitté l'orchestre, pour se mettre en observation sous le péristyle du théâtre.

Le vieillard et la jeune femme passèrent devant eux et prirent place dans une ravissante calèche découverte, attelée de deux chevaux gris pommelés, conduits à la Daumont par un postillon microscopique.

Ce charmant équipage partit au grand trot, suivi dans sa course rapide par le tilbury de M. de Maubert.

La calèche parcourut toute la ligne des boulevards, s'engagea dans la rue Royale et disparut dans les profondes cours d'un magnifique hôtel du faubourg Saint-Honoré.

Le groom de M. de Maubert fut envoyé aux informations, et le résultat de son enquête fut que la calèche et l'hôtel appartenaient au vieux duc de Latour-du-Pic, riche de six cent mille livres de rentes et marié depuis quelques mois avec la ravissante personne que nous connaissons déjà.

Le baron fouetta son cheval, et, durant le trajet du faubourg Saint-Honoré au boulevard des Italiens, Raphaël, profondément absorbé, ne prononça pas une parole.

— Tout va bien, pensa M. de Maubert en se dirigeant vers la rue Meslay, après avoir serré la main de son pupille, tout va bien, et le moment est venu !

Raphaël, rentré chez lui, se mit au lit tout aussitôt ; mais bien des heures se passèrent avant que le sommeil consentît à le venir visiter, et, quand enfin ses paupières alourdies s'abaissèrent, il vit passer et repasser dans ses rêves, jusqu'au matin, l'image suave et virginale de la duchesse de seize ans, aux cheveux blonds et aux yeux bleus.

VIII

L'HISTOIRE D'UN MARIAGE.

Les deux nouveaux personnages que nous venons d'introduire dans notre narration étant destinés à y jouer bientôt un rôle capital, il est utile de leur faire faire avec nos lecteurs plus ample connaissance.

M. de La Tour-du-Pic était, au milieu de notre époque, un de ces gentilshommes du temps passé dont la race se perd chaque jour, une de ces vaillantes et fortes natures, toutes d'enthousiasme et de loyauté, toutes de générosité et de dévouement.

Volontiers il eût porté cette fière et chevaleresque devise dont se moque à cœur joie la triste jeunesse d'aujourd'hui, si misérable et si dégénérée : *Mon Dieu, mon Roi, ma Dame !*

La vie de M. de La Tour-du-Pic était pleine d'actions invraisemblables à force d'héroïsme, qu'à notre grand regret nous devons ici passer sous silence.

Né en 1753, dans les propriétés immenses que de bon son père possédait en Nivernais, il reçut une éducation simple et forte, puis, présenté à la cour, il obtint un régiment et ne fit plus dans le Nivernais que de rares et courtes apparitions.

Le jeune marquis (M. de La Tour-du-Pic portait alors ce titre) passait à bon droit pour l'un des plus beaux hommes de son temps ; aussi ses bonnes fortunes furent-elles nombreuses et éclatantes.

Mais son cœur, aspirant sans doute à de plus solides affections, n'avait jamais cessé d'être libre parmi ces attachements passagers.

Le marquis atteignait sa trentième année et songeait au mariage, non point par amour pour une femme, mais afin de perpétuer sa race, quand il fut appelé dans le Nivernais par son père mourant.

A peine venait-il d'arriver, qu'un mieux sensible se

manifesta dans l'état du malade, qui, pour un peu de temps du moins, se trouva hors de tout danger.

Libre de passer quelques semaines dans les domaines de La Tour-du-Pic, le marquis consacra ses journées presque entières aux plaisirs de la chasse à courre, sous les futaies séculaires de ses bois seigneuriaux.

Or, une après-midi, comme il s'apprêtait à sonner la mort d'un pauvre cerf qui faisait vainement tête aux chiens dans un hallier, — il entendit soudain, et non loin de lui, des cris perçants poussés par une voix de femme.

Abandonnant aussitôt la chasse, le marquis mit son cheval au galop dans la direction de ces cris et ne tarda point à apercevoir une jeune fille, emportée avec une effrayante vitesse par la jument blanche qu'elle montait, et suivie, mais à une énorme distance, par deux domestiques effarés qui criaient de toute la force de leurs poumons : — Arrêtez ! arrêtez ! et qui enfonçaient les molettes de leurs éperons dans le ventre de leurs chevaux, sans parvenir à rejoindre la jument fugitive.

Le marquis, profitant de la supériorité de sa propre monture, cheval arabe pur sang, et coupant d'ailleurs au plus court par des sentiers qu'il connaissait, gagna les devants et saisit la bride de la haquenée indocile, juste au moment où, folle d'épouvante et chancelant sur sa selle, la jeune fille allait perdre complètement connaissance.

La jument, arrêtée par un poignet de fer, se cabra, mais dut obéir, et le marquis, sautant à terre, reçut dans ses bras l'amazone, qu'il posa sur le gazon où elle s'évanouit.

M. de La Tour-du-Pic put alors considérer avec attention celle à qui il venait de sauver la vie.

C'était une enfant d'un peu plus de quinze ans, blanche comme un lys, sous de longs cheveux d'un noir d'ébène, enfin, et pour la dépeindre en deux mots avec l'expression consacrée des romans de l'époque : *belle à miracle et faite à peindre.*

Ses yeux étaient fermés et ses grands cils bruns estompaient de leur ombre les pommettes de ses joues pâlies.

La richesse de son costume témoignait d'un rang élevé et d'une fortune considérable.

Un écusson blasonné se dessinait en relief sur le pommeau d'argent de la cravache que venait de laisser tomber sa main engourdie.

Mais le temps manqua à M. de La Tour-du-Pic pour se rendre compte des armoiries, car en ce moment les deux laquais arrivaient enfin auprès de leur maîtresse.

L'un de ces hommes, auquel sa figure respectable et ses cheveux blancs donnaient l'air d'un valet de confiance, et dont les traits étaient bouleversés par l'émotion et l'épouvante, mit un genou en terre auprès du corps inanimé en s'écriant :

— Dieu soit béni ! elle n'a d'autre mal que la peur !

Puis, saisissant les mains de M. de La Tour-du-Pic et les couvrant de baisers, il ajouta :

— Grâces vous soient rendues, monsieur le marquis, car c'est vous qui nous avez conservé cette chère enfant !

— Vous me connaissez ? demanda le marquis avec quelque surprise.

— J'ai cet honneur, monsieur le marquis, et cela n'a rien d'étonnant, car mon maître est le plus proche voisin du château de M. le duc votre père.

— Comment s'appelle votre maître ?

— Le comte de Chaumont.

— Ah ! fit M. de La Tour-du-Pic avec un brusque haut-le-corps.

Puis il ajouta :

— Ainsi cette jeune fille...

— Est mademoiselle Berthe, l'unique enfant de M. le comte.

— J'espère que les suites de ceci n'auront aucune gravité, dit alors le marquis d'un ton sec, et je vous prie de témoigner à votre jeune maîtresse toute la part que je prends à l'accident, fort léger par bonheur, dont elle vient d'être victime...

Et M. de La Tour-du-Pic, reprenant le chapeau qu'il avait jeté sur le gazon, fit quelques pas dans la direction de son cheval, dont il avait attaché la bride au tronc noueux d'un chêne antique.

— Quoi? monsieur, vous vous éloignez... déjà? s'écria le vieux domestique.

— Mais sans doute... qu'ai-je à faire ici, je vous prie?

— Dame!... je croyais... je pensais que monsieur le marquis... serait bien aise de voir... hors de tout péril... et revenue à elle-même... celle dont il vient de sauver la vie... au péril de la sienne.

— Vous vous trompiez, mon brave homme : mademoiselle de Chaumont n'a besoin ni de mes soins ni de ma présence, et je la laisse parfaitement en sûreté en votre compagnie; je vous souhaite le bonjour.

Et le marquis, tout en parlant, mit le pied à l'étrier.

Voici l'explication de sa conduite en cette circonstance, conduite au moins bizarre, on en conviendra, de la part d'un galant homme et surtout d'un homme galant.

Cette explication est simple.

Il s'agit de la mille et unième édition de l'immortelle chronique des Montagus et des Capulets.

Depuis des siècles, les ducs de La Tour-du-Pic et les comtes de Chaumont, voisins de suzeraineté et rivaux de puissance, s'étaient voué une haine terrible, compliquée de duels, d'enlèvements, de violences et même, disait-on, de quelques assassinats.

Élevé par son père dans les principes de cette haine instinctive et irraisonnée, le marquis n'avait pu se défendre d'un éloignement subit en se trouvant tout à coup face à face avec l'héritière d'une famille détestée.

Il réfléchissait point que cette héritière était une adorable enfant de quinze ans, bien innocente, à coup sûr, des griefs plus ou moins sérieux que les La Tour-du Pic imputaient aux Chaumont.

Il sentait la haine héréditaire couler dans ses veines avec son sang, et il s'éloignait, voilà tout.

Cependant il ne partit pas.

Au moment où, comme nous l'avons dit déjà, il mettait le pied à l'étrier, saississant de la main gauche la crinière flottante de son cheval, et de la droite le pommeau de la selle, mademoiselle de Chaumont, qui peu à peu reprenait ses sens, ouvrit les yeux en poussant un profond soupir.

Le marquis se retourna.

Berthe, à la vue d'un étranger, devint rouge comme une grenade en fleur et fit un mouvement pour se soulever.

Mais elle était faible encore, et elle retomba.

Fasciné par une toute-puissante attraction, M. de La Tour-du-Pic lâcha la bride qu'il tenait déjà, et se rapprocha de la jeune fille.

— Que s'est-il donc passé? dit Berthe d'une voix tremblante en s'adressant au vieux domestique ; que s'est-il donc passé, et pourquoi suis-je ainsi couchée sur ce gazon et faible comme si j'allais mourir?

— Chère demoiselle, répondit le valet avec cette familiarité tendre des anciens serviteurs qui font pour ainsi dire partie intégrante d'une famille, Griselde votre jument maudite, s'est effrayée du passage d'une bête fauve et vous a emportée à travers la forêt avec une vitesse si grande, que Champagne et moi nous ne pouvions vous suivre. Vous avez pris peur et vous alliez tomber et vous briser contre quelque tronc d'arbre, quand M. le marquis

que voici s'est jeté courageusement au-devant de Griselde et est parvenu à l'arrêter...

— En effet, dit Berthe avec un sourire charmant, je commence à me souvenir.

Elle attacha sur M. de La Tour-du-Pic un regard tout à la fois curieux et reconnaissant, une nouvelle et pudique rougeur vint colorer ses joues et son front, et elle tendit la main au marquis avec tout l'abandon d'une adorable chasteté en disant :

— Oh! merci, monsieur, merci! Mon pauvre père aurait tant pleuré si j'étais morte!

Le marquis hésita pendant une seconde avant de prendre la main mignonne et frêle qui s'avançait vers lui.

Mais il dut obéir de nouveau à l'involontaire attraction qui le subjuguait.

Il saisit les doigts blancs et effilés de la jeune fille, et les porta à ses lèvres avec une vivacité si grande qu'elle les retira bien vite, en poussant un petit cri.

IX

AMOUR NAISSANT.

Le marquis fit un pas en arrière et se tint debout et immobile devant cette enfant si belle et si pure, dont les regards s'attachaient aux siens avec une ravissante expression de reconnaissance et de candeur.

Mademoiselle de Chaumont était un peu pâle encore, mais déjà, cependant, le brillant coloris de la jeunesse se remontait sur ses joues veloutées, et le sourire revenait à ses lèvres.

— Monsieur... dit elle.

Et elle s'interrompit pendant un instant.

— Qu'attendez-vous de moi, mademoiselle? demanda le marquis d'une voix qui voulait être calme, mais qu'entrecoupaient les battements de son cœur.

— Monsieur, répéta Berthe en lui tendant de nouveau la main par un geste simple et gracieux, — vous m'avez sauvé la vie...

Le marquis, qui s'apprêtait à appuyer pour la seconde fois ses lèvres sur le gant parfumé qui couvrait la petite main de la jeune fille, laissa retomber cette main et fit un geste de dénégation.

— Pardonnez-moi, continua mademoiselle de Chaumont, avec un sourire dont les anges du ciel auraient été jaloux. C'est à vous que je dois de voir encore cette verdure si belle et ce soleil si doux... Au moment où j'étais emportée à travers la forêt, au moment où ma tête s'égarait, au moment où je lâchais les rênes et où je fermais les yeux, j'ai bien senti que j'allais mourir, et (que vous en conveniez ou non) je prétends que vous êtes mon sauveur... Dites-moi donc votre nom, monsieur, afin que je le redise à mon père, et que ni lui ni moi ne l'oublions jamais!

Il fallait obéir à cette douce prière.

Le marquis s'inclina et entr'ouvrit les lèvres.

Mais, au moment de parler, au moment de prononcer son nom, il hésita pendant une seconde, et il attacha avec une persistance passionnée sur le beau visage de Berthe son regard devenu soudainement triste.

Durant cette seconde, un monde de pensées traversa son esprit.

Il se dit que jamais il n'avait ressenti à l'aspect d'une femme une impression semblable à celle qui l'agitait en ce moment.

Il se dit que rien ne le séparait en apparence de cette jeune fille, son égale par le rang et par la fortune, et que, cependant, son nom, prononcé par lui-même, allait creuser entre eux, aussitôt, d'infranchissables abîmes.

Il maudit alors ce nom dont il était si fier, et ces préjugés de race desquels il avait accepté, jusque-là, le fatal héritage.

Il lui sembla qu'il pleurait son avenir brisé et son amour perdu.

Cependant Berthe attendait toujours, et l'on pouvait lire sur sont front candide qu'elle s'étonnait de ce retard inexpliqué.

M. de La Tour-du-Pic ne pouvait reculer davantage.

Il baissa les yeux et murmura son nom.

On eût pu croire qu'il faisait l'aveu d'une faute ou d'un crime, tant il y avait dans sa voix de trouble et presque de crainte.

— Ah ! s'écria Berthe avec une sorte d'effroi.

Le marquis ne se méprit point à l'expression du monosyllabe échappé à la jeune fille.

Ses yeux se relevèrent et s'attachèrent de nouveau sur Berthe.

Le visage de cette dernière avait perdu la douce bienveillance qui l'animait un instant auparavant.

Il n'exprimait plus qu'une crainte instinctive et involontaire.

Le marquis sentit une douleur aiguë, douleur physique autant que morale, lui traverser le cœur.

Il recula de quelques pas et articula ces mots d'une voix lente et concentrée :

— C'est vous qui l'avez voulu, mademoiselle. Dieu sait que j'aurais mieux aimé me taire : au moins ainsi vous auriez conservé, peut-être, un bon souvenir à l'inconnu, tandis que je ne suis plus pour vous qu'un homme que vous devez haïr...

— Haïr !... interrompit Berthe vivement, oh ! monsieur !...

— Hélas ! mademoiselle, reprit le marquis de La Tour-du-Pic, je sais combien est terrible l'empire de certaines préventions héréditaires, préventions que je partageais, je l'avoue, avant de vous avoir vue. A vos yeux je ne dois être qu'un ennemi de votre famille, et ce sentiment, je le déplore, mais je ne m'en étonne point. Maintenant, mademoiselle, nous allons nous séparer, nous séparer pour ne jamais nous revoir sans doute... J'emporte avec moi le bonheur de la jeune fille et un trop léger service, et j'ose vous supplier, mademoiselle, d'oublier à tout jamais mon nom, si vous daignez penser quelquefois à... à moi...

En prononçant ces dernières paroles, le marquis s'inclina profondément devant la jeune fille et se rapprocha de son cheval qui hennissait et piaffait d'impatience.

Il ajusta la bride et remit le pied à l'étrier.

— Adieu, mademoiselle, murmura-t-il en se retournant une dernière fois. Adieu pour toujours...

— Adieu, répondit Berthe, mais d'une voix si basse, que personne ne put l'entendre. Oui... pour toujours...

Le marquis était en selle.

Il passa le revers de la main sur ses yeux, pour essuyer une larme furtive qui perlait au bord de ses cils noirs, et, enfonçant les éperons dans le ventre de sa monture qui fit un bond prodigieux, il partit au galop et disparut comme l'éclair au détour d'un sentier.

Berthe était demeurée immobile et rêveuse, au pied du grand chêne sous lequel nous l'avons laissée.

Quand son vieux domestique s'approcha d'elle en lui disant d'un ton respectueux :

— Mademoiselle veut-elle remonter à cheval ? Monsieur le comte serait peut-être inquiet d'une trop longue absence...

Elle fit un mouvement brusque comme si on l'éveillait d'un songe, et elle murmura cette phrase interrompue qui, sans doute, répondait à sa pensée intérieure :

— Mon ennemi !... lui !... oh ! non...

§

Deux heures après ce moment, le marquis montait à cheval et s'éloignait du château.

Mais, avant son départ, il avait chargé un domestique dont il était sûr, de remettre secrètement une lettre à mademoiselle de Chaumont.

Cette lettre ne contenait que ces mots :

« Mademoiselle,

« Je vous ai vue et je vous aime... Mais une insurmontable, une inexorable fatalité me sépare de « vous...

« Je pars, ou plutôt je fuis, car, si je vous revoyais, « je n'aurais plus le triste courage de partir.

« Je pars, hélas ! pour ne revenir jamais...

« Vous avez mon premier et mon dernier amour, vous « aurez ma dernière pensée, votre nom sera le seul que « prononceront mes lèvres mourantes...

« Adieu, mademoiselle ; peut-être, séparé de vous sur « cette terre, vous retrouverai-je un jour au ciel.

. . . .

« GEORGES DE LA TOUR-DU-PIC. »

§

L'année suivante, mademoiselle de Chaumont, pâle et triste, épousait un gentilhomme du Nivernais, M. le vicomte de Simeuse.

Georges recevait la nouvelle de ce mariage avec un calme stoïque.

Presque en même temps, il héritait du titre de duc et de l'immense fortune de son père.

Peu après, la révolution de 1789 éclata.

Georges n'émigra point, il ne se cacha pas, il alla crier vive le roi ! jusque sous l'échafaud de Louis XVI.

Mais la mort ne voulut pas de lui.

Il aimait toujours, il aimait plus que jamais Mathilde de Chaumont, devenue vicomtesse de Simeuse.

Cette dernière avait émigré avec son mari ; tous ses biens étaient devenus propriétés nationales, et malgré toutes ses recherches, il fut impossible à M. de La Tour-du-Pic de découvrir ce qu'elle était devenue.

X

LA VICOMTESSE.

Par une froide et sombre matinée du mois de janvier 1807, c'est-à-dire vingt-quatre ans après les événements que nous avons mis sous les yeux de nos lecteurs dans les précédents chapitres, le duc Georges de La Tour-du-Pic s'apprêtait à sortir du magnifique hôtel qu'il habitait au faubourg Saint-Honoré.

Sa voiture, tout attelée, attendait devant le perron, et déjà le duc prenait ses gants et son chapeau, quand un valet de pied lui remit une lettre qu'un commissionnaire venait d'apporter à l'instant, et dont, ajouta le domestique, la réponse était attendue.

Le duc ouvrit distraitement cette lettre, dont les caractères irréguliers et quasi indéchiffrables étaient tracés sur du papier commun.

Mais à peine en avait-il parcouru les premières lignes, que les symptômes d'une agitation excessive se manifestèrent sur toute sa personne.

Les prunelles de ses yeux se dilatèrent.

Ses paupières frémirent involontairement.

Une sorte de tremblement convulsif agita ses mains.

Et enfin il s'écria à deux reprises différentes :

— Est-ce possible, mon Dieu !... est-ce possible !

Nos lecteurs se rendront compte facilement de cette

subite émotion quand ils sauront que la lettre qui venait d'être remise à M. de La Tour-du-Pic contenait ce qui suit :

« Monsieur le duc,

« Je voudrais vous voir avant de mourir : hâtez-vous donc, car mes heures sont comptées.

« BERTHE DE SIMEUSE. »

— Est-ce possible ? répéta de nouveau le duc en laissant s'échapper de ses mains le papier fatal, je la retrouve enfin, elle que j'aime toujours ! elle, que j'ai si longtemps et si vainement cherchée ! je la retrouve, et elle est mourante; ah ! courons...

M. de La Tour-du-Pic ramassa la lettre et la relut encore.

— Pas d'adresse ! murmura-t-il.

Il saisit une clochette et l'agita vivement.

Le valet de pied apparut.

— Qui a apporté cette lettre ? demanda le duc.

— Un commissionnaire...

— Il est là, sans doute ?

— Oui, monsieur le duc, il attend une réponse.

— Introduisez cet homme.

Le valet s'inclina et sortit.

L'instant d'après, le commissionnaire entrait.

C'était un homme jeune encore et qui portait le costume traditionnel des enfant de la Savoie, ses compatriotes, habillement complet de velours de coton blanchi, et plaque de cuivre étincelante à la boutonnière.

— Qui vous a remis cette lettre, mon ami ? demanda M. de La Tour-du-Pic.

— C'est une dame, sauf votre respect, mon bourgeois, répondit le Savoyard.

— Savez-vous le nom de cette dame ?

— Ma foi non ; je sais seulement qu'elle loge dans la maison où je dépose mes crochets le soir, et que je ne fais point volontiers ses commissions, parce que la pauvre femme est bien mauvaise paye... elle me doit déjà quatre livres dix sous que je donnerais de grand cœur pour un petit écu.

— Cette dame est donc dans la misère ?

— Jusqu'au cou, mon bourgeois, quoique la portière prétende qu'elle était très-grande dame avant la révolution, et richissime; toujours est-il qu'aujourd'hui je crois qu'elle mange plus souvent du pain dur que de la *pitance* et savoir encore si elle en a son saoul.

— Et elle demeure ?...

— Rue des Vieux-Augustins, numéro 47, mon bourgeois. Y a-t-il une réponse ?

— Je vais moi-même trouver cette dame, vous allez me servir de guide; mais d'abord, mon ami, prenez ceci pour votre peine.

Et le duc mit un double louis dans la main du commissionnaire qui n'en pouvait croire ses yeux, et qui, d'un air hébété, pesait et soupesait dans sa main calleuse ce gigantesque salaire.

M. de La Tour-du-Pic sortit du salon, se jeta dans sa voiture, fit monter le Savoyard à côté du cocher, dont les instincts aristocratiques s'exaspérèrent fort de cet indigne voisinage, et il donna l'ordre de toucher rue des Vieux-Augustins et de brûler le pavé.

La maison devant laquelle le carrosse s'arrêta était une étroite et haute masure de la plus misérable apparence.

Deux fenêtres seulement, chassieuses et éborgnées, perçaient à chaque étage ses façades lézardées et décrépies.

Cette maison avait six étages.

— Passez devant, dit le duc à son compagnon de route, et montrez-moi le chemin.

Le commissionnaire obéit.

M. de La Tour-du-Pic sentit son cœur se serrer en pénétrant dans le couloir infect et obscur qui aboutissait à un escalier en colimaçon.

Au moment où l'on mettait le pied dans ce couloir, on était pris à la gorge et presque asphyxié par cet horrible mélange de puanteurs croupies et invraisemblables qui ne se retrouvent que dans certaines maisons de Paris, hantées par des ouvriers aux industries mal odorantes, tels que corroyeurs, teinturiers, etc...

— C'est donc ici, pensa le duc, c'est donc ici que vit cette femme qui, sans un caprice de la fatalité, aurait été la mienne ! Mais comment se peut-il faire que la vicomtesse de Simeuse habite un lieu pareil ?

Et, lorsque le duc s'adressait une semblable question, aucune réponse probable et satisfaisante ne se présentait à son esprit troublé.

Cependant les premiers étages étaient franchis et le commissionnaire montait toujours.

— Est-ce ici ? demanda le duc, qui s'arrêta haletant sur le carré du quatrième.

— Pas encore, mon bourgeois, répondit le Savoyard en continuant son ascension.

M. de La Tour-du-Pic le suivit de nouveau.

A chaque pas, l'escalier devenait plus étroit et plus difficile.

Les marches disjointes, enduites de callosités boueuses, chancelaient sous les pieds.

La corde grasse et gluante qui servait de rampe avait été réduite à l'état de ficelle par un trop long usage.

Le duc hésitait à chaque pas et s'appuyait au mur pour ne point tomber.

Tout à coup, l'escalier cessa.

— Sommes-nous arrivés ? dit M. de La Tour-du-Pic.

— Pas encore, répéta le Savoyard.

— Cependant je n'aperçois aucun moyen de monter plus haut.

— Faites excuse, mon bourgeois, je ne dis pas que ça soit facile de grimper à la mansarde, mais ça se peut tout de même : à preuve, c'est que nous allons y arriver.

Et, tout en parlant, le commissionnaire montrait au duc une échelle raide et vermoulue appuyée au mur et communiquant avec une trappe entr'ouverte.

— C'est là que perche la dame, ajouta-t-il.

Et il monta.

Une seconde après, M. de La Tour-du-Pic, marchant toujours à la suite de son guide, arrivait dans une pièce qui, à proprement parler, méritait plutôt le nom de grenier que celui de mansarde.

Figurez-vous, en effet, une sorte de carré long, coupé à angle aigu dans sa hauteur par une toiture presque verticale.

Pour plafond, les solives et les tuiles.

Pour plancher, un carrelage disloqué.

Point de papier sur les murs nus et suintants, et, pour éclairer ce lieu de désolation, une lucarne étroite dont le châssis disjoint laissait pénétrer le vent et la pluie.

Dans un renfoncement de la muraille, on voyait un mauvais matelas jeté sur un bois de lit en sapin.

Une forme humaine, agitée par des tressaillements convulsifs, gisait sur ce grabat.

M. de La Tour-du-Pic s'arrêta pendant environ deux minutes à l'entrée du grenier.

Son regard ne pouvait s'accoutumer à la presque complète obscurité de ce bouge.

— Eh ! ma bonne dame, me voici revenu, dit alors le commissionnaire d'un ton doux et câlin, car le double louis qu'il avait reçu par ce course l'avait rempli d'une respectueuse déférence à l'endroit de la malheureuse femme qu'il considérait, si peu de temps auparavant, comme une *mauvaise paye*.

La forme humaine dont nous avons parlé fit un mouvement et se souleva sur sa couche.

— Avez-vous trouvé la personne chez laquelle je vous

avais envoyé ? demanda une voix douce et vibrante qui résonna douloureusement dans le cœur de M. de La Tour-du-Pic.

— Oui, ma bonne dame, répondit le commissionnaire.

— Ainsi, ma lettre lui a été remise ?

— Oui, ma bonne dame.

— Et... et... a-t-il répondu ?

— Il a fait mieux que cela, ma bonne dame, il est venu...

— Il est venu !... dites-vous ? murmura la voix avec une expression d'indicible étonnement.

— Oui, ma bonne dame.

— Mais où est-il ? où est-il donc ?

— Là, ma bonne dame, près de la porte.

— Me voici, madame la vicomtesse, dit le duc tremblant d'émotion et faisant deux pas en avant.

— Ah ! s'écria la mourante, que Dieu qui vous envoie à moi soit béni !

M. de La Tour-du-Pic s'approcha du lit et fixa son regard avide sur le visage de la vicomtesse.

Cette dernière atteignait sa quarantième année; elle semblait avoir beaucoup souffert et beaucoup pleuré. Sa figure, pâlie et décomposée, portait les traces évidentes d'une lutte corps à corps avec la froide et inexorable misère, et cependant on retrouvait encore dans ses traits flétris les restes de la beauté radieuse de Berthe de Chaumont.

Ses cheveux noirs n'avaient rien perdu de leur opulence, et ses grands yeux, quoique rougis par d'abondantes larmes, conservaient leur expression vraiment divine.

— Oh ! oui ! répéta la vicomtesse, c'est Dieu qui vous envoie à moi, monsieur le duc, je n'avais plus d'espoir qu'en vous... en vous, le seul être en ce monde qui puissiez encore vous intéresser à moi... à moi... et à un autre...

En prononçant ces dernières paroles, la voix de la vicomtesse se perdit dans un sanglot.

— Vous allez tout savoir, reprit-elle, mais je voudrais être seule avec vous...

M. de La Tour-du-Pic fit un signe au commissionnaire qui comprit et disparut.

XI

LE VICOMTE

Le duc de La Tour-du-Pic se trouva seul avec la vicomtesse de Simeuse, dans la misérable mansarde que nous avons décrite.

Il était debout, au chevet du grabat sur lequel reposait la malheureuse femme, et il attendait qu'elle parlât la première, car il sentait bien que s'il essayait de prononcer quelques paroles, ces paroles expireraient sur ses lèvres tremblantes.

La vicomtesse lui tendit la main.

Un inexprimable frémissement vint secouer M. de La Tour-du-Pic jusque dans la moelle de ses os, au contact de cette chair, jadis si tiède et si parfumée, aujourd'hui froide et humide !

Madame de Simeuse rassembla toutes ses forces. Elle respira largement et à deux reprises, comme si elle voulait rendre un peu de vie et de souffle à sa poitrine épuisée, puis elle commença son récit. . . . .

. . . .

Nous n'avons déjà que trop abusé dans ces volumes de la forme *narrative*, mise dans la bouche de nos personnages.

Le lieu serait mal choisi, d'ailleurs, pour une nouvelle digression épisodique.

Nous allons donc nous contenter de résumer, en aussi peu de mots que nous le pourrons, la longue et triste histoire racontée par Berthe de Chaumont à Georges de La Tour-du-Pic.

§

Lorsque, tant d'années auparavant, la jeune fille s'était unie au vicomte de Simeuse, elle avait, victime docile et résignée, courbé la tête sous les volontés de son père; elle avait obéi sans résistance et sans plaintes, car elle n'avait point au cœur ce talisman divin qui donne la force aux faibles, le courage aux opprimés, et qui s'appelle l'*espérance*.

La pauvre enfant aimait Georges de toute son âme; mais elle ne se dissimulait pas que puisque M. de La Tour-du-Pic se déclarait vaincu d'avance dans la lutte qu'il s'agissait d'entreprendre contre les préjugés de famille, il ne lui restait aucun espoir, à elle pauvre jeune fille, de conquérir jamais un bonheur impossible.

Elle se résigna, disons-nous ; seulement, son amour grandit d'heure en heure dans le silence et dans les larmes et devint peu à peu le rêve, tout à la fois douloureux et consolateur, dont elle se plaisait à bercer les tristes réalités de sa vie.

Le vicomte de Simeuse, fort bon gentilhomme d'ailleurs, avait un de ces caractères faibles, mais entêtés, une de ces volontés irrésolues, mais opiniâtres, qui flottent d'abord à tous les vents, se ploient à toutes les impulsions, et finissent par s'ancrer avec une ténacité incroyable à la dernière impression reçue, bonne ou mauvaise, quelle qu'elle soit.

Forcé par la Révolution de quitter en toute hâte ses terres du Nivernais, et de s'expatrier avec sa femme, sous peine de porter sa tête au panier sanglant de la guillotine patriotique, le vicomte de Simeuse fut moralement anéanti par ce passage imprévu d'une haute et brillante position à un état difficile et précaire.

Son faible esprit chercha des distractions, et ne se montra point difficile sur le choix des plaisirs.

Le vicomte, ayant sauvé du désastre quelques milliers de louis, se vit entouré par une nuée de ces exploiteurs de bas étage et de ces chevaliers d'industrie qui se rencontrent partout où il y a un gâteau quelconque à partager.

Tous se disaient gentilshommes, tous royalistes, et tous compagnons d'exil et d'infortune.

Le vicomte crut à leurs titres de noblesse ; il ajouta foi à leurs malheurs imaginaires, et il apprécia leur courageux dévouement à la cause qu'il servait lui-même.

Plusieurs d'entre eux devinrent ses amis intimes, ses inséparables compagnons.

Vainement la vicomtesse, défiante à bon droit et mise sur ses gardes par d'étrange paroles et de suspectes allures, s'efforça de détourner son mari de ces fréquentations dangereuses.

M. de Simeuse railla fort agréablement la perspicacité merveilleuse dont sa femme se croyait douée.

Il la laissa conseiller et prier, et il ne tint compte ni de ses avis, ni de ses prières.

Cependant les habiles manœuvres de son entourage commençaient à porter leurs fruits.

Le vicomte passait ses journées et une partie de ses nuits à jouer.

Avons-nous besoin d'ajouter que, grâce à l'experte industrie de ses partenaires, pour la plupart membres distingués des académies brelandières et tripots de Paris, la fortune ne se montrait guère favorable à M. de Simeuse.

Il perdait avec une fatalité singulière.

Ses rouleaux de louis disparaissaient un à un, et, malgré tout, espérant mieux de l'avenir, il continuait à jouer et grossissait sans cesse ses mises.

Un jour arriva, où, comme d'habitude, il voulut prendre de l'or dans son tiroir avant d'aller rejoindre ses amis.

Le tiroir se trouva vide.

Le dernier louis avait disparu la veille.

Le vicomte était parfaitement ruiné.

Il fut rejoindre ses compagnons, sans se préoccuper le moins du monde de la vicomtesse qu'il laissait sans pain.

Ces honorables personnages le plaignirent chaudement, et, comme après tout ils étaient gens sachant vivre, ils lui offrirent, non pas de l'argent, fi donc! mais des conseils et des leçons d'excellentes leçons qui le mettraient à même de remédier promptement à l'absolu désordre de ses finances.

On devine sans peine de quelle nature devaient être ces précieux enseignements si libéralement offerts.

Un poëte du siècle dernier l'a dit en deux vers plus que médiocres, et qui cependant sont devenus populaires :

> On commence par être dupe,
> On finit par être fripon.

C'est précisément là ce qui arriva à M. de Simeuse.

Ses instincts de grand seigneur et d'honnête homme se révoltèrent au premier mot un peu trop significatif qui lui révéla le sens des propositions qui lui étaient faites.

Mais ses dignes amis n'eurent que bien peu de peine à battre en brèche ses scrupules.

— Que fait un bon général? lui dirent-ils avec un étrange aplomb et un cynisme merveilleux. Il dispose ses troupes sur le champ de bataille, de façon à déjouer les ruses de l'ennemi et à être, d'avance, certain du succès de l'affaire. Il commande à la fortune de et la force à se déclarer pour lui.

— Tricher au jeu, qu'est-ce autre chose que se soumettre le hasard, et combattre, avec certitude de vaincre, les chances néfastes qui se présentent si souvent?

M. de Simeuse prêtait une oreille complaisante à ces paradoxes éhontés et se sentait chaque jour de plus en plus convaincu.

Bref, il en arriva à se persuader à lui-même qu'il était tout naturel et parfaitement licite de reprendre aux autres ce qui lui avait été pris à lui-même.

Il appelait cela la *peine du talion*.

On voit que le vicomte entrait largement dans la voie des accommodements avec sa conscience.

Une fois sur cette pente, il ne s'arrêta plus.

En fort peu de temps, il devint passé maître dans le grand art de *biseauter les cartes*, de faire *sauter la coupe*, etc., etc.

A ce métier, il gagna quelque argent, et Berthe se vit entourée de nouveau d'une demi-opulence dont, bien entendu, elle ne soupçonna pas l'origine.

M. de Simeuse n'avait pas trop mauvais cœur et, quand il possédait pour lui-même beaucoup plus que le superflu, il donnait assez volontiers le nécessaire à sa femme.

Nous avons connu certains maris qui ne pratiquaient point à l'égard de leurs moitiés une aussi juste répartition des biens de ce monde.

Ceci dura jusqu'au moment où la police locale, mise en éveil par les plaintes de quelques fils de famille outrecuidamment dépouillés, fit une rafle dans le tripot où le vicomte et ses acolytes exerçaient leur industrie, et arrêta tous les escrocs, titrés et non titrés.

M. de Simeuse fut du nombre.

On instruisit le procès, et les émigrés français sentirent le rouge de la honte leur monter au visage en apprenant jusqu'à quel degré de bassesse un des leurs était descendu.

Le vicomte fut condamné à plusieurs années de prison.

Berthe, à moitié folle de honte et de désespoir, s'enfuit de la maison que son mari avait souillée de sa présence.

Elle rentra en France, sous un faux nom, et gagna Paris, où elle se mit à travailler pour vivre.

Son père était mort, elle était complètement ruinée et, trop fière d'ailleurs pour implorer la pitié de qui qui a fût, elle aurait préféré fois mourire de faim plutôt que de porter, ne fût-ce que pour une minute, le nom déshonoré du vicomte de Simeuse.

Inconnue et laborieuse, cachée au fond d'un quartier populaire, n'ayant pour toute fortune que le produit de son travail, gardant comme un trésor l'unique lettre du marquis de La Tour-du-Pic, dont l'image resplendissait plus que jamais au fond de son cœur, Berthe vécut, sinon heureuse, du moins tranquille, et grâce à son activité infatigable et à sa stricte économie, dans une sorte d'aisance.

Bien des années se passèrent.

Un jour, jour de malheur! un homme vêtu de haillons sordides se trouva dans une rue, face à face avec Berthe.

La malheureuse femme poussa un cri et s'évanouit.

Cet homme, qu'elle venait de reconnaître du premier regard, était le vicomte de Simeuse.

Quand elle reprit ses sens, elle le trouva à ses genoux, lui prodiguant les secours les plus empressés et les plus affectueux.

Il la reconduisit chez elle.

Là eut lieu une scène émouvante que nous voudrions pouvoir reproduire en son entier.

Le vicomte confessa ses torts avec une touchante humilité.

Il parla des expiations terribles qu'il avait subies.

Il parla de son repentir profond.

Il implora un pardon sans lequel il ne pouvait vivre désormais.

Il était pauvre, malheureux, sans asile, sans ressources...

Berthe, avec cette pitié touchante et inépuisable dont Dieu lui-même a mis le germe au cœur de presque toutes les femmes, Berthe l'écouta, le crut et pardonna.

XII

!!!

Berthe pardonna, disons-nous.

Elle recueillit son mari chez elle, elle partagea avec lui le peu qu'elle possédait.

D'abord, tout alla bien.

Le vicomte affichait une pompeuse reconnaissance.

Il avait sans cesse à la bouche des axiomes de vertu et des lieux communs de morale.

Il était rangé dans ses habitudes, il ne quittait presque point la maison et parlait souvent de chercher un travail qui lui permit de soutenir, pour sa part, le modeste ménage de Berthe.

Mais quelquefois aussi, et malgré ses constants efforts, on voyait reparaître, dans les allures et les paroles de M. de Simeuse, les vestiges mal effacés d'une vie ignoble et crapuleuse.

La pauvre femme s'épouvantait alors de ces tristes symptômes, et versait des larmes amères.

Hâtons-nous de dire que, si elle avait consenti à joindre de nouveau sa vie à celle du vicomte, elle ne lui avait laissé reprendre aucun des droits du mariage.

Or, quoiqu'elle atteignit sa quarantième année, Berthe était belle encore, d'une beauté quelque peu flétrie par les douleurs et les privations, mais toujours séduisante.

L'absolue chasteté de son existence, sa pensée occupée par un amour unique, avaient produit chez elle le même résultat que produit en certaines femmes l'abus des plaisirs sensuels.

Sa taille, souple comme autrefois, avait acquis des proportions d'une voluptueuse richesse.

Ses paupières, fatiguées, donnaient à son regard cette langueur molle et enivrante qui suit une nuit de bonheur, et rallume les désirs en faisant rêver de nouvelles étreintes.

La pâleur mate de ses joues était celle d'une bacchante épuisée d'amour, aussi bien que celle d'une sainte usée par les macérations.

Somme toute, aucune femme ne devait plus que Berthe séduire irrésistiblement un libertin blasé!

Ajoutez à ceci le mérite de la difficulté vaincue, car le vicomte ne se dissimulait point que le passé mettait entre lui et le lit de sa femme des obstacles presque infranchissables, et vous comprendrez sans peine qu'il arriva bien vite au plus haut paroxysme du désir charnel et brutal.

Il appela à son secours tous les souvenirs et toutes les roueries de son ancienne vie de gentilhomme, et il commença dans les règles le siège de celle qui lui appartenait, de par Dieu et de par la loi.

Berthe essaya d'abord de ne pas comprendre.

Elle ne pouvait croire que l'homme auquel elle devait tous ses malheurs eût dans l'âme assez de bassesse pour espérer jamais un rapprochement complet.

Mais le moment arriva où il devint impossible de douter.

La hideuse vérité se dévoilait.

Après lui avoir pris son avenir, sa jeunesse, son bonheur, le vicomte voulait lui prendre son corps pour en faire une machine à plaisirs.

Il songeait à la faire succéder dans ses bras aux plus boueuses prostituées, il songeait à la plier sans doute à d'infâmes caprices...

Berthe se révolta.

Elle repoussa son mari avec une horreur et un dégoût qu'elle ne cacha point.

Elle lui déclara nettement qu'elle l'avait recueilli par pitié autant que par devoir, mais qu'elle aimerait mieux se plonger à l'instant même un couteau dans la poitrine que de lui appartenir jamais.

Le vicomte sembla se résigner, mais il se promit tout bas d'attendre une occasion favorable pour en venir à ses fins... de quelque manière que ce fût.

§

La très-petite salle à manger de l'humble logement de Berthe était devenue la chambre à coucher de M. de Simeuse.

Un lit de sangle avait été placé pour lui dans cette pièce.

Un solide verrou intérieur interdisait l'accès de la chambre de la vicomtesse, qui ne manquait jamais de pousser soigneusement ce verrou chaque soir.

M. de Simeuse était au fait de ce détail, il résolut d'en tirer parti.

Profitant d'une absence de sa femme, il dévissa, avec la lame d'un couteau, les petits écrous qui maintenaient en place la gâche du verrou, et il les remplaça avec de la cire molle.

Ceci fait, il attendit.

Berthe rentra.

La nuit vint, la pauvre femme ne soupçonna rien, s'enferma comme d'habitude, et après avoir fait sa prière à Dieu, et relu pour la dix-millième fois la lettre de Georges de La Tour-du-Pic, elle s'endormit sans défiance.

Son sommeil fut soudain troublé d'une façon étrange.

Il lui sembla que quelqu'un se glissait à côté d'elle.

Dans le premier instant, elle crut à un effrayant cauchemar et elle essaya de changer de position. Mais, hélas! elle ne rêvait point.

Elle voulut crier.

Un souffle de feu effleura son visage; des lèvres ardentes se collèrent à ses lèvres et éteignirent dans sa gorge les paroles prêtes à s'en échapper. Alors commença une lutte épouvantable. Berthe, réunissant toutes ses forces, se tordait comme un serpent et s'efforçait de se dérober à l'infernale étreinte. Mais les muscles du vicomte semblaient être d'acier, et ses deux bras formaient à chaque secousse un cercle plus étroit.

La malheureuse femme se sentait vaincue.

Haletante, désespérée, presque morte, elle fit un dernier effort et elle cria d'une voix stridente :

— Au secours! au secours!

— Tais-toi, malheureuse! tais-toi!! murmura le vicomte en étouffant le bruit de ses paroles.

— Au secours! répéta Berthe.

— Tais-toi! ou je te tue!

— Au secours! cria pour la troisième fois la victime.

Les deux mains du vicomte se nouèrent autour de la gorge de sa femme et la serrèrent convulsivement.

Le dernier gémissement, le dernier cri de la malheureuse s'éteignit dans un râle sourd.

Le vicomte lâcha prise.

Berthe ne se débattait plus.

. . . .

Alors M. de Simeuse alluma une petite lampe, et, fouillant dans l'armoire et dans les meubles de sa femme, il fit un paquet de tous les objets à sa convenance qu'il trouva sous sa main.

Les petites épargnes de Berthe et ses deux couverts d'argent ne furent point oubliés.

Le vicomte pensait, avant tout, au solide.

Ensuite il quitta cette maison dont il venait de payer noblement la sainte et généreuse hospitalité, et il se promit bien de n'en jamais repasser le seuil.

§

Le lendemain matin, au moment où Berthe sortit de son long évanouissement, au moment où les idées lui revinrent, au moment enfin où elle se souvint, il lui sembla qu'elle allait devenir folle, et à cette pensée elle bénit le ciel qui prenait pitié de ses maux et qui lui retirait du moins la mémoire et la raison.

Mais, pour son malheur, elle conserva l'une et l'autre.

Les violences de la nuit précédente avaient brisé son corps aussi bien que son âme.

Une fièvre ardente se déclara, et Berthe, pendant deux mois, fut entre la vie et la mort.

Au bout de ce temps elle s'aperçut qu'elle était grosse.

Elle se résigna à vivre pour l'enfant qu'elle portait dans son sein.

Sa santé était perdue, sa grossesse fut pénible et lui rendit tout travail impossible.

Le peu d'argent qui se trouvait en sa possession avait été emporté par son mari.

Elle vendit ses meubles d'abord, ses vêtements ensuite.

Quand il ne lui resta plus rien, elle dut se réfugier dans le grenier où nous l'avons trouvée.

Un mois avant l'époque de son accouchement, ses souffrances devinrent à tel point intolérables, qu'elle se vit forcée de ne plus quitter le grabat qui lui servait de lit.

Elle manquait de tout, aucun médecin ne venait la visiter. Elle ne devait sa nourriture de chaque jour qu'à la pitié de quelques voisines, aussi pauvres peut-être qu'elle-même.

N° 103.

ROMANS NOUVEAUX

CONFESSIONS D'UN BOHÈME

PAR XAVIER DE MONTÉPIN

10 centimes.

ROMANS NOUVEAUX

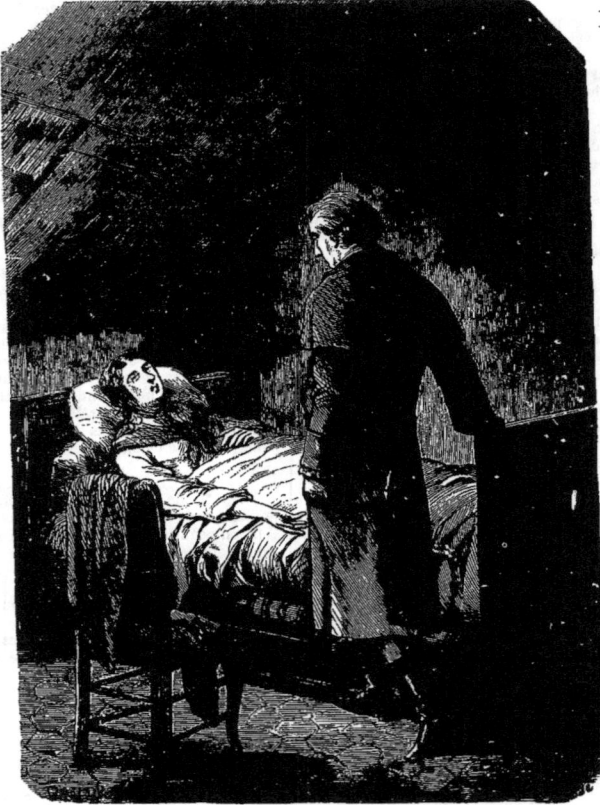

La vicomtesse lui tendit la main. (Page 78.)

XIII

MATHILDE.

Sans doute la noble fille du comte de Chaumont, la malheureuse femme du vicomte de Simeuse, n'aurait point résisté à tant de tortures physiques et morales, si une inspiration du ciel ne fût venue la soutenir et la consoler.

A l'heure suprême où elle se sentait défaillir, à cette heure où elle commençait à croire qu'il valait mieux mourir tout de suite, et tuer son enfant par sa mort, que de lutter davantage et de jeter dans la vie une pauvre petite créature qui souffrirait dès sa première heure, car le désespoir aurait tari le lait dans le sein maternel; à cette heure, disons-nous, sa main frémissante rencontra sur sa poitrine le sachet qui ne la quittait jamais, et dans lequel était renfermée la lettre tant de fois relue de Georges de La Tour-du-Pic.

— Que Dieu soit béni! s'écria-t-elle, mon enfant est sauvé!!

Et elle écrivit le billet que nous connaissons.

Le duc ne se fit point attendre, et nous le retrouvons auprès du lit de celle qu'il avait tant aimée, de celle qu'il aimait encore et qu'il retrouvait mourante.

§

Nous devons renoncer à décrire la scène qui suivit le long et triste récit dont nous venons de donner une imparfaite analyse.

Berthe succombait à la fatigue et à la souffrance.

Le duc était épuisé par les émotions qu'il venait de subir.

Ce furent d'abord des larmes muettes, mais expressives, des serrements de mains, entrecoupés de mots sans suite.

Puis M. de La Tour-du-Pic parla à son tour.

Il raconta à Berthe sa vie entière, jour par jour, heure par heure, pour ainsi dire.

Elle y tenait la plus grande part.

Il lui dit comment, pour elle seule, pour rester fidèle au culte qu'il lui avait voué dans son cœur, l'idée d'un mariage, quel qu'il fût, lui était devenue odieuse.

Il lui dit comment il l'avait cherchée pendant tant d'années, avec une infatigable constance, et comment, quand tout espoir avait été perdu, quand il avait dû la croire morte, il s'était enveloppé dans les voiles de deuil d'une douleur éternelle...

. . . .

Oh! ce devait être un poétique et magnifique spectacle que de voir ainsi ce vieillard, ce grand seigneur à cheveux blancs, courbé sur ce grabat sordide et parlant de son premier amour à cette mourante défigurée qui, pour lui, était toujours la belle et souriante enfant des forêts du Nivernais.

Un cri terrible de Berthe interrompit le duc.

Les douleurs de l'enfantement commençaient.

M. de La Tour-du-Pic rappela en toute hâte le commissionnaire qui attendait au pied de l'échelle, et lui donna l'ordre de courir chercher le premier chirurgien de Paris.

Au bout de deux heures, on entendit retentir dans le grenier les faibles vagissements d'un enfant nouveau-né.

Berthe essaya de se soulever.

Elle voulut étendre les bras pour recevoir et pour embrasser le fruit de ses douleurs.

Mais ses forces la trahirent.

Elle retomba en arrière, pâle et couverte d'une sueur glacée, celle de l'agonie.

Un léger soupir s'échappa de ses lèvres entr'ouvertes.

— Adieu... murmura-t-elle, je meurs en paix,.. adieu... à bientôt.

Puis ses yeux se fermèrent pour ne se rouvrir jamais.

— Elle est morte, dit le chirurgien, mais l'enfant est venu à terme, il vivra.

M. de La Tour-du-Pic envoya chercher un prêtre, et, quand le ministre du Dieu de paix et de miséricorde fut venu remplir auprès du cadavre les devoirs de son saint ministère, le duc appuya ses lèvres sur le front de la vicomtesse de Simeuse, et quitta le grenier avec le chirurgien et l'enfant.

Cet enfant était une fille.

Elle reçut le nom de Mathilde.

§

Mademoiselle de Simeuse, car Mathilde, quoiqu'elle fût le résultat d'un crime abominable, était un enfant légitime et devait porter le nom de son père, mademoiselle de Simeuse, disons-nous, fut élevée dans l'hôtel de M. de La Tour-du-Pic, et environnée de soins aussi tendres, aussi empressés, aussi intelligents, que si l'œil d'une mère avait sans cesse veillé sur elle.

Les voix malveillantes du monde répandirent et accréditèrent le bruit qu'elle était la fille naturelle du duc.

Ces rumeurs devaient, plus tard, être démenties par les faits, d'une manière éclatante.

M. de La Tour-du-Pic laissa parler le monde et s'isola presque complètement dans la contemplation et dans l'adoration de cette enfant bien-aimée.

La petite fille atteignait à peine sa huit ou neuvième année, que déjà son caractère semblait doux, facile, bienveillant, quoique prédisposé à l'enthousiasme et à une certaine exaltation dans les idées.

Quant à sa beauté, elle promettait d'être hors ligne.

Ses formes, mignonnes et délicates, n'avaient rien cependant de grêle ni d'amoindri.

Une grâce et une distinction innées se remarquaient jusque dans ses moindres mouvements.

Le type de son visage était le même que celui de sa mère à laquelle elle ressemblait d'une façon frappante, sauf cependant par les cheveux qu'elle avait d'un blond cendré et d'une longueur phénoménale, et par les yeux, qui étaient d'un bleu limpide et profond.

Mathilde grandit, l'enfant devint une jeune fille.

Des maîtres de toutes sortes lui furent prodigués et elle profita de leurs leçons d'une façon brillante.

Bref, mademoiselle de Simeuse, au moment où elle atteignit sa seizième année, était une véritable merveille par sa beauté et par ses talents.

On prétend, bien souvent à tort, que les grâces de l'extérieur décèlent presque toujours les qualités de l'âme.

Ceci était littéralement vrai pour Mathilde.

Si, chez elle, l'enveloppe était séduisante, le cœur valait mieux encore.

Involontairement, et presque à son insu, l'affection paternelle de M. de La Tour-du-Pic avait changé de nature et s'était transformée en un sentiment plus tendre, plus personnel.

Il n'avait pu vivre si longtemps à côté de cette ravissante enfant, douce et vivante image de Berthe, sans reporter sur la fille la passion brûlante qu'il avait, jusqu'à la dernière heure, éprouvée pour la mère.

Sans doute les glaces de la vieillesse tempéraient les trop vives ardeurs de cette passion ; sans doute cet amour était devenu plutôt platonique que sensuel, et la tendresse du père se mêlait, pour les compenser, aux désirs de l'amant, mais enfin c'était un véritable amour, avec ses rêves, ses jalousies et ses incertitudes.

M. de La Tour-du-Pic résolut de couper court à cette fièvre irritante, si dangereuse à son âge.

Il se décida à interroger le cœur de sa pupille.

Nous disons sa *pupille*, car, quoique bien peu semblable aux *Gérontes*, aux *Bartholos*, aux *Sganarelles* et aux *Arnolphes* de la comédie classique, il était le tuteur de celle qu'il aimait, tutelle qui, relativement aux affaires d'intérêt, se trouvait être une véritable sinécure, car nous savons déjà que Mathilde ne possédait rien.

— Mon enfant, lui dit-il un jour avec la galante tournure des madrigaux du siècle dernier, les fleurs de ton printemps s'épanouissent, l'heure approche sans doute où ton cœur parlera...

— Vous croyez, mon ami? demanda curieusement la jeune fille.

— J'en suis certain... si même il n'a déjà parlé...

— Oh! pour cela, mon ami, je vous réponds bien qu'il a gardé jusqu'à ce jour le plus complet silence!... répondit Mathilde avec un rire frais et joyeux.

— Est-ce bien sûr, cela?

— M'avez-vous jamais vue mentir?

— Non, sans doute, mais il est de ces choses que les charmantes filles d'Ève se cachent à elles-mêmes...

Le duc s'efforçait de déguiser sous ce ton léger et *badin*, sous cette futilité de formes, sous ces phrases de convention, la profonde et secrète angoisse qui le mordait au cœur.

— Je ne sais pas comment agissent mes sœurs, les autres filles d'Ève, répliqua Mathilde en riant toujours, mais je sais à merveille, mon ami, que je ne cache rien, ni à moi, ni à vous...

— Ainsi, vous êtes sûre, mon enfant, vous êtes bien sûre que vous n'aimez personne?...

— Oh! oh! je n'ai pas dit cela...

— Quoi! vous aimez?...

— Sans doute.

Le duc se sentait agité par un frisson nerveux et il lui semblait qu'il allait se trouver mal.

— Et... qui donc... aimez-vous ?... balbutia-t-il.

— Vous, mon ami, vous seul, répondit Mathilde en embrassant le vieillard.

— Vous m'aimez, mon enfant, je le sais, mais comme... comme une fille aime son père...

— En vérité, mon ami, je ne comprends pas vos questions; je vous aime plus que personne, voilà tout ce que je sais...

— Cependant, chère Mathilde, mon âge...

— Eh ! que m'importe votre âge ! Je ne puis souffrir les jeunes gens, tous ceux que vous recevez ici me déplaisent, et c'est bien de moi qu'on peut répéter ce que *Phrosine*, parlant de *Marianne*, disait à *Harpagon*, dans l'une des plus ravissantes scènes de l'*Avare*, que je sais par cœur : *On lui voit dans sa chambre quelques tableaux et quelques estampes, mais que pensez-vous que ce soit?* des *Adonis*, des *Céphale*, des *Pâris* et des *Apollon*? non : *de beaux portraits de Saturne, du roi Priam, du vieux Nestor et du bon père Anchise sur les épaules de son fils.*

— Ainsi, Mathilde, si je te proposais...

Le duc hésita.

— Quoi donc? demanda la jeune fille.

— D'enchaîner ta jeune vie à mon existence qui finit... de devenir ma femme en un mot...

— Votre femme ! ! ! moi !...

— Que répondrais-tu, Mathilde?

Cette dernière question fut faite d'une voix si faible, qu'elle en était presque indistincte.

— Ce que je répondrais, mon ami, dit la jeune fille sans hésiter, je répondrais que j'accepte avec reconnaissance et que je serais heureuse et fière de porter votre nom...

. . . .

Un mois après cette scène, Mathilde de Simeuse était duchesse de la Tour-du-Pic.

XIV

MONSIEUR DE SALLUCES.

Le lendemain de la soirée passée au Gymnase, et dont nous avons raconté les incidents, un des valets de pied de M. de Maubert fut chargé par ce dernier de porter une lettre au comte de Salluces, avec lequel nous avons fait connaissance dans les premiers chapitres de cette seconde partie.

Une heure après avoir reçu le billet du baron, le jeune viveur, amené par un cabriolet de régie, arrivait à la rue Meslay.

— M. le baron s'habille, lui dit le domestique en l'introduisant le salon d'attente.

— Priez-le de se hâter! répondit M. de Salluces, dont la voix brève, le ton sec et les sourcils froncés annonçaient une vive contrariété intérieure.

Ces symptômes de mécontentement augmentèrent aussitôt que le visiteur se trouva seul.

Il jeta son chapeau sur un meuble, frappa du pied, lâcha une bordée de jurons fort vigoureux, et enfin entreprit, d'un bout à l'autre du salon, une promenade rapide et saccadée.

Cette promenade fut interrompue par le baron qui venait d'entrer sans bruit, et qui dit d'une voix sardonique :

— Bravo, mon très-cher! bravo ! promenez-vous, promenez-vous ! l'exercice est une chose fort saine et la promenade à pied se recommande par ses excellents résultats; elle renouvelle la masse du sang, éloigne l'embonpoint, dissipe les migraines et chasse les vapeurs! Ne vous gênez donc pas, mon très-cher, promenez-vous encore, promenez-vous toujours !

Et le baron termina cette tirade par un petit rire moqueur qui en accentuait merveilleusement l'ironie.

— Monsieur !... s'écria le comte de Salluces.

— Vous plaît-il de passer dans mon cabinet?... interrompit M. de Maubert, nous avons à causer.

— Vous savez bien que je suis à vos ordres... répondit le jeune homme.

— Je vous montre le chemin, ajouta le maître de la maison.

Le cabinet du baron était une petite pièce carrée, dont les murs disparaissaient sous une magnifique tapisserie des Gobelins, représentant les amours mythologiques de Jupiter et Danaë.

Un bureau d'ébène, incrusté de nacre et de cuivre, occupait le milieu de cette pièce.

Le baron s'assit devant ce bureau et M. de Salluces, avançant un fauteuil, prit place en face de lui.

Un instant de silence se fit entre nos deux personnages.

M. de Maubert regardait fixement son interlocuteur qui, après une lutte évidente, baissa les yeux sous ce regard.

Mais au bout d'une minute il releva la tête et dit :

— Vous m'avez écrit de venir, monsieur le baron, me voici; que voulez-vous encore de moi?

— *Encore*?... répéta le baron en soulignant en quelque sorte, par son intonation, that que nous venons d'imprimer en *italiques*, est-ce un reproche, mon très-cher?

— Prenez-le comme vous voudrez! répondit brusquement le comte.

— Fort bien , fit M. de Maubert en amenant sur ses lèvres le plus gracieux sourire. Je le prends comme il le faut prendre, et j'en conclus que vous avez le plus vif désir de me rendre un nouveau service...

— Une semblable interprétation !... s'écria le jeune homme.

— Est toute naturelle, interrompit M. de Maubert, car, en bonne conscience, vous ne pouvez point vous plaindre de mes procédés à votre égard; ai-je donc abusé de vous depuis la petite transaction survenue entre nous, et que vous n'avez certainement point oubliée; car vous vous en souvenez, n'est-ce pas, mon très-cher, de notre petite transaction?

— A merveille! répondit Salluces d'une voix tremblante.

— Mais, après tout, vous êtes libre, continua le baron, et si, par hasard , vous trouviez onéreux pour vous notre traité d'alliance, nous *remettrions les choses en l'état*, comme on dit en termes de jurisprudence; vous agiriez à votre guise et je ferais tel usage que bon me semblerait de certains autographes dont la valeur vous est bien connue... Ce parti vous va-t-il, mon très-cher? répondez sans détour.

— J'attends vos ordres, monsieur le baron! Telle fut la réponse de Salluces, mais ces quelques mots furent prononcés d'une voix sourde et violemment émue, qui témoignait de l'impatience avec laquelle le jeune homme ployait la tête sous un joug implacable.

— A la bonne heure! reprit le baron avec une gaieté sournoise. Vous voilà redevenu raisonnable et cela me fait plaisir! Vous êtes un charmant garçon, mon très-cher, mais il y a des moments, parole d'honneur ! où l'on ne sait comment vous prendre pour tirer de vous quelque chose de bon! Heureusement vous finissez toujours par vous amender, et d'ailleurs je possède certains arguments dont l'effet sur vous est irrésistible. Ainsi, vous êtes prêt?

— J'attends.

— Fort bien!

— De quoi s'agit-il ?

— De peu de chose. Connaissez-vous le vieux duc de La Tour-du-Pic?

— Oui.

— Êtes-vous reçu chez lui?

— Oui.

— Pouvez-vous y présenter quelqu'un?

— Non.

— Pourquoi?

— Ma réputation de viveur et de mauvais sujet me fait tort auprès du duc, qui est nouvellement marié.

— Je comprends cela, mais ce qui est impossible pour vous doit être facile pour quelqu'un des membres de votre famille.

— Sans doute: mon grand-oncle, le marquis de Champclause, vit dans l'intimité de M. de La Tour-du-Pic.

— C'est le mieux du monde. Dès ce soir vous me présenterez à votre grand-oncle, ainsi que notre ami commun, le vicomte Raphaël.

— Mais, monsieur le baron...

— Il ne s'agit pas de *mais*, mon très-cher, il faut que cela soit et cela sera.

— Permettez-moi, du moins, de vous adresser une question.

— Questionnez! questionnez! seulement je serai libre de ne pas répondre.

— Votre projet, monsieur le baron, est-il d'envelopper la jeune duchesse dans l'inextricable réseau de l'une de ces intrigues ténébreuses que vous vous plaisez à ourdir?...

— Et, quand cela serait, mon très-cher?

— C'est que... dans ce cas...

— Eh bien! dans ce cas?

— Je refuserais net de vous venir en aide.

— En vérité?

— Oui, monsieur.

— C'est votre dernier mot?

— C'est mon dernier mot.

M. de Maubert ne prononça pas une parole.

Seulement il ouvrit l'un des tiroirs de son bureau, il en tira une large enveloppe scellée de cinq cachets de cire rouge, qu'il examina minutieusement les uns après les autres.

Ceci fait, il agita une petite clochette qui se trouvait à portée de sa main.

Un valet de pied accourut.

M. de Maubert lui remit l'enveloppe en lui disant :

— Pour M. le procureur du roi, en son cabinet, au Palais de Justice. Allez!

Le valet fit un mouvement et se disposa à sortir.

— Arrêtez! s'écria le comte de Salluces.

— Êtes-vous décidé? demanda d'une voix impérative le baron de Maubert.

— Oui, répondit Salluces.

— Vous me présenterez au marquis de Champclause, votre oncle?

— Oui.

— Ce soir?

— Ce soir.

— C'est bien. Rendez-moi cette lettre, Lafleur, il devient inutile qu'elle arrive aujourd'hui.

<h2 style="text-align:center">XV</h2>

LA FÊTE.

Nous avons dit précédemment que le duc de La Tour-du-Pic occupait l'un des beaux hôtels de la rue du faubourg Saint-Honoré.

Cet hôtel, voisin de l'Élysée Bourbon (aujourd'hui Palais de la Présidence), était enfermé entre une vaste cour et un immense jardin qui se prolongeait jusqu'aux Champs-Élysées, dont il était séparé seulement par un fossé profond et une grille de fer.

D'épais massifs, habilement disposés, empêchaient les regards indiscrets des promeneurs de pénétrer dans les jardins et les dépendances de l'hôtel.

Toutes les merveilles de l'art et de la nature se trouvaient réunies dans cette fraîche oasis.

D'immenses pelouses d'un gazon anglais, doux et soyeux comme du velours et soigneusement arrosé chaque matin, étaient coupées par de longues allées circulaires dont les jolis pieds de la duchesse Mathilde aimaient à fouler le sable blanc et fin.

De vieux arbres aux troncs robustes, découpant sur l'azur du ciel leurs feuillages capricieux, entretenaient, malgré les chaleurs de l'été, une fraîcheur délicieuse dans ce parc en miniature.

Çà et là, au milieu des bosquets d'arbustes exotiques, des statues de marbre, debout sur leurs socles de granit, profilaient leurs formes romaines ou leurs contours athéniens.

C'est dans ce jardin, et par une belle soirée du mois de juillet, que nous allons conduire nos lecteurs.

La duchesse Mathilde donnait une grande fête, à laquelle avaient été conviés tous les représentants de la haute aristocratie qui se trouvaient encore à Paris.

Les deux façades de l'hôtel étaient illuminées.

On avait disposé dans chaque bosquet des girandoles étincelantes, et leurs feux de mille couleurs donnaient à ce splendide éclairage un cachet oriental, dont les bals publics ont fait depuis lors la chose la plus vulgaire et la plus banale, mais qui se trouvait être, à cette époque, une nouveauté du meilleur goût.

Un orchestre invisible, caché dans un kiosque préparé à cet effet, lançait, par intervalles, des bouffées d'harmonie dont les fusées mélodieuses s'éparpillaient dans les airs comme la gerbe d'un feu d'artifice.

On dansait et l'on jouait dans les salons du rez-de-chaussée de l'hôtel, on se promenait dans les jardins, et une nuée de laquais faisaient circuler dans ces salons et dans ces jardins des rafraîchissements de toutes sortes et des réconfortants de toute nature.

Ici, du punch glacé, des sorbets et du vin de Champagne frappé.

Là, des ananas et les fruits des deux mondes.

Ailleurs, enfin, des volailles froides, des galantines et toutes les miraculeuses inventions de la science transcendante du pâtissier et du confiseur.

Trois personnages bien connus de nous se promenaient lentement dans l'allée couverte qui longeait les Champs-Élysées.

Ces trois personnages étaient le baron de Maubert, le comte de Salluces et le vicomte Raphaël.

M. de Maubert semblait joyeux, comme un homme qui touche à l'accomplissement d'un projet longtemps rêvé.

Le comte de Salluces affectait la gaieté et riait à tout propos, mais d'un rire nerveux et contraint.

Quant à notre héros, le vicomte Raphaël, il était soucieux, rêveur et distrait, il prêtait l'oreille à tous les bruits, son regard errant cherchait, à chaque détour de l'allée, quelqu'un ou quelque chose, et, par moments, on le voyait tressaillir quand une forme blanche se dessinait soudain sur les massifs de la sombre verdure.

M. de Maubert observait son jeune protégé, et, à chacun des tressaillements qui échappaient à Raphaël, on le voyait sourire en se frottant les mains.

— En vérité, mon très-cher, dit-il tout à coup au comte de Salluces, il faut convenir que nous assistons à une fête de la plus superbe ordonnance; regardez donc à travers cette éclaircie de feuillage, voyez cette façade lumineuse, ces groupes de jeunes femmes qui répandent autour d'elles les flammes de leurs diamants et les flammes de leurs prunelles. Voyez ces livrées opulentes, ces serviteurs prompts et discrets, écoutez cette musique aérienne, et convenez avec moi que M. de La Tour-du-Pic est un véritable grand seigneur et sait faire dignement les choses!

— Parbleu! répondit le comte de Salluces, avec six cent mille livres de rentes, j'en ferais bien autant!

— Six cent mille livres de rentes! répéta le baron. Oui, c'est vrai, avec une fortune royale, il est facile d'agir en roi!

Et, tandis que M. de Maubert prononçait ces paroles, ses yeux brillaient d'un éclat extraordinaire et son accent exprimait une convoitise âpre et farouche, semblable à celle qui se traduit dans les mugissements de la hyène affamée.

— Six cent mille livres de rentes! répéta-t-il₀ our la seconde fois; puis, après un moment de silence, il reprit en s'adressant à M. de Salluces, mais dans l'intention visible d'arracher Raphaël à la rêverie qui l'absorbait :

— Eh bien! le croiriez-vous, mon cher? si j'étais un homme de votre âge au lieu d'être presque un vieillard, ce n'est pas la fortune de M. de La Tour-du-Pic que je lui envierais le plus...

— Que serait-ce donc? demanda le comte.

— Ce serait sa femme, répondit M. de Maubert.

— Sa femme! s'écria Raphaël éveillé soudain du sommeil de ses rêves, comme s'il eût été touché par une étincelle électrique.

— Eh! oui, sans doute! répliqua le baron, sa femme, l'ange le plus charmant, la plus céleste créature que j'aie jamais entrevue, même dans les songes de mes vingt ans. Sa femme, doux trésor de beauté, de jeunesse et d'amour, cette Mathilde divine, vierge de cœur à corps sûr, et vierge de corps sans doute, puisqu'elle est unie à un fantôme impuissant et caduc, voilà le diamant sans tache que je préférerais à tous les millions du duc... si comme vous, messieurs, j'avais encore des cheveux noirs sur une tête de vingt ans...

« Êtes-vous de mon avis, Raphaël?

— Certes! s'écria le vicomte avec enthousiasme. Qui donc hésiterait à jouer sa vie contre l'amour de la duchesse!! Être aimé d'elle!... aimé d'elle!... oh! mon Dieu! mais c'est un rêve... impossible!...

— Impossible! pourquoi? rien n'est impossible ici-bas, mon ami, et pour réussir en toutes choses il ne faut que vouloir!

— *Il ne faut que vouloir!* s'écria Raphaël; que dites-vous, monsieur le baron?

— La vérité. Seulement nous avons besoin de nous bien comprendre. Par le mot *volonté*, je n'entends point un stérile désir, une vague aspiration du cœur, comme disent les niais et les imbéciles; j'entends cette ardeur impétueuse, irrésistible, continue, qui dirige vers un but unique toutes les forces de l'esprit, toutes les facultés de l'âme, qui marche toujours, ne recule jamais et brise les obstacles qu'elle ne peut franchir. J'entends cette détermination inflexible, obstinée, aveugle, qui veut arriver et qui arrive, quand même et malgré tout. C'est à l'aide de la *volonté* que Richelieu sortait vainqueur de tous les boudoirs et Napoléon de toutes les batailles, et je prétends que celui, quel qu'il soit, qui *voudrait* être aimé de la duchesse Mathilde, n'aurait, pour arriver, qu'à le *vouloir* ainsi. Sur ce, messieurs, je vous quitte, et je vais dans les salons de l'hôtel faire deux ou trois tours de whist ou de bouillotte. A bientôt.

— A tout à l'heure, cher baron.

Le vicomte Raphaël et M. de Salluces, restés seuls, continuèrent pendant quelques minutes leur promenade, sans se parler.

Raphaël rompit enfin le silence.

— Croyez-vous, demanda-t-il à son compagnon, croyez-vous au système de M. de Maubert?

— Oui, répondit Salluces.

— Ainsi vous admettez...

— Qu'on puisse tout ce que l'on veut fermement? Oui.

— Sans exception?

— Sans exception; je le crois, j'en suis sûr!

— Si c'était vrai! murmura le vicomte à voix basse, et l'expression de son regard ardent compléta sa phrase interrompue.

— Raphaël... dit tout à coup M. de Salluces en s'arrêtant et en prenant entre les siennes l'une des mains de son compagnon.

— Mon ami? répondit le jeune homme étonné.

— Voulez-vous être franc avec moi?

— Mais... sans doute...

— Alors, répondez-moi, la main sur votre cœur. Vous aimez la duchesse?

— Moi!! s'écria Raphaël.

— Vous l'aimez, je le sais.

— Et... quand cela serait?...

— Cela est, convenez-en.

— Eh bien! oui, j'en conviens, quoique votre question me semble étrange; oui, je l'aime, je l'aime de toutes les puissances de mon cœur, je l'aime comme un fou... et sans espoir... car jamais, jamais Mathilde ne saura même mon amour...

— Raphaël, reprit M. de Salluces, voulez-vous me permettre de vous donner un conseil?

— J'écoute.

— Vous ne vous sentez pas le courage, n'est-ce pas, d'étouffer dès sa naissance l'impétueux amour dont vous venez de me parler?...

— Étouffer cet amour! j'aimerais mieux mourir!...

— Eh bien!... mais d'abord, mon ami, jurez-moi de ne pas répéter au baron de Maubert un mot, un seul mot de ce que je vais vous dire.

— Je vous le jure.

— Sur votre honneur?

— Sur mon honneur!

— Alors (et croyez que je fais en ce moment une des bonnes actions qui seront rares dans ma vie), alors, mon ami, fuyez, quittez Paris, cachez-vous si bien que personne au monde, et le baron moins que tout autre, ne puisse retrouver vos traces, disparaissez pendant un an, pendant deux s'il le faut, sinon vous êtes perdu, vous glisserez dans un abîme dont vous ne connaîtrez pas la profondeur que vous serez au fond, tout brisé et tout sanglant de votre chute; vous vous préparerez une vie de douleurs, de hontes, et surtout de remords. Croyez-moi, Raphaël, fuyez, aujourd'hui plutôt que demain, à l'instant plutôt que dans une heure...

M. de Salluces prononçait les paroles que nous venons de répéter avec une animation qui ne lui était point habituelle, sa voix était sincèrement émue, et, quand il eut achevé, il serra vivement et d'une façon presque convulsive la main de Raphaël.

— Ah çà! s'écria ce dernier de plus en plus surpris, fuir! me cacher! que voulez-vous dire?

— Je veux dire ce que je dis, rien de plus, rien de moins.

— Voyons, mon cher, ne me parlez pas en énigmes, expliquez-moi...

— Rien.

— Comment?

— Je ne puis pas, je ne veux pas ajouter un seul mot à ce que vous venez d'entendre. J'ai fait ce que me dictait un instinct inaccoutumé: je vous ai donné un conseil, dangereux pour moi, qui vous sauvera si vous le suivez. Maintenant votre salut est entre vos mains, vous êtes prévenu, agissez comme vous voudrez, je m'en lave les mains, seulement n'oubliez pas que vous m'avez juré le secret.

Puis M. de Salluces, serrant la main de Raphaël, disparut à l'angle d'un bosquet.

Pendant dix minutes environ, le vicomte resta debout à la même place, immobile, les yeux baissés.

Mais tout à coup il releva la tête, en appuyant les deux mains sur son cœur :

— Salluces est fou ! plus fou que moi ! s'écria-t-il presque à voix haute. Fuir ! pourquoi ? me cacher ? pourquoi ? un malheur me menace ! lequel ?... Rêveries que tout cela... ou plutôt, je devine... Salluces est mon rival et voudrait m'éloigner ! je comprends... je comprends ! Ah ! ils disent, tous les deux, qu'avec la *volonté* on peut tout ! eh bien ! je me le jure à moi-même, dans trois mois la duchesse Mathilde m'appartiendra... ou je serai mort !

XVI

UN QUADRILLE.

Il était une heure du matin.

La fraîcheur de la nuit avait chassé des jardins la plus grande partie des invités de M. de La Tour-du-Pic et la foule encombrait les appartements de réception.

Plusieurs quadrilles s'étaient organisés dans le salon des glaces (ainsi nommé parce que des glaces immenses remplissaient tous les panneaux).

C'est là que nous retrouverons le vicomte Raphaël.

Accoudé à un piédestal de marbre blanc supportant un grand vase du Japon rempli de fleurs naturelles, le jeune homme, caché à demi par les gerbes parfumées des roses du Bengale, fixait son regard ardent et charmé sur l'un des groupes qui formaient le quadrille le plus voisin.

C'était une femme, nos lecteurs l'ont deviné déjà, qui préoccupait si vivement Raphaël, et cette femme, avons-nous besoin de le dire, n'était autre que la duchesse.

Les couleurs manquent sur notre palette pour donner une idée exacte de la surhumaine beauté de Mathilde, animée et rendue plus charmante encore par l'enivrement de la danse et du bal.

Entièrement vêtue de blanc, sans fleurs et sans bijoux, simple dans sa parure comme une jeune fille qui vient dans le monde pour la première fois, la jeune duchesse semblait un ange descendu pour une heure des voûtes du firmament, ou, mieux encore, une fée échappée de sa grotte étincelante et daignant présider les danses des enfants des hommes.

Ses grands cheveux blonds, à demi débouclés, flottaient en longues spirales autour de ses joues rosées, et caressaient, comme des serpents dorés, la naissance de sa gorge de vierge.

Ses yeux bleus, à l'azur si doux et si profond, lançaient de molles étincelles à demi noyées dans la double langueur du plaisir et d'un commencement de fatigue.

Cette duchesse de seize ans, amoureuse, comme on l'est à son âge, de l'harmonie et du mouvement, s'abandonnait, avec une adorable naïveté, à ses joyeuses émotions.

Tout entière aux suaves mélodies de l'orchestre, aux mouvements cadencés de la contredanse, Mathilde souriait, sans les entendre, aux galantes banalités que lui débitaient ses cavaliers.

Son petit pied battait la mesure avec animation sur le parquet brillant.

Sa main mignonne frémissait sur la main gantée de ses danseurs.

Puis, quand la ritournelle était achevée, quand le moment était venu de dessiner l'une des figures du quadrille, Mathilde s'élançait vive et légère : on eût dit que des ailes de sylphide lui poussaient aux talons, et si

merveilleuse était sa grâce inimitable que la jeune femme parvenait à changer en quelque chose de charmant les vulgaires évolutions chorégraphiques qui, alors comme aujourd'hui, constituaient la danse des salons.

Raphaël, éperdu d'amour, Raphaël, plongé dans un extase semblable à celle des sectateurs de Mahomet, qui, enivrés par les vapeurs de l'opium et du haschich, voyaient le ciel s'ouvrir devant eux et leur dévoiler ses délices, Raphaël, disons-nous, se sentait dominé par un irrésistible vertige et se répétait tout bas, avec la plus complète bonne foi, ce dicton devenu trivial et dont M. Scribe a fait un vaudeville : *Être aimé ou mourir* [1] !

La mise en scène du tableau que nous venons d'esquisser de notre mieux se modifia tout à coup d'une façon sensible.

Le regard joyeux de la duchesse Mathilde, s'arrêtant par hasard sur les touffes embaumées des roses du Bengale derrière lesquelles se cachait le vicomte, entrevit les prunelles fixes et brûlantes du jeune homme.

Sans doute, et ici nous trouvons les traces d'un phénomène encore inexpliqué, mais que la science moderne s'est vue forcée d'admettre, sans doute ces prunelles s'échappaient des effluves magnétiques (semblables à celles qui jaillissent des yeux de certains serpents et

---

[1] Les derniers mots que nous venons d'écrire nous suggèrent quelques réflexions, et comme ces réflexions n'ont, de près ou de loin, aucune espèce de rapport avec le contenu du présent chapitre, nous les donnons en forme de note, afin que nos lecteurs puissent se procurer la satisfaction de les éviter, sans avoir en même temps l'ennui de parcourir la page tout entière pour savoir où finit ce hors-d'œuvre.

Nous avons nommé M. Scribe.

Cet écrivain, duquel nous apprécions d'ailleurs le grand talent et l'immense habileté, nous paraît être la personnification complète du froid scepticisme de notre époque.

La plupart des pièces de M. Scribe sont de petits chefs-d'œuvre de doute et d'ironie.

Se rencontre-t-il en ce monde une croyance erronée mais consolante, une utopie poétique et touchante, vite, voici venir M. Scribe qui prend à partie cette croyance, cette utopie, ce paradoxe, qui la sape dans ses fondements à grands coups de couplets et d'épigrammes, et qui met à la place une vérité incontestable, inattaquable, mais stérile et glaciale.

On avait cru longtemps au souvenir charmant des *premières amours...* — M. Scribe vous prouve que le cœur, quand il oublie, n'oublie point à demi.

Longtemps les femmes s'étaient bercées de ce doux rêve, qu'un amoureux éconduit se tuait de désespoir. — *Être aimé ou mourir !* — répétaient les galants sur tous les tons... et ces dames cédaient, — pour éviter de grands malheurs !

Mais ce n'est pas tout encore, et l'auteur du *Mariage de raison* a bien d'autres péchés sur la conscience.

Sans le *charlatanisme*, M. Scribe nous l'a prouvé, le mérite modeste reste dans le boisseau, tandis que, le *charlatanisme* aidant, l'intrigant effronté se carre au premier rang.

L'amitié même n'a pu trouver grâce devant l'inexorable vaudevilliste : M. Scribe nous a donné la preuve que l'amitié, dans tous les temps et dans tous les cas, se subordonnait à l'intérêt. — O amitié !!!

Eh bien ! malgré tout cela, — à cause de tout cela, veux-je dire, — M. Scribe est l'homme le plus populaire de notre époque et ne compte ses pièces que par des succès.

O tempora !

Or, nous le répétons, M. Scribe, dont l'habileté est devenue proverbiale, n'a exploité la veine féconde que nous venons de signaler que parce qu'il a senti que le scepticisme était à l'ordre du jour dans notre époque, et que le public récompenserait par ses bravos celui qui lui rendrait le service de détruire ses dernières illusions.

M. Scribe a eu raison.

Et cependant, tout bien considéré, les illusions sont bonnes à quelque chose, et j'en voudrais de tout mon cœur à celui qui m'enlèverait celle que je caresse si volontiers, et qui consiste à me persuader, cher lecteur, que mes romans ont du succès. (*Cette note se trouvait dans la première édition, publiée en 1849.*)

fascinent les petits oiseaux), car à peine le regard de Mathilde s'était-il croisé pendant une minute avec celui de Raphaël, que la jeune femme sentit une douleur aiguë, mais passagère, lui traverser le cœur.

Elle pâlit.

Le sourire s'effaça de ses lèvres.

Une sorte d'effroi lui fit fermer les yeux, tandis qu'une sensation inconnue et pénible, une épouvante instinctive et involontaire, s'emparait de tout son être.

Aucun de ces rapides symptômes n'avait échappé à Raphaël.

L'expérience, acquise par lui à l'école du baron de Maubert, lui disait de se réjouir de l'effet produit sur Mathilde par un de ses regards, et d'ailleurs il avait reçu le contre-coup de l'étincelle électrique qui venait de frapper la duchesse.

Il fit un mouvement pour se rapprocher d'elle.

Mais déjà elle était entourée.

Au moment où elle avait pâli et fermé les yeux, plusieurs personnes, croyant qu'elle allait se trouver mal, s'étaient avancées pour la soutenir.

Ce malaise ne dura qu'un instant.

— Ce n'était rien, dit-elle en rappelant le sourire sur ses lèvres; un peu de fatigue... un éblouissement... C'est fini... n'interrompons point le bal, je vous en prie. Je veux encore danser.

Chacun reprit sa place et Mathilde, voilant à demi ses grands yeux bleus sous ses longs cils, reporta de nouveau son timide regard vers le vase du Japon couronné de roses du Bengale.

Mais Raphaël n'était plus là.

Presque en face du vicomte, à l'extrémité opposée du salon des glaces, un autre personnage, un vieillard, avait assisté à toute la scène que nous venons de raconter.

Ce personnage, dont les yeux s'attachaient sur Mathilde avec une expression de tendresse poussée jusqu'à l'adoration, était le duc de La Tour-du-Pic.

Les diverses émotions qui traversaient son âme se reflétaient sur son visage comme dans un miroir fidèle.

D'abord, en contemplant Mathilde si rieuse, si gaie, si heureuse, ç'avait été la joie d'un père qui assiste au triomphe et au bonheur de sa fille.

Peu à peu cette expression s'était modifiée, un sentiment plus personnel avait paru envahir la pensée de M. de La Tour-du-Pic.

Chaque fois que le danseur de la jeune femme se penchait à son oreille pour y murmurer quelque parole, chaque fois que Mathilde répondait par un regard ou par un sourire, si distrait que fût le sourire, si indifférent que fût le regard, une ride profonde se creusait entre les sourcils du vieux duc et son regard s'assombrissait.

Enfin, quand Mathilde pâlit et sembla près de s'évanouir, M. de La Tour-du-Pic, mordu au cœur par un soupçon jaloux, se précipita pour tâcher de saisir la cause du trouble inattendu de sa femme.

Il ne vit rien. Mais il devina presque.

Cependant la nuit touchait à sa fin.

Peu à peu les convives disparaissaient l'un après l'autre.

Les bougies achevaient de se consumer dans les candélabres.

Les guirlandes de fleurs se fanaient dans les cheveux et aux corsages des danseuses.

Quelques quadrilles obstinés luttaient seuls contre la désertion générale.

Les joueurs de bouillotte, installés dans un petit boudoir qui ouvrait sur le salon des glaces, sentant que l'heure du départ approchait, risquaient des sommes énormes, soit pour compenser les pertes précédentes, soit pour réaliser un bénéfice important.

La table à laquelle était assis M. de Maubert dispa-

raissait littéralement sous des monceaux d'or et de billets de banque.

— Voici le dernier tour, dit le baron en relevant ses trois cartes; après ce coup, je quitte la place.

— C'est convenu, dit l'un des joueurs.

— A vous à parler, monsieur le baron.

— Je vois la carre [1].

— Moi aussi.

— Moi aussi.

— Je passe parole, dit le premier joueur.

— A monsieur, dit le second en indiquant le troisième joueur.

— Au carré, reprit celui-ci.

— Je fais mon argent, dit le carré après avoir regardé ses cartes.

— Tenu.

— Tenu.

— Tenu.

Tout le monde était engagé, et tout le monde tenait l'enjeu du carré qui avait une vingtaine de mille francs devant lui.

On abattit les cartes.

Les quatre joueurs avaient des brelans.

Celui de M. de Maubert était un brelan carré de rois.

Il gagnait tout l'argent qui couvrait la table.

— Voilà un beau coup! dirent les trois joueurs.

— Il est prodigieux! répondit le baron en remplissant ses poches avec le plus grand sang-froid. Messieurs, j'ai l'honneur de vous souhaiter le bonsoir, ou plutôt le bonjour, car voici l'aube qui paraît.

M. de Maubert quitta le boudoir pour se rendre dans le salon des glaces.

Au moment où il en franchissait le seuil, la duchesse Mathilde passait au bras de son mari.

Elle tenait de la main gauche un énorme bouquet.

Une des fleurs de ce bouquet, une rose mousseuse, se détacha sans qu'elle la vit et tomba à ses pieds.

La duchesse ne s'arrêta point.

Raphaël, croyant n'être pas observé, se précipita pour ramasser cette fleur, la couvrit de baisers passionnés, puis la cacha dans sa poitrine.

M. de Maubert n'avait perdu aucun de ces détails.

— Décidément, se dit-il en se frottant les mains, décidément, je gagne à tous les jeux cette nuit!

XVII

L'AMOUR D'UN VIEILLARD.

M. de La Tour-du-Pic avait cru qu'en épousant Mathilde il assurait le bonheur des dernières années qui lui restaient à vivre.

Il s'était dit que les fibres de la passion proprement dite avaient été usées dans son cœur par le temps et par la souffrance.

Il s'était juré que sa tendresse pour la belle et chaste enfant à laquelle il donnait son nom ne serait jamais qu'une tendresse toute paternelle, et que mademoiselle de Simeuse, devenue sa femme devant Dieu et devant les hommes, resterait cependant, en réalité, sa fille et rien que sa fille, épouse et vierge tout à la fois.

M. de La Tour-du-Pic, lorsqu'il se répétait tout cela, était le jouet de décevantes illusions.

Dieu fait bien ce qu'il fait; la nature a des lois immuables, et, quand on marche à l'encontre de l'une de ces lois, la punition ne se fait point attendre.

A peine le vieux duc avait-il acquis sur Mathilde les droits imprescriptibles que donne le mariage, que son affection changea de nature.

1. Expression consacrée.

Il songea à devenir de fait ce qu'il était déjà de nom, c'est-à-dire propriétaire et maître absolu.

Sa tendresse paternelle se transforma en un violent amour, et cet amour fut un premier supplice.

Voici comment et voici pourquoi :

M. de La Tour-du-Pic, nature exceptionnelle et d'élite, possédait au plus haut degré l'instinct de tous les sentiments délicats.

Il ne se dissimula pas un instant ce qu'il y avait d'odieux dans l'union *physique et complète* de sa vieillesse avec la verte jeunesse de Mathilde.

Était-ce donc à lui, à lui dont les deux pieds chancelaient déjà sur le bord d'une tombe entr'ouverte, était-ce donc à lui d'initier la naïve et pudique enfant aux doux mystères de la volupté?

Quoi ! Mathilde, cet ange aux cheveux blonds qui l'appelait son père, subirait les étreintes caduques de ses membres débiles !

Quoi ! ces lèvres si roses et si pures pâliraient sous des baisers peut-être impuissants !

Quoi ! tant de charmes, tant de trésors, seraient pollués dans le lit nuptial par des caresses libertines !...

(M. de La Tour-du-Pic se disait, et selon nous il était dans le vrai, que chez un vieillard l'amour sensuel affectait les formes odieuses d'un libertinage éhonté.)

Ne serait-ce point une profanation, presque un inceste?

Et il s'efforçait de refouler dans son cœur la passion toujours plus ardente qui s'attachait à lui et le consumait comme la tunique de Déjanire.

Il rougissait de son fatal amour et souffrait des tourments inouïs.

Il aurait donné ses derniers jours d'existence, il aurait donné sa part de bonheur dans l'autre vie, pour être, ne fût-ce que pendant une seule nuit, un jeune homme ardent et robuste.

Et cependant il se jurait plus que jamais d'avoir de la force jusqu'au bout et d'étouffer au fond de son âme le secret de ses tortures.

Mais un jour vint où la lave de la passion débordante fut plus puissante que son courage.

Il sentit qu'un irrésistible délire envahissait sa raison.

Il lui fallait posséder Mathilde, devenir fou, ou mourir.

Certes, la mort était pour M. de La Tour-du-Pic un asile qui ne l'effrayait pas, mais ses convictions religieuses ne lui permettaient point de penser au suicide.

La folie, au contraire, ce naufrage de l'intelligence qui de l'homme d'élite fait quelque chose d'un peu audessous de la brute, l'épouvantait au plus haut point.

Il céda.

§

Nous croyons qu'un grave enseignement se cache sous la peinture d'une passion licite, autorisée par le Code et l'Église, et qui cesse d'être chaste par cela seul qu'elle viole une loi de la nature, loi suprême qui ne permet l'union des sexes que dans des conditions égales de jeunesse et de beauté.

Le mariage, dans certains cas, n'est selon nous qu'une prostitution véritable, et la plus odieuse de toutes, la prostitution légale.

C'était un soir :

M. de La Tour-du-Pic ramenait Mathilde de l'Opéra.

Pendant trois heures, seul avec sa femme dans une loge d'avant-scène, il s'était enivré d'amour et de désirs en contemplant les épaules nues de Mathilde, en respirant le doux parfum de ses cheveux blonds, en voyant tous les regards attachés sur cette étoile de beauté avec une expression non équivoque d'admiration et d'enthousiasme.

Durant le trajet assez long qui séparait l'Académie royale de musique de l'hôtel du faubourg Saint-Honoré,

M. de La Tour-du-Pic, assis à côté de Mathilde, dans un étroit coupé, et soutenant de son bras la taille fine et souple de la jeune femme, sentait le sang affluer à son cœur et bouillonner dans son cerveau, au contact de ce corps si jeune et si parfait...

Le duc et la duchesse descendirent de voiture devant le péristyle de l'hôtel; tous deux montèrent au premier étage où se trouvait situé leur double appartement, et Mathilde, au moment d'entrer dans le salon qui précédait sa chambre à coucher, tendit, comme de coutume, son front charmant à M. de La Tour-du-Pic, en lui disant de sa voix si douce :

— Bonsoir, mon ami, à demain.

— Permettez-moi de vous accompagner jusque chez vous... répondit le duc d'une voix tremblante d'émotion.

— Comme vous voudrez, mon ami... répliqua la jeune femme avec un commencement de surprise.

C'était la première fois que le duc, à une heure semblable, franchissait le seuil de la chambre à coucher de Mathilde.

Cette dernière, cependant, n'en conçut point d'alarmes; car, si invraisemblable que cela puisse paraître, son ignorance était complète en certaines matières et sa naïveté absolue.

Une femme de chambre, à moitié endormie dans un fauteuil, attendait le retour de *Madame*.

— Vous pouvez vous retirer, Justine, lui dit le duc en entrant.

— Mais, monsieur... murmura la cameriste.

— Mais, mon ami... fit Mathilde à son tour.

— Allez, répéta M. de La Tour-du-Pic d'un ton qui ne souffrait point de réplique.

— Faudra-t-il revenir ?

— Non, répliqua le duc.

La femme de chambre, comprenant à peu près ce dont il s'agissait, tourna sur ses talons et disparut.

— Pourquoi donc renvoyez-vous Justine, mon ami ? s'écria Mathilde aussitôt qu'elle se trouva seule avec le duc.

— Parce que nous avons à causer, chère Mathilde.

— Il est bien tard, mon ami, ce me semble...

— Peu importe ! Mais qu'avez-vous donc, Mathilde ? on dirait que ma présence vous effraye...

— Non, certes, mon ami ; seulement je ne pourrai venir à bout de me déshabiller toute seule.

— Je vous aiderai, Mathilde...

— Vous, mon ami ?

— Sans doute.

— Mais... je n'oserai jamais me déshabiller devant vous...

— Devant votre mari... pourquoi ?... Tenez, laissez-moi détacher les agrafes de votre robe.

— Mon ami... mon ami... murmura la jeune femme en s'éloignant confuse et rougissante, je vous en prie, ne me touchez pas...

— Mathilde, dit le duc d'une voix suppliante, voulez-vous donc me priver du bonheur de vous servir une fois en ma vie ?

— Non, oh ! non, répondit la pauvre enfant qui se rapprocha de son mari ; faites ce que voudrez, mon ami.

M. de La Tour-du-Pic était très-pâle, ses lèvres semblaient tremblantes et ses yeux étincelaient.

— Vous êtes aussi bonne que belle, Mathilde, dit-il.

Et il se mit en devoir de dénouer l'étroit cordon de soie fermant, par derrière, le haut du corsage de la robe.

Mais les épaules étincelantes qui sortaient à moitié nues de la gaze légère éblouissaient ses regards ; un tressaillement nerveux agitait ses mains ; le cordon, au lieu de céder, se nouait de plus en plus sous ses doigts.

— Que faites-vous donc, mon ami ? demanda la duchesse.

— Je vous admire, répondit le duc.

Nº 104.
ROMANS NOUVEAUX

CONFESSIONS D'UN BOHÈME
PAR XAVIER DE MONTÉPIN

10 centimes.
ROMANS NOUVEAUX

Une sorte d'effroi lui fit fermer les yeux. (Page 87.)

Et, tandis qu'il parlait ainsi, ses lèvres avides s'appuyèrent sur le cou de Mathilde, à cet endroit de la nuque, où naissaient les magnifiques cheveux blonds qui se tordaient sur la tête de la jeune femme en nattes opulentes.

— Vous m'avez brûlée ! s'écria Mathilde.

— Brûlée ! répéta le duc, ah ! c'est qu'il y a dans mes veines du feu au lieu de sang !

La jeune femme ne répondit point.

Alors M. de La Tour-du-Pic essaya de nouveau de détacher le haut du corsage, mais n'y pouvant réussir il brisa le lacet et du même coup déchira l'étoffe.

— Ma pauvre robe ! murmura Mathilde avec un soupir enfantin, tout en croisant ses deux bras sur sa gorge divine à moitié découverte et voilée seulement par la dentelle de sa chemise.

Le corset de la jeune femme était très-bas, ses formes si pleines et si pures n'ayant pas besoin de soutien.

— Mathilde ! Mathilde ! s'écria M. de La Tour-du-Pic dont la rage amoureuse devenait à chaque seconde plus irrésistible, oh ! laisse-moi te voir, t'admirer, laisse-moi te dire que tu es belle et que je t'aime... que je t'aime, non plus comme un père ou comme un mari, mais comme un amant, Mathilde, comme un amant qui tombe à tes genoux et te demande un peu d'amour.

Et, joignant le geste aux paroles, le vieillard, entraîné par son aveugle passion, se jetait aux pieds de Mathilde épouvantée, puis, se relevant avec la vivacité d'un jeune homme, la prenait dans ses bras, l'étreignait à l'étouffer, couvrant de baisers ses mains, ses lèvres, ses cheveux et son sein.

Mathilde, cependant, tremblante, mais n'osant crier, se débattait en murmurant :

— Mon Dieu ! que faites-vous ?... Laissez-moi, mon ami, je vous en supplie... je vous en conjure... vous ne m'avez jamais embrassée comme cela... vous me faites peur... vous me faites mal... laissez-moi... laissez-moi...

— Te laisser ! répondait le duc en redoublant ses caresses, te laisser !... quand je te tiens dans mes bras, quand je touche au moment que j'aurais payé de mon sang, quand tu vas être à moi, à moi... enfin à moi... peux-tu le croire ? peux-tu le demander ?

La lutte continua.

Les forces de la jeune femme s'épuisaient peu à peu. Celles de M. de La Tour-du-Pic semblaient croître au contraire de minute en minute.

La pauvre enfant finit par s'abandonner haletante et vaincue aux bras qui l'enlaçaient.

Ses derniers vêtements étaient en lambeaux, ses cheveux dénoués flottaient sur ses épaules et sur sa poitrine.

Étrange caprice du hasard ! déplorable inconséquence du cœur humain !

M. de La Tour-du-Pic, seize ans auparavant, avait frémi d'horreur au récit de l'odieux attentat consommé par le vicomte de Simeuse sur Berthe de Chaumont, la mère de Mathilde.

Et lui, plus coupable peut-être, venait en un instant de démentir tout un passé sans tache, en se souillant d'un crime semblable !

Croyez donc, après cela, à la vertu des hommes!

Un écrivain de l'école sceptique et railleuse ne manquerait point de terminer le présent chapitre par la réflexion suivante :

— Il était dans la destinée des filles de la maison de Chaumont d'être violées par leurs maris !

XVIII

EXTASE.

Après la violente prise de possession dont nous avons été le trop fidèle historien dans le chapitre précédent, il arriva ce que tout homme de bon sens devait naturellement prévoir.

La passion de M. de La Tour-du-Pic pour sa femme acquit chaque jour une intensité nouvelle, et se compliqua bientôt de tous les tourments de la jalousie.

Ce n'est pas que le duc suspectât la vertu de Mathilde ; bien loin de là, il n'admettait pas même la possibilité que la pauvre enfant pût commettre une faute et faillir, même par la pensée.

Mais sa jalousie allait plus loin.

Il aurait voulu cacher Mathilde à tous les yeux.

Il lui semblait que ceux qui la regardaient lui volaient une parcelle de sa beauté.

Il lui semblait que ceux auxquels elle adressait une parole ou un sourire lui volaient ce sourire et cette parole.

Et cependant il continuait à mener Mathilde dans le monde, aux théâtres, aux promenades, partout enfin ; car, redoutant l'immense ridicule qui s'attache aux vieillards follement épris, il aimait mieux souffrir des tortures inouïes que d'accepter le rôle d'un *Bartholo* farouche, enfermant sa *Rosina* sous de quadruples grilles et sous de triples verrous.

Quant à la douce Mathilde, résignée à remplir les devoirs d'épouse dont elle avait enfin compris la douloureuse étendue, elle s'efforçait de conserver au duc l'affection et le respect qui s'étaient, malgré elle, effacés dans son cœur d'une façon presque complète, le soir de la triste scène que nous avons racontée.

La situation morale des deux principaux personnages de cet épisode important des *Confessions d'un Bohême* se trouvant ainsi bien posée, rien ne nous empêche plus de continuer notre récit,

§

Le lendemain de la fête que nous avons décrite, à une heure assez avancée de la matinée, M. de La Tour-du-Pic entrait dans l'appartement de Mathilde.

Le boudoir dans lequel la jeune femme était une très-petite pièce de forme ovale, entièrement tendue en soie d'un bleu pâle.

Un store chinois, venu directement de Pékin et revêtu des plus riches couleurs, s'abaissait contre le vitrage de l'unique fenêtre de ce charmant réduit et tamisait discrètement les rayons du soleil en atténuant leur vif éclat.

Des rideaux de tulle d'un blanc neigeux, garnis de magnifiques dentelles, retombaient devant ce store.

La cheminée était garnie de fleurs, humectant dans des vases de Bohême leurs tiges fraîchement coupées.

De grandes jardinières, également remplies de fleurs, se dressaient de tous côtés.

Un vase d'albâtre, suspendu au plafond par une chaîne d'argent, supportait des gerbes fleuries.

Bref, le boudoir que nous décrivons pouvait passer pour une serre en miniature, et Mathilde, au milieu de toutes ces fleurs, qu'on nous pardonne ce madrigal, semblait une fleur de plus.

La jeune femme, vêtue d'un peignoir de mousseline de l'Inde négligemment noué autour de sa taille charmante par un ruban couleur d'azur, était à demi couchée dans une large causeuse.

Sa main gauche, effilée et mignonne, retombait sans force à son côté.

De la main droite elle appuyait sur ses genoux un livre tout ouvert qu'elle ne lisait point.

Sa pose exprimait un abandon voluptueux plutôt que l'accablement de la fatigue, suite inséparable cependant d'une nuit passée au bal ; son regard, perdu au plafond, était chargé de langueur et, si nous pouvons ainsi parler, d'électricité amoureuse.

Elle tressaillit en entendant entrer son mari et laissa tomber le livre qui l'occupait si peu.

Y avait-il donc dans ses pensées secrètes quelque chose de coupable qui pût motiver le trouble qui se manifesta dans son attitude à l'arrivée de M. de La Tour-du-Pic ?

Voilà ce que nous saurons bientôt.

Le duc était très-pâle.

Les rides de son visage semblaient plus profondément creusées que de coutume.

Sa physionomie morne, sa figure sombre et défaite, l'extrême abattement de son regard, attestaient qu'il venait de subir avec lui-même une lutte violente.

Ces symptômes n'étaient point trompeurs.

En effet, le duc, obsédé par une préoccupation terrible, n'avait pas fermé l'œil depuis le moment où le dernier invité de la fête avait quitté l'hôtel jusqu'à celui où il se présentait devant Mathilde.

La scène de la nuit précédente ne s'était point effacée un seul instant de son esprit troublé.

Il n'ajoutait pas foi à l'indisposition subite par laquelle la jeune femme avait cherché à expliquer son trouble étrange et son cri involontaire.

Il y avait là-dessous quelque chose de mystérieux qu'il ne pouvait comprendre, mais tout était pour lui matière à soupçons jaloux, et c'est pour éclaircir ces soupçons vagues et poignants qu'il avait pris le parti de venir interroger Mathilde.

Étonnerons-nous beaucoup nos lecteurs en leur disant que le même sujet qui préoccupait si péniblement le vieux mari était aussi le but unique des réflexions de la jeune femme ?

Malgré elle, Mathilde songeait sans cesse à ces prunelles étincelantes qui l'avaient éblouie.

Elle croyait ressentir encore dans son cœur la commotion électrique de ce regard de feu ardemment fixé sur le sien...

Elle songeait...

Sans le vouloir, sans le savoir peut-être, elle s'abandonnait tout entière à des pensées d'amour, presque de volupté !

Pour la première fois depuis qu'elle était femme, elle sentait ses rêves revêtir une forme palpable.

Il lui semblait qu'un être aux mille aspects, Protée insaisissable et changeant, ange, homme ou démon, mais toujours jeune et beau, passait et repassait devant elle en murmurant à son oreille des paroles inconnues, qu'elle écoutait, hésitante et charmée.

Aussi son cœur battait plus vite, ses yeux à moitié fermés s'alanguissaient davantage, ses lèvres frémissantes découvraient en s'entr'ouvrant l'émail éblouissant de ses dents...

Puis son rêve se matérialisait de plus en plus.

A travers les grappes embaumées des fleurs qui l'environnaient, elle voyait luire de toutes parts les clartés magnétiques du regard qui la fascinait.

Vainement elle voulait abaisser ses paupières pour échapper à l'entraînement qui s'emparait de son corps et de son âme.

Elle ne pouvait pas.

Bientôt elle ne chercha plus à se débattre contre l'ivresse qui la subjuguait.

Alors il lui sembla qu'un baiser fermait sa bouche et qu'une douce caresse l'enveloppait tout entière.

Son corps prit une attitude plus molle et plus abandonnée.

Une sensation bizarre et surtout inconnue agita délicieusement ses fibres, et la jeune femme, presque pâmée, laissa retomber sa tête en arrière, tandis que son regard qui ne voyait plus se perdait au plafond.

C'est en ce moment, mal choisi s'il en fut, que M. de La Tour-du-Pic entra dans le boudoir.

Mathilde tressaillit, nous le répétons, et son livre glissa de ses genoux sur le tapis.

Du ciel divin de l'extase où elle était plongée, la présence de son mari la précipitait soudainement dans la froide réalité.

— C'est dommage ! pensa-t-elle...

Et elle soupira.

Un vieux proverbe le dit en deux vers dignes du fameux almanach liégeois dont Mathieu Laensberg fut jadis le premier éditeur :

Cœur qui soupire
N'a pas ce qu'il désire.

Or, nous le demandons à nos charmantes lectrices, que peut désirer un cœur de seize ans, quand ce cœur bat dans la poitrine d'une ravissante enfant qui vient de faire un rêve d'amour, et qui se retrouve soudainement en présence d'un mari quasi-octogénaire ?

XIX

CAUSERIE DE MARI.

Le trouble de la jeune femme n'échappa point au regard pénétrant de M. de La Tour-du-Pic.

Ses soupçons s'en fortifièrent; mais il sut dissimuler habilement et ne rien laisser paraître de ce qui se passait en lui.

Il prit un fauteuil et s'assit à côté de la causeuse sur laquelle Mathilde était étendue.

— Bonjour, mon ami, dit il, à la jeune femme en lui tendant la main; avez-vous dormi ce matin ?... je vous trouve un peu pâle...

— Je suis souffrant en effet, chère Mathilde, mais ce n'est rien... Et vous ?...

— Oh ! moi, je me porte à merveille... je ne me souviens même plus des fatigues de cette nuit.

— Cependant votre main est brûlante, et je sens battre vos veines comme si vous aviez la fièvre.

— Vous croyez ?

— J'en suis sûr, vous êtes malade...

— Mais non... jamais je ne me suis mieux portée... croyez-moi, je vous en prie...

— Je le désire trop pour ne pas le croire... et pourtant il se passe en vous quelque chose qui n'est pas naturel... vos joues sont pourpres et votre poitrine est haletante...

Mathilde ne put contenir un geste d'impatience.

Le duc vit ce mouvement et n'insista pas.

— Que faisiez-vous quand je suis entré ? demanda-t-il.

— Je lisais, répondit la jeune femme enchantée de voir l'entretien prendre une autre direction.

— C'est peut-être votre lecture qui vous a si vivement ému ?

— Peut-être, en effet, dit Mathilde.

Le duc se baissa et ramassa le volume.

— Les Maximes de La Rochefoucauld! fit-il à voix haute. C'est la première fois, je l'avoue, que je vois ce grave moraliste produire un effet semblable.

— Eh! qui vous dit que ce soit lui? et d'ailleurs, de quoi me parlez-vous? je vous répète, mon ami, que je ne suis point souffrante et que je me porte à merveille !

— Du moins, vous conviendrez, chère Mathilde, que vous avez mal aux nerfs?...

— Moi?

— Vous-même.

— Mais je ne le moins du monde... pourtant, si vous y tenez, mon ami, je dirai que je suis malade...

— La crainte seule de vous voir souffrir me faisait insister. Je suis heureux de m'être trompé. Dites-moi, chère Mathilde, avez-vous été contente de votre fête?

— Enchantée.

— Vous vous êtes amusée?

— De tout mon cœur.

— Et vous avez beaucoup dansé?

— Dix-sept contredanses, mon ami ! s'écria la jeune femme avec un franc sourire, les souvenirs du bal effaçant momentanément tous les autres.

— Un instant, cette nuit, vous m'avez fait bien peur !

— Comment cela, mon ami?

— A l'issue des derniers quadrilles, quand je vous ai vue soudain pâlir et chanceler... c'était un étourdissement, m'avez-vous dit?...

— Je le crois.

— Vous êtes bien sûre, chère Mathilde, que ce malaise passager n'avait point d'autre cause?

— Une autre cause... et laquelle?

— Que sais-je? une parole inconvenante de l'un de vos danseurs...

— Une parole inconvenante! à moi! vous ne le pensez pas, monsieur le duc ! répliqua vivement la jeune femme, d'un ton de dignité hautaine qui révélait toute la fierté aristocratique du sang qui coulait dans ses veines.

— Vous avez raison, chère enfant, et l'inquiétude que j'ai ressentie hier me pousse malgré moi à des suppositions insensées, que mon cœur laisse naître et que mon esprit dément; vous me les pardonnez, n'est-ce pas?

— Je ne le devrais peut-être point, répondit Mathilde en s'efforçant de sourire; mais que voulez-vous, je suis si bonne!...

— Oh! oui, bien bonne, car vous comprenez que mon profond amour peut et doit me servir d'excuse... Rassurez-vous, d'ailleurs, Mathilde, je ne vous parlerai plus de tout cela... et cependant...

Le duc s'interrompit.

— Cependant?... répéta Mathilde.

— Il m'avait semblé...

— Quoi donc?...

— Mais c'était encore sans doute un rêve, une folie...

— Parlez, mon ami, parlez donc! je vous le demande, je vous en prie!... s'écria la jeune femme avec une curiosité pleine de trouble et d'impatience.

— Vous le voulez?

— Oui, je le veux!

— Eh bien! soit, répondit le duc avec une insouciance affectée; je vais donc vous dire ce que j'avais cru voir : un instant avant votre demi-évanouissement, vous figuriez dans un quadrille à l'un des angles du salon des glaces, n'est-ce pas?

— Sans doute.

— Vous faisiez face, je le crois, à l'un de ces grands vases du Japon qui sont remplis de roses trémières et posés sur des socles de granit.

— Je le crois aussi; mais où donc en voulez-vous venir?

— A ceci : il m'avait semblé qu'un homme, caché derrière le piédestal de ce vase gigantesque, écartait tout à coup les tiges verdoyantes des roses épanouies, et que c'était au moment où le regard de cet homme tombait d'aplomb sur vous que vous n'avez pu vous rendre maîtresse de votre émotion et de votre trouble... J'avais cru cela, Mathilde, et je le crois encore, car voici que vous pâlissez de nouveau et que vos yeux se couvrent d'un nuage...

La jeune femme chancelait en effet sur sa causeuse; la teinte mate de la cire vierge avait envahi son visage, et ses lèvres elles-mêmes étaient décolorées.

M. de La Tour-du-Pic, dont les inquiétudes acquéraient à chaque instant une intensité nouvelle, la regardait avec une angoisse pleine de colère et de douleur.

Mais une brusque révolution sembla s'opérer soudain dans l'esprit et dans les sens de Mathilde.

Ses joues devinrent pourpres ainsi que son front, son cou et la naissance de sa gorge.

Elle leva sur M. de La Tour-du-Pic ses grands yeux bleus étincelants, et elle lui demanda d'une voix vibrante et avec une énergie qui n'était ni dans son caractère ni dans ses habitudes :

— Est-ce que vous me soupçonnez, monsieur?

— Moi! s'écria le duc mis hors de garde par cette question si nettement posée et à laquelle il était bien loin de s'attendre.

— Soyez franc, continua la jeune femme, montrez votre pensée tout entière, laissez de côté des détours indignes de vous, et, si la défiance est entrée dans votre cœur, dites hautement et hardiment que vous me soupçonnez, moi, la duchesse de La Tour-du-Pic, moi, votre femme!

— Non, Mathilde! s'écria le vieillard avec l'accent d'une conviction profonde, non, Dieu m'est témoin que je ne vous soupçonne pas, que je ne doute point de vous... de vous, la vertu même!... mais un sentiment irraisonné et involontaire m'obsède et me torture : j'ai peur, Mathilde, j'ai peur!!!

— Peur de quoi?

— De tout! des autres et de moi-même.

— Je ne vous comprends pas!

— Écoutez-moi, Mathilde. Vous êtes jeune et belle, si belle que votre radieux éclat fixe tous les regards, fait battre tous les cœurs!!! de muettes adorations vous entourent sans doute, beaucoup vous aiment peut-être, car on ne peut, je le sais trop, vous voir sans vous aimer... et moi, moi qui vous possède, que suis-je? hélas! un vieillard dont les cheveux sont blancs, un vieillard dont le cœur seul n'a rien perdu de ses ardeurs

du temps passé. Voilà ce qui m'épouvante, Mathilde, voilà ce qui me fait des jours sans repos et des nuits sans sommeil... En vous est toute ma joie, en vous tout mon bonheur, et je frémis à cette pensée terrible qu'un jour, demain peut-être, quelqu'un, un inconnu, viendra prendre votre âme et me voler ainsi ma joie et mon bonheur...

— Mon ami... mon ami... interrompit la duchesse rougissante et les yeux baissés.

— Oh! laissez-moi parler, car je veux tout vous dire, reprit vivement M. de La Tour-du-Pic; laissez-moi vous demander à genoux d'avoir de la pitié, si ce n'est de l'amour! Vous êtes une noble et sainte femme, Mathilde, et vous accomplirez dignement la tâche que vous avez acceptée... Ah! je le comprends, pauvre enfant, c'est un fardeau pesant que l'amour d'un vieillard, et vous devez, parfois, me maudire bien amèrement de vous l'avoir imposé... Subissez-le cependant, Mathilde, avec vertu, avec courage; n'écoutez ni la voix de votre cœur, ni la voix de vos sens... attendez... ayez patience... après moi vous serez libre... et ce sera bientôt, je le sais, je le sens; mais, moi vivant, n'aimez pas, n'aimez personne! car celui que vous aimeriez, Mathilde, celui-là, je vous le jure sur mon âme, je le tuerais avant de mourir... et... que Dieu qui m'écoute me pardonne un semblable blasphème! plutôt que de vous voir à un autre, je vous tuerais aussi, Mathilde!...

Le duc, en prononçant les phrases interrompues et incohérentes que nous venons d'écrire, passait, sans transition, du ton de la prière à celui de la menace; il pleurait et il suppliait, il couvrait de baisers et de larmes les blanches mains de Mathilde, devant laquelle il était tombé à genoux.

Celle-ci l'écoutait avec un calme apparent que démentait l'agitation fébrile des muscles de son visage, les battements impétueux de son cœur, et sa respiration entrecoupée et haletante.

— Eh bien! demanda le vieillard d'une voix à peine distincte, eh bien! vous ne répondez pas?

— Je n'ai rien à répondre, fit lentement Mathilde en lui tendant la main pour le relever, rien, si ce n'est que je vous plains, car je crois que vous souffrez beaucoup, car, en vérité, vous êtes fou!!!

— Oui, répéta le duc en se frappant le front, oui, fou, bien fou, de vous aimer ainsi!

Et, sans ajouter une parole, il quitta le boudoir de Mathilde.

— Il me tuerait! murmura la jeune femme restée seule, il me tuerait!! oh! pourquoi m'a-t-il dit cela? Que Dieu me garde de tout danger maintenant, car, si je succombais, cette menace serait mon excuse!

XX

LA POLICE DU BARON.

Un mois s'était écoulé depuis la scène que nous avons retracée dans le chapitre précédent.

Le baron de Maubert, assis devant son bureau, dans le cabinet de travail que connaissent déjà nos lecteurs, fumait avec amour une longue pipe turque amplement bourrée de tabac du Levant.

Enveloppé dans les plis légers d'une robe de chambre en toile perse, le protecteur de Raphaël semblait complètement dégagé des choses de ce monde.

Il aspirait avec une voluptueuse et méthodique lenteur les bouffées odorantes de la vapeur du latakié, et il suivait d'un œil nonchalant les petits nuages bleuâtres qui, s'échappant de ses lèvres à intervalles égaux, montaient vers le plafond en spirales uniformes.

Jamais sultan blasé ou pacha à mille et une queues

savourant les douceurs du *far-niente* oriental, ne parut mieux absorbé par les enivrantes délices du chibouck ou du narghilé.

Et cependant, nous prenons sur nous de l'affirmer, M. de Maubert pensait et pensait beaucoup.

On gratta doucement à la porte.

— Entrez! dit le baron sans éloigner de ses lèvres le bout d'ambre de son tuyau de jasmin.

Un valet de chambre se présenta.

— M. le comte de Salluces demande si monsieur le baron veut le recevoir, dit le domestique.

— Oui, sans doute, répondit M. de Maubert; je l'attendais.

— Bonjour, mon cher baron, fit Salluces en échangeant une poignée de main avec son hôte.

— Y a-t-il du nouveau? demanda M. de Maubert.

— Non.

— Vous n'avez donc pas vu Raphaël?

— Je le quitte.

— Et il ne vous a rien dit?

— Rien! impossible de tirer de lui un seul mot.

— Vous êtes un maladroit, mon cher comte, permettez-moi de vous le dire.

— Maladroit tant que vous voudrez; mais que diable voulez-vous que je fasse? et comment arracher des paroles à un garçon qui s'obstine à se taire?

— Comment? comment? Dame! cela vous regarde! vous me coûtez assez cher, cela soit dit sans reproche, pour que je trouve en vous un auxiliaire utile, et, je vous le demande un peu, à quoi m'avez-vous servi, jusqu'à cette heure, dans l'affaire qui nous occupe?

— Vous êtes injuste, mon cher baron!

— Injuste! je ne crois pas.

— Qui donc, qui vous prie, a fait admettre vous et Raphaël chez M. de La Tour-du-Pic?

— C'est vous, par l'intermédiaire de votre oncle, je ne dis pas le contraire; mais depuis?

— Eh bien! depuis, j'ai suivi littéralement toutes vos instructions : j'ai développé de mon mieux, dans le cœur et dans la tête de Raphaël, le germe de l'amour que nous lui avons inoculé pour la duchesse Mathilde, et de cet amour naissant j'ai fait une passion ardente...

— Soit, interrompit le baron; et maintenant que cette passion est en bon train, du moins nous avons tout lieu de le supposer, vous ne savez plus rien! En vérité, il est peu croyable que Raphaël pousse aussi loin la discrétion avec vous, qui êtes son ami, et qui de plus êtes un jeune homme...

— Croyable ou non, cela est exact. Non-seulement Raphaël ne répond à aucune de mes questions, mais encore, quand je cherche à amener l'entretien sur le sujet qui nous préoccupe à l'instant même et parle d'autre chose.

— Parce que vous ne savez pas vous y prendre.

— Comme vous voudrez...

— Et la preuve, c'est que moi qui vous parle, je suis admirablement renseigné, jour par jour, heure par heure.

— C'est impossible!!

— En voulez-vous la preuve?

— J'avoue que je serais curieux de savoir...

— De quelle façon ces renseignements m'arrivent, n'est-ce pas?

— Justement.

— Il est facile de vous satisfaire. Voici midi qui sonne, c'est l'heure des révélations.

Le baron se leva, il ouvrit une petite porte pratiquée dans la tenture sous laquelle elle disparaissait, et qui servait d'issue à un cabinet obscur.

— Entrez, dit-il au jeune homme; de là vous pourrez tout entendre.

Puis, aussitôt que la porte se fut refermée sur Sallu-

ces, le baron fit résonner un timbre et dit au domestique qui se présenta :

— Y a-t-il quelqu'un pour moi, dans l'antichambre?

— Oui, monsieur le baron, il y a trois personnes...

— Qui sont?

— La petite dame voilée que nous voyons deux fois par semaine, et les deux domestiques de M. le vicomte Raphaël.

— Fort bien; faites entrer la petite dame.

Au bout d'une minute environ, une jeune femme à l'allure leste et dégagée, vêtue avec une simplicité qui ne manquait pas d'élégance et dont le visage était caché par un voile très-épais posé sur un chapeau de paille, arriva dans le cabinet, et fit à M. de Maubert une véritable révérence de soubrette du Théâtre-Français.

— Bonjour, Justine, bonjour, mon enfant! lui dit le baron; asseyez-vous et causons.

La jeune femme que le baron de Maubert appelait Justine, et qui n'était autre, disons-le tout de suite, que la cameriste de la duchesse, leva son voile, sourit, lissa du bout des doigts les bandeaux de ses cheveux noirs, prit un siége et s'assit en face du baron.

Un instant de silence se fit entre nos deux personnages.

M. de Maubert le rompit le premier.

— J'attends! dit-il.

— Moi aussi, répliqua Justine.

— Ah! c'est juste! s'écria le baron en riant; j'oubliais!

— Vous n'en avez pas le droit, répondit la soubrette du même ton; vous savez bien que ma mémoire se règle sur la vôtre.

— Cette petite est remplie d'esprit!

— Dame! monsieur le baron, on me l'a dit souvent.

— Et l'on a bien fait. Tenez, ma fille, voici votre affaire...

Et, tout en parlant, M. de Maubert mit cinq napoléons dans la main de Justine.

— Fort bien, reprit cette dernière après avoir compté la somme. Maintenant, monsieur le baron, je suis toute à vos ordres : interrogez, s'il vous plaît.

— A quoi bon, mon enfant? Vous savez ce que vous avez à me dire?

— Certainement. D'ailleurs j'ai là ma petite note.

— Donnez-la-moi.

— Voici.

Justine tira de sa gorgerette, ce joli sanctuaire où les femmes cachent leurs secrets, un papier plié en quatre qu'elle tendit au baron.

— Voyons un peu, dit ce dernier.

— Ah! dit la soubrette, c'est exact et détaillé; je vous en donne pour votre argent.

— Bravo!

— C'est que je suis une honnête fille, moi, allez, monsieur le baron!

— Qui en doute!! répliqua M. de Maubert en riant et en commençant sa lecture.

Mais il s'arrêta presque aussitôt.

— Justine, mon enfant, dit-il, je me perds dans vos pattes de mouches, et puis votre orthographe, tout à fait de fantaisie, demanderait une étude approfondie...

— Dame! j'écris comme je sais.

— Hélas! c'est de cela que je me plains; mais il est facile de remédier à ce petit malheur...

— Comment?

— Donnez-moi vous-même communication de ce document précieux.

— Volontiers!

Justine reprit son papier et dit :

— C'est aujourd'hui jeudi.

— Sans doute.

— Je suis venue vous voir dimanche à deux heures. J'étais de retour à l'hôtel à quatre heures moins un quart. La série de mes observations commence à quatre heures cinq minutes.

— Voilà ce qui s'appelle ne pas perdre un instant.

— N'est-ce pas? Écoutez donc, monsieur le baron ; je commence.

Et Justine lut ce qui suit :

« *Dimanche, quatre heures cinq minutes.* Madame me fait appeler... elle a donné l'ordre de ne recevoir personne et elle m'envoie demander à l'un des valets de pied de service la liste des visiteurs qui se sont présentés à l'hôtel pendant la journée.

« Je rapporte à madame une douzaine de cartes ; elle les regarde avec distraction. L'une d'elles la fait tressaillir.

« Cette carte est petite avec un écusson dans l'un des angles. Je la reconnaîtrai.

« *Cinq heures et demie.* Madame vient de se mettre à table avec M. le duc. J'entre dans le salon et j'examine les cartes qui sont restées sur la cheminée.

« La plus petite est celle du *vicomte Raphaël.*

« *Onze heures du soir.* Madame n'est pas sortie. Il y a eu entre elle et M. le duc une discussion assez vive. J'ai écouté à la porte du boudoir, mais je n'ai rien pu entendre.

« *Minuit.* Je viens de déshabiller madame, elle était fort triste ; elle ne m'a pas adressé la parole. Quand je suis sortie, elle a poussé les verrous intérieurs de sa porte et je l'ai entendue sangloter.

« *Lundi, midi.* Voici du nouveau. Tout à l'heure, comme je sortais de l'hôtel, un commissionnaire qui avait ma foi très-bonne façon et qui attendait, assis sur une borne, m'aborda et me dit :

« — Mamzelle...

« — Quoi?

« — Voulez-vous gagner ces cinq louis?

« — Oui ; que faut-il faire?

« — Prendre cette lettre.

« — Et après?

« — La mettre dans un endroit où vous serez sûre que votre maîtresse pourra la trouver.

« — Voilà tout?

« — Absolument.

« — Mais cette lettre, de qui vient-elle?

« — C'est un secret. Voulez-vous vous charger de la commission, *oui* ou *non*?

« — Donnez.

« — Voici le billet et l'argent. »

« Le commissionnaire fila, et je restai seule avec la lettre qui ne portait pour adresse que ces mots : *A madame la duchesse.*

« *Lundi, deux heures.* M. le duc est à la Chambre des pairs, je ne risque rien. Je viens de mettre le billet sur l'écritoire de madame ; elle le trouvera dans un instant, car il y a une bougie allumée près de l'écritoire et plusieurs lettres commencées : donc madame va revenir pour cacheter ses lettres.

« Cependant le cœur me bat.

« *Deux heures et demie.* Rien encore. Ah! j'entends marcher dans le boudoir...

« Madame me sonne violemment...

« Je cours. »

— Savez-vous bien, Justine, que c'est plein d'intérêt, ce que vous me lisez là? interrompit le baron.

— Mais je m'en doute, répliqua la soubrette avec un petit sourire d'une fatuité charmante.

— Continuez donc, mon enfant ; je suis tout oreilles.

Justine reprit :

« *Trois heures.* Voici ce qui vient de se passer.

« En arrivant dans le boudoir, j'ai vu que madame était très-pâle.

« Elle tenait à la main la lettre en question, qui n'avait pas été ouverte.

« — Justine, me dit-elle vivement, qu'est-ce que cette lettre? »

« Je pris mon air le plus étonné et je répondis :

« — Je ne sais pas.

« — Quoi! ce n'est pas vous qui avez placé ce billet sur mon écritoire?

« — Non, madame.

« — Vous n'êtes point entrée dans cette pièce?

« — Non, madame.

« — C'est étrange!... mais qui donc... alors?...

« — Si madame veut, je vais aller m'informer... »

« Et je fis un pas pour sortir.

« Je savais bien que madame m'arrêterait.

« Elle m'arrêta en effet, en me disant :

« — C'est inutile, restez. »

« J'attendis, très-immobile et fort intriguée.

« Madame, sans briser le cachet de la lettre, l'approcha de la bougie allumée.

« Le feu prit à l'un des angles, mais madame l'éteignit presque aussitôt; puis, s'apercevant que j'étais toujours là, elle se tourna vers moi et me dit avec une certaine impatience :

« — Allez, Justine, allez! je n'ai plus besoin de vous. »

« Je sortis, mais c'est égal, je suis sûre qu'elle a lu la lettre... »

— Moi aussi, j'en suis sûr, interrompit le baron ; mais attendez un instant, mon enfant, et j'en serai plus sûr encore.

Et, tout en disant ces mots, M. de Maubert ouvrit l'un des tiroirs de son bureau.

Il en tira deux ou trois enveloppes à son adresse, et choisissant l'une d'elles, il la présenta à Justine...

— Connaissez-vous cette écriture? lui demanda-t-il.

— Certainement.

— Où l'avez-vous déjà vue?

— Sur l'adresse de la lettre dont je vous parlais tout à l'heure.

— A merveille. Tenez, ma jolie fille, voici un louis de plus pour vous.

— Merci, monsieur le baron.

— Maintenant, reprenez vos notes.

Justine continua :

« *Mardi, dix heures du matin.* Je viens d'habiller madame. Bien certainement elle n'a pas fermé l'œil de la nuit, car ses paupières sont rougies et gonflées, ses joues sont pâles, ses traits fatigués, et un abattement extrême se remarque en toute sa personne.

« *Deux heures.* J'étais dans l'antichambre, il n'y a qu'un instant, M. le duc venait de partir pour la Chambre des pairs, quand M. le vicomte Raphaël est arrivé. Madame n'avait pas fait défendre sa porte. On a annoncé M. le vicomte.

« *Trois heures.* Je me suis glissée dans le jardin et j'ai regardé par la fenêtre du boudoir. Les rideaux étaient fermés, cependant j'ai aperçu M. le vicomte agenouillé et tenant une des mains de madame. Il couvrait cette main de baisers, quoique madame fît mine de la lui retirer.

« *Quatre heures.* M. le vicomte vient enfin de partir après une visite de plus de deux heures.

« Voici M. le duc qui rentre. Pauvre homme!

« *Minuit et demi.* Madame arrive de l'Opéra. Je viens de la déshabiller. Elle a l'air tout à la fois préoccupé et joyeux. Son regard étincelle et sa gorge bat violemment... Bonté divine, que madame est belle! »

— Tudieu! Justine, interrompit le baron, quel feu!

— Que voulez-vous, monsieur le baron, répliqua la soubrette, c'est plus fort que moi! J'ai vu les statues du Musée, qui passent cependant pour être des déesses assez bien faites, et je vous déclare qu'elles ne sont pas seulement dignes de lacer les brodequins de madame la duchesse.

— Par ma foi! Raphaël est un heureux coquin... ou du moins le sera... Continuez, petite.

Justine reprit sa lecture.

« *Mercredi, deux heures.* M. le vicomte est arrivé comme hier, juste au moment où M. le duc venait de sortir.

« *Trois heures.* Madame vient de me sonner. M. le vicomte était encore là, mais assis fort loin de madame et dans l'attitude la plus respectueuse.

« Madame voulait me donner des ordres relativement à la toilette qu'elle portera samedi prochain à la grande course de chevaux qui doit avoir lieu dans la plaine de Satory.

« Elle a demandé à M. le vicomte s'il y assisterait et s'il comptait disputer le prix.

« M. le vicomte a répondu affirmativement à ces deux questions. »

— Ah! ah! s'écria le baron en écrivant quelques mots sur son portefeuille, voilà qui est bon à savoir.

— Ce que je viens de vous dire se passait hier à trois heures ou à peu près; depuis ce moment, je n'ai rien vu ni rien appris.

— Fort bien, ma fille, je suis on ne peut plus content; continuez ainsi, et vous mériterez tout ce que je veux faire pour vous.

— J'espère, dimanche prochain, avoir du neuf à vous apprendre.

— Je l'espère aussi.

— Et maintenant, je m'en vais, car je craindrais qu'une trop longue absence ne fût remarquée.

— Allez, ma fille, mais d'abord répondez à deux questions que je veux vous adresser.

— Lesquelles?

— Quand madame la duchesse écrit, avec quelle cire ferme-t-elle ses lettres?

— Avec de la cire blanche.

— Toujours?

— Oui, toujours; elle n'en a pas d'autre.

— Et cachète-t-elle toutes ses lettres de la même façon?

— Non, elle a deux cachets, l'un qui porte l'empreinte des armoiries de M. le duc et de ses siennes; l'autre, celui dont elle faisait usage au couvent, et qui représente une colombe tenant dans son bec une petite branche d'un arbuste quelconque.

Le baron prit une nouvelle note, puis il ajouta :

— Maintenant, ma fille, vous pouvez partir, je ne vous retiens pas.

— A dimanche, monsieur le baron!

— A dimanche...

Justine fit une révérence et sortit.

M. de Maubert frappa sur un timbre.

— Faites entrer le domestique de M. le vicomte, dit-il au valet de pied qui vint prendre de nouveaux ordres.

Tom Kittledrige, ainsi se nommait le groom de Raphaël, ne tarda point à faire son apparition.

Cet insulaire était un garçon de vingt-quatre ou vingt-cinq ans, petit, maigre, anguleux, rouge de poil et blême de visage.

Il portait une haute cravate blanche, une veste ronde de forme anglaise descendant jusqu'au bas de ses reins, et de longues guêtres de drap fauve serraient ses jambes grêles et rejoignaient sa culotte de peau.

Tom Kittledrige entra en se dandinant et en faisant rouler entre ses doigts sa casquette galonnée.

Sur un signe de M. de Maubert, il s'arrêta au milieu du cabinet, et se tint droit, immobile, dans l'attitude du soldat sans armes.

— Dites-moi, Tom, mon garçon, votre maître a toujours ses trois chevaux, n'est-ce pas? demanda le baron.

— Oui, monsieur, *Sidi-Pacha*, *Miss Arabelle* et *Othello.*

— Ils sont en état?

— C'est moi qui les soigne! répliqua le groom avec un sentiment d'orgueilleuse fierté.

— Fort bien. Quel est celui que M. le vicomte monte habituellement?

— *Sidi-Pacha.* Je l'accompagne sur *Othello. Miss Arabelle* est une fine trotteuse, mais elle ne va qu'au cabriolet.

— L'un des chevaux de M. le vicomte vous paraît-il susceptible de figurer dans une course?

— Ah! monsieur, je le crois bien! avec *Sidi-Pacha,* je défierais n'importe qui! J'ai connu à Epsom et à New-Market de fameux coureurs qui ne le valaient pas.

— *Othello* ne pourrait donc pas soutenir la comparaison?

— *Othello* ne va point seulement au jarret de *Sidi-Pacha!* Le pauvre animal (fameuse bête cependant) serait distancé au premier tour.

— Vous savez qu'il y a une course samedi, dans la plaine de Satory?

— Oui, monsieur.

— Et savez-vous si M. le vicomte se propose de disputer le prix?

— Je le suppose.

— Pourquoi cela?

— Parce que M. le vicomte m'a donné l'ordre, hier, de monter *Sidi-Pacha* pendant deux heures aujourd'hui, et pendant trois heures demain, afin de le tenir en haleine.

— Vous vous souvenez, Tom, que c'est moi qui vous ai fait entrer au service de M. le vicomte?

— Certainement, et j'en remercie bien monsieur le baron, car c'est une fameuse place.

— Vous vous souvenez aussi que je vous ai promis un fort joli supplément de gages, à la condition que vous me rendriez compte de tout ce qui se passera chez votre maître et que vous obéiriez à mes ordres comme aux siens?

— Oui, monsieur.

— Eh bien! Tom, le moment est venu de me prouver votre zèle.

— J'attends les ordres de monsieur le baron.

— Vous monterez demain *Sidi-Pacha,* et vous aurez soin, pendant la promenade, qu'il s'emporte, qu'il tombe et qu'il se couronne.

— Couronner *Sidi-Pacha!!!* s'écria Tom en faisant un bond de surprise et d'effroi.

— Il le faut.

— Je n'en aurai jamais le courage!

— Alors dans vingt-quatre heures je vous fais congédier.

— Mais, monsieur le baron, si je vous obéis, M. le vicomte me mettra très-certainement à la porte.

— Je vous prendrai à mon service.

— Alors ce sera fait, monsieur le baron, quoique je puisse bien dire que ça me fende le cœur, de couronner un si bel animal.

— Tenez, voici pour vous consoler, mon ami.

Et le baron mit quelque argent dans la main de Tom Kittledrige, qui s'en alla sa casquette à la main, et, comme le masque de théâtre antique, pleurant d'un œil et souriant de l'autre.

Il ne restait plus à introduire que le deuxième domestique de Raphaël, Acajou, ce nègre de Nubie que nos lecteurs connaissent déjà.

Acajou ne se fit point attendre.

Entre le baron et lui l'entretien fut court.

— Mon ami, lui dit M. de Maubert, toutes les lettres

qui arrivent à votre maître passent par vos mains ?

— Oui, monsieur, car c'est moi qui vais les prendre dans la loge du concierge, répondit le nègre.

— A merveille. Eh bien ! mon ami, souvenez-vous, à l'avenir, d'examiner avec le plus grand soin l'enveloppe des lettres que vous aurez à remettre à M. le vicomte.

« Le jour où il y en aura une cachetée avec de la cire blanche et portant l'empreinte d'un petit oiseau tenant une branche dans son bec, venez me le dire aussitôt et il y aura deux louis pour vous :

— Oui, monsieur le baron, répondit Acajou tellement transporté de joie par cette promesse que ses jambes ébauchaient à son insu les figures de sa *chika* favorite.

§

Le baron, resté seul, alla délivrer le comte de Salluces, lequel commençait à étouffer, faute d'air, dans l'étroit réduit qui lui servait de prison.

— Eh bien ? demanda M. de Maubert, vous avez entendu ?

— Oui, mais je n'ai pas compris.

— Quoi donc ?

— Votre but et vos moyens d'action. Ainsi, par exemple, à quoi bon faire estropier les chevaux de Raphaël ? Si c'est pour empêcher le vicomte d'aller à cette course, vous aviez dix moyens plus simples et moins cruels…

— En effet, répliqua le baron, vous ne me comprenez pas ; mais quand vous aurez vu que cela même qui vous semble une futilité barbare doit avoir pour résultat de mettre Raphaël dans ma dépendance, entièrement, absolument, corps et âme, enfin comme vous y êtes vous-même, monsieur le comte de Salluces, vous me comprendrez alors, et vous m'admirerez !

XXI

SIDI-PACHA.

Le lendemain, vers les quatre heures de l'après-midi, Raphaël rentrait chez lui, le front orgueilleux, l'œil fier et souriant, le cœur gonflé de joie et d'amour.

Il sortait de chez la duchesse.

Pendant une heure, seul avec Mathilde, il avait murmuré aux oreilles de la jeune femme ces paroles si douces et si harmonieuses qui s'échappent d'un cœur bien épris.

Pendant une heure il avait vécu dans cette atmosphère qu'embaumait la présence de Mathilde, il avait respiré son haleine fraîche et pure et les parfums de ses beaux cheveux.

Il avait osé, lui, le bohème fils du hasard, lui, l'enfant sans famille, l'aventurier, le bandit d'autrefois, il avait osé parler d'amour à cette duchesse si belle, si noble et si fière.

Et la duchesse, au lieu de faire jeter à la porte l'insolent par ses laquais, avait écouté sans colère, le front penché, les joues rougissantes, le regard chargé de langueur.

Aujourd'hui elle avait écouté.

Demain elle répondrait peut-être.

Aussi Raphaël était-il enivré par cette réalité si belle, mais si invraisemblable qu'il la prenait presque pour un rêve.

Dans la cour de la maison qu'il habitait, plusieurs groupes étaient formés.

A son aspect, les individus qui composaient ces groupes se mirent à chuchoter vivement.

Raphaël s'approcha.

Il entendit une voix plaintive qui murmurait en sanglotant :

— Mon Dieu, mon Dieu, quel malheur ! M. le vicomte ne me le pardonnera jamais ! ! !

— Qu'est-ce donc ? demanda le jeune homme.

Le cercle s'entr'ouvrit et Raphaël aperçut Tom Kittledrige, debout à côté de *Sidi-Pacha*.

Le groom avait perdu sa casquette, un mouchoir blanc tout taché de sang serrait étroitement son front, l'une de ses guêtres était en lambeaux, et de larges plaques de poussière souillaient sa veste déchirée.

Raphaël fit deux pas en avant et demanda :

— Qu'y a-t-il donc ?

Tom Kittledrige ne répondit point.

— Qu'y a-t-il ? dit Raphaël pour la seconde fois.

Le jockey s'efforça de donner une expression désolée à sa blême figure britannique, et d'amener quelques larmes dans ses yeux de faïence.

— Sidi-Pacha… murmura-t-il d'une voix indistincte et inarticulée.

— Eh bien ?

— Sidi-Pacha… répéta-t-il en feignant de ne pouvoir articuler une parole de plus.

Raphaël, ne comprenant rien à ces muets témoignages de douleur, reporta toute son attention vers son cheval.

Le noble animal, couvert de sueur et d'écume, tremblait de tous ses membres, et ses jambes, ployant sous lui, semblaient ne le porter qu'avec peine.

— Il est arrivé malheur à Sidi-Pacha ! s'écria Raphaël en courant à sa monture favorite.

— Hélas ! ! ! articula l'Anglais.

Et, certes, il n'y avait que trop lieu de dire : *hélas !* car les deux genoux du petit-fils de la jument de Mahomet étaient tout meurtris, saignants, et profondément entamés par une horrible chute.

— Couronné ! s'écria le vicomte avec une colère terrible, il a couronné Sidi-Pacha ! oh ! misérable ! misérable ! ! !

Et il revint à Tom Kittledrige, la fureur peinte dans les yeux, la canne haute et prête à frapper.

Le jockey courba la tête en indiquant du geste ses vêtements en lambeaux et les taches rouges de son front.

Ce geste était éloquent, ce geste voulait dire :

— Moi aussi, j'ai souffert !

Raphaël eut honte de son emportement.

Au lieu de laisser retomber sa canne sur les épaules de l'Anglais, il la brisa en la heurtant violemment contre les pavés de la cour et dit :

— Tom Kittledrige, vous n'êtes plus à mon service ; faites-vous payer par Acajou ce qui vous est dû de vos gages, plus une quinzaine dont je vous fais présent, et arrangez-vous de manière à ce que je ne vous revoie jamais.

Ensuite il se rapprocha de Sidi-Pacha, dont il embrassa à deux reprises les naseaux frémissants, puis, ne pouvant contenir ses larmes, il traversa rapidement le groupe de palefreniers et d'oisifs qui s'était reformé autour de lui et gagna son appartement.

Le comte de Salluces l'attendait.

— Qu'avez-vous donc ? lui demanda ce dernier en voyant la figure sombre et les paupières rougies du vicomte.

— Ne savez-vous point ce qui vient d'arriver à mon cheval ? répliqua Raphaël.

— J'étais dans la cour de votre maison quand on l'a ramené.

— Alors vous comprenez mon chagrin ?

— Oui et non. Toute perte qui peut se réparer avec de l'argent ne me semble pas d'une excessive gravité. Sidi-Pacha était un excellent cheval, cependant vous en trouverez sans peine un autre qui le vaudra bien.

— Peut-être : mais j'aimais Sidi-Pacha, voyez-vous, il me connaissait, il m'accueillait par un hennissement joyeux quand j'allais le voir à l'écurie, il était enfin pour moi, ne riez pas de ce que je vais vous dire, il était presque un ami… Et puis, ce n'est pas tout…

Nº 105.

ROMANS NOUVEAUX

CONFESSIONS D'UN BOHÊME

PAR XAVIER DE MONTÉPIN

10 centimes.

ROMANS NOUVEAUX

Elle tressaillit en entendant entrer son mari. (Page 90.)

— Qu'y a-t-il encore?

— Vous avez entendu parler des courses d'après-demain?

— Sans doute.

— Je comptais y assister...

— Qui vous en empêche?

— Rien, mais je comptais de plus y jouer un rôle actif, et le plus puissant de tous les intérêts de cœur me faisait désirer ardemment de sortir vainqueur de la lutte...

— Il me semble que ce projet peut encore se réaliser.

— Comment cela? Songez donc qu'il ne me reste qu'un seul jour! Où trouver en si peu de temps un cheval qui réunisse toutes les qualités de ce pauvre Sidi-Pacha, et si ce cheval existe dans Paris, où faut-il le chercher?

— J'ai entendu parler, la semaine dernière, d'une jument anglaise dont on disait merveilles, articula M. de Salluces.

— Ah! fit Raphaël.

— Ma foi oui! On affirmait que cette jument avait, l'an

passé, gagné deux ou trois prix à Epsom et à New-Market...

— Et, demanda Raphaël, elle est à vendre, cette jument?

— Sans aucun doute, puisqu'elle a été ramenée d'Angleterre par un marchand de chevaux...

— Qui s'appelle?

— Je ne saurais trop vous dire... un nom israélite, voilà tout ce que je sais. Ce nom a été prononcé devant moi, mais je l'ai oublié; cependant il me sera facile d'avoir des renseignements précis par lord Archibald Sidney, qui paraissait connaître beaucoup le cheval et le maquignon.

— Oh! mon ami, s'écria Raphaël, je vous en prie, ne perdons pas un instant. Venez avec moi, allons ensemble chez lord Archibald, et fasse le ciel que la jument dont vous me parlez ne soit pas encore vendue!...

— Allons, répondit M. de Salluces.

Les deux jeunes gens s'apprêtaient à sortir, quand

Acajou vint prévenir Raphaël que quelqu'un demandait à lui parler.

— Qui? demanda le vicomte.

— Un monsieur que je ne connais pas.

— Allez prier ce monsieur de vous remettre sa carte ; je suis pressé et ne puis recevoir.

Acajou revint au bout d'un instant.

Raphaël prit la carte qu'il lui présentait et lut tout haut : *Salomon Caïn, marchand de chevaux*.

— Pardieu! s'écria Salluces, voilà qui est miraculeux! Ce nom de *Salomon Caïn* est justement celui dont je ne pouvais me souvenir, et c'est à cet industriel qu'appartient la jument en question.

— Faites entrer! dit Raphaël transporté de joie.

Le marchand de chevaux, qui se présenta avec force salutations et courbettes, était un petit homme gros et lourd, dont la tête, assez semblable à un potiron, était illustrée d'un nez en pied de marmite, d'une large bouche pourvue de dents blanches et pointues, et de trois verrues ornées de longs poils, le tout couronné par une chevelure épaisse et crépue.

Il portait, malgré la chaleur, une longue et épaisse redingote en castorine verte, et sa main droite, fort peu gantée, brandissait une énorme cravache.

— C'est vous qui êtes monsieur Salomon Caïn? demanda Raphaël.

— Oui, monsieur le vicomte.

— Et vous venez?...

— Pour vous proposer une affaire.

— Laquelle?

— J'ai appris aux Champs-Élysées, il y a une heure de cela, l'accident arrivé à votre cheval Sidi-Pacha. Fameuse bête, sur mon honneur! et je viens vous offrir le seul coureur de Paris qui puisse réparer la perte que vous avez faite.

— Ah! ah!

— Oui, monsieur le vicomte, *miss Ophélie*, fille de *Japhet* et de *mistress Love* et descendant en ligne directe d'*Arabian Godolphin*, ainsi que le prouvent ses parchemins bien en règle, six ans, baie brune, et trois fois victorieuse à Epsom et à New-Market. Je ne doute pas que *miss Ophélie* ne convienne à monsieur le vicomte ; seulement j'aurai l'honneur de lui faire observer qu'il est indispensable de se décider sur-le-champ, car je suis en pourparlers avec plusieurs personnes, entre autres avec lord Archibald Sidney et avec le marquis de Villiers, qui désirent tous deux acquérir ma jument pour les courses d'après-demain.

— Mais, demanda Raphaël, puisqu'on vous fait des propositions, sans doute avantageuses, comment se fait-il que vous veniez me proposer miss Ophélie?

— C'est bien simple, répondit le juif d'un air obséquieux ; j'aime par-dessus tout à voir mes chevaux passer en bonnes mains, et monsieur le vicomte est certainement le plus charmant cavalier que je connaisse !

La flatterie a toujours son prix, voire même la flatterie intéressée d'un maquignon.

Raphaël sourit et répliqua :

— Allons voir miss Ophélie.

XXII

MISS OPHÉLIE

Les écuries de Salomon étaient situées aux Champs-Élysées ; on y fut arrivé en un instant, grâce à la petite voiture du juif, entraînée avec la rapidité de l'éclair par un excellent trotteur.

A peine Raphaël et Salluces avaient-ils mis pied à terre que le maquignon cria à l'un de ses palefreniers :

— Sortez miss Ophélie, et vite !

— On y va, répondit le garçon d'écurie.

Alors Salomon, se tournant vers les deux jeunes gens, ajouta avec un accent d'orgueil et de triomphe :

— Vous allez voir, messieurs, vous allez voir !

En ce moment Ophélie, obéissant avec une douceur d'agneau au léger bridon qui la contenait, posait sur le pavé de la cour ses sabots élégants.

Le vicomte et M. de Salluces ne purent réprimer un cri d'admiration.

— Eh bien ! qu'en dites-vous ? fit Salomon avec un gros rire, en se frottant les mains.

Miss Ophélie était de taille moyenne, et, pour la décrire d'une façon convenable, il nous faudrait au lieu de notre plume le pinceau d'Alfred de Dreux, tant se trouvaient réunies en elle toutes les perfections et toutes les beautés.

Son encolure, longue et souple, soutenait une petite tête sèche et nerveuse, à laquelle des oreilles excessivement mobiles et de grands yeux doux et vifs donnaient une expression intelligente et spirituelle.

Son poitrail était large et vigoureusement musclé ; ses membres, fins sans être grêles, et ses jarrets larges et nerveux offraient des indices non trompeurs d'une prodigieuse vitesse.

Son poil, doux comme de la soie et brillant comme du vernis, laissait entrevoir, sous la peau mince et transparente, le mouvant réseau des fibres et des veines.

La crinière et la queue de miss Ophélie étaient d'un noir de corbeau, et longues et soyeuses comme une chevelure de femme.

Le palefrenier arrêta la jument en face de Salluces et de Raphaël.

— Hop ! murmura Salomon en accompagnant ce monosyllabe d'un léger clapotement des lèvres.

Aussitôt miss Ophélie releva la tête, arrondit sa souple encolure et se mit à fouiller le sol du bout de son sabot avec une grâce inimitable.

— Eh bien ! répéta le juif, qu'en dites-vous ?

— C'est vraiment une charmante bête, répondit Raphaël ; mais, avant de rien conclure, il faudrait l'essayer.

— C'est facile, monsieur le vicomte, dit le maquignon qui ajouta en s'adressant au palefrenier :

« Sellez *miss Ophélie*, *Tristan le Borgne* et *Favorite*.

Cinq minutes après, nos trois personnages galopaient sur la route du bois de Boulogne.

§

Le résultat de l'épreuve fut complètement satisfaisant.

Un quart d'heure de promenade suffit pour démontrer à Raphaël que la monture qu'il avait entre les jambes pouvait lutter sans désavantage avec les premiers coureurs de Paris, et même que, habilement conduite, elle devait remporter le prix.

Le résultat naturel de cette conviction fut, on le devine, un désir immodéré de devenir propriétaire de miss Ophélie.

Aussi, lorsque, en mettant pied à terre, Salomon lui demanda :

— A quoi se décide monsieur le vicomte ?

Raphaël répondit :

— Je crois que nous pourrons nous entendre... si vous êtes raisonnable.

— Raisonnable !... je me pique de l'être toujours.

— Enfin, quelles sont vos conditions ?

— Elles sont bien simples. Je demanderai à monsieur le vicomte le prix qui m'est offert par lord Archibald Sidney et par le marquis de Villiers, pas un sou de plus, pas un sou de moins.

— Et ce prix, quel est-il ?

— Cinq mille francs.

— Diable ! ! !

— C'est pour rien. Si je pouvais attendre, je trouverais facilement huit mille francs de ma jument. D'ailleurs, comme j'ai l'honneur de le répéter à monsieur le vicomte, c'est à prendre ou à laisser. Je donne la préférence à monsieur le vicomte parce qu'il est bon écuyer et beau cavalier, et que miss Ophélie lui ferait honneur, comme il ferait honneur à miss Ophélie ; mais, je vous le répète, j'ai deux acquéreurs tout prêts.

— Allons! va pour les cinq mille francs. Quel terme m'accorderez-vous pour les payer?

— Je voudrais pouvoir accorder à monsieur le vicomte tout le temps qui lui serait agréable. Grâce à Dieu, ce n'est pas la confiance qui me manque, et d'ailleurs, monsieur le vicomte est connu, répliqua le juif en roulant sa cravache entre ses doigts. Malheureusement les temps sont durs, les affaires marchent peu, je suis pour le quart d'heure extrêmement gêné et je me verrai forcé de demander de l'argent comptant à monsieur le vicomte.

— Vous me donnerez bien cependant deux ou trois jours?

— Hélas ! monsieur le vicomte, ce serait mon plus cher désir, mais j'ai un paiement à faire demain soir, et je compte sur la vente de miss Ophélie pour parfaire le somme qui me manque.

— Ainsi il vous faudrait les cinq mille francs demain matin?

— Juste!

— Savez-vous que vous me mettez le couteau sur la gorge d'une terrible manière?

— Je suis véritablement désespéré de ne pouvoir agir autrement, mais nécessité n'a pas de loi, comme dit le proverbe, et lord Archibald Sidney, aussi bien que le marquis de Villiers, offrent de payer contre livraison. Si donc dans cinq minutes je lui envoie miss Ophélie, dans un quart d'heure j'aurai la somme.

Raphaël prit M. de Salluces à part.

— Mon ami, lui dit-il, c'est à peine si j'ai mille francs chez moi ; pouvez-vous venir à mon aide?

— Moi ! répondit Salluces en riant, je suis plus pauvre que le bonhomme Job, de lamentable mémoire, et je comptais, ce soir même, vous emprunter cinquante louis !

— Comment donc faire?

— C'est bien simple. Terminez avec le maquignon, signez un acte de vente et allez trouver le baron de Maubert, dont la bourse vous est toujours ouverte.

— Vous avez pardieu raison ! s'écria Raphaël.

Et il reprit en s'adressant à Salomon :

— Marché conclu. Miss Ophélie est à moi.

Les deux parties étant d'accord, tout fut terminé en un instant et Salomon s'engagea à livrer la jument le lendemain matin au vicomte, en échange d'une somme de cinq mille francs en espèces, que Raphaël, de son côté, s'engageait à payer.

Le vicomte et M. de Salluces montèrent ensuite dans un cabriolet de louage qu'ils arrêtèrent au passage, et regagnèrent le boulevard de Gand.

Chemin faisant et tandis que Salluces lui parlait de choses indifférentes, Raphaël se répétait à lui-même avec une joie immense :

— *Miss Ophélie* vaut mieux encore que *Sidi-Pacha!* Dieu aidant, je serai vainqueur... et vainqueur devant elle !...

§

Les deux jeunes gens dînèrent ensemble. Ensuite ils se dirigèrent du côté de la rue Meslay.

— Pourvu que le baron soit chez lui! disait de temps en temps Raphaël à son compagnon.

Et M. de Salluces répondait :

— Peu importe qu'il y soit maintenant, car à coup sûr il rentrera ce soir, et s'il est sorti, nous irons voir, pour tuer le temps, quelque bon gros mélodrame à la Porte-Saint-Martin ou à l'Ambigu.

Ils atteignirent ainsi la maison qu'habitait M. de Maubert.

Un des valets de pied causait devant la porte avec le concierge.

— M. le baron est absent, leur dit ce valet.

— Pour combien de temps? demanda Raphaël.

— Pour deux jours.

— Ah! grand Dieu ! ! !... s'écria le vicomte.

— Mais, ajouta le domestique, il a laissé une lettre pour monsieur le vicomte, avec ordre de la faire parvenir ce soir même. J'allais me mettre en chemin pour la porter.

— Donnez vite !

— Cette lettre est en haut ; monsieur le vicomte veut-il se donner la peine de monter avec moi, ou veut-il que j'aille la lui chercher?

— Nous vous suivons.

A peine arrivé dans l'antichambre, Raphaël brisa précipitamment le cachet de la lettre que lui présentait le domestique.

Une vive impression de joie remplaça tout aussitôt l'air de contrariété qui s'était empreint sur son visage.

La lettre de M. de Maubert contenait ces quelques lignes :

« Mon cher enfant,

« Une affaire urgente et imprévue me force à m'éloigner de Paris pour deux jours.

« Je sais que tu comptes assister à la course d'après-demain, et comme, peut-être, tu te laisseras entraîner à quelques paris inconsidérés, il te faut de l'argent.

« Tu trouveras sous ce même pli un *bon* à vue de cinq mille francs, payable chez mon banquier.

« Tu peux aller toucher ce *bon* demain matin.

« A bientôt, mon cher enfant.

« Ton meilleur ami,

« Le baron de MAUBERT. »

— Excellent homme ! ! ! s'écria Raphaël attendri des procédés du baron.

Et il fouilla de nouveau dans l'enveloppe pour en retirer le *bon* précieux qui arrivait si fort à propos.

O déception !

Étrange et funeste oubli de M. de Maubert ! Dans l'enveloppe, il n'y avait rien !

Raphaël pâlit.

— Qu'est-ce que cela veut dire? demanda-t-il au comte de Salluces.

— Ma foi, je m'y perds ! ! ! répondit ce dernier ; cependant voici la seule explication qui me semble plausible : le baron, préoccupé et distrait par les affaires, fort graves peut-être, qui nécessitaient son déplacement, aura mis dans sa poche, au lieu de le mettre dans sa lettre, le papier dont il vous parle. Sans doute, à l'heure qu'il est, il se sera déjà aperçu de son erreur. Malheureusement il était trop tard!

— C'est cela, c'est bien cela ! et je m'explique tout maintenant, murmura Raphaël. Mais comment faire? Que dire à ce marchand de chevaux à qui j'ai donné ma parole et qui compte sur son argent que je ne pourrai pas payer? Ah ! le guignon me poursuit d'une étrange manière ! ! !

— Écoutez, mon ami, fit M. de Salluces, j'entrevois une ressource...

— Pour me procurer la somme qui me manque?

— Oui.

— Une ressource sûre?

— A peu près.

— Parlez, mon ami, parlez vite !

— Cela vous coûtera cher, peut-être ; mais peu vous importe, n'est-ce pas?

— Parbleu !

— Je connais un digne escompteur, et tenez, c'est justement le baron qui me l'a indiqué le jour du fameux déjeuner que vous nous avez donné chez vous. Ce brave homme, qui répond au nom de Van Gripp, prendra votre signature, j'en suis convaincu, moyennant un intérêt... malhonnête. J'ai fait quelques affaires avec lui et je n'ai eu qu'à m'en louer.

— Excellente idée ! Où demeure-t-il, ce Van Gripp ?

— Tout près d'ici, sur le boulevard, en face le théâtre de la Porte-Saint-Martin.

— Le trouverons-nous à cette heure ?

— Je l'espère.

— Eh bien ! allons chez lui tout de suite, et s'il ne me demande que deux cents pour cent d'intérêt, je jurerai qu'il est honnête homme et je le bénirai !

XXIII

LA SIGNATURE.

A l'époque où se passent les événements du long drame que nous racontons, les façades élégantes et coquettes qui garnissent dans presque toute sa longueur le boulevard Saint-Martin n'existaient point encore.

A leur place s'élevaient de hautes et sombres maisons aussi noires que les cariatides du théâtre auquel elles faisaient face, mal tenues et mal habitées pour la plupart.

Tout Paris connaît le *Banquet d'Anacréon*, ce restaurant antique, rival heureux du *Cadran-Bleu* disparu, estimable guinguette, bien chère aux jeunes actrices des petits théâtres, ingénuités touchantes ou coquettes égrillardes qui viennent y savourer, après le spectacle, avec de doux tête-à-tête, le *chablis première*, les huîtres d'Ostende, le *homard rémoulada*, le *rognon brochette* et le *moët* pur sang à quatre francs dix sous qu'a célébré le *grand* Clairville ; vin chéri des grisettes et des beautés peu vertueuses du quartier Bréda.

O *Banquet d'Anacréon*, temple de la déesse des amours, asile mystérieux de la reine de Cythère, de Paphos et d'Amathonte, sanctuaire tout parfumé de la senteur des truffes et de l'arôme du patchouli, que d'intrigues ébauchées à l'avant-scène des *Folies-Dramatiques* ou des *Délassements* se sont dénouées sous les lambris éroticoculinaires !

> Que les murs coquets
> De tes cabinets,
> S'ils n'étaient discrets,
> Diraient de secrets !!

Et comme tu tiens une large place dans les glorieux et enivrants souvenirs des vicomtes de pacotille et des don Juan du jardin Mabille !

Un jour, peut-être, un jour où nous serons d'humeur gaillarde, nous écrirons une page de tes Mémoires, sous la dictée de Cupidon lui-même et des Grâces, décolletées jusqu'à la cheville, comme les aimait M. de Parny.

Mais, en attendant qu'un dieu nous fasse ces loisirs, reprenons notre récit.

Raphaël et son guide s'arrêtèrent devant la maison voisine du *Banquet d'Anacréon*.

— C'est ici, dit Salluces.

Le vicomte frappa.

— Monsieur Van Gripp est-il chez lui ? fit le comte.

La réponse du portier fut affirmative.

— A quel étage ? demanda Raphaël.

— Au premier, sur le derrière, répliqua Salluces.

Les jeunes gens montèrent.

Il était neuf heures et demie du soir.

Un mauvais quinquet, attaché à la muraille sur le carré du premier étage, permettait d'apercevoir une porte massive du plus formidable aspect.

Un petit guichet, fortement grillé en fer, comme un guichet de prison ou de couvent, était pratiqué au milieu de cette porte.

Raphaël agita un vieux cordon de cloche qui pendait contre le mur.

On entendit aussitôt retentir à l'intérieur les aboiements d'un chien de garde, puis un pas lourd s'approcha lentement, le guichet s'ouvrit, et une grosse voix demanda :

— Qui est là ?

— Un habitué de la maison, répondit Salluces.

— Comment vous appelez-vous ?

Le comte se nomma.

— Qu'est-ce que vous voulez ? reprit la voix.

— Parler à monsieur Van Gripp pour une affaire très-pressante.

— Je vais prévenir mon maître, car, ordinairement, à cette heure-ci, il ne reçoit plus personne pour affaire. Attendez un moment.

Le guichet se referma et les pas s'éloignèrent.

— Diable ! fit Raphaël, il n'est pas facile d'arriver à votre escompteur, mon cher comte.

— Le brave homme ne se sent pas, probablement, la conscience très-nette, et il prend ses précautions contre quelque vengeance de débiteur trop écorché. Mais, chut ! voici qu'on revient.

Une clef grinça dans la serrure, la porte tourna sur ses gonds, et l'homme qui venait d'ouvrir, espèce de géant, trapu comme un tonneau et velu comme un ours, dit à M. de Salluces en l'introduisant ainsi que Raphaël dans une antichambre absolument nue :

— Mon maître vous recevra, parce que c'est vous ; il est dans son cabinet, venez.

Au fond de l'antichambre, il y avait une porte qui donnait accès dans un couloir étroit et sombre.

Au bout de ce couloir se trouvait le cabinet de Van Gripp.

Une petite lampe, posée sur un vieux meuble et combattant à grand'peine les ténèbres qu'elle ne parvenait point à dissiper, permettait cependant de distinguer, d'une façon vague et confuse, les dispositions et le mobilier de la pièce dont il s'agit.

On eût dit l'entrepôt d'une douane ou la cale d'un navire.

Tout à l'entour, des ballots de marchandises de toute nature et de toute espèce se superposaient en étages irréguliers.

Ici, des rouleaux de toile ou d'énormes paquets de foulards.

Là, des caisses de sucre et de café.

Un peu plus loin, des amas de vieux linge et de vêtements hors de service.

Dans un coin, des tableaux sans cadres ou des cadres sans tableaux.

D'un autre côté, des armes anciennes et modernes.

Sur un rayon, dix ou douze pendules.

Des livres richement reliés, des pipes turques, des cannes, un perchoir de perroquet, des jouets d'enfants, des oripeaux de théâtre...

De tout, enfin ! de tout !...

L'un des angles de l'étrange capharnaüm que nous décrivons était coupé par un grillage à mailles très-serrées, recouvert intérieurement d'un rideau de serge verte.

Un guichet, semblable à ceux que l'on trouve dans les maisons de banque et les comptoirs des changeurs, s'ouvrait au milieu de ce grillage.

Le rideau, hermétiquement fermé, ne permettait point de voir celui ou ceux qui se tenaient cachés dans cette sorte de sanctuaire.

Au moment où Raphaël et Salluces arrivèrent dans la pièce dont nous venons de tracer succinctement l'inventaire, les aboiements signalés par nous au commencement de ce chapitre prirent un caractère de plus en plus furieux, et un énorme chien des Abruzzes, noir comme du jais, le mufle contracté et les prunelles sanglantes, se dressa au bout de la chaîne qui le retenait et s'élança à l'encontre des nouveaux venus avec l'intention manifeste de se jeter sur eux.

Raphaël recula précipitamment.

— N'ayez pas peur, dit le guide avec un gros rire, il est attaché!!

Puis il ajouta en s'adressant au chien qui continuait à hurler :

— Couche là, Stop! couchez tout de suite, vilaine bête!

Le chien se coucha et se tut.

En ce moment, le rideau de serge cria sur sa tringle, et l'on put entrevoir un personnage de bizarre apparence, assis derrière le grillage dans le réduit fortifié qui lui servait d'asile.

Ce personnage, caché jusqu'à mi-corps par un bureau assez élevé, était enfoui dans une large fauteuil.

Les plis flottants d'une vieille jaquette de toile perse dissimulaient sa taille.

D'énormes favoris roux, une longue barbe et des moustaches de la même nuance envahissaient la presque totalité de sa figure.

Le reste disparaissait sous des lunettes bleues et sous la visière d'une gigantesque casquette.

L'abat-jour vert d'une seconde lampe placée sur le bureau donnait un aspect blafard et livide à ce que l'on apercevait du nez et des joues.

Ce personnage était Van Gripp.

Il porta la main à sa casquette, se souleva à demi et dit à Salluces :

— Puis-je savoir, monsieur le comte, ce qui me procure l'honneur de votre visite à cette heure?

La voix de l'usurier fit tressaillir Raphaël.

Il se dit que, sans aucun doute, ce n'était pas la première fois qu'il entendait cette voix, mais il lui fut impossible de préciser ses souvenirs.

Il regarda Van Gripp avec plus d'attention.

Cet examen servit à le convaincre qu'il n'avait jamais vu la repoussante figure qui s'offrait à ses regards.

L'usurier répéta sa question.

— Mon cher monsieur Van Gripp, répondit Salluces, nous venons causer avec vous d'une bonne affaire.

— Bonne pour qui? demanda l'escompteur d'un ton sournois.

— Pour vous, pardieu!

— Eh bien! je vous écoute.

— Ne pouvons-nous un instant rester seuls avec vous?

— Si fait, monsieur le comte, répliqua Van Gripp, qui ajouta en parlant à son domestique :

— Va dans le couloir, Camisard, et tiens-toi à portée de la voix.

Le géant sortit.

— Nous voici seuls, dit alors Van Gripp. Voyons, qu'est-ce que vous voulez?

— J'aborde nettement la question, fit Salluces.

— Et vous avez raison.

— Mon ami que voici a besoin d'argent.

— D'abord, qui est votre ami, s'il vous plaît?

— Le vicomte Raphaël.

— Ah! ah! fit l'usurier, le pupille de M. le baron de Maubert?...

— Précisément.

— Vous me connaissez? demanda Raphaël un peu surpris.

— Je connais tout le monde, répliqua Van Gripp.

— Alors, reprit Salluces, vous devez savoir que la signature de mon ami est excellente...

— Hum! hum! excellente n'est pas le mot!

— Comment cela?

— Sans doute. M. le vicomte, pour lequel je professe d'ailleurs la plus profonde estime, n'a pas un sou vaillant et n'est riche que des libéralités de M. de Maubert...

— Dont il doit hériter.

— On le dit, mais le baron se porte bien et son testament n'est pas fait...

— Qu'en savez-vous?

— Je sais tout. Enfin, voyons, de quelle somme aurait besoin M. le vicomte?

— Cinq mille francs.

— Diable!! et quand les lui faudrait-il?

— Tout de suite.

— Impossible!

— Pourquoi donc?

— L'affaire ne me convient point, je la trouve chanceuse.

— N'en avez-vous pas fait cent fois de bien plus hasardeuses??

— Peut-être, mais celle-ci ne me va pas.

— Je répondrai pour M. le vicomte.

— Cela est en vérité fort séduisant! avec ça qu'elle est jolie, votre signature!! J'ai là pour deux mille francs de vos lettres de change protestées.

— Nous ne regarderions pas à l'intérêt et nous serions coulants sur le chapitre de la prime.

— Vous savez bien, monsieur de Salluces, que quand j'ai dit non, c'est non!

— Ainsi vous refusez?

— Positivement.

— Allons-nous-en, dit Salluces à Raphaël, il est plus entêté qu'une mule espagnole, nous n'en tirerons rien.

— Bonsoir, messieurs! fit l'usurier en refermant son rideau.

Les deux jeunes gens se dirigèrent vers la porte.

Ils allaient l'atteindre quand on entendit de nouveau le bruit criard des anneaux sur la tringle, et, en même temps, la voix de Van Gripp qui disait :

— Écoutez!

— Est-ce que vous vous raviseriez, par hasard? demanda Salluces en s'arrêtant.

— Je ne me ravise point, mais il y a peut-être une manière de nous entendre.

— Voyons ça?

— Mon Dieu, je suis bon enfant, moi, je ne demande qu'à faire des affaires, mais je veux qu'elles soient sûres...

— Après?

— Si je refuse de traiter avec M. le vicomte, c'est que je ne trouve pas suffisantes les garanties qu'il m'offre...

— Nous n'en avons cependant pas d'autres à vous proposer.

— Peut-être.

— Lesquelles?

— M. le baron de Maubert aime monsieur le vicomte comme son propre fils...

— Sans doute.

— Mais j'ai connu beaucoup de pères qui, lorsque arrivait l'échéance d'une lettre de change de leur progéniture adorée, refusaient bel et bien d'y faire honneur, ou, tout au moins, jetaient feu et flamme contre ce scélérat de Van Gripp, ce brigand d'usurier, c'est comme cela qu'ils m'appelaient, et me faisaient subir les réductions les plus odieuses en me menaçant gentiment de la police correctionnelle!

— C'était fort mal!

— Dites donc que c'était indigne! mais j'y ai été pris

dix fois! Or il peut m'en arriver tout autant avec M. le baron de Maubert.

— Je ne le crois pas.

— Moi non plus ; pourtant c'est possible.

— Qu'y faire ?

— Voici : j'ai imaginé un petit expédient qui ne manque point son effet, et qui rend les pères ou les tuteurs doux et coulants comme de jeunes demoiselles...

— Voyons l'expédient ?

— Il est simple. L'adolescent qui veut puiser dans ma caisse me signe un simple billet à ordre, mais il a soin d'ajouter de sa propre main, au dos dudit billet, l'honorable signature de son père ou de son tuteur...

— Mais, monsieur, s'écria Raphaël, savez-vous bien que c'est un faux, cela !!!

— Parbleu! si je sais! Sans doute...

— Et vous osez me proposer...

— Pas la moindre chose. Je raconte et voilà tout. L'échéance arrive, le père entrevoit dans un protêt pour son fils, non point le tribunal de commerce, c'est-à-dire la prison pour dettes, mais bien la cour d'assises, c'est-à-dire le bagne, et il s'exécute sans mot dire. Je n'ai nul besoin d'ajouter que les billets de cette espèce ne sortent pas de mon portefeuille avant le jour de l'échéance, et que je les tiens sans cesse à la disposition de leurs souscripteurs, moyennant le paiement intégral du capital et des intérêts de la somme prêtée. Voilà ce que j'aurais à vous dire, monsieur le vicomte, et maintenant j'aurai l'honneur d'ajouter que si, d'ici à une heure, vous m'apportez une lettre de change de cinq mille cinq cents francs, à trois mois, endossée par M. le baron de Maubert, j'aurai le plaisir de vous compter à l'instant même cinq beaux billets de banque de mille francs chacun. Messieurs, je suis votre serviteur!

Et le rideau se referma.

— Venez, mon ami, dit vivement Raphaël à Salluces, venez! sortons de cette caverne ! j'étranglerais cet homme ou plutôt ce démon !!!

— Je vous suis, répondit Salluces avec un étrange sourire.

Les deux jeunes gens quittèrent le logis de Van Gripp. Quand les deux jeunes gens se retrouvèrent sur le boulevard, Raphaël s'arrêta et se tournant vers Salluces, il lui dit en croisant les bras sur sa poitrine :

— Eh bien ! que pensez-vous de l'impudence de ce drôle?

— Ma foi! je n'en pense rien, répondit tranquillement M. de Salluces.

— Comment! vous ne vous indignez pas comme moi de l'infâme proposition qu'un pareil maraud a osé me faire!

— Pas le moins du monde, et j'ajouterai même, mon cher ami, que votre exaspération m'étonne.

— Par exemple, voilà qui est fort !

— Raisonnons un peu, s'il vous plaît. Qu'est-ce que Van Gripp vous demande?

— Un faux, pardieu ! rien que cela !

— Eh non ! vous envisagez la question sous un point de vue qui la dénature à vos yeux. Je trouve la demande de notre escompteur parfaitement simple, parfaitement naturelle, parfaitement inoffensive, et j'ajouterai même, tout à fait innocente.

— Je m'y perds! murmura Raphaël.

— Vous parlez d'un faux, mon ami, continua Salluces; sans doute, matériellement parlant, vous avez raison, puisqu'il s'agit d'imiter une signature qui n'est pas la vôtre, ce qui constitue un acte criminel prévu par le Code pénal ; mais dans la circonstance présente le faux dont il s'agit perd toute espèce de gravité et devient le plus insignifiant, le plus anodin de tous les faux !

— Pourquoi et comment?

— N'êtes-vous pas certain d'avance de l'acquiescement de M. de Maubert? N'avez-vous pas dans votre poche une lettre de lui qui vous garantit qu'une heure après son retour à Paris vous recevrez les cinq mille francs dont vous seriez déjà propriétaire sans une incroyable inadvertance de cet excellent baron ? Ne pouvez-vous pas enfin, dès demain, dès après-demain au plus tard, retirer des mains du juif la lettre de change en question? C'est cinq cents francs qu'il vous en coûtera ; mais si vous tenez réellement à figurer dans les courses de Satory et à vous entendre proclamer vainqueur devant la dame de vos pensées, il me semble que vous ne devez point hésiter à sacrifier une aussi misérable somme...

Les arguments de M. de Salluces ébranlaient visiblement Raphaël, et l'irrésolution de son esprit se peignait sur son visage.

— Ainsi, dit-il après un moment de silence, vous me conseillez de faire ce que Van Gripp demande?

— Oui, cent fois oui !

— Et, à ma place, vous agiriez ainsi?

— Oui, j'agirais ainsi, sans peur et sans reproche ! comme feu le chevalier Bayard ! répliqua Salluces en riant.

— Eh bien ! malgré tout ce que vous venez de me dire, je ressens une extrême répugnance et un involontaire effroi.

— Scrupules d'enfant !

— Un faux, cependant, mon ami, si innocent qu'il soit, songez-y, c'est bien grave !

— Oh ! reprit Salluces en changeant de ton, puisque vous n'êtes pas convaincu et puisque c'est le mot qui vous effraie et non la chose, n'y songez plus et n'en parlons pas davantage ! Je vous donnais un conseil dans votre intérêt ; mais peu m'importe après tout que vous soyez ou non propriétaire de miss Ophélie ! Bonsoir, mon ami, à demain !

Ces paroles de Salluces portèrent le dernier coup aux irrésolutions de Raphaël.

— Je signerai, dit-il.

— A la bonne heure, mais hâtez-vous; Van Gripp ne vous attendrait point.

— Où trouver du papier timbré ?

— Je dois en avoir dans mon portefeuille. Je suis toujours armé pour la lettre de change, comme le soldat pour le combat. Justement en voici. Entrons au restaurant voisin, prenons un cabinet, un poulet froid, de l'encre, une plume, et battez incontinent !

— Entrons! répéta machinalement Raphaël.

Le restaurant voisin était le Banquet d'Anacréon.

Au moment où ils allaient s'engager dans l'escalier qui conduisait depuis le rez-de-chaussée aux salons du premier étage, ils furent croisés par une bande joyeuse composée de deux ou trois jeunes gens et d'autant de jeunes et jolies femmes.

L'une de ces dernières était Azurine, ci-devant maîtresse du vicomte, et nymphe de l'Académie royale de musique.

Azurine, légèrement ébriolée et plus jolie que jamais, s'arrêta devant Raphaël et s'écria :

— Tiens ! c'est mon ancien !

— Bonsoir, ma petite Azurine !

— Bonsoir, mes ex-amours! Où donc que tu vas comme ça?

— Souper ; et toi?

— Moi, j'en viens. Ça se voit de reste ! Mais comme te voilà pâle et effaré, mon pauvre chéri ! on dirait que tu médites un mauvais coup !

— Vraiment? répondit Raphaël avec un sourire un peu forcé.

— Parole d'honneur ! Bonsoir, vicomte !

Et la leste Azurine, reprenant le bras de son propriétaire actuel qui avait assisté à ce dialogue en se dandinant d'un air fort sot, s'éloigna en modulant de grands éclats de rire.

— Ma foi ! se dit Raphaël en montant l'escalier, je crois que cette petite a raison, car, je le sens là, je vais faire un mauvais coup !

Mais il était trop tard pour reculer.

L'amour-propre s'en mêlait, et d'ailleurs le comte de Salluces était à côté du jeune homme, comme un démon railleur, prêt à combattre par sa mordante ironie une hésitation nouvelle.

Raphaël prit la feuille de papier timbré et il écrivit en travers ces mots sacramentels :

« *Accepté pour la somme de cinq mille cinq cents francs, payables à trois mois de vue.* »

Puis il signa.

Ensuite il retourna le chiffon fatal, et, tirant de sa poche le billet de M. de Maubert qu'il avait reçu une heure auparavant, il imita de son mieux la signature du baron sur le verso de la lettre de change.

— Parfait ! dit Salluces en examinant d'un œil de connaisseur les caractères fort distincts, quoique un peu tremblés, que venait de tracer Raphaël. Maintenant, vite chez Van Gripp !

Camisard, le géant qui servait de domestique et de garde du corps à l'escompteur, avait sans doute reçu une consigne particulière, car il introduisit les jeunes gens sans leur faire subir une seule des formalités de la première entrevue.

Van Gripp entr'ouvrit son rideau.

— Eh bien ? demanda-t-il.

Ce fut Salluces qui répondit.

— M. le vicomte, dit ce dernier, vous apporte une lettre de change à trois mois, portant, ainsi que vous l'avez exigé, l'endos de M. le baron de Maubert.

— C'est le mieux du monde ! Voyons un peu cela ?...

Et le juif étendit sa main à travers le guichet.

— Un instant, fit Raphaël ; je voudrais, avant de terminer cette affaire, vous dire deux mots, monsieur Van Gripp.

— Je suis aux ordres de monsieur le vicomte, répondit l'usurier.

— Il est bien convenu, n'est-ce pas, continua Raphaël, il est bien convenu que cette lettre de change ne sortira pas de vos mains ?...

— Sans doute.

— Et que si, d'ici à huit jours, je vous apporte cinq mille cinq cents francs, vous me la restituerez immédiatement ?...

— Eh parbleu ! ne sera-ce point mon intérêt ? N'est-il pas clair comme le jour que je dois préférer du bon argent à un mauvais chiffon de papier que je ne puis pas même mettre dans la circulation ? Ainsi, soyez tranquille et dormez sur les deux oreilles !

— Voici le billet, dit Raphaël.

La main de Van Gripp s'étendit avidement vers le papier et le saisit avec la rapacité d'un vautour qui happe sa proie.

Pendant un instant, il en étudia la signature en silence, comme avait fait Salluces, puis il s'écria avec un rire sardonique :

— En vérité, pour une signature improvisée, cela n'est vraiment pas mal ! vous avez des dispositions, monsieur le vicomte, beaucoup de dispositions, et pour peu que vous les cultiviez, vous arriverez facilement à un joli talent d'amateur ! Il y a, sans aucun doute, à Rochefort et à Toulon, des calligraphes émérites qui dans leur tendre jeunesse promettaient moins que vous ne tenez ; recevez mes félicitations, monsieur le vicomte, mes félicitations bien sincères !

A mesure que Van Gripp parlait, Raphaël se convainquit de plus en plus qu'il avait déjà entendu quelque part cette voix ironique et mordante qui lui tordait

douloureusement les nerfs et lui faisait froid au cœur.

Il eût donné beaucoup pour ravoir sa lettre de change.

Il allait la redemander peut-être, mais Van Gripp ne lui en laissa pas le temps, car il allongea de nouveau sa main par le guichet, et dit à Raphaël, en lui tendant cinq billets de banque :

— Voici votre argent, monsieur le vicomte.

XXIV

JANUS.

La nuit de Raphaël fut terrible.

Des songes effrayants, ou plutôt un inexorable cauchemar, vinrent s'asseoir au chevet de son lit.

Les sombres fantasmagories de la cour d'assises passèrent une à une dans les rêves qu'enfantait son imagination frappée.

Il se voyait assis entre deux gendarmes, sur la sellette des accusés.

En face de lui se dressaient des juges impassibles, au regard froid et au front sévère.

Au-dessus d'eux apparaissait, dans sa bordure ternie, l'image du Christ, ce suprême dispensateur de toute justice.

Il entendait alors retentir à ses oreilles ces mots terribles :

— C'est un faussaire !

Vainement il s'écriait :

— Je suis innocent, car mon crime, si c'en est un, ne portait préjudice à personne !

On ne l'écoutait pas et on le condamnait.

Il se voyait alors revêtu de la casaque rouge des forçats.

Il sentait à son pied le poids de la chaîne à laquelle il était rivé.

Et il appelait à son secours tantôt le comte de Salluces et tantôt le baron de Maubert, qui ne lui répondaient, tous les deux, que par un ricanement sinistre.

Ce supplice infernal dura jusqu'à dix heures du matin.

Raphaël fut enfin réveillé par Acajou qui vint lui dire :

— Il y a dans la cour une jument qu'on amène pour monsieur le vicomte, et dans l'antichambre un marchand de chevaux qui prétend que monsieur le vicomte lui a donné rendez-vous à cette heure.

— C'est bien, répondit Raphaël en sautant à bas de son lit.

Cinq minutes après, *miss Ophélie*, bien et dûment payée à Salomon Caïn, s'installait dans l'écurie du vicomte.

§

Un peu avant midi, Raphaël reçut une lettre.

Cette lettre était de M. de Maubert et contenait ce qui suit :

« Mon cher enfant,

« *Mon absence a été plus courte que je ne le croyais.*
« *Je suis arrivé il y a une heure. Viens me voir à*
« *l'instant, car j'ai à te parler.*

« Ton ami,

« Le baron de MAUBERT. »

Raphaël prit tout aussitôt le chemin de la rue Meslay.

La voiture de M. de Maubert était encore dans la cour.

La première parole du baron à son pupille fut celle-ci :

— Parbleu, mon ami, tu as dû joliment me maudire, hier!

— Vous maudire! répéta Raphaël.

— Ou tout au moins me prendre pour un mauvais plaisant, continua le baron, car rien ne ressemblait plus à une mystification que la lettre qui t'annonçait cinq mille francs et qui ne contenait pas un sou. Figure-toi, mon cher enfant, que j'étais déjà à trois lieues de Paris quand, en retrouvant dans mon portefeuille le bon sur mon banquier dont je te parlais, je me suis aperçu de la déplorable distraction qui me faisait jouer un si sot rôle vis-à-vis de toi! en vérité, de pareilles étourderies ne sont plus permises à mon âge! Heureusement qu'après tout il n'y avait pas grand mal et que me voilà revenu pour tout réparer. Tiens, mon ami, voici tes cinq mille francs,

— Merci! cent fois merci! s'écria Raphaël; vous ne savez pas combien est immense le service que vous me rendez!

— Vraiment! eh bien! tant mieux! Mais qu'as-tu donc, mon enfant? je te trouve la figure bouleversée, les traits flétris, les yeux hagards! te serait-il arrivé, en mon absence, quelque chose de fâcheux?...

— Oh! murmura le jeune homme, je n'oserai jamais vous dire...

— Raphaël, fit M. de Maubert d'une voix grave et pénétrée, ai-je, sans le savoir et sans le vouloir, démérité de votre confiance?...

— Vous ne le croyez pas! s'écria vivement Raphaël.

— Eh bien! qui vous empêche de parler! Si vous avez à m'avouer une folie ou une faute, vous savez bien que je suis indulgent...

— Vous avez raison, bon père; aussi je vais tout vous dire.

— Parle donc, mon ami, parle vite!

— Je dois vous prévenir, d'abord, que ma confession est d'une extrême gravité.

— Je t'absous d'avance; seulement, pas de préambules et va droit au fait!

— M'y voici.

Et Raphaël raconta tout ce que nos lecteurs connaissent déjà.

— En effet, répondit le baron quand le jeune homme eut achevé son récit, cela est grave, fort grave, et je blâme la légèreté de ta conduite en cette circonstance; mais, quand la sottise est faite, les sermons ne servent à rien; seulement il ne faut pas que cette malheureuse lettre de change reste une heure de plus dans les mains de ce Van Gripp que je n'aurais jamais cru capable d'un procédé pareil!

— Tiens, voici cinq cents francs que j'ajoute aux cinq mille que tu as déjà reçus; cours chez l'usurier et ne sors pas de chez lui avant d'avoir fait rentrer en ta possession ta signature... et la mienne.

— Oui, mon ami.

— Je t'attends ici; tu viendras me rendre compte de ce qui se sera passé, et nous brûlerons ensemble ce papier malencontreux! Va, mon enfant, va vite! j'ai hâte de te revoir.

Raphaël serra affectueusement et à deux reprises la main de M. de Maubert, et quitta la rue Meslay pour le boulevard Saint-Martin.

— Monsieur Van Gripp est-il chez lui? demanda-t-il à Camisard qui vint lui ouvrir la porte de l'usurier.

— Oui, monsieur, répondit le géant, mais il est en affaires; si vous voulez l'attendre, asseyez-vous là.

Raphaël regarda le siège que Camisard lui indiquait du geste.

C'était une banquette de bois de sapin, veuve du velours d'Utrecht qui la recouvrait naguère, alors qu'elle faisait merveille dans les bals et dans les raouts des boutiquiers du quartier Saint-Denis.

Cette banquette n'offrait rien de bien séduisant à un jeune homme accoutumé à toutes les recherches du confort et du luxe; Raphaël préféra se promener de long en large dans l'antichambre, en attendant le bon plaisir de Van Gripp.

— Mon maître vous demande, vint dire Camisard au bout d'un quart d'heure.

Le vicomte n'avait vu sortir personne, mais sans doute le logis du juif avait une seconde issue et ceux qui venaient de conclure avec lui quelque onéreuse affaire pouvaient regagner le boulevard sans rencontrer les emprunteurs ou les solliciteurs qui faisaient antichambre.

Le cabinet dans lequel fut introduit Raphaël, et que nous connaissons déjà, offrait, en plein jour, un aspect plus bizarre et plus repoussant encore qu'à la faible clarté des lampes.

Les rayons du soleil, si peu tamisés qu'ils fussent à travers les vitres poudreuses, suffisaient à mettre en relief l'aspect misérable et répugnant des mille objets entassés dans ce bazar immonde.

Les rideaux de serge verte étaient hermétiquement abaissés sur le grillage, derrière lequel trônait Van Gripp.

Au moment de l'entrée de Raphaël, le juif écarta les rideaux, mais d'une manière presque imperceptible et seulement afin de constater sa présence, puis il dit:

— Que puis-je faire pour vous, monsieur le vicomte?

— Vous souvenir de l'engagement que vous avez pris hier avec moi.

— Quel engagement, s'il vous plaît?

— Celui de me rendre à première réquisition la lettre de change que je vous ai signée.

— Apportez-vous de l'argent?

— Le voici.

— Fort bien; je vais l'échanger contre votre titre.'

Raphaël, en écoutant ces mots, se sentit inondé d'un bien-être délicieux! Il lui sembla qu'on lui ôtait un poids immense de dessus la poitrine.

On ne voyait pas Van Gripp, mais on l'entendait remuer activement ses paperasses.

Tout à coup il poussa une exclamation énergique.

— Sacré n. de D!!! fit-il, voilà qui est vexant, par exemple!!!

— Quoi donc? demanda Raphaël déjà inquiet.

— C'est jouer de guignon! poursuivit le juif.

— Qu'y a-t-il? répéta le jeune homme.

— Je n'ai plus votre lettre de change.

— Vous ne l'avez plus?

— Non.

— C'est impossible!

— Excusez-moi, monsieur le vicomte, je ne mens jamais.

— Mais enfin, monsieur! s'écria Raphaël avec défiance et avec colère, vous aviez pris avec moi un engagement positif!...

— Je ne dis pas le contraire.

— Alors, comment se fait-il que vous ne soyez pas en mesure aujourd'hui de remplir cet engagement?

— Je vais vous l'expliquer. J'ai eu besoin d'argent, et j'ai envoyé des valeurs à l'escompte à la Banque de France. Comment votre lettre de change, que je comptais garder précieusement, s'est-elle trouvée à mon insu mêlée avec d'autres valeurs? voilà ce que je ne puis m'expliquer à moi-même! Malheureusement le fait existe et il est irréparable, car la Banque de France ne rend jamais qu'à l'échéance le papier qui est une fois entré dans ses portefeuilles. Mais si, comme je le présume, vous n'êtes inquiet qu'à cause de la petite signature de fantaisie que vous avez ajoutée à l'endos, vous avez grand tort de vous tourmenter, car en mettant l'argent de côté chez vous bien soigneusement et en payant à présentation, dans quatre-vingt-dix jours, vous êtes certain de n'être poursuivi en aucune façon.

No 106.

ROMANS NOUVEAUX

CONFESSIONS D'UN BOHÊME

PAR XAVIER DE MONTÉPIN

10 centimes.

ROMANS NOUVEAUX

La duchesse à sa vue poussa un faible cri. (Page 108.)

— Vous me répondez qu'il ne m'arrivera rien de fâcheux ?

— Foi d'honnête homme, je vous en réponds.

— Souvenez-vous, monsieur Van Gripp, que le jour où quelqu'un apprendrait par vous l'étrange action que vous m'avez fait commettre, je viendrais, ici, vous brûler la cervelle.

— Vous n'aurez pas cette peine, monsieur le vicomte, répliqua l'usurier avec un ricanement sarcastique.

— Je l'espère.

— Et moi, j'en suis sûr.

— Je vous salue, monsieur Van Gripp.

— Monsieur le vicomte, je vous présente mes très-humbles respects et je vous souhaite une heureuse chance... Quand vous aurez besoin d'argent, mes petites économies seront toujours à votre disposition. Excusez-moi si je ne vous reconduis pas, mais j'ai dans la jambe gauche un rhumatisme aigu qui m'incommode fort...

§

A peine Raphaël venait-il de sortir de l'appartement, que Van Gripp ouvrit la porte du réduit dans lequel il se tenait caché pour recevoir ses clients.

Il commença par s'étirer longuement les bras, ainsi que le fait, en sortant de scène, un acteur fatigué par un rôle difficile.

Il jeta de côté la houppelande de toile perse qui laissa à découvert un torse robuste.

Ensuite il s'approcha d'une vieille glace d'occasion suspendue à la muraille parmi tant d'autres objets que nous avons précédemment inventoriés.

Il jeta dans cette glace un coup d'œil satisfait, accentué d'un joyeux sourire, pareil à celui du comédien qui est content de la tête qu'il vient de se faire.

Ensuite il se débarrassa de sa perruque, qu'il posa sur une chaise.

Ses moustaches touffues et ses énormes favoris tombèrent successivement.

Il enleva, avec un peu d'eau, l'épaisse couche de bistre qui recouvrait son front et ses joues...

Et il apparut alors sous sa forme véritable.

Cette forme, nos lecteurs l'avaient-ils deviné? n'était autre que celle du baron de Maubert.

Aussitôt que cette complète transfiguration fut achevée, le personnage que nous mettons en scène appuya du bout du doigt sur un bouton de cuivre qui disparaissait dans une moulure de la boiserie.

Une porte, habilement masquée, tourna tout aussitôt sur des gonds invisibles et laissa voir un étroit passage pratiqué dans l'épaisseur de la muraille.

Le baron s'engagea dans cette ouverture, referma la porte derrière lui, souleva une tenture en cuir de Cordoue gaufré et se trouva dans le cabinet de travail de son appartement de la rue Meslay, où il s'établit devant son bureau, et alluma une pipe turque en attendant que Raphël vint lui rendre compte de son entrevue avec l'usurier Van Gripp.

XXVI

LA COURSE.

Le jour des courses était arrivé.

Déjà la plaine de Satory se couvrait d'une foule empressée, curieuse des émotions que devait lui procurer le spectacle de l'une des premières *courses au clocher* qui eussent été impatronisées en France.

Car, à cette époque, l'ingénieux plaisir qui consiste à rendre les chevaux fourbus et à briser les membres ou fendre les crânes de ces cavaliers dans ces *steeple-chases* importés d'outre-Manche, n'avait point encore conquis la place distinguée qu'il occupe parmi nos réjouissances nationales.

Ce n'est pas que nous prétendions médire de cette charmante importation qui éreinte les chevaux afin d'en améliorer la race! loin de nous une pareille pensée, car, si nous osions seulement la formuler ici, MM. les *gentlemen-riders* quitteraient incontinent le *turf*, théâtre de leurs exploits, pour venir nous menacer de tous leurs *sticks* et de toutes leurs colères.

Certes, de par la cravache et les éperons que nous pourrions avoir, les courses au clocher sont une bien belle chose, et nous ne saurions trouver d'expressions assez vives pour peindre dignement la satisfaction véritable qui nous remplit le cœur lorsque, par une pluie battante, dans cette étroite vallée où la Bièvre coule noire et fangeuse, nous voyons, au jour solennel de la Croix-de-Berny, une douzaine de gentilshommes, habillés en laquais, pousser, bride abattue, leurs montures efflanquées à travers les champs détrempés, franchir les haies et les fossés, sauter la Bièvre... quand ils ne roulent point dedans, et revenir couverts de boue épaisse et de vase liquide... quand toutefois ils reviennent.

Oh! alors, l'orgueil national prend chez nous des proportions inusitées, et nous éprouvons la véhémente tentation de chanter à tue-tête certain couplet dont voici le refrain :

Je suis Français, — l'Angleterre avant tout! (*bis*)

§

Revenons à nos moutons, c'est-à-dire à la plaine de Satory.

C'était, nous le savons, vers le milieu de l'été.

L'air était pur et le ciel souriant; une petite pluie, tombée durant la nuit précédente, avait rafraîchi l'atmosphère et ravivé la verdure éblouissante du feuillage des grands arbres et du gazon des prairies.

Le terrain des courses avait été disposé à l'avance.

Quelques obstacles factices, tels que des fossés pratiqués pour la circonstance et des haies de branchages, se joignaient aux obstacles naturels que les concurrents devaient rencontrer sur leur chemin.

Des tribunes élégantes, quoique construites à la hâte, se voyaient à droite et à gauche, peintes de vives couleurs et pavoisées de drapeaux blancs.

Les piétons et les cavaliers, arrivant de Paris ou des campagnes environnantes, affluaient de minute en minute.

On voyait se succéder des équipages de toute sorte, depuis la modeste *demi-fortune* (ce type de voiture aujourd'hui disparu) jusqu'aux plus somptueux landaus, depuis le tilbury rapide jusqu'à la pesante et aristocratique berline.

Les jeunes gens riches passaient, montés sur d'élégants chevaux et suivis par des jockeys étroitement sanglés dans leur ceinturon de cuir.

Les commis-voyageurs en disponibilité et cette race malencontreuse de pauvres imbéciles qui veulent singer, quand même, le luxe et la richesse, arrivaient huchés sur de débiles coursiers dont les membres arqués, la suspecte maigreur et les douteuses allures trahissaient les fonctions honorables, mais modestes, de chevaux de manège.

Venait ensuite la population turbulente et bavarde des maquignons et des éleveurs mis en gaieté par de fréquentes libations et par l'approche d'un spectacle si séduisant pour eux.

Tout à coup il se fit parmi la foule une rumeur de surprise et d'admiration.

Les piétons se haussèrent sur la pointe de leurs escarpins.

Les cavaliers s'affermirent sur leurs étriers et firent exécuter à leurs chevaux toute sorte de courbettes et de pétarades.

Tous les yeux se fixèrent à la fois vers un même point.

L'objet sur lequel se concentrait ainsi la curiosité générale était une calèche découverte qui s'avançait au petit trot.

Cette calèche, très-haut placée sur ses ressorts, comme la plus grande partie des voitures de cette époque, était traînée par un merveilleux attelage de quatre chevaux noirs, si parfaitement semblables de formes et de couleurs qu'on les aurait pu croire jetés dans un moule uniforme.

Deux postillons, gros comme des belettes, vêtus de culottes blanches et de vestes bleues brodées d'argent et coiffés de capes en velours, contenaient à grand'peine l'ardeur des quatre chevaux anglais, dont les mors d'argent étaient tout ruisselants d'écume.

Au milieu des panneaux bleu sombre de la calèche, sur le fond d'hermine du manteau de la prairie et sous la couronne ducale, se dessinaient les armes magnifiques des La Tour-du-Pic et des Simeuse.

Le vieux duc et Mathilde se trouvaient seuls dans cette voiture.

La jeune femme, plus belle et plus charmante que jamais, portait une robe de soie d'un rose pâle et un chapeau de crêpe blanc, aussi léger et aussi diaphane que ces fils de la Vierge qu'on voit voltiger au-dessus des prairies.

Les touffes opulentes de ses beaux cheveux blonds encadraient délicieusement ses joues fraîches et veloutées.

Elle tenait d'une main une ombrelle toute mignonne, et de l'autre un bouquet de violettes de Parme.

Le duc semblait soucieux et préoccupé.

Mathilde était rêveuse.

De temps à autre, quand un cavalier passait au galop à côté de la voiture, la jeune femme se penchait pour le suivre du regard, mais aussitôt elle se rejetait en arrière et une sorte de désappointement venait se peindre sur ses traits charmants.

— Que cherchez-vous donc? lui demanda tout à coup le duc; on dirait que vous attendez quelqu'un...

— Vous vous trompez, mon ami, répliqua vivement la jeune femme, qui voulez-vous que je cherche, et qui donc attendrais-je?

M. de La Tour-du-Pic ne répéta pas sa question.

§

Cependant la calèche était arrivée au bord de l'enceinte disposée pour le départ des coureurs.

Le duc proposa à Mathilde de venir prendre place dans l'une des tribunes réservées.

Mathilde préféra rester dans sa voiture.

En ce moment, un jeune homme en habit de cheval et portant des bottes éperonnées, sur une culotte de peau, s'approcha de la calèche et vint saluer M. de La Tour-du-Pic et sa femme.

Ce jeune homme était Raphaël.

Mathilde, en l'apercevant, pâlit et rougit successivement.

Le duc ne remarqua pas ce trouble involontaire, que Mathilde dissimula du reste de son mieux, en cachant à demi son visage avec le bouquet de violettes qu'elle tenait à la main.

— Êtes-vous engagé, monsieur le vicomte? demanda le duc à Raphaël.

— Oui, monsieur le duc, reprit ce dernier.

— Je vous souhaite bonne chance. Le cheval avec lequel vous allez courir vous appartient-il, monsieur le vicomte?

— Depuis hier, monsieur le duc.

— Mais du moins, sans doute, ce n'est pas la première fois que vous le montez?

— Je vous demande pardon, monsieur le duc, j'ai essayé avant-hier *miss Ophélie* pour la première fois.

— N'est-ce donc pas une haute imprudence que de vous exposer ainsi, dans une course dangereuse, avec un cheval que vous connaissez si peu?

— Peut-être est-ce une imprudence, monsieur le duc, mais j'ai la confiance qu'un bon ange veille sur moi, et je ne sais quoi me dit que je serai vainqueur...

— Soyez sûr, dans tous les cas, reprit le duc en souriant de l'enthousiasme de Raphaël, soyez sûr que madame la duchesse et moi, nous ferons des vœux pour vous...

En ce moment, et comme le vicomte allait prendre congé du duc de la Tour-du-Pic, une seconde calèche découverte, presque aussi élégante que celle de Mathilde, vint se ranger dans l'espace laissé vide entre la *corde* qui déterminait l'enceinte et l'équipage de la duchesse.

Cette voiture appartenait à la marquise de Villiers, jeune femme du monde de Mathilde et qui entretenait avec cette dernière d'assez fréquentes relations.

— Mon Dieu! madame la marquise, dit la duchesse de La Tour-du-Pic, après avoir échangé avec la nouvelle venue quelques-unes de ces phrases banales, formules de conversation stéréotypées dans tous les esprits et sur toutes les lèvres, mon Dieu! que vous avez là un bouquet ravissant!

— N'est-ce pas? répondit la marquise.

— D'où viennent ces fleurs, je vous prie? Je n'en ai pas encore vu de pareilles...

— Je le crois, chère duchesse; ces fleurs sont en effet complètement inédites, passez-moi cette expression un

peu prétentieuse; leur espèce n'existe que dans les serres du chevalier d'Anjou, un vieux gentilhomme à moitié fou, qui en a rapporté l'espèce en France en revenant de l'émigration, et qui habite toute l'année le petit château de B***, à trois lieues d'ici. Je suis très-fière de mon bouquet, parce qu'il est impossible de s'en procurer un semblable!

— Ah! murmura la duchesse avec un soupir enfantin, un bouquet de ces fleurs me plairait plus qu'un collier de diamants!

Raphaël, après avoir entendu la conversation que nous venons de rapporter, s'éloigna des deux voitures et rentra dans l'enceinte dans laquelle les coureurs s'apprêtaient à monter à cheval.

Le signal du départ allait être donné.

L'entretien, un instant interrompu, venait de se renouer entre la duchesse de La Tour-du-Pic et la marquise de Villiers.

— Quand vous assistez à une course, pariez-vous quelquefois, chère duchesse? demanda madame de Villiers.

— Oui, quelquefois, répondit distraitement Mathilde.

— Moi, je parie toujours. Oh! mon Dieu! ce n'est pas, je vous assure, pour gagner quelques louis, mais ça m'amuse, ça m'intéresse, j'éprouve toutes les émotions du joueur...

— En vérité?... fit la duchesse, qui n'écoutait guère, occupée comme elle l'était à suivre du regard le vicomte Raphaël, debout dans l'enceinte à côté de *miss Ophélie*, dont un valet rajustait les sangles.

— Certainement; et, tenez, si vous voulez, nous allons parier?

— Volontiers.

— Mon mari est engagé, mais je ne tiens rien pour lui. Je suis bien sûre qu'il se laissera choir dans le premier fossé...

— Alors, pour qui pariez-vous?

— Pour qui je parie? voyons un peu... Mais, au fait, oui, c'est cela. Je parie vingt-cinq louis pour lord Archibald Sidney que je vois là-bas. Les tenez-vous?

— Sans doute.

— Pour qui?

La duchesse hésita.

— Dépêchez-vous, s'écria madame de Villiers, on va partir, et sitôt que les coureurs auront l'avance, ne fût-ce que d'une tête, les chances ne seront plus égales...

— Eh bien! dit Mathilde résolûment, tandis qu'une rougeur ardente lui couvrait le visage, je tiens votre enjeu pour *miss Ophélie*, montée par M. le vicomte Raphaël!

M. de La Tour-du-Pic regarda sa femme avec étonnement.

Il était surpris de la voir se souvenir si bien d'un nom de cheval, prononcé une seule fois devant elle, et auquel lui-même n'avait apporté qu'une très-médiocre attention.

— *Miss Ophélie!* répéta la marquise, je connais cela; il me semble avoir entendu dire à mon mari qu'il voulait acheter cette jument pour courir aujourd'hui; mais peu importe!

Et madame de Villiers ajouta, après avoir prononcé les phrases précédentes avec une extrême volubilité:

— Ainsi, c'est bien convenu, *miss Ophélie* avec le vicomte Raphaël, contre *Black-Nick* monté par lord Archibald. Il faut vous dire que le cheval de lord Archibald a été baptisé *Black-Nick*, parce qu'il est noir comme un corbeau et méchant comme un diable...

La marquise allait continuer sans doute, car une fois en train, son flux de paroles ne s'arrêtait plus, mais le signal retentit et les quarante sabots des dix chevaux engagés frappèrent à la fois le sol avec une rivalité impétueuse.

Pendant un instant personne ne parut obtenir l'avantage, et les naseaux frémissants des coureurs se trouvèrent sur une même ligne.

Mais bientôt des inégalités commencèrent à se dessiner.

Quelques-uns se virent distancés.

D'autres, en trois ou quatre bonds, prirent une avance énorme.

D'autres enfin, et ceux-là n'étaient que deux, se trouvèrent seuls bien en avant de tous les autres.

— C'est palpitant! s'écria la marquise, qui, debout dans sa voiture, suivait avec une lorgnette de spectacle tous les détails de la course. Comme nous avons été bien inspirées, chère duchesse, c'est *Black-Nick* et *miss Ophélie* qui battent leurs concurrents d'une incroyable manière! Le combat est entre nous deux! Voyez donc, voyez donc comme ils courent ou plutôt comme ils volent! Voici qu'ils arrivent au grand fossé. Ils vont sauter. Ils sautent! Bravo! Toujours ensemble! C'est inouï!... Ah! les voilà qui tournent la colline. On ne les voit plus, c'est dommage...

Mathilde, tout entière à une pensée unique, écoutait, sans presque le comprendre, le caquetage incessant de madame de Villiers.

Cette dernière reprit, en braquant sa jumelle dans une autre direction:

— Et les retardataires, que font-ils? voyons un peu!

Elle s'interrompit pour pousser un grand éclat de rire, puis elle continua:

— C'est mon mari qui est le dernier! je l'aurais parié! ce pauvre marquis n'a pas de chance! Bon, voilà qu'il touche au fossé, il saute, patatras! son cheval arrive tout seul de l'autre côté, mon mari est dans le fossé. Ah! le voilà qui sort de l'eau, il n'a rien de cassé, tant mieux! mais il est mouillé comme un triton et noir de boue des pieds à la tête! Regardez donc, chère duchesse, regardez, c'est très-plaisant! ce pauvre marquis, il est enguignonné de la manière la plus déplorable: s'il doit arriver à quelqu'un quelque chose de désagréable, on peut être certain d'avance que c'est sur lui que cela tombera! . . . .

. . . .

§

Cependant la course touchait à sa fin.

Une députation des juges du camp vint prier officiellement M. de La Tour-du-Pic de se joindre à eux pour décerner le prix au vainqueur, et le duc ne put refuser d'acquiescer à cette demande.

A peine venait-il de s'éloigner, qu'un bruit assez bizarre se propagea dans la foule.

Les retardataires qui, n'ayant plus aucun espoir de disputer le prix, étaient revenus lentement au point de départ sans s'obstiner dans une lutte désormais sans but, avaient raconté qu'immédiatement après avoir tourné la petite colline qui devait le cacher aux regards, le vicomte Raphaël, abandonnant le terrain de la course, avait jeté son cheval sur la droite et s'était enfoncé dans un petit bois, laissant sir Archibald Sidney sans concurrent sérieux.

Depuis ce moment on n'avait plus revu le vicomte et personne ne pouvait s'expliquer ce singulier caprice.

On se perdait en conjectures absurdes et en suppositions erronées.

Lord Archibald, arrivé seul au but, fut proclamé vainqueur.

Tandis que les curieux applaudissaient et que la marquise de Villiers battait des mains avec enthousiasme, sans prendre garde à l'étrange pâleur de la duchesse, un cheval, blanc d'écume, tomba expirant à quelques pas en arrière de la voiture de Mathilde.

Ce cheval et son cavalier étaient venus à travers champs, et, au milieu de la préoccupation générale, nul n'avait remarqué leur approche.

Le cavalier, qui s'était trouvé debout au moment où sa monture épuisée roulait sur le sol, ne prononça que ces trois mots:

— Pauvre *miss Ophélie!* et se glissa à la portière de gauche de la calèche de Mathilde, de façon à ne pouvoir être aperçu par la marquise de Villiers.

La duchesse, à sa vue, poussa un faible cri.

Raphaël, car c'était lui, mit un doigt sur sa bouche et jeta sur le coussin, à côté de Mathilde, un bouquet parfaitement semblable à celui de la marquise.

Il venait de faire six lieues et de tuer son cheval pour aller chercher ces fleurs.

Mathilde sentit qu'une joie immense, une ivresse inconnue, débordaient dans son âme.

Elle appuya ses lèvres sur le bouquet...

M. de La Tour-du-Pic revenait.

Raphaël s'éloigna.

Mathilde cacha précipitamment ses fleurs sous le coussin sur lequel elle était assise.

Désormais, il y avait un mystère entre elle et Raphaël!

— J'ai gagné! s'écria joyeusement la marquise. *Hurrah* pour lord Archibald! Lord Archibald *for ever!*

— Oui, dit Mathilde, j'ai perdu!

— Combien? demanda le duc en remontant en voiture.

— Vingt-cinq louis, répondit la jeune femme à haute voix.

Puis elle murmura tout bas:

— Et mon cœur!...

XXVII

UN ADULTÈRE.

Le vieil Arouet de Voltaire, cet infernal esprit qui jetait à pleines mains dans ses œuvres le doute et le blasphème, ce démon railleur qui se plaisait à saper toutes les croyances, à attiser toutes les passions mauvaises, préparant ainsi les révolutions et les bouleversements dont nos pères ont été les témoins, dont nous sommes les spectateurs, et dont nos fils verront peut-être le dénouement fatal, le vieil Arouet de Voltaire, disons-nous, ne dédaignait pas de s'arrêter parfois dans sa course, pour laisser tomber sur son chemin un madrigal, une épigramme, un sonnet, un bouquet à Chloris, et autres bribes et menus suffrages.

C'est lui qui, de sa main déjà tremblante de vieillesse, écrivit un jour, sur le socle de la statue de Cupidon, fils de Vénus, ces deux vers devenus fameux:

> Qui que tu sois, voilà ton maître;
> Il l'est, le fut, ou le doit être.

Ce lieu commun rimé renferme une vérité incontestable.

Aimer, telle est la destinée commune.

L'homme est né pour l'amour. L'heure arrive où l'âme la plus froide s'émeut au souffle divin de la passion.

Celui-là dont le cœur n'aurait jamais battu ne serait à nos yeux qu'un impuissant eunuque.

Seulement il y a dans l'amour de nombreuses variétés.

Ceux-ci aiment avec leur tête.

Ceux-là avec leur cœur.

Les plus nombreux avec leurs sens.

Les uns, et ce sont les mieux doués, consacrent leur existence entière à une seule et toute-puissante affection.

Les autres éparpillent à droite et à gauche, et souvent

au hasard, la somme de sentiments tendres que le ciel leur a départis.

Quelques-uns, au début d'un premier amour, sont atteints au vif et blessés mortellement par une déception ou par une trahison, et referment leur cœur qui ne se rouvre plus.

Quelques autres, stoïques d'une nouvelle école, renferment en eux-mêmes et dérobent à tous les yeux, par orgueil ou par vertu, la flamme qui les dévore, semblables à l'enfant de Sparte, cachant sous sa tunique le renard qui lui rongeait le sein.

Mais, nous le répétons, nul ne peut dire :

— Je n'aimerai jamais !

Les lignes suivantes vont sans doute expliquer à nos lecteurs le but de ces réflexions.

Certes, nous ne sommes point les antagonistes du mariage, bien loin de là.

Le mariage est la base de toute société organisée ; sans lui, plus de famille, plus d'héritage, plus de liens sacrés ; le désordre, par conséquent, et le chaos.

Seulement nous voudrions une réforme sociale à l'endroit du mariage, et Dieu sait, cependant, que nous ne sommes point *socialiste*.

Nous souhaiterions que le mariage ne fût permis par la loi que dans le cas où *l'amour* serait possible entre les deux époux.

Nous voudrions que cette même loi interdit d'unir la beauté à la laideur, la jeunesse à la vieillesse.

Nous voudrions que les mariages dits *de convenance* fussent prévenus et punis par un code pénal *ad hoc*.

Peut-être, alors, y aurait-il un peu moins de maris étranglant leurs femmes et de femmes empoisonnant leurs maris.

Nous savons bien que ceci est un rêve impossible, une utopie irréalisable.

Mais que voulez-vous ? M. Proudhon, l'apôtre de la Montagne, a bien rêvé la *Banque d'échange*!

La société restera telle qu'elle est ; il est insensé de songer à des réformes humanitaires que chacun traiterait de folies.

Mais alors, pourquoi s'élever contre les conséquences d'une organisation défectueuse ?

Vous donnez une jeune femme à un vieux mari.

La jeune femme est infidèle, on constate le flagrant délit, et vite, un procès en adultère !

Est-ce logique? est-ce sensé?

Quoi ! l'heure de l'amour est venue pour cette pauvre enfant enchaînée à un froid cadavre, et vous croyez que, par cela seul qu'elle a été mariée par un maire et bénie par un prêtre, elle va pouvoir comprimer les battements de son cœur et glacer dans ses veines son sang impétueux !

Eh non ! vous ne le croyez pas !

— Mais la morale ! allez-vous dire.

La morale est sacrée, sans doute, et nous la respectons de toute notre âme ; mais que peut la morale quand la nature parle ?...

La tisane de nénuphar et les rafraîchissants de toute nature doivent-ils donc être le régime habituel des femmes de vingt ans mariées à des hommes de soixante ? Croyez-le, censeurs rigides, il vaudrait mieux faire moins de procès et moins de bruit, et détruire le mal dans sa racine.

Soyez sévères, mais soyez justes !

Trouvez un moyen de couper court à ces unions disproportionnées qui ne sont que des pourvoyeuses d'adultères, et, quand vous aurez trouvé ce moyen, traînez, si vous le voulez, les catins sur la place publique, pour les marquer au front avec un fer chaud.

Mais jusque-là, indulgence et pitié.

Souvenez-vous de ces divines paroles de l'Évangile :

— *Que celui de vous qui est sans péché jette la première pierre à la femme adultère !*

Souvenez-vous de ce beau vers de Victor Hugo :

Ah ! n'insultez jamais une femme qui tombe !

Lisez enfin les pages suivantes : vous y trouverez le récit simple et fidèle de la chute d'une femme, vous y trouverez, qu'on nous passe cette expression, *un procès-verbal d'adultère*, et, quand vous aurez tout lu, jugez-la, cette pécheresse, et condamnez-la si vous l'osez !

§

Ce n'est pas toujours par un acte de sérieux dévouement que l'on prouve à une femme qu'elle règne en souveraine sur votre âme.

Un désir deviné, un caprice prévenu, voilà des titres qui, bien souvent, décident de l'avenir d'une passion.

Ainsi Raphaël, jouant sa vie, et, bien plus, renonçant aux joies du triomphe et tuant sans pitié son beau cheval pour rapporter à Mathilde une fleur qu'elle n'avait pas même désirée tout haut, venait de jouer un de ces coups de maître qui gagnent, neuf fois sur dix, les parties les mieux défendues.

L'expression du regard de la duchesse apprit à Raphaël qu'il était désormais vainqueur et que, pour pousser sa victoire jusqu'aux dernières conséquences, il ne s'agissait que de le vouloir.

Entre lui et le bonheur il n'y avait plus, désormais, qu'une question de temps.

Cet avenir magique, cet horizon de voluptés, éblouit et enivra le jeune homme, il oublia tout, et les fatales lettres de change et *miss Ophélie* expirante.

Il ne vit plus en lui-même que le futur amant de la duchesse de La Tour-du-Pic, et s'il lui eût fallu passer en ce moment sous l'arc de triomphe de l'Étoile, il aurait courbé la tête, de peur de heurter, aux frises du monument, son front orgueilleux.

§

C'était dans la nuit qui suivit la journée des courses de Satory.

Une heure du matin venait de sonner.

Tout était calme et silencieux dans l'hôtel de La Tour-du-Pic.

La faible lueur d'une petite bougie, dont les rayons douteux étaient tamisés par les parois transparentes d'une veilleuse d'albâtre, éclairait seule l'intérieur de la chambre à coucher de la duchesse.

On n'entendait dans cette pièce que le bruit de la respiration de la jeune femme, respiration trop haletante et trop irrégulière pour qu'il fût possible de supposer que Mathilde dormait.

Tout à coup madame de La Tour-du-Pic se souleva sur son séant et écarta vivement les rideaux de son lit.

Elle prêta l'oreille pendant une minute et parut écouter.

Elle n'entendit que le silence.

Alors, rejetant en arrière les draps de toile de Hollande qui couvraient son beau corps, elle posa sur le tapis soyeux ses deux petits pieds blancs et polis comme du marbre de Carrare.

Phidias, le sculpteur grec, ce dieu de la forme parfaite, n'eût rien rêvé de plus complètement, de plus merveilleusement beau que la jeune femme, ainsi vêtue de ses longs cheveux dénoués et du brouillard transparent de sa chemise.

Elle jeta sur ses épaules un grand châle de l'Inde, dans lequel elle s'enveloppa tout entière.

Elle mit à ses pieds de mignonnes pantoufles.

Elle alluma à la flamme de sa veilleuse une bougie qu'elle prit à l'un des candélabres de la cheminée.

Ensuite, ouvrant sans bruit, avec des précautions infinies, la porte de son cabinet de toilette, elle s'engagea dans l'escalier de service qui, depuis son appartement, communiquait avec le rez-de-chaussée de l'hôtel.

Une fois dans la cour et cachant de son mieux avec l'une de ses deux mains la flamme indiscrète de sa bougie, elle se dirigea vers cette portion des bâtiments qui contenait les écuries et les remises.

Elle entra dans l'une de ces dernières.

Elle marcha droit à la calèche découverte qui, pendant la journée précédente, l'avait conduite aux courses.

Elle souleva l'un des coussins et en retira, avec un tressaillement involontaire, le bouquet qu'elle y avait caché la veille.

Ceci fait, elle éteignit sa bougie, et traversant de nouveau la cour, malgré les ténèbres, avec la rapidité d'un voleur emportant un trésor et sentant derrière ses talons les limiers de la police, elle regagna l'escalier de service, puis son appartement, dans lequel elle s'enferma, haletante et épouvantée de sa hardiesse.

Alors elle se recoucha en tenant sur ses lèvres le bouquet de fleurs fanées, qu'elle couvrit, fleurs bienheureuses! de baisers jusqu'au matin.

Le lendemain, à l'heure accoutumée, Raphaël se présenta chez la duchesse.

Il la trouva à demi couchée sur une chaise longue, pâle des émotions de la veille, brisée par son ardente insomnie et surtout par cette langueur amoureuse qui s'empare invinciblement des femmes au moment où leur chute est prochaine.

Raphaël, sûr d'être aimé, était venu à l'hôtel avec la résolution bien arrêtée d'être hardi, entreprenant, et de brusquer le dénouement de son amour.

Mais autant la hardiesse est facile avec les femmes qu'on n'aime que bien peu ou qu'on n'estime pas, autant elle devient impossible en face de celle qu'on aime et qu'on respecte.

Aussi à peine Raphaël se trouva-t-il en présence de Mathilde, qu'il se sentit redevenir hésitant et timide, et certes, cette timidité naïve d'un cœur jeune et brûlant n'était pas l'un des moindres charmes d'un amour véritable.

Mathilde tendit sa main à Raphaël, il porta cette main à ses lèvres, et dans ce baiser, si chaste en apparence, il y eut pour les deux amants un avant-goût des joies du ciel.

Un frisson nerveux courut sous l'épiderme de la jeune femme, et il lui sembla qu'une ineffable caresse passait sur tout son corps.

Raphaël ressentit le contre-coup de ce tressaillement; ses pupilles se dilatèrent et ses lèvres, devenues pâles, attachées par une force invincible à la main de Mathilde, s'abreuvèrent d'une volupté pure encore et pourtant surhumaine.

Il s'assit à côté de la jeune femme, presque à ses pieds, sur une chaise basse.

Puis, sans échanger une parole, immobile et comme enivrés, les deux amants restèrent longtemps la main dans la main et les yeux sur les yeux.

De minute en minute le regard de Mathilde s'alanguissait davantage et son cœur battait plus vite.

Elle se sentait chanceler.

Il lui semblait qu'une irrésistible impulsion la poussait en avant et l'allait jeter, palpitante, dans les bras de Raphaël.

Elle comprit l'imminence du danger.

Sa pudeur de femme se révolta à l'idée de ne pouvoir résister à ses propres désirs, en présence d'un amant qui ne suppliait pas.

Elle voulut couper court au périlleux silence, qui, plus éloquent cent fois que les plus ardentes prières, la livrait, corps et âme, à l'appel de ses sens, et elle murmura:

— Pourquoi vous taisez-vous, mon ami? N'avez-vous donc rien à me dire?

A ces paroles de Mathilde, Raphaël sembla s'éveiller d'un rêve.

— Rien à vous dire? répéta-t-il ; oh! Mathilde, n'entendez-vous donc pas la voix qui parle dans mon cœur?

La jeune femme ne répondit point, mais elle fit un mouvement de tête qui signifiait clairement:

— Je ne l'entends que trop, cette voix!

Le silence recommença.

C'était au tour de Raphaël à le rompre.

Il le fit en prononçant d'une voix presque indistincte ces mots:

— Mes pauvres fleurs, les avez-vous encore?...

— Les voici, répondit Mathilde en entr'ouvrant les plis de son corsage.

A peine avait-elle fait ce geste, qu'elle le regretta.

Mais il était trop tard, car Raphaël, à genoux devant elle, murmurait déjà:

— Laissez-moi les voir... Mathilde... oh! laissez-moi les voir!...

Mathilde ne résista point.

Et Raphaël, cachant sa tête dans le sein de la jeune femme, respirait le parfum qu'exhalaient les fleurs cachées dans ce doux sanctuaire et couvrait de ses ardents baisers les fermes contours d'une gorge de statue.

— Que faites-vous?... bégayait Mathilde, dont la raison s'égarait de plus en plus.

— Je t'aime... répondit Raphaël.

Et liant de ses deux bras la taille souple et cambrée de la jeune femme éperdue, il releva la tête et colla ses lèvres ardentes aux lèvres divines de Mathilde.

§

Il était écrit là-haut que Mathilde succomberait, et nous nous sentons au cœur pour ce pauvre ange déchu des trésors d'indulgence.

Mais n'y eût-il pour atténuer la faute de la jeune femme que le fait que nous allons retracer et qui servit de dénouement inattendu à la scène que nous racontons, qu'il nous semblerait encore que cette faute était rachetée d'avance.

Au moment où, frémissante, éperdue, pâmée, morte d'amour sous ce baiser, le premier qu'une bouche jeune et adorée eût donné à ses lèvres, Mathilde ne résistait plus...

Au moment où tous ses nerfs étaient tendus par la volupté, au moment où toutes les fibres de son corps appelaient le plaisir... au moment enfin où Raphaël lui répétait:

— Je t'aime... et s'efforçait de le lui prouver, la jeune femme, obéissant à un sentiment d'ineffable pudeur, s'arracha par un effort héroïque, impossible, à l'étreinte de son amant, et s'écria d'une voix qui, tout en demandant grâce, commandait le respect:

— Raphaël, nous sommes sous le toit de mon mari!

Raphaël soupira malgré lui, mais il s'inclina devant cette suprême pudeur, et il demanda, en s'efforçant de se dompter lui-même:

— Quand vous reverrai-je, Mathilde?...

— Demain, mon ami...

— Ici?

— Non.

— Où donc? s'écria Raphaël avec un tressaillement de joie.

— Vous le saurez ce soir.

— Comment?

— Je vous écrirai.

— Oh! merci, Mathilde! merci, ma bien-aimée... merci!

Et le vicomte, après avoir couvert de nouveaux baisers les deux mains de la jeune femme, quitta l'hôtel en chancelant comme un homme ivre sous le poids de son bonheur, et courut s'enfermer chez lui, où il attendit la lettre bienheureuse qui, pareille au *Sésame, ouvre-toi!* des contes arabes, devait, talisman magique, lui livrer la clef du plus doux et du plus précieux de tous les trésors.

Cette lettre arriva vers le soir.

Raphaël ne connaissait point l'écriture de Mathilde, et cependant, voyez l'instinct du cœur, quand Acajou lui remit une enveloppe étroite et parfumée, dont le cachet de cire blanche portait l'empreinte d'une colombe tenant dans son bec un rameau d'olivier, il n'eut pas un instant de doute et d'hésitation : sûr d'avance que la lettre était de la duchesse, il se verrouilla dans sa chambre afin de n'être pas dérangé, et il usa presque l'enveloppe sous ses baisers, avant de se décider à en rompre le cachet.

Voici ce qu'il lut :

« Mon ami,

« Je crois à votre amour et vous avez le mien tout en-
« tier.

« Je ne me dissimule ni la grandeur du crime que je
« commets en vous aimant, ni les remords et peut-être
« les malheurs qui suivront un jour ce crime ; mais ne
« craignez rien, je vous en parle en ce moment pour la
« dernière fois, et je n'attristerai jamais votre bonheur
« ni par un regret ni par une larme.

« Je suis à vous désormais plus qu'à moi-même, Ra-
« phaël, mais mon honneur n'appartient pas à moi seule
« et je dois le conserver intact, aux yeux du monde,
« pour celui dont je porte le nom.

« Je ne dois donc pas aller chez vous, Raphaël, et je
« n'irai jamais...

« Trouvez un asile mystérieux où se cacheront nos
« amours...

« Que personne, dans la maison que vous choisirez,
« ne puisse soupçonner ni qui vous êtes ni qui je suis.

« C'est pour vous que je suis coupable, c'est à vous
« de me sauver du mépris qui m'atteindrait si ma faute
« était connue...

« Dieu m'est témoin que je vous aime assez pour ne
« reculer devant rien, et pour tout braver, s'il le fallait,
« pour vous suivre ; mais, je vous le répète, mon hon-
« neur ne m'appartient pas...

« Je ne suis pas libre, mon ami ; ma position dans le
« monde m'impose de terribles entraves, je suis entou-
« rée de valets qui, tous, peuvent devenir peut-être des
« espions et des délateurs.

« Pour déjouer ces argus en livrée, je n'ai qu'un seul
« moyen, et ce moyen m'épouvante, car c'est un sacri-
« lège...

« Cependant il le faut!

« Que Dieu me le pardonne!...

« Demain, à midi et demi, je descendrai de voiture à
« la porte de l'église Saint-Roch.

« Vous me trouverez dans la seconde chapelle latérale,
« à côté gauche... ne me parlez pas dans l'église... la
« foudre nous écraserait tous les deux...

« Ce que je fais là est horrible... horrible!

« Vous allez me mépriser, Raphaël...

« Dieu me punira!... Oh! pourvu qu'il ne punisse que
« moi!

« Où vous me mènerez, j'irai... »

§

Après avoir lu cette lettre, avec des transports plus faciles à comprendre qu'à décrire, Raphaël s'habilla et se prépara à sortir.

Au moment où il allait franchir le seuil de son appartement, Acajou s'approcha de lui, sa casquette à la main, et lui dit :

— Monsieur le vicomte me permet-il de disposer de deux heures de la soirée?

— Parfaitement, répondit Raphaël ; pourvu que vous soyez rentré ici à onze heures, c'est tout ce que je vous demande.

— J'ai l'honneur de remercier monsieur le vicomte.

Raphaël s'éloigna.

Acajou sortit de la maison cinq minutes après son maître...

L'excellent nègre prit un cabriolet sur le boulevard et se fit conduire à la rue Meslay.

M. de Maubert le reçut.

Acajou lui dit alors que, d'après ses ordres, il venait l'informer de l'arrivée d'une lettre à l'adresse de M. le vicomte, lettre portant sur un cachet de cire blanche un petit oiseau et une branche d'arbre.

— Fort bien! répliqua le baron, et dites-moi, mon garçon, votre maître avait-il l'air content après avoir lu cette lettre?

— Il avait la mine joyeuse d'un homme qui vient d'hériter! répondit Acajou, en montrant ses dents blanches dans un large sourire.

— Et vous ne savez pas où il a placé ce billet, en sortant?

— Ma foi! non, monsieur le baron.

— Eh bien! mon ami, quand à l'avenir il arrivera des lettres semblables à celle d'aujourd'hui, observez avec le plus grand soin ce que votre maître en fera et venez me le dire. Voici vos deux louis, mon garçon, et souvenez-vous bien que le jour où M. le vicomte laisserait par hasard traîner un de ces billets dont il s'agit, et où vous m'apporteriez ce billet, ce ne seraient plus deux louis, mais bien vingt, que je vous donnerais en échange!

XXVIII

LE PASSAGE SAINT-ROCH.

Au milieu de son délire, une chose préoccupait vivement Raphaël.

« *Conduisez-moi où vous voudrez, et je vous suivrai.* » Tel était le sens de la lettre de la duchesse.

Où la conduire?

Prendre un appartement dans une maison garnie ou dans un hôtel, il n'y fallait pas songer.

Pouvait-il exposer Mathilde aux regards indiscrets de portiers insolents et bavards?

Pouvait-il lui faire courir le danger de se rencontrer face à face, dans une maison fréquentée, avec des gens qui la reconnaîtraient peut-être ?

D'un autre côté, c'est dans l'église Saint-Roch que la duchesse venait de lui donner un premier rendez-vous, il fallait donc trouver dans le quartier avoisinant un logement convenable et qui fût immédiatement prêt.

Raphaël se mit en quête.

Il visita successivement la rue Saint-Honoré, la rue du Dauphin et plusieurs des petites ruelles adjacentes.

Partout ses recherches furent infructueuses.

Enfin le hasard et sa bonne étoile le conduisirent dans le *passage Saint-Roch.*

Nous offririons bien volontiers de parier que sur deux cents Parisiens à qui ces volumes tomberont sous les yeux, cent quatre-vingt-quinze, au moins, ignorent jusqu'à l'existence de l'endroit dont il s'agit.

Nous allons mettre à la disposition de ces derniers notre expérience topographique.

Le passage Saint-Roch est un couloir long, étroit, fangeux, mal éclairé, qui communique de la rue *Saint-Honoré* à celle d'*Argenteuil*, en longeant dans toute leur étendue les bâtiments de l'église Saint-Roch.

Une des portes latérales de la nef ouvre dans ce passage que garnissent d'un bout à l'autre de petites boutiques de fripiers, de bimbelotiers, de châsubliers et de marchands de menus objets de dévotion, tels que médailles, chapelets, pieuses images, buis bénit, etc., etc...

Ce passage n'est guère fréquenté qu'à l'heure de la sortie des offices, et, pendant tout le reste du temps, c'est à peine si l'on voit un passant dépaysé le traverser à de longs intervalles.

Raphaël, à peine engagé dans le passage Saint-Roch, fut frappé de tous les avantages qui résulteraient pour lui de la proximité de ce passage avec l'église, et de la porte de communication dont nous avons déjà parlé, s'il lui était possible d'y trouver un appartement quelconque.

En conséquence, il s'approcha d'une fruitière entre deux âges, grosse commère ventrue et lippue qui se prélassait sur le seuil de sa porte, et lui demanda :

— Sauriez-vous, par hasard, madame, s'il y a des logements à louer dans le passage ?

La fruitière jeta un regard sur la toilette élégante et les gants paille du jeune homme, et son étonnement se traduisit par sa réponse qui était aussi une question :

⸱ — Un logement, m'sieu ! c'est-il pour vous ?

— Oui, madame.

— Eh ben ! ce cas-là, il n'y a rien qui puisse faire l'affaire d'un beau m'sieu comme vous : les chambres du passage, voyez-vous, c'est pas pour des gens de la haute !

— Peu importe, madame, et je vous prie de vouloir bien me dire si vous connaissez quelque chose à louer.

— Ah ! dame ! puisque vous y tenez tant que ça, c'est différent...

— Eh bien ?...

— Je vas vous dire, vous le faut-il petit ou grand, le logement ?

— Je prendrai ce que je trouverai.

— Alors, voyez voir à cette porte là-bas, la quatrième après la mienne, c'est la veuve André qu'est portière, une ben brave femme, et je sais qu'ils ont un petit deuxième à louer depuis le terme. C'te pauv' veuve André, ça lui ferait quèques petits profits, tout de même, si c'est que vous la preniez pour votre femme de ménage.

— Je vous remercie, madame.

— Bien le bonjour, m'sieu, dites-lui que vous venez de ma part, à la veuve André... pauv' chère femme, ça lui fera toujours plaisir.

— Je n'y manquerai pas.

— Ah ! à propos, m'sieu, je me recommande à vous, si c'est que vous louez dans le passage. Eudoxie Chalandard, fruitière, beurre et œufs, légumes verts et secs, premier choix...

— Soyez tranquille, madame, soyez tranquille.

Et Raphaël, s'arrachant à grand'peine au verbiage de son interlocutrice, se dirigea vers la demeure qui venait de lui être indiquée.

La porte de l'allée était ouverte, et la veuve André, honorable concierge s'il en fut, perchait au premier étage.

— Vous avez quelque chose à louer dans la maison, m'a-t-on dit ? demanda le vicomte, en pénétrant dans une loge infecte, d'où s'échappaient les émanations pestilentielles d'une copieuse soupe aux choux et d'un amas de chaussettes douteuses que la mère André, petite vieille à moitié contrefaite, était en train de raccommo-'der.

— Oui, mòsieu, un petit deuxième, qu'est joli tout plein ; même qu'il était occupé le terme dernier par un

ménage très-conséquent, un employé des pompes funèbres, son épouse et leur bonne.

— Peut-on voir le logement ?

— Pardine, mòsieu, certainement qu'on peut le voir, et même j'aurai *celui* de faire observer à mòsieu que la vue n'en coûte rien. Voulez-vous prendre *celle* de monter avec moi ?

Raphaël suivit la veuve André.

L'appartement dans lequel l'introduisit cette digne personne était composé d'une antichambre, de trois pièces et d'une cuisine.

Tout cela était carrelé et d'une malpropreté repoussante.

— C'est un véritable bijou que *cette* local-ci, mòsieu, disait de temps en temps la portière.

— Quel en est le prix ? demanda le vicomte.

— Quatre cents francs, et c'est pour rien. Je sais d'ailleurs que la *proprilliétaire* n'obtempérerait à aucune espèce de diminution. Il y a de plus le sou pour livre et la bûche du portier.

— Fort bien, j'arrête ce logement.

— Mòsieu veut-il laisser son adresse pour les renseignements ? c'est l'usage.

— Voici le denier à Dieu, madame.

Et, tout en parlant, Raphaël mettait quatre pièces de cent sous dans la main de la veuve André.

Cette dernière se confondit tout aussitôt en révérences et en salutations, et s'écria :

— Ah ! mòsieu, il n'y a aucunement besoin d'autres renseignements que ceux-là, on connaît le monde, et, Dieu merci, on voit tout de suite à qui qu'on a affaire. Quand mòsieu compte-t-il emménager ?

— Ce soir...

— Ce soir, mòsieu ! mais il est bien tard ! !

— On passera la nuit à meubler l'appartement, s'il le faut.

— Dame ! comme mòsieu voudra. C'est-il moi qui fera le ménage de mòsieu ?

— Oui, certainement.

— Alors mòsieu pourra dormir tranquille ! foi de veuve André, son mobilier sera joliment tenu ! !

Raphaël, sans perdre un instant, fut trouver un tapissier de la rue du Mont-Blanc (aujourd'hui rue de la Chaussée d'Antin), et le ramena avec lui, passage Saint-Roch.

Ce tapissier était celui du baron de Maubert.

Il passa une heure environ, avec le vicomte, dans l'ex-appartement de l'employé aux pompes funèbres.

Au bout de ce temps tout était convenu et toutes les mesures étaient prises.

Six ouvriers se mirent immédiatement à l'œuvre et travaillèrent sans désemparer jusqu'au lendemain.

§

A dix heures du matin, tout était terminé.

Le hideux logis de la veille, réduit à deux pièces, une antichambre et une chambre à coucher, renfermait maintenant toutes les recherches du confort le plus exquis et de l'élégance la plus raffinée.

Un soyeux tapis recouvrait le froid carrelage de l'antichambre dont les murailles disparaissaient sous une magnifique tapisserie des Gobelins.

Tout à l'entour se dressaient des jardinières remplies de fleurs rares, comme dans le boudoir de la duchesse de La Tour-du-Pic.

Il nous faudrait dix pages pour décrire minutieusement les merveilles de la chambre à coucher.

Mais qu'importent à nos lecteurs les couleurs éclatantes de la tenture de lampas et les mille arabesques du tapis de la Savonnerie ?

Disons seulement que de triples rideaux créaient dans

Nº 107.

ROMANS NOUVEAUX

CONFESSIONS D'UN BOHÊME

PAR XAVIER DE MONTÉPIN

10 centimes.

ROMANS NOUVEAUX

Vous avez quelque chose à louer dans la maison? (Page 112.)

cette pièce délicieuse une obscurité factice, doucement combattue par une lampe d'albâtre suspendue au plafond par trois chaînes d'argent.

Disons encore que le lit, du style Pompadour le plus coquet, disparaissait à demi sous les flots neigeux de la mousseline de l'Inde qui l'enveloppait comme un nid de colombes.

Ces prodiges de décoration, si lestement improvisés, coûtaient à Raphaël une somme ronde de quinze mille francs, et ce n'était pas cher !

Sur ces quinze mille francs, il en donna quatre tout de suite et il prit du temps pour le reste.

Hâtons-nous d'ajouter que le tapissier, avant de commencer ses fournitures, était allé mystérieusement trouver M. de Maubert, lequel lui avait enjoint de suivre strictement les ordres de Raphaël.

CONFESSIONS D'UN BOHÊME.

1 ‴

XXIX

PREMIER RENDEZ-VOUS.

Midi sonnait au moment où Raphaël entra dans l'église Saint-Roch. On se souvient que la duchesse lui avait promis de s'y trouver à midi et demi.

Quoique ce ne fût point un dimanche, l'église était remplie de bruit et de parfums.

On célébrait en grande pompe au maître-autel le mariage de l'un des princes de la finance parisienne.

La fiancée était une jeune et belle personne de vingt ans à peine.

Le banquier archi-millionnaire avait des cheveux blancs.

Une foule d'invités et de curieux, causant et gesticulant comme sur la place publique, sans respect ni pour la sainteté du lieu, ni pour la solennité qui s'accomplissait, remplissaient les bas-côtés et la nef.

. . . .
. . . .

Mathilde était au rendez-vous.

Agenouillée dans une chapelle latérale et la figure cachée par un voile épais, elle ne pouvait détacher ses regards de ce qui se passait dans le chœur.

Le vieillard et la jeune fille que venait d'unir pour la vie la bénédiction nuptiale, écoutaient, côte à côte, les paroles graves et touchantes que le prêtre prononçait au milieu du bruit.

Ces paroles n'arrivaient point jusqu'à Mathilde, et pourtant son front était pensif et les larmes, se détachant une à une des pointes de ses longs cils, coulaient sur ses joues pâles.

C'est qu'en contemplant cette épousée au front pur, au profil doux et virginal, si belle sous sa blanche couronne et qui venait de jurer amour et fidélité à un mari qui semblait son père, Mathilde faisait un triste retour sur sa propre situation, et elle se disait tout bas, l'âme triste et le cœur serré :

— Moi aussi j'avais juré ! Tiendra-t-elle mieux que moi son serment ?

Raphaël devina Mathilde plutôt qu'il ne la reconnut.

Il s'approcha de la chapelle, mais, se souvenant de ce que la duchesse lui avait écrit la veille, il ne franchit point la grille entr'ouverte.

Mathilde le vit et tressaillit.

Pendant une seconde elle courba son front et l'appuya sur ses deux mains jointes.

Elle demandait pardon à Dieu de la faute qu'elle allait commettre.

Puis elle se leva, et, d'un geste presque imperceptible, elle fit signe à Raphaël de lui montrer le chemin.

Le jeune homme marcha en avant.

Il sortit de l'église et entra dans le passage.

Au moment où il arrivait au seuil de la maison que connaissent nos lecteurs, il se retourna à demi pour voir si Mathilde le suivait.

Elle était à quelques pas derrière lui, si tremblante qu'elle se soutenait à peine.

Raphaël courut à elle et lui tendit son bras sur lequel elle s'appuya silencieusement.

Ils entrèrent tous les deux.

Mais à peine Mathilde avait-elle gravi quelques marches de l'escalier raide et glissant, que les forces lui manquèrent tout à fait et qu'elle serait tombée si Raphaël ne l'eût soutenue dans ses bras.

Il la porta ainsi jusqu'au second étage.

Il ouvrit la porte qu'il referma aussitôt derrière lui, et, traversant rapidement l'antichambre, il déposa son doux fardeau sur l'un des sièges de la chambre à coucher.

Mathilde était évanouie, et si pâle qu'on eût dit que tout le sang qui coulait dans ses veines s'était retiré de son visage pour descendre à son cœur.

Peu à peu cependant une faible teinte rose reparut à travers l'épiderme velouté de sa peau.

Les cils de ses grands yeux frémirent et un regard tomba avec une larme de ses paupières entr'ouvertes.

Raphaël, bien pâle aussi d'émotion et d'amour, était à genoux devant elle.

Il l'avait débarrassée de son chapeau et de son châle et il couvrait de baisers ses mains et ses cheveux avec une tendresse passionnée et cependant respectueuse.

Sainte et magnifique puissance d'une passion qui devient chaste à force d'être vraie ! Mathilde, seule chez lui, abandonnée à lui, conservait pour Raphaël l'auréole de sa pudeur et lui semblait bien moins une femme qu'un ange descendu du ciel.

La duchesse sourit à son amant à travers les larmes qui couvraient ses joues.

Elle prit une de ses mains et la serra entre les siennes.

Ensuite elle lui dit, d'un ton simple, quoique d'une voix tremblante :

— Ne restez pas à mes genoux, mon ami, venez, asseyez-vous auprès de moi.

Raphaël obéit.

Il y eut entre les deux jeunes gens un moment de silence, coupé seulement par les battements impétueux de leurs cœurs ; puis Mathilde reprit :

— Vous le voyez, Raphaël, je n'ai pas hésité, je n'ai pas reculé, je vous avais promis de venir, me voici. Ma confiance est entière, mon abandon est complet, absolu comme mon affection pour vous... Il dépend de vous de ne me faire repentir ni de cette affection, ni de cette confiance, il dépend de vous de m'absoudre, pour ainsi dire, à mes propres yeux de la faute que je commets en vous aimant...

— Que faut-il faire ? s'écria Raphaël avec exaltation ; parlez, Mathilde, parlez...

La jeune femme hésita.

Ce qu'elle avait à dire, en effet, n'était rien moins que facile à formuler.

Elle s'apprêtait à toucher à un sujet d'une délicatesse infinie.

Elle voulait envelopper sa pensée dans un voile transparent et l'expression ne se présenta point tout d'abord.

Enfin elle murmura, mais d'un ton si bas que Raphaël ne l'entendit qu'à peine :

— Je vous aime, Raphaël, et je crois que vous m'aimez... je crois que nos âmes sont sœurs et que Dieu, quand il les a créées, les destina de tout temps à se rencontrer un jour, pour se fondre en une seule... Vous le croyez aussi, n'est-ce pas ?

— Oui, oh ! oui ! répondit ardemment le jeune homme.

— Cette union des âmes, mon ami, poursuivit la jeune femme, c'est le bonheur, c'est le vrai bonheur... sachons nous en contenter, Raphaël ; mettons toute notre joie en ce monde, dans une affection sans partage ; que les anges qui veillent sur nous puissent, en nous regardant, sourire à notre amour ; Dieu lui-même a mis ma main dans la main d'un autre homme ; mais mon âme me reste, elle est libre, elle est à vous... prenez-la, Raphaël, mais ne me demandez que cela, laissez-moi pure, soyez mon frère... Dites, Raphaël, le voulez-vous ?...

Mathilde, on le voit, comme toutes les femmes honnêtes et exaltées qui en sont à leur première faute, croyait naïvement que le cœur peut se donner sans le corps. La pauvre enfant ajoutait consciencieusement foi aux décevantes utopies de l'amour platonique.

Raphaël avait écouté, et, chose étrange ! lui l'élève sceptique de l'école du baron de Maubert, il ne trouvait rien à répondre.

Bien plus, il y avait tant de poésie et d'enthousiasme dans le geste, dans la voix, dans le regard et dans l'angélique visage de Mathilde, que Raphaël ne se sentait point trop éloigné, ma foi ! de ployer sa passion sous le joug des chastes théories de la jeune femme.

Nous devons d'ailleurs ajouter, pour être dans le vrai, que notre héros se trouvait alors dans une de ces dispositions physiques, trop fréquentes, hélas ! que la vie, qui ne se peuvent excuser que par un excès d'amour et qui ont sauvegardé malencontreusement la vertu de tant de femmes à l'heure d'un premier rendez-vous.

Nous ne savons en vérité si nous sommes suffisamment clair...

Nous prions l'intelligence et la sagacité de nos *charmantes lectrices* de vouloir bien suppléer à ce qu'il nous est tout à fait impossible de dire.

Mathilde répéta sa question.

— Eh bien! oui, répondit Raphaël avec exaltation, je le veux bien, soyez ma sœur!

Et la conversation continua entre les deux amants, perdus plus que jamais dans les nuages du plus pur platonisme. . . . .

. . . .

Au bout d'une heure, la duchesse quitta le logis du passage Saint-Roch, absolumen' telle qu'elle y était entrée.

Comme elle franchissait, appuyée au bras de Raphaël, le seuil de la maison, un homme vêtu en commissionnaire et faisant emplette de fil et de boutons de guêtres dans la boutique en face, les observait à la dérobée, tout en cachant avec son mouchoir la moitié de sa figure.

Cet homme était le baron de Maubert.

XXX

CASUS BELLI.

Le lendemain de l'entrevue que nous avons racontée dans le chapitre précédent, Raphaël reçut une seconde lettre de la duchesse.

Mathilde, dans cette lettre, se mettait pour ainsi dire aux genoux du jeune homme, pour mieux le remercier de sa conduite de la veille.

Elle lui disait qu'elle était fière de lui.

Elle lui disait qu'il était noble et grand, et que sa chaste réserve, son saint respect pour la pudeur et pour la foi jurée, avaient centuplé l'amour qu'elle lui avait voué dans son cœur.

Mais déjà Raphaël n'était plus sous l'impression des enivrantes paroles de Mathilde, l'union immatérielle des âmes lui semblait très-incomplète et très-insuffisante et il trouvait parfaitement ridicule et grotesque cette chaste retenue que la jeune femme exaltait si fort.

La passion sensuelle l'emportait décidément sur l'amour platonique.

Aussi Raphaël désirait-il avec une ardeur sans pareille qu'un autre rendez-vous vînt lui fournir l'occasion d'un triomphe absolu, dût-il même, à la suite de ce triomphe, se voir dépouillé, dans l'esprit de la duchesse, d'une partie de son auréole.

Avons-nous besoin d'ajouter que le rendez-vous souhaité ne se fit aucunement attendre, que Raphaël fut heureux autant qu'on puisse l'être, et que Mathilde, malgré sa rougeur et ses larmes, ne s'en irrita point?

La pauvre enfant fut même obligée de s'avouer, dans le secret de sa conscience, que le remords de son joli péché avait de charmantes compensations charmantes.

Cependant les deux amants, malgré leur mutuelle tendresse, ne se voyaient pas tous les jours.

Mathilde ne pouvait et ne voulait se soustraire à aucune des exigences de la société dans laquelle elle vivait, à aucune de ces mille petites tyrannies qui font de la vie d'une femme du monde un esclavage perpétuel.

De plus nous savons que le vieux duc était jaloux et méfiant, et il fallait avant toute chose craindre d'éveiller ses soupçons.

Raphaël, de son côté, depuis qu'il était devenu l'amant de Mathilde, ne se présentait presque plus à l'hôtel du faubourg Saint-Honoré.

Mais tous deux, le jeune homme et la jeune femme, se dédommageaient de la contrainte qu'ils étaient forcés de subir, par l'échange incessant des billets les plus tendres et les plus brûlants.

Mathilde écrivait à Raphaël tout simplement par la poste.

Raphaël chargeait de ses lettres Justine, la jolie femme de chambre, que quelques louis et quelques baisers avaient mise dans ses intérêts.

Et, deux fois par semaine, Justine accourait rendre compte au baron de Maubert du rôle de petite-poste qu'on lui faisait jouer, et, chaque matin, Acajou venait rue Meslay, accuser réception des épîtres de la veille.

Voilà où en étaient les choses, deux mois et demi précisément après la première entrevue dans le logis du passage Saint-Roch.

§

Le baron de Maubert et le comte de Salluces se trouvaient réunis dans le cabinet où nous avons plus d'une fois conduit nos lecteurs.

Le baron avait fait défendre sa porte pour tout le monde, même pour Raphaël.

M. de Salluces, debout en face du maître de la maison, le teint pâle et les sourcils froncés, semblait violemment ému.

La discussion avait été vive et le silence qui régnait en ce moment ne semblait guère qu'une trève momentanée, conclue entre deux armées ennemies.

— Voyons, mon cher baron, reprit M. de Salluces en s'efforçant d'amener un sourire à ses lèvres, voyons, soyez raisonnable!...

— Je crois l'être, répliqua sèchement M. de Maubert.

— Non, de par tous les diables, vous ne l'êtes pas, puisque vous repoussez des propositions parfaitement acceptables!

— C'est qu'apparemment je ne les trouve point telles.

— Vous savez que mon père a quatre-vingt mille livres de rentes...

— Je le sais depuis longtemps, et voici la quatrième fois que vous me le répétez aujourd'hui.

— Vous savez que je n'ai qu'un frère et que par conséquent la moitié de la fortune paternelle doit me revenir un jour...

— Quand?...

— Je l'ignore, mais, un peu plus tôt ou un peu plus tard, j'aurai pour ma part un bon petit million.

— Fort écorné!

— De deux cent mille francs à peine! resteront donc huit cent mille francs, ce qui est joli.

— Certes!

— Eh bien! j'offre de vous signer des acceptations pour cent mille francs, sans indication d'échéances fixes, ce qui vous donnera la certitude d'être payé le lendemain du jour où j'hériterai. En échange de ces acceptations, je vous demande de me restituer les malheureuses signatures fausses que vous avez su m'extorquer et de me rendre ma liberté d'action; ne me forcez plus, le couteau sur la gorge, à servir des projets que je trouve infâmes, et, je vous le jure sur mon honneur, vos secrets mourront dans mon sein, jamais un mot de moi ne viendra vous compromettre; si vous l'exigez je m'expatrierai, j'irai pendant un an, pendant deux, pendant dix, voyager en Asie, en Amérique, en Chine; je mettrai enfin, si cela vous plaît, dix ou douze mille lieues entre Paris et moi... Voyons, acceptez-vous?

— Pour la quatrième fois je vous répète que je refuse.

— Mais pourquoi?

— Parce que cela me convient, pardieu! Je n'ai pas de comptes à vous rendre. Il dépendait de vous de ne point vous mettre dans ma dépendance; vous y êtes, restez-y.

— Monsieur le baron!! murmura Salluces, les dents serrées et les poings fermés.

— Monsieur le comte?... répliqua M. de Maubert avec le plus grand calme, en regardant le jeune homme dans le blanc des yeux.

Salluces fit un nouvel effort sur lui-même et continua en cherchant à se contenir :

— Mais songez donc à ce que vous avez exigé déjà de

moi... songez donc à ce que vous en exigez encore... songez donc que je suis gentilhomme !...

— Et moi ? interrompit M. de Maubert, est-ce que je ne le suis pas, mon cher ?

— Vous ! s'écria Salluces, ne pouvant se dominer plus longtemps, vous êtes un affreux bandit !...

— En vérité ? fit le baron avec un ricanement sourd.

— Et c'est au bagne que vous avez dù prendre vos titres de noblesse ! ! -

— Peut-être avez-vous raison, mon jeune ami, répliqua lentement M. de Maubert en appuyant sur chacun de ses mots, en les soulignant pour ainsi dire, peut-être avez-vous raison ; mais, dans tous les cas, n'oubliez point que si je sors du bagne j'ai de quoi vous y envoyer, et que par conséquent nous n'avons rien à nous reprocher l'un à l'autre.

Le comte de Salluces fit comme toujours en pareille circonstance :

Il baissa la tête et se tut.

— Nous sommes faits pour nous comprendre et pour nous entr'aider, poursuivit alors le baron : oublions ce léger discord, ne permettons point à un nuage passager de venir jeter du froid dans nos relations si charmantes. J'ai besoin de vous, vous avez besoin de moi, restons amis, restons unis.

— Il faut cependant en finir, murmura M. de Salluces.

— Comment l'entendez-vous ?

Le comte s'approcha d'une panoplie et y prit deux épées d'égale longueur.

M. de Maubert le regardait faire avec la plus complète insouciance.

— A quoi destinez-vous ces joujoux ? demanda-t-il.

— A en finir, ainsi que je vous le disais tout à l'heure.

— Ah! ah !

— Nous sommes seuls ici, nous sommes enfermés, prenez l'une de ces armes, battons-nous, sans témoins, jusqu'à ce que l'un des deux ait tué l'autre, et tout sera dit !

— Vous croyez?

— Mais... il me semble...

— Il vous semble mal, mon cher comte. Oui, en effet, si je vous tuais, tout serait dit ; mais si au contraire vous aviez le malheur de me porter un coup mortel...

— Eh bien ?

— Eh bien! certain personnage, que je ne vous nommerai pas, et pour cause, mais qui est investi de toute ma confiance, a reçu l'ordre formel, dans le cas où je viendrais à mourir de mort violente, d'expédier sur-le-champ à M. le procureur du roi certains papiers qui vous concernent. Comprenez-vous, maintenant, monsieur le comte, pourquoi tout ne serait pas dit ?

— Oh ! mon Dieu ! s'écria Salluces avec rage, mais cet homme est invulnérable ! ! !

— Comme Achille, mon jeune ami, et plus qu'Achille, car on ne peut pas, ainsi que lui, me blesser au talon. Voyons, remettez ces épées à leur clou et cessez de jouer le mélodrame, ainsi que vous le faites depuis une heure.

Salluces obéit silencieusement.

— Je voudrais mourir, murmura-t-il ensuite.

— C'est une idée, ça ! reprit le baron, et je n'ai nullement le droit de vous empêcher de la mettre à exécution, mais je crois, mon jeune ami, que vous tenez beaucoup trop à la vie pour songer à la quitter. La vie, voyez-vous, c'est une maîtresse quinteuse qui a de bons et de mauvais moments : quand arrivent les mauvais, on voudrait la quitter, mais on se souvient des bons et on la garde, voilà. Vous ne répondez rien, donc vous êtes convaincu ; eh bien ! tant mieux ; et puisque vous voilà redevenu doux et traitable, faisons ce que nous aurions dù faire depuis une heure au lieu de discuter sans rime ni raison ; causons sérieusement de choses sérieuses.

XXXI

LE VOL A LA TIRE.

— Ah ! monsieur le baron, s'écria Salluces avec une profonde amertume, je suis bien à vous, je le sais ! vous me tenez captif sous votre poignet de fer et vous pouvez, quand cela vous plaira, m'écraser en fermant la main ! Ordonnez donc, monsieur le baron, je serai votre esclave, mais non votre complice ! j'obéirai, mais je proteste...

— Mon Dieu ! répondit M. de Maubert avec impatience, protestez, mon cher ami, peu m'importe, pourvu que vous obéissiez après.

— Vous avez besoin de moi ?

— Oui.

— Aujourd'hui ?

— Oui.

— Que faut-il faire ?

— Raphaël, à l'heure qu'il est, a reçu dix-sept lettres de la duchesse de La Tour-du-Pic...

— Dix-sept lettres!

— Tout autant ; il est inouï de voir combien le véritable amour est bavard !

— Ensuite, monsieur le baron ?

— Raphaël, désireux, comme il convient, de ne se séparer jamais des précieux autographes qu'il prise plus haut que tous les billets de banque de la terre, ne les quitte ni jour ni nuit. Le jour, les dix-sept poulets, soigneusement renfermés dans un portefeuille de maroquin vert, reposent sur le cœur du vicomte, dans la poche gauche de son habit. La nuit, Raphaël ne s'endort que la tête appuyée sur le portefeuille en question.

— Eh bien ?

— Eh bien! mon cher ami, j'ai besoin de cinq cent mille francs ; or les lettres de la duchesse représentent pour moi cette somme, donc il me faut ces lettres.

— Le moyen de les avoir ?

— Il est bien simple, toujours le même, un souper et trois gouttes de ma petite préparation dans un verre de vin de Madère.

— Comme avec moi ?

— Précisément, comme avec vous.

— Mais ces trois gouttes, qui les versera ?

— Vous, parbleu !

— Ainsi donc, il faut que j'invite Raphaël...

— A souper, mon cher ami.

— Quand ?

— Ce soir.

— Mais c'est jour d'opéra, et il y sera sans doute.

— Aussi ne lui donnerez-vous rendez-vous que pour après la représentation.

— Où faudra-t-il le conduire ?

— Au café Foy. Je vous y retrouverai.

— Vous souperez donc avec nous ?

— Sans aucun doute ; je tiens à ce que le portefeuille de Raphaël ne tasse qu'un saut de sa poche entre mes mains ; mais c'est vous qui traitez, et comme il n'est pas juste que ce soit à vos frais, voici mille francs pour payer l'addition.

M. de Salluces quitta le baron de Maubert, et ce dernier, après le départ de son allié, se dit à peu près ceci :

— Bien certainement, un jour ou l'autre, il faudra que je songe à me débarrasser de ce pauvre Salluces ! Il a trompé toutes mes prévisions et c'est un piètre auxiliaire ! Des principes! des scrupules! des raisonnements ! c'est pitoyable ! A l'entendre jadis parler de tout et se moquer de tout avec un si franc cynisme, je l'aurais cru beaucoup plus fort ! Il était tout bonnement fanfaron de vice, comme tant d'autres le sont de vertu ! C'est triste! On ne rencontre plus de natures énergiquement trempées, et il est tout à fait impossible, par le temps qui court, de compter sérieusement sur qui que ce soit! Peut-être dirai-je incessamment deux mots à *Carillon* ou à *Camisard*!!

§

Ainsi que nous l'avons entendu de la bouche de M. de Salluces, c'était jour ou plutôt soir d'opéra.

Malgré les chaleurs de l'été, il y avait foule dans la vaste enceinte de l'académie Royale-de-Musique.

On donnait *la Vestale.*

Le rideau venait de tomber après le troisième acte.

Presque tous les personnages de l'histoire que nous racontons se trouvaient réunis dans la salle.

C'était d'abord le baron de Maubert, debout à l'entrée de l'orchestre.

Un peu plus loin, le vicomte Raphaël également debout, dans sa stalle.

De l'autre côté, le comte de Salluces.

Et enfin dans une loge de face du premier rang, le duc et la duchesse de la Tour-du-Pic.

Mathilde tenait d'une main un bouquet magnifique et de l'autre elle semblait réparer, dans les boucles de ses cheveux, un désordre qui n'existait pas.

Raphaël la couvrait d'un regard radieux et étincelant d'amour.

Les indifférents, les gens superficiels, et ceux qui ne sont pas, comme nous, observateurs par état, ignorent les mille et une significations de la télégraphie par gestes, si fort usitée dans les salles de spectacle de Paris en général, et dans celle de l'Opéra en particulier.

De muettes correspondances s'établissent ainsi entre les loges et l'orchestre, sous les yeux des maris qui n'y voient littéralement que du feu.

Un bouquet posé sur le rebord d'une loge, un gant ôté et remis, un éventail ouvert et fermé successivement, une main blanche caressant des cheveux blonds ou noirs, contiennent bien de tendres serments, bien d'amoureuses paroles, bien des promesses de bonheur.

Le geste de la duchesse disait à Raphaël qu'elle irait le lendemain au logis du passage Saint-Roch.

Un instant auparavant, Salluces avait invité le vicomte à souper...

Et Raphaël avait promis de se trouver à minuit au café Foy.

En ce moment il se passait une scène muette et bizarre à l'entrée de l'orchestre, à l'endroit où nous avons laissé M. de Maubert.

Ce dernier avait senti tout à coup une main agile et expérimentée se glisser dans la poche de son habit.

Il ne s'émut pas le moins du monde de cette tentative de vol à la tire.

Mais, sans même détourner la tête, il empoigna le bras du hardi filou, et le tint ferme et comme cloué dans un étau de fer.

La main se trouvait encore dans la poche, par conséquent le flagrant délit était constant.

Le baron entendit une voix suppliante qui murmurait à son oreille :

— Par grâce... par pitié...monsieur, ne me perdez pas!!...

Il se retourna alors et vit un jeune homme, mis avec une élégance de bon goût et dont la figure régulièrement jolie respirait l'honnêteté et la franchise.

— Fiez-vous donc à la mine! pensa M. de Maubert en constatant que le bras qu'il n'avait point lâché appartenait bien au jeune drôle dont l'apparence était si peu suspecte.

Cependant le voleur répétait avec le plus gracieux sourire :

— Je vous en supplie, monsieur, ne me perdez pas!!

Le baron, fort indulgent, comme on voit, était sur le point de rendre la liberté à son captif et de l'envoyer se faire pendre ailleurs.

Mais une idée subite lui traversa l'esprit.

Il ne desserra point la tenaille vivante que formaient ses doigts, et il dit au filou désappointé :

— Venez avec moi.

— Vous me conduisez au poste? demanda le jeune homme d'un ton piteux.

— Non, répliqua le baron.

— Où donc, alors?

— Vous allez le voir.

— C'est juste !

Les deux hommes, l'un conduisant l'autre, arrivèrent au foyer.

La cloche venait de donner le signal du quatrième acte.

Le foyer était désert.

Le baron mena son captif dans l'embrasure de l'une des croisées, et là il lui dit :

— Vous êtes un voleur !...

— Pourquoi le nierais-je? répliqua l'autre avec insouciance.

— Et, qui pis est, vous êtes un voleur maladroit!!

— Oh!! s'écria le jeune filou, tandis que la rougeur de l'indignation lui montait au front, en face de cette accusation blessante ; vous êtes injuste, monsieur!!

— Je ne crois pas, répondit le baron, car, si vous aviez mis quelque adresse à m'enlever mon mouchoir, il ne serait plus dans ma poche, et vous ne seriez pas ici !

— Une fois n'est pas coutume.

— Ainsi vous avez ordinairement la main plus heureuse ?

— Je m'en pique, mais pourquoi ces questions, s'il vous plaît?

— Parce que j'ai une proposition à vous faire.

— Laquelle ?

— Choisissez entre ces deux choses : être conduit immédiatement au poste, et par conséquent coucher ce soir à la Préfecture de police, ou me rendre un service et toucher dix louis dans un quart d'heure...

— Je préfère le service et surtout les dix louis. Comment puis-je les gagner?

— Nous allons rentrer ensemble à l'orchestre..

— Fort bien.

— Je vous désignerai un jeune homme; pendant l'entr'acte prochain, vous vous approcherez de ce jeune homme ; dans la poche de côté de son habit, il y a un portefeuille...

— Ah! ah!

— Vous vous emparerez de ce portefeuille et vous me l'apporterez.

— Ça se peut.

— En échange, je vous compterai dix louis que voici.

— Mais, s'écria le voleur, si ce portefeuille est bourré de billets de banque, il me semble que dix louis, c'est bien mesquin!!

— Ce portefeuille ne contient que des lettres d'amour, répondit le baron.

— Ah ! reprit son interlocuteur avec une intonation comique, je comprends, monsieur est un mari... *malheureux*, et il veut des preuves de *la chose*... Dans ce cas, dix louis, c'est bien payé!

— Tâchez d'être adroit, au moins, ajouta M. de Maubert, en souriant malgré lui de la supposition du jeune homme.

— On fera son possible, répondit ce dernier.

En même temps les deux interlocuteurs regagnèrent l'orchestre.

§

Tout se passa comme le baron l'avait prévu et désiré.

Aussitôt après la chute du rideau, l'intéressant filou s'approcha de Raphaël : son entreprise, quoique hardie et périlleuse, s'accomplit avec une dextérité digne des plus grands éloges, et le portefeuille, contenant les dix-sept lettres de Mathilde, arriva sans encombre entre les mains de M. de Maubert, qui donna en échange les dix louis convenus.

A la sortie du spectacle, le baron dit à Salluces :

— Vous souperez seul avec Raphaël, mon cher ami, je n'irai pas vous rejoindre.

— Dois-je toujours m'emparer du portefeuille?

— Inutile...

— Ah! vous avez donc renoncé...

— A rien, mais ce portefeuille est déjà dans ma poche.

— Est-ce possible?

— Voyez plutôt !

Et M. de Maubert s'éloigna en riant.

— Oh! se dit Salluces resté seul, oh ! c'est le démon que cet homme ! !

XXXII

UN COUP DE TONNERRE.

L'heure du rendez-vous approchait.

Mathilde, enfermée avec Justine dans sa chambre à coucher, mettait la dernière main à sa fraîche toilette du matin.

L'agile cameriste, après avoir serré autour de la taille si souple et si cambrée de sa jeune maîtresse les inutiles baleines d'un corset de satin, s'occupait à agrafer le corsage d'une robe de mousseline transparente.

On frappa doucement à la porte.

— Qui est là? demanda Justine.

Une voix répondit :

— C'est une lettre pour madame la duchesse. Le commissionnaire qui l'a apportée a dit qu'il n'y avait pas un instant à perdre pour la remettre en mains propres.

— Ouvrez la porte et prenez cette lettre, fit Mathilde.

La femme de chambre obéit.

L'enveloppe qu'elle présenta à sa maîtresse était petite et élégante.

La suscription offrait les caractères irrécusables de l'écriture ronde et correcte d'un écrivain public.

Les mots : TRÈS-PRESSÉE, tracés en grosses lettres et deux fois soulignés à l'encre rouge, se voyaient dans un des angles.

Un simple pain à cacheter, sans empreinte, fermait le pli de l'enveloppe.

Tandis que Mathilde déployait cette missive inattendue, un frisson nerveux et involontaire agitait ses jolis doigts.

Elle lut... Elle pâlit... Elle chancela...

Sans donner à Justine, stupéfaite, le temps d'achever la toilette interrompue, elle attacha sur sa tête un chapeau de paille, elle jeta sur ses épaules la première écharpe qui se rencontra sous sa main, puis, livide comme une morte et le regard égaré, elle se précipita hors de sa chambre, sortit de l'hôtel et gagna la rue, tandis que ses gens la regardaient passer avec un stupide étonnement, en se demandant si leur maîtresse était devenue folle.

Au moment où Mathilde franchissait en courant le seuil de la porte cochère, un fiacre vide remontait au petit trot, du côté du boulevard.

La jeune femme arrêta ce véhicule et tendit sa bourse au cocher, en lui criant :

— A Saint-Roch !

L'automédon qui, rien qu'en soupesant la bourse qu'il venait de recevoir, avait compris qu'on lui payait trente ou quarante fois la valeur de sa course, mit au galop ses deux haridelles efflanquées.

§

Voici ce qu'avait lu Mathilde :

« Madame la duchesse,

« Vous avez écrit environ DIX-SEPT lettres d'amour « à M. le vicomte Raphaël, votre amant.

« Par suite d'une série d'incidents assez bizarres dont « il est inutile de vous entretenir ici, ces lettres sont ar-« rivées entre mes mains.

« Je suis un galant homme, madame la duchesse, et « ce n'est qu'à la dernière extrémité que je me décide-« rais à vous être désagréable.

« J'aurai donc l'honneur de tenir aujourd'hui à votre « disposition, jusqu'à dix heures du soir, les dix-sept « lettres dont il s'agit.

« Elles seront remises à vous, ou à un mandataire « que vous m'enverrez, en échange d'une somme de « CINQ CENT MILLE FRANCS, dont j'ai le besoin le « plus absolu.

« Si, à l'heure dite, l'échange en question n'avait point « été opéré, je me verrais forcé, à mon très-grand re-« gret, de m'adresser à M. le duc, votre mari.

« Agréez, je vous en prie, madame la duchesse, l'assu-« rance du profond respect,

« Avec lequel j'ai l'honneur de déposer à vos pieds les « hommages de votre très-humble et très-obéissant ser-« viteur,

« UN INCONNU.

« P. S. — Les dix-sept lettres sont en ce moment chez « M. VAN GRIPP, négociant, boulevard Saint-Martin, « n°..., qui a bien voulu se charger de terminer cette pe-« tite affaire. »

§

Nos lecteurs, du moins nous aimons à le supposer, n'ont point oublié l'étrange épisode qui commence le troisième volume de ce livre.

Ils se souviennent sans doute de cette femme morte et de ces deux hommes tués en duel à propos de lettres volées.

Ils se souviennent du convive absent et de la sinistre nouvelle, tombant au milieu des apprêts d'un joyeux déjeuner, comme l'ombre de Banquo au festin de lady Macbeth !

Ils se souviennent enfin du juif Ismaïl, et ils devinent que l'usurier de la rue Guénégaud n'était autre que le baron de Maubert, incarné pour la troisième fois sous le nom de Van Gripp, l'escompteur du boulevard Saint-Martin.

En effet, l'épisode que nous rappelons ici servait pour ainsi dire de prologue au drame qui va se dérouler dans les pages suivantes.

En immolant Albert de Prie et Williams Stackpland, l'honorable baron de Maubert n'avait fait que s'essayer la main.

§

Les jours où Raphaël devait attendre Mathilde au logis du passage Saint-Roch, il avait l'habitude d'arriver au rendez-vous longtemps avant l'heure indiquée.

Il aimait à se trouver seul dans cette oasis embaumée où il avait été si heureux, où il espérait encore goûter tant de bonheur.

Chacun des meubles de ce charmant réduit lui rappelait un baiser, une caresse, un souvenir d'ivresse et de volupté!

Les instants s'écoulaient rapides et Raphaël sentait battre délicieusement son cœur quand arrivait jusqu'à lui le bruit léger, mais bien connu, de la robe de soie de Mathilde, frôlant les marches de l'escalier.

Ce jour-là, Raphaël était en avance comme de coutume.

Soudain il tressaillit, son front devint pâle et le pressentiment d'une catastrophe le mordit au cœur...

C'est qu'il entendait résonner dans l'escalier les pas de la jeune femme, non plus indécis et timides, mais rapides, saccadés, impétueux.

La porte s'ouvrit.

Mathilde entra.

Ses joues étaient livides et marbrées de taches rouges.

Un large cercle d'un brun sombre se dessinait autour de ses yeux agrandis.

A peine avait-elle fait deux ou trois pas dans la chambre que ses forces l'abandonnèrent tout à coup; ses jambes fléchirent et elle serait tombée à la renverse si Raphaël ne s'était précipité pour la soutenir.

Elle jeta ses deux bras autour du cou de son amant, dans la poitrine duquel elle cacha sa tête, et elle murmura d'une voix brisée, tandis que des torrents de larmes jaillissaient de ses yeux :

— Perdue! perdue!!! je suis perdue!...

— Qu'avez-vous? mon Dieu! s'écria le jeune homme. Ma bien-aimée Mathilde, qu'avez-vous?... qu'est-il donc arrivé?

— Je sens que ma tête s'égare... que mes idées se troublent... Raphaël! Raphaël! si vous m'aimez, sauvez-moi!...

Le vicomte, à genoux devant sa maîtresse, qu'il avait assise dans une chauffeuse, l'interrogea de nouveau avec passion et terreur.

Mais le désordre d'esprit de Mathilde était si grand, qu'elle ne répondait que par des phrases incohérentes et épouvantées aux questions de Raphaël.

Enfin ce dernier aperçut dans l'une des mains de la jeune femme la lettre de Van Gripp, déchirée et broyée, qu'elle serrait convulsivement.

Il la prit et il la lut.

Tout lui fut aussitôt révélé, mais une lueur d'espoir vint briller à ses yeux à travers les horreurs de sa position.

— Je vous sauverai, Mathilde! je vous sauverai! s'écria-t-il avec transport.

Ces quelques mots ranimèrent à demi la jeune femme. Elle releva la tête et murmura :

— Vous me sauverez, Raphaël! mais comment me sauverez-vous?

— En arrachant à des mains infâmes les lettres fatales qui m'ont été volées, en payant avant le terme fixé la somme qu'on exige en échange du secret qui peut vous perdre...

— Payer cette somme! répéta la duchesse. Vous êtes donc riche, Raphaël?

— Oui, répondit le jeune homme après un instant d'hésitation, oui, je suis riche!

— Oh! alors, murmura Mathilde dont un léger incarnat revint colorer les joues, alors, je suis sauvée!

En présence de l'espoir de la jeune femme, espoir basé sur la mensongère assurance qu'il venait de lui donner, Raphaël sentit son cœur se serrer de nouveau.

Il ne se dissimulait point en effet combien étaient fragiles les éventualités sur lesquelles il comptait; mais, ainsi qu'un homme qui se noie, il devait espérer jusqu'au dernier moment qu'une main protectrice viendrait l'arracher à l'abîme.

Cependant le temps pressait, il n'y avait pas une heure, pas une minute, pas une seconde à perdre.

— Ne pleurez plus, Mathilde, ma chérie, dit-il en couvrant de baisers les deux mains de la jeune femme, bientôt tout sera réparé; calmez votre tête et votre cœur, pauvre enfant, et retournez à votre hôtel. Attendez, ayez confiance, et surtout pardonnez à celui qui vous aime plus que sa vie les tourments passagers que vous aurez soufferts pour l'amour de lui!

Mathilde ne répondit que par un doux et triste sourire.

Elle était presque rassurée; mais telle avait été la violence de la secousse, qu'un tremblement nerveux agitait encore ses membres et que ses larmes continuaient à couler.

Raphaël la reconduisit jusqu'à la voiture qui l'avait amenée, et qui stationnait dans la rue Saint-Honoré, à l'entrée du passage Saint-Roch; puis, prenant sur la place du Palais-Royal un cabriolet de louage, il se fit conduire de toute la vitesse du cheval au logis de la rue Meslay.

XXXIII

LE PROTECTEUR.

— Mon cher baron, dit Raphaël en entrant brusquement chez M. de Maubert, faites défendre, je vous en prie, votre porte à tout le monde; il faut que je vous parle, que je vous parle à l'instant même et dans le plus grand secret.

— Tu m'effrayes, mon ami, répondit le baron après avoir donné à un domestique l'ordre de ne laisser arriver personne jusqu'à lui. Voyons, qu'y a-t-il?...

— Vous êtes mon ami, mon protecteur, mon père... commença Raphaël.

— Qui en doute? interrompit le baron.

— Vous avez fait tout pour moi : vous avez sauvé ma vie que j'allais jeter aux flots noirs de la Seine; ce que je suis, c'est à vous à qui je le dois; ce que je possède, c'est vous qui me l'avez donné. Eh bien! je viens vous demander plus encore...

— Quoi donc?

— Je viens mettre sous votre sauvegarde mon honneur et mon bonheur! Sauvez-moi : vous seul le pouvez!...

— Que veux-tu dire? explique-toi mieux, Raphaël... je tremble...

— Il me faut de l'argent, sinon, je suis perdu!

— De l'argent! beaucoup?...

— Oui, beaucoup!

— Parle, mon ami, s'écria M. de Maubert en courant à son secrétaire et y prenant un portefeuille qu'il ouvrit : combien te faut-il? cinq, dix, quinze, vingt-mille francs même? je les ai là à la disposition...

— Vingt mille francs! répondit le vicomte; ce ne serait pour moi qu'une goutte d'eau dans la mer.

— De quelle somme s'agit-il donc, grand Dieu!

— Il me faut cinq cent mille francs.

M. de Maubert fit un brusque haut-le-corps.

Puis il répéta, à deux reprises, avec l'expression d'une stupeur parfaitement naturelle :

— Cinq cent mille francs! cinq cent mille francs! ah çà! mais tu es fou, mon garçon!!!

— Non! s'écria Raphaël avec amertume. Oh! non, je ne suis pas fou, par malheur! car si je n'ai pas cet argent, il ne me restera, je vous le jure, qu'à me brûler la cervelle!

— Te tuer, toi, mon ami, mon enfant! quelle horrible pensée! tu as donc joué, tu as donc perdu?

— Eh! ce ne serait rien, cela!

— Voyons, quand te les faudrait-il, ces cinq cent mille francs?

— Aujourd'hui.

— Aujourd'hui!

— Oui, avant dix heures du soir.

— Mais c'est impossible !

— Impossible ?..

— Absolument.

— Alors, je vous le répète, je n'ai plus qu'à mourir.

Et Raphaël, après avoir tendu la main au baron, fit un mouvement pour s'éloigner.

— Mais attends donc au moins, méchant enfant! s'écria M. de Maubert ; peut-être en causant tous les deux trouverons-nous une issue à la position terrible dans laquelle tu parais t'être mis. Voyons! d'abord, explique-moi pourquoi la somme énorme dont il s'agit t'est devenue aussi impérieusement nécessaire, et nécessaire aujourd'hui même?

— Je ne puis rien vous dire, mon ami, car ce secret n'est pas le mien.

— Raphaël, répliqua M. de Maubert d'un ton grave, il est des moments solennels où de vains et absurdes préjugés ne doivent point servir de mobiles à nos actions. Tu viens à moi en me demandant de te sauver, j'ai le droit d'exiger et j'exige en effet que tu me mettes au courant des motifs de ta démarche ; sans cela je risquerais, en venant à ton aide, de m'associer à la plus insensée et peut-être à la plus coupable de toutes les folies ! J'attends.

Le vicomte, en écoutant ces dernières paroles, crut voir une porte de salut se rouvrir devant lui.

— Il s'agit du secret et de l'honneur d'une femme, répondit-il d'une voix basse et tremblante ; jurez-moi donc, sur ce qu'il y a de plus sacré au monde, de ne révéler à personne ce que vous allez apprendre !...

— Je te le jure! fit le baron.

— Eh bien! lisez.

Et Raphaël tendit à M. de Maubert la lettre de Van Gripp à la duchesse, lettre qu'il avait prise entre les mains de Mathilde.

Le baron regarda l'adresse.

Ensuite il lut rapidement.

Des signes non équivoques d'horreur et de dégoût se manifestèrent sur son visage pendant cette lecture.

— Le misérable! murmura-t-il en rendant au vicomte le papier terrible qui jouait, au-dessus de deux têtes innocentes, le rôle de Damoclès.

— Eh bien? demanda Raphaël, eh bien, comprenez-vous, maintenant?

— Je comprends qu'il faut payer, répondit le baron, sinon cette femme est perdue !

— Vous croyez donc comme moi que dans le cas où ce Van Gripp ne toucherait pas son argent ce soir même, il aurait l'infâme courage de réaliser sa menace et de vendre, ainsi qu'il le dit, ces lettres au mari?...

— Je le crois ; un misérable comme celui-là est capable de tout.

— Ainsi je ne m'étais point exagéré les conséquences de ma situation ?

— Non, et je les envisage sous le même point de vue que toi !

— Alors viendrez-vous à mon aide?... aurai-je ces cinq cent mille francs?

Et les yeux de Raphaël, attachés sur le visage de M. de Maubert, attendaient, comme un arrêt de vie ou de mort, les paroles qui allaient s'échapper de ses lèvres.

Le baron se recueillit pendant un instant et parut absorbé dans une méditation profonde.

Puis il répondit :

— Écoute-moi, mon ami, écoute-moi avec fermeté et avec courage...

Ce début, et surtout le ton dont il fut prononcé, ne présageaient rien de bon.

Raphaël pâlit.

— Ne te désole pas, continua M. de Maubert ; nous trouverons certainement un moyen de prévenir le malheur qui t'épouvante à si juste titre...

Raphaël exprima, par un signe de tête, tout le découragement du désespoir.

Le baron poursuivit :

— Je te répète qu'il est impossible, absolument, matériellement impossible de réaliser d'ici à ce soir la somme énorme dont tu as besoin, car, en supposant même que je puisse rencontrer chez eux à point nommé mon notaire et mon agent de change, la transaction à conclure nécessiterait plus de temps que nous n'en avons, mais j'ai quelque chose à te proposer...

— Quoi?

— Le duc de La Tour-du-Pic est immensément riche, et il a reconnu à sa femme, comme apport dotal, une terre du Nivernais qui vaut au moins deux millions...

— Eh bien ?

— Je sais à merveille que la duchesse, étant en puissance de mari, ne peut contracter, sans le consentement de ce dernier, un engagement valable, et que sa signature seule est de nulle valeur ; mais cependant il y a cinquante capitalistes dans Paris qui, moyennant une prime modeste, consentiraient à avancer à la duchesse une forte partie de la somme nécessaire ; d'un autre côté, madame de La Tour-du-Pic a de magnifiques diamants qu'elle peut mettre en gage...

— Mettre en gage ! ! elle ! y songez-vous...??

— J'y songe parfaitement ! Quand il s'agit de sortir d'un mauvais pas, tous les moyens sont bons, et le *mont-de-piété* fonctionne tout aussi bien, selon moi, pour les duchesses que pour les grisettes. D'ailleurs, fais-moi le plaisir d'attendre la fin de ce que j'avais à te dire. D'ici à trois jours, moi qui te parle, moi le baron de Maubert, ton ami et ton protecteur, j'aurai réalisé cinq cent mille francs que je te remettrai et avec lesquels tu dégageras à ton tour les diamants de la duchesse... Je serai ruiné aux deux tiers, mais tu seras sauvé, et c'est le principal! Eh bien! que dis-tu de cela... ?

— Je dis que vous êtes avec moi d'une bonté touchante et que je ne souhaite qu'une occasion de sacrifier pour vous tout mon bonheur et toute ma vie...

— Enfant, ma conduite n'a rien que de naturel. Ce que je te donnerai immédiatement devait t'appartenir plus tard. C'est un avancement d'hoirie, voilà tout.

— Et maintenant, que dois-je faire?

— Cours chez la duchesse, mon ami ; arrive immédiatement jusqu'à elle ; indique-lui la marche à suivre ; conduis-la chez le notaire de son mari, si elle a une assez grande confiance en lui pour le mettre au courant de sa position ; engage-la à ne pas négliger de s'adresser aux vieux amis de sa famille, qui, sans aucun doute, viendront à son aide de tout leur pouvoir ; de plus, fais-toi remettre ses diamants et ses autres bijoux ; apporte-les ici, et je tâcherai de te faire prêter sur ce gage la presque totalité de la valeur réelle des objets. L'essentiel est de ravoir aujourd'hui même ces lettres, quoi qu'il en coûte, car, je te le répète, dans huit jours tu peux compter sur moi et nous serons en mesure.

Raphaël, un peu ranimé et le cœur tout gonflé de reconnaissance, quitta cet excellent baron de Maubert qui venait de se mettre si généreusement à sa disposition.

XXXIV

TENTATIVES.

Nos lecteurs ont dû s'étonner plus d'une fois, en parcourant le livre qu'ils ont en ce moment sous les yeux,

Nº 108.
ROMANS NOUVEAUX

CONFESSIONS D'UN BOHÊME
PAR XAVIER DE MONTÉPIN

10 centimes.
ROMANS NOUVEAUX

Alors commença une lutte effroyable. (Page 124.)

de l'étrange impudence avec laquelle nous mentions à notre titre.

Nous leur devons une explication.

Dans les récits que nous achevons, il n'y a, nous en convenons, rien de ce que nous avions promis et de ce qu'on était en droit d'attendre de nous.

Cela tient à ce que ces récits ne sont, pour ainsi parler, que le prologue des *Confessions d'un Bohême*, et que c'est seulement dans la seconde partie de notre œuvre (LE VICOMTE RAPHAEL) que nous entrerons réellement dans le récit des splendeurs et des misères de la vie bohémienne, au milieu des éblouissements et des fanges de Paris.

Nous avons été trompé le premier par notre sujet, qui, presque à notre insu, a pris tout à coup des dimensions exagérées.

CONFESSIONS D'UN BOHÊME.
16

Cette première partie, dans l'origine, ne devait être qu'un court épisode ; elle est devenue un livre tout entier.

Nos lecteurs s'en plaindront-ils ?

Nous espérons que non.

§

Raphaël, en quittant son protecteur, courut chez la duchesse.

Devant la porte de l'hôtel du faubourg Saint-Honoré, il trouva Justine qui, le nez en l'air et les yeux au guet, semblait attendre quelqu'un.

Elle alla droit au vicomte qu'elle emmena à l'écart et à qui elle dit :

— C'est par l'ordre de ma maîtresse que je suis ici

Madame se doutait bien que vous ne tarderiez point à venir, et comme M. le duc n'est pas encore sorti de l'hôtel et que madame veut absolument vous parler en secret, il vous faut aller la rejoindre par les jardins. Voici une clef de la petite porte qui ouvre sur les Champs-Élysées ; faites le tour, entrez avec précaution, coulez-vous le long des charmilles, enfin agissez de telle sorte que personne ne puisse vous apercevoir. Vous trouverez madame dans le kiosque que vous connaissez.

Raphaël prit la clef et suivit littéralement les instructions de Justine.

Mathilde l'attendait en effet dans le kiosque.

A demi couchée sur un divan, elle cachait sa tête dans les oreillers, et l'on n'entendait que le murmure de sa respiration saccadée et celui de ses sanglots.

Au bruit des pas de Raphaël sur les tapis du pavillon, elle se redressa et laissa voir son pâle visage, rendu presque méconnaissable par les angoisses des deux heures qui venaient de s'écouler.

— Eh bien ...? demanda-t-elle, en tendant à son amant sa main brûlante et fiévreuse.

Raphaël, sans parler du baron de Maubert, expliqua à la jeune femme ce qu'il était indispensable d'entreprendre pour arriver à un résultat.

Mathilde l'écouta avec un sang-froid étrange, puis elle répondit :

— Je ne ferai rien de tout cela, mon ami ; je n'irai pas, moi la duchesse de La Tour-du-Pic, dévoiler le secret de ma honte et mendier de la pitié et des secours. Je ne jetterai pas, de ma propre main, le déshonneur et le ridicule sur les cheveux blancs de mon mari. Ma faute a été grande, il est juste que j'en sois punie. Je courberai la tête sous une juste colère, et si le duc veut que je meure, eh bien ! je mourrai repentante et peut-être pardonnée...

Vainement Raphaël pleura et s'agenouilla, vainement il couvrit de baisers et de larmes les mains de sa maîtresse, en la suppliant de fuir avec lui et d'aller cacher sous un autre ciel leurs amours et leur bonheur.

Mathilde fut inflexible ; rien ne put ébranler son énergique détermination.

Pour cette âme vraiment noble et grande, il y avait une sorte d'amère volupté à braver le péril imminent.

Raphaël comprit qu'il n'obtiendrait rien.

Il se dit qu'il fallait vaincre ou mourir, et il s'éloigna en murmurant d'une voix étouffée :

— Je vous sauverai malgré vous-même ! !

Qu'allait-il faire ?

Il ne le savait pas.

Cependant deux partis s'offraient à son esprit troublé. Le premier et le moins insensé était d'aller trouver Van Gripp, de lui demander du temps et d'atteindre ainsi le jour où le baron de Maubert pourrait venir à son aide.

Dans le cas d'un refus impitoyable de Van Gripp, peut-être ne serait-il point impossible d'obtenir par la menace et la violence la restitution des lettres volées.

Le second parti était d'attendre le duc de La Tour-du-Pic au passage et de tuer l'assassinateur.

Raphaël, en agissant ainsi, porterait sa tête sur l'échafaud, mais Mathilde serait sauvée.

Cependant, et quoique un véritable délire troublât ses sens et égarât sa raison, le vicomte recula, non point devant la crainte de la mort, mais devant l'effroyable lâcheté du meurtre d'un vieillard.

Une fois sa décision bien prise, il alla chez Van Gripp.

Un peu avant d'atteindre le boulevard Saint-Martin, il entra dans une boutique de coutelier et fit emplette d'un de ces longs poignards catalans, dont la lame longue de quatre ou cinq pouces, est épaisse, acérée et tranchante.

Il mit ce poignard tout ouvert dans la poche gauche de son habit, puis il continua son chemin, entra dans la maison et sonna.

Camisard vint lui ouvrir la porte.

— Votre maître y est-il? demanda le jeune homme.

— Il est en affaires, répondit le géant.

— Pour longtemps?

— Je n'en sais rien.

— Je vais l'attendre.

— C'est bien. Attendez-le.

Et Camisard laissa Raphaël dans l'antichambre, après avoir soigneusement refermé la porte extérieure.

Le vicomte, resté seul, se prit à examiner cette porte.

Elle était entièrement doublée, à l'exception du guichet, bien entendu, d'une épaisse plaque de tôle, et en outre de la serrure, deux énormes verrous servaient à l'assujettir intérieurement.

Raphaël se souvint vaguement que la porte du juif Ismaël, l'usurier de la rue Guénégaud, était doublée et garnie de la même façon.

Tout à coup l'attention du jeune homme fut invinciblement captivée par quelque chose d'étrange.

On se rappelle que l'antichambre dans laquelle attendait Raphaël n'était séparée du cabinet de Van Gripp que par un couloir de peu de longueur.

Les éclats d'une vive discussion arrivèrent, à travers ce couloir, frapper l'oreille de notre héros.

On ne pouvait entendre les paroles, mais le son des voix arrivait net et distinct.

L'une de ces voix, Raphaël n'en pouvait douter, était celle du comte de Salluces.

Et dans l'autre, sauf d'imperceptibles modifications, on aurait juré reconnaître l'organe du baron de Maubert.

Mais quelle apparence que le baron fût en ce moment chez l'escompteur, en compagnie de M. de Salluces ?

D'ailleurs Raphaël se souvint que le jour de sa première entrevue avec Van Gripp, il avait tressailli en écoutant parler l'usurier, à cause de la ressemblance bizarre de sa voix avec une autre bien connue.

Seulement l'idée ne lui était pas venue alors de songer à la voix du baron.

La conversation ou plutôt la discussion continuait.

Les deux interlocuteurs semblaient animés outre mesure, à en juger du moins par les exclamations qui se croisaient et se succédaient.

Mais bientôt, à ce diapason élevé succéda une sorte de murmure indistinct qui finit par s'éteindre lui-même.

On entendit ouvrir et fermer une porte, puis le silence le plus absolu s'établit.

Ce silence fut coupé au bout d'un instant par la voix de Van Gripp qui cria :

— Camisard, s'il y a quelqu'un dans l'antichambre, faites entrer.

Camisard n'était pas là pour obéir.

Mais Raphaël, pensant à bon droit qu'il n'avait pas besoin d'introducteur, ouvrit la porte du passage et pénétra dans le cabinet de Van Gripp.

Son cœur battait à rompre sa poitrine, et l'émotion lui serrait la gorge.

XXXV

STOP.

A l'aspect de Raphaël, que sans doute il ne s'attendait point à voir apparaître devant lui, Van Gripp fit un mouvement brusque et porta la main à la barbe rousse et touffue qui couvrait tout le bas de son visage.

En même temps, il assujettit ses lunettes à larges verres et il rapprocha les rideaux qui se croisaient contre le grillage de son bureau.

Mais Raphaël était trop préoccupé pour remarquer ce triple geste.

Le chien des Abruzzes, enchaîné dans le cabinet, poussa un hurlement sourd et voulut s'élancer contre le jeune homme.

— A bas, Stop ! cria Van Gripp, à qui une minute avait suffi pour reprendre tout son aplomb, et qui ajouta presque aussitôt d'un ton mielleux :

— A quoi dois-je attribuer l'honneur de la visite de monsieur le vicomte ?

Stupéfait de tant d'impudence, Raphaël hésita avant de répondre.

Van Gripp répéta sa question.

— Ne le savez-vous pas ? demanda Raphaël.

— Je m'en doute à la vérité, mais je serai bien aise, monsieur le vicomte, de vous l'entendre dire à vous-même.

— Je viens conclure une affaire avec vous...

— Fort bien.

— Vous êtes possesseur de dix-sept lettres...

— Ah ! monsieur le vicomte, interrompit l'usurier, je suis forcé de vous arrêter là : *possesseur*, non ; *dépositaire*, oui ; j'insiste sur ce point, il est fort important.

— Soit, vous êtes dépositaire de dix-sept lettres écrites par une femme à son amant...

— C'est vous qui le dites ; moi, j'ignore complètement si ce sont des lettres d'amour. Vous comprenez que la discrétion ne m'a pas permis d'y jeter un seul coup d'œil.

— On met un prix énorme à la restitution de ces lettres, continua Raphaël.

— Oui, cinq cent mille francs. Joli denier. Il paraît que la dame est riche.

— Eh bien ! ces lettres, il me les faut.

— Vous apportez l'argent ?

— Non.

— Dame ! dans ce cas, je crois qu'il sera difficile de nous entendre à ce sujet...

— Peut-être ! Ces lettres ont été volées !

— Ça se peut, mais ça ne me regarde pas.

— Comment ?

— Je vous répète que je ne suis que dépositaire.

— En admettant que ce soit vrai, ignorez-vous donc que le recéleur est complice du vol et puni comme le voleur ?

— Je le sais à merveille. Ah ! monsieur le vicomte, je connais mon code sur le bout du doigt.

— Alors n'avez-vous pas peur...?

— De quoi donc, s'il vous plaît ?

— De la plainte que je vais déposer dans une heure entre les mains de M. le procureur du roi, si vous ne me rendez pas les lettres que je réclame.

— Une plainte ! vous ! ah ! c'est ma foi fort comique et j'en rirai longtemps ! fit Van Gripp avec un ricanement sarcastique qui lui était habituel ; vous ne la déposerez pas, cette plainte, mon cher monsieur.

— Et qui m'en empêcherait, je vous prie ? demanda Raphaël exaspéré.

— Pardieu ! le plus simple bon sens, et, de plus, deux petites raisons assez concluantes...

— Lesquelles ?

— La première, c'est que vous ne vous soucieriez que fort médiocrement de mettre la police dans la confidence des tendres faiblesses de la charmante femme à laquelle vous vous intéressez.

« La seconde, c'est que vous y regarderiez à deux fois avant de faire arriver le moindre désagrément à ce pauvre Van Gripp, qui possède certains billets enrichis

par vous, avec un véritable talent de calligraphie, de l'honorable signature du baron de Maubert.

— Ah ! s'écria Raphaël avec un mouvement de rage amère et poignante. Ah ! c'était donc un piège ! !

— Dame ! peut-être bien ! Dans tous les cas vous conviendrez qu'il était assez habilement tendu, ce petit traquenard ?...

— Écoutez, monsieur, murmura Raphaël d'une voix suppliante, envoyez-moi au bagne et rendez-moi ces lettres !

— Faites-moi le plaisir de me dire, mon cher monsieur le vicomte, ce que cela rapporterait à la personne dont je suis le fondé de pouvoir, si je vous envoyais au bagne ? Cette personne préférera et de beaucoup, croyez-moi, palper cinq cent mille francs. Donc la transaction que vous proposez n'est pas acceptable ; parlons d'autre chose.

— Avez-vous un cœur... monsieur Van Gripp ?... commença Raphël.

— Je ne crois pas, interrompit l'usurier.

— Alors, rien ne peut vous toucher ?

— Rien que de l'argent. J'ai reçu des ordres exprès ; il faut que je les exécute à la lettre.

— Mais on ne refuse point de vous payer...

— Je le crois fichtre bien !

— Seulement il est impossible de réunir en quelques heures la somme énorme qui est exigée...

— Cela ne me regarde pas.

— Je me suis adressé à mon protecteur, le baron de Maubert, lequel m'a promis de réaliser cinq cent mille francs d'ici, à huit jours : huit jours, c'est bien peu ; accordez-moi ce temps.

— Impossible ! le propriétaire des lettres a besoin de son argent aujourd'hui même.

— Mais songez donc que, si vous rejetez ma proposition, vous ne le toucherez pas, cet argent ! vous ne le toucherez jamais ! !

— Je vous demande un million de pardons, monsieur le vicomte ; nous sommes convaincus que le duc de La Tour-du-Pic réunira sans la moindre peine et en moins d'une heure les cinq cent mille francs demandés.

— Ainsi vous avez résolu de vous adresser à lui ?

— Ce soir même.

— Ainsi vous repoussez mes offres ?...

— Avec regret, mais il le faut.

— Ainsi vous ne voulez pas même attendre...

— Pardon ! jusqu'à dix heures sonnantes ; pas une minute de plus, pas une minute de moins.

Depuis un instant, la pâleur du vicomte était devenue livide.

Ses yeux semblaient prêts à jaillir de leur orbite et sa main droite se cachait sous le revers gauche de son habit.

Au moment où Van Gripp prononçait les dernières paroles que nous venons de rapporter, une rougeur ardente remplaça les teintes blafardes du visage de Raphaël.

Sa main droite reparut, armée du couteau catalan tout ouvert.

— Misérable ! s'écria-t-il, je te dis, moi, que tu vas me rendre ces lettres ! !...

Et il s'élança contre la porte grillée du bureau.

Peut-être Van Gripp avait-il prévu cette attaque ; toujours est-il qu'il eut recours aussitôt, et sans se déconcerter, à un double moyen de défense.

D'abord il approcha de ses lèvres un sifflet d'argent qui rendit un son aigu et prolongé.

Ce coup de sifflet avait pour but d'appeler Camisard à son aide.

Ensuite il toucha un ressort placé à portée de sa main, et il cria :

— Défends-moi, Stop! défends-moi !

Le collier du chien des Abruzzes s'ouvrit à l'instant même, et le farouche animal s'élança sur Raphaël qui s'épuisait en efforts inutiles contre le grillage du bureau.

Alors commença une lutte effroyable.

Stop, l'œil sanglant et la gueule écumante, poussait des hurlements féroces et tournait en rampant autour de Raphaël.

Puis soudain, bondissant comme une panthère, il sautait, tantôt à la gorge, tantôt à l'épaule du jeune homme, lui enfonçait ses crocs dans la chair, le couvrait de bave et de sang, et retombait, frappé d'un coup de couteau.

Six fois de suite Raphaël sentit sur son visage la chaude et fétide haleine du chien furieux; six fois de suite les dents de Stop lui arrachèrent des lambeaux palpitants.

Son sang ruisselait, il sentait ses forces s'engourdir et ses yeux se voiler.

Il était perdu...

Sa main, toujours armée, mais déchirée et meurtrie, ne frappait plus qu'au hasard.

Déjà Stop se dressait contre lui.

Machinalement il raidit son bras.

Le couteau catalan s'enfonça jusqu'au manche dans le poitrail du hideux animal, qui roula sur le plancher en râlant et se tordant dans les dernières convulsions de l'agonie.

Ainsi sauvé, comme par miracle, Raphaël se tourna vivement pour chercher l'usurier.

Mais Van Gripp n'était plus là.

Pendant la lutte entre Stop et le vicomte, il avait prudemment disparu.

En revanche, le géant Camisard, debout à trois pas du jeune homme, brandissait au-dessus de sa tête un lourd maillet à fendre le bois.

Raphaël donna sa dernière pensée à Mathilde et recommanda son âme à Dieu.

Puis il ferma les yeux.

— Faut-il le tuer? demanda Camisard.

Et la voix de Van Gripp répondit :

— A quoi bon? ça nous ferait une mauvaise affaire! Il vaut mieux le laisser partir, il n'est pas dangereux.

Camisard jeta de côté son maillet, prit Raphaël entre ses bras et le porta presque sans connaissance jusqu'en dehors de l'appartement.

Là il l'assit sur la première marche de l'escalier, où le jeune homme s'évanouit tout à fait.

XXXVI

UN MYSTÈRE.

L'évanouissement de Raphaël ne fut pas de longue durée.

Quand il revint à lui, il eut peine, dans le premier moment, à se rendre compte du lieu où il était et des événements qui venaient de se passer.

Mais il fut ramené bien vite, par le sentiment de la douleur physique, au souvenir et à l'appréciation de sa situation morale.

Il jeta sur le présent et sur l'avenir un coup d'œil épouvanté, il se dit que Mathilde était perdue, bien perdue, sans espoir et sans ressources.

— Je n'ai plus qu'à mourir! pensa-t-il.

Et il se leva pour quitter la maison maudite.

Toutes les parties de son corps étaient meurtries et déchirées.

Une large morsure saignait à son épaule gauche.

Ses membres endoloris refusaient presque de le soutenir.

Cependant il parvint à descendre l'escalier et il se trouva sur le boulevard.

Devant la porte, à dix ou quinze pas de la maison, stationnait un fiacre dont les stores étaient baissés avec soin.

Au moment où parut le vicomte, une voix étouffée, et dont on cherchait évidemment à déguiser le timbre, prononça doucement son nom.

Le jeune homme regarda autour de lui.

Il ne vit personne.

La voix répéta son nom pour la seconde fois.

Raphaël s'orienta mieux, et la direction probable du son lui fit conclure que la personne qui l'appelait ainsi se cachait dans le fiacre.

Il s'en approcha, et il entendit la même voix qui lui disait :

— Tournez autour de la voiture, ouvrez la portière et montez.

Rien ne pouvait aggraver la situation désespérée dans laquelle se trouvait notre héros.

Il n'hésita donc pas à faire ce que lui dictait la voix mystérieuse.

Il ouvrit la portière du fiacre, et, avec l'aide du marchepied, il se hissa, non sans peine, dans l'intérieur.

Celui qui l'attendait, celui qui l'avait appelé était le comte de Salluces.

Raphaël n'eut pas le temps d'ailleurs de manifester sa surprise.

Au moment où il s'asseyait sur les coussins peu élastiques du *char numéroté*, comme dit Boileau, *le législateur du Parnasse*, le cocher, sans attendre qu'on lui indiquât une adresse, fouetta ses chevaux qui partirent au petit trot.

Le vicomte se tourna vers M. de Salluces, et, pour la première fois, il remarqua l'étrange pâleur du visage de ce dernier.

Oubliant un instant ses propres angoisses pour s'occuper de la tristesse apparente de son ami, il lui demanda :

— Qu'avez-vous donc?

— Ne m'interrogez pas, je vous en conjure, répondit M. de Salluces; tout à l'heure vous saurez tout.

— Je n'insiste point; seulement laissez-moi vous adresser une question!...

— Laquelle?

— S'agit-il d'un malheur?

— Oui.

— Peut-il se réparer?

— Je l'espère.

— Et... lequel de nous deux ce malheur frappe-t-il, mon ami?

— Il nous frappe tous les deux.

— Eh bien! répondit Raphaël, nous le supporterons ensemble.

Et il tendit sa main à Salluces.

Ce dernier retira la sienne en disant :

— Je ne puis toucher votre main, Raphaël, car peut-être tout à l'heure vous regretteriez de me l'avoir donnée.

Après ces derniers mots, la conversation s'interrompit, et le silence le plus profond régna dans la voiture jusqu'au moment où elle s'arrêta devant la maison qu'habitait Raphaël.

Les deux jeunes gens descendirent.

— Grand Dieu! s'écria Salluces, en voyant au grand jour les larges taches de sang qui souillaient les vêtements déchirés de son compagnon, grand Dieu! que vous est-il donc arrivé?

— J'ai été mordu par un chien, répondit le vicomte

avec un sourire amer ; moi aussi je vous raconterai cela tout à l'heure.

— Mordu par un chien ! répéta Salluces, Stop, n'est-ce pas ? le chien de ce misérable Van Gripp ?...

— Oui.

— Et qu'avez-vous fait ?

— Je l'ai tué.

— Que n'avez-vous pu tuer son maître en même temps !

— Oh ! répondit Raphaël avec une expression farouche dans le regard et dans la voix, oh ! patience ! cela viendra !

— Plutôt que vous ne pensez, peut-être, répliqua Salluces.

Les jeunes gens étaient arrivés à l'appartement de Raphaël.

Ce fut Acajou qui vint leur ouvrir la porte.

Salluces considéra le nègre avec attention, puis il passa sans rien dire.

Mais, aussitôt entré dans la chambre à coucher du vicomte, il demanda à ce dernier :

— Avez-vous ici un cabinet obscur, sans communication avec le dehors, et fermant à l'extérieur avec une solide serrure ?...

— Oui sans doute.

— Qu'y a-t-il dans ce cabinet ?

— Des bottes et des souliers renfermés dans un placard.

— Très-bien. Où est-il situé ?

— Là.

Et Raphaël en indiqua la porte.

Salluces prit une clochette sur la cheminée et sonna.

Acajou parut.

— Votre maître demande l'une des paires de bottes qui sont dans ce cabinet, lui dit le jeune homme.

Acajou entra dans l'endroit désigné.

Aussitôt Salluces referma la porte sur le nègre et fit tourner deux fois la clef dans la serrure.

— Mais, monsieur, s'écria le valet stupéfait, vous m'enfermez !

— Je le sais parbleu bien ! mauvaise canaille ! répondit Salluces, et je te préviens que si tu bouges ou si tu fais le moindre effort pour sortir, nous te brûlons la cervelle d'un coup de pistolet !

— Que veut dire tout cela ? demanda Raphaël.

— Il est indispensable que ce moricaud ne puisse mettre les pieds hors d'ici.

— Pourquoi donc ?

— Cela se rattache à ce que je vais vous raconter ; mais d'abord, déshabillez-vous, mon ami, et laissez-moi panser vos blessures, car bientôt vous allez avoir besoin de toute votre force physique, en même temps que de toute votre force morale.

Raphaël s'abandonna passivement aux mains de M. de Salluces.

La morsure de l'épaule offrait seule quelque gravité. Elle fut lavée avec soin et couverte d'une compresse de fine toile.

Le reste était des meurtrissures et des égratignures que Salluces frictionna avec de l'eau-de-vie, ce qui soulagea instantanément Raphaël.

— Je suis fort maintenant, et prêt à vous entendre, dit-il à son ami.

Et il ajouta avec amertume :

— Parlez hardiment, mon cher Salluces : vous avez un nouveau malheur à m'annoncer, qu'importe ! je m'attends à tout et je ne plierai point sous le choc, car j'ai vidé aujourd'hui jusqu'à la lie le calice du désespoir.

— Écoutez-moi, dit Salluces, écoutez-moi avec tout le mépris que je mérite, mais sans colère, si vous pouvez ! Regardez-moi, Raphaël, voyez, j'ai devant vous le front courbé comme devant un juge. Je devrais vous parler à genoux, et quand vous m'aurez entendu, si vous me repoussez du pied, vous ne serez que juste, car je suis un infâme...

— Mon Dieu ! murmura Raphaël profondément surpris de cet étrange début, mon Dieu ! qu'allez-vous donc me dire ?

— Je vais me confesser à vous, répondit M. de Salluces.

XXXVII

UNE PÉRIPÉTIE.

C'est un usage généralement adopté, par le temps qui court, de tirer deux moutures du même sac, et, quand on a fait un roman, de faire un drame avec ce roman.

Cette coutume est-elle bonne ou mauvaise ?

Il y aurait moyen de controverser fort longuement à ce sujet, car la question que nous soulevons ici offre *pour* et *contre* des arguments d'une valeur à peu près égale.

Ainsi, par exemple, il arrive souvent que lorsqu'on veut resserrer dans le cadre, cependant bien large, des cinq actes et de douze tableaux les innombrables incidents qui remplissent un roman de longue haleine, on ne produit qu'une œuvre bâtarde, étriquée, décousue, incompréhensible.

Mais parfois aussi le public aime à voir s'incarner sous ses yeux les figures qui l'ont charmé, et il se plaît à regarder, vivants et agissants sur la scène, ces types et ces personnages qu'il avait déjà rencontrés dans le livre.

L'immense succès des *Mousquetaires* et du *Chevalier de Maison-Rouge* est une incontestable preuve de ce que nous avançons.

Il peut arriver aussi, dans certains cas donnés, que le drame complète le roman en rendant possibles et intéressantes sur le théâtre des scènes qui, dans le livre, ne seraient que des redites fastidieuses.

Ainsi, comment voulez-vous que nous vous racontions ici la confession de Salluces à Raphaël ?

Comment voulez-vous que nous entrions dans le détail de tous ces faits que nous connaissons déjà ?

Et cependant, quoi de plus dramatique que la situation de cet homme, complice involontaire d'un véritable bourreau, dévoilant à sa victime les ruses machiavéliques et les effroyables traquenards qui l'ont entraîné jusqu'au fond de l'abîme.

Est-il possible de bien exprimer avec des mots l'épouvante et la stupeur qui se peignaient tour à tour sur le visage de Raphaël, tandis qu'il apprenait qu'il n'avait été entre les mains de celui qu'il aimait d'une affection filiale qu'un instrument passif pour le plus hideux, le plus honteux de tous les vols, le *chantage* ?

Est-il possible de noter ce cri d'horreur, échappé de la poitrine du vicomte, quand on lui eut révélé que le baron de Maubert et l'usurier Van Gripp n'étaient qu'un seul et même homme ?...

Et cependant nous croyons que cette scène, devant laquelle nous reculons en ce moment, sera d'un grand effet dans le drame tiré des *Confessions d'un Bohême* [1].

Cela dit, passons.

Salluces venait d'achever son terrible récit.

Raphaël, muet, suffoqué, serrant dans ses deux mains sa tête prête à se briser, l'avait écouté jusqu'au bout.

Il y eut alors entre les deux jeunes gens un instant de silence solennel.

[1]. Ce drame a été fait, un an environ après la publication de ce livre, et joué au théâtre de la Porte-Saint-Martin, sous ce titre : *Le Vol à la duchesse.*

Raphaël parla le premier.

— Salluces, dit-il d'une voix émue, je crois que le courage de vos aveux rachète la honte de votre conduite. Vous ne vous apparteniez plus, un joug de fer courbait votre front, une volonté toute-puissante et fatale dominait votre volonté... Aidez-moi donc à sauver Mathilde, aidez-moi à me venger de cet homme et... et je vous pardonnerai tout ce que vous avez fait contre moi !

— Nous sauverons la duchesse et nous serons vengés, répondit M. de Salluces avec l'assurance d'un homme qui est sûr de tenir ce qu'il promet.

— Dieu vous entende ! murmura Raphaël. Voyons, que faut-il faire ?

— Il faut d'abord ne pas perdre un instant, car le baron doit être sur ses gardes et il pourrait fort bien devenir introuvable.

— Hâtons-nous donc !

— Sans doute ; mais, en même temps que de la promptitude, ayons de la prudence. Le bon droit est de notre côté, que la force y soit aussi. Vous avez des armes, n'est-ce pas ?

— Oui, des épées et des pistolets.

— Les épées nous sont inutiles, il ne peut y avoir de duel. Voyons les pistolets.

Raphaël alla décrocher ceux qui figuraient dans l'une de ses panoplies.

Il en apporta deux paires.

L'une de pistolets de combat.

L'autre de très-petits pistolets de poche, de ceux qu'on appelle vulgairement : coups de poing.

Salluces visita et chargea ces armes.

Il prit les pistolets de tir, et dit à Raphaël de cacher les autres dans les poches de sa redingote.

Cela fait, les deux jeunes gens gagnèrent le boulevard, remontèrent dans le fiacre qui les avait amenés, et se firent conduire à la rue Meslay.

— M. le baron est sorti, leur dit le valet de pied qui se présenta pour les recevoir.

— C'est bien, répondit Salluces, nous l'attendrons.

— Mais, monsieur le comte...

— Je vous dis que nous attendrons votre maître, continua impérieusement Salluces. Vous nous connaissez, je pense, et vous savez que nous ne sommes point des voleurs. Laissez-nous donc.

Le valet de pied, fidèle à sa consigne, voulut encore tenter de s'opposer au passage des jeunes gens.

Mais Salluces l'écarta d'un geste vigoureux et pénétra dans l'antichambre avec Raphaël.

— Au moins, messieurs, le domestique, j'espère que vous voudrez bien dire à M. le baron que c'est malgré moi...

— Soyez tranquille, interrompit Salluces, votre maître ne vous fera pas de reproches.

Le valet disparut.

Les jeunes gens passèrent.

Le salon était désert ainsi que le cabinet de travail dans lequel le baron donnait habituellement ses audiences.

— Salluces s'arrêta.

— Raphaël, dit-il à son compagnon, nous touchons au but. Dans un instant, nous tiendrons sous nos pieds cet homme qui nous a tenus si longtemps sous les siens. Que l'ardeur de la vengeance ne nous enivre pas ; suivez mon exemple : du calme et du sang-froid, le succès est peut-être à ce prix...

— Je serai calme, répondit Raphaël, vous verrez !

Salluces s'approcha de la muraille, recouverte, nous le savons, par une tapisserie des Gobelins représentant les mythologiques amours de Jupiter et de Danaé.

Parmi les monnaies étincelantes qui ruisselaient en pluie métallique sur la gorge nue et rebondie de la jeune beauté, séduite, aussi bien que les lorettes de la rue Bréda, par cet ouragan californien, se voyait une pièce d'or plus brillante que toutes les autres.

Salluces appuya son doigt sur cette pièce.

Aussitôt la porte secrète tourna sans bruit sur ses gonds parfaitement huilés et les jeunes gens se trouvèrent en face de l'ouverture étroite qui réunissait l'appartement somptueux du baron au sordide logis de l'usurier.

— Venez, murmura tout bas Salluces à l'oreille de son compagnon.

Et tous deux s'élancèrent chez Van Gripp.

Salluces ne s'était pas trompé en disant que sans doute le Janus infernal, l'homme à double visage, songeait à disparaître prudemment.

En effet, le baron de Maubert, nous l'appellerons ainsi désormais, portant encore la fausse barbe et la houppelande de toile perse, accessoires obligés de l'un de ses rôles, s'occupait à empaqueter des billets de banque et des amas de papier timbré.

A la vue des deux jeunes gens, il poussa un cri de surprise et d'effroi, et, faisant un bond vers la porte, il chercha à se dérober par une prompte fuite au péril qui le menaçait.

Mais Salluces avait prévu ce mouvement, et déjà il se trouvait entre le baron et la porte, dont il poussa les verrous intérieurs, rendant ainsi impossible l'arrivée de Camisard, si M. de Maubert avait la fantaisie assez vraisemblable d'appeler à son aide ce fidèle serviteur.

Ainsi forcé dans ses retranchements, le baron ne perdit point la tête et résolut de payer d'audace.

— Ma foi ! messieurs, fit-il d'un air dégagé, que démentait cependant le tremblement léger de sa voix, je ne m'attendais guère à vous recevoir ainsi tous les deux à la fois. A quel heureux hasard dois-je attribuer le plaisir de votre visite imprévue ?

Ni Salluces ni Raphaël ne répondirent.

— A propos, continua M. de Maubert en désignant sa barbe, je pense que maintenant que mon cher pupille est parfaitement renseigné sur mon compte, cet accessoire est inutile.

Et, tout en parlant, le baron jetait loin de lui la toison postiche qui couvrait le bas de sa figure.

Puis il reprit :

— Eh bien ! messieurs, franchement, j'aime autant cela ! du moins ainsi nous causerons à visage découvert. Puis-je savoir ce qui vous amène ?

— Pardieu ! répondit Salluces, ce qui nous amène est bien simple. Nous venons réclamer de vous dix-sept lettres volées que vous allez nous rendre.

— Oh ! oh ! fit le baron, vous allez vite en besogne, mes petits enfants !

— Nous attendons ! fit Raphaël.

— Si vous attendez ces lettres, mon cher pupille, continua M. de Maubert, je crains bien que vous n'attendiez longtemps. Je ne les rendrai pas.

— Vous ne les rendrez pas ?

— Non.

— C'est ce que nous allons voir ! s'écria Raphaël en faisant un pas vers M. de Maubert.

— Patience ! fit Salluces en s'adressant à son compagnon ; tâchons d'abord de faire entendre raison à ce cher baron.

— Ce sera difficile, répliqua ce dernier.

— Moins peut-être que vous ne le pensez. Nous avons apporté avec nous des arguments irrésistibles...

— Cinq cent mille francs ? demanda le baron.

— Mieux que cela.

— Quoi donc ?

— Ceci...

Et Salluces tira de sa poche les pistolets qu'il arma avec le plus grand calme.

Le baron se mit à rire.

— Vous trouvez que c'est drôle ? dit Salluces.

— Extrêmement. Croyez-vous me faire peur avec ces petits instruments, par hasard ? Je ne donnerai point les lettres, et vous ne toucherez pas un cheveu de ma tête, par l'excellente raison que vous ignorez l'endroit où sont cachés ces précieux autographes, et que, moi mort, la police, en inventoriant mes papiers, y trouverait la signature de madame la duchesse de La Tour-du-Pic, ce qui ne manquerait pas de faire un éclat que vous serez, j'en suis sûr, enchantés d'éviter.

— Nous avons prévu le cas, monsieur le baron, et nous avons trouvé un moyen d'y remédier.

— En vérité ?

— C'est comme j'ai l'honneur de vous le dire.

— Et quel est ce moyen, je vous prie ? fit M. de Maubert d'un air narquois.

— Dans le cas où vous persévéreriez dans le refus de livrer les lettres, nous commencerions par vous tuer, comme ce chien qui valait mieux que vous !

Et Salluces indiquait du doigt le cadavre de *Stop*, gisant dans un coin de la chambre.

— Puis ensuite ? demanda le baron avec un sourire.

— Ensuite, comme il ne faut point en effet que les lettres se retrouvent, nous mettrions le feu à la maison, et nous nous en irions par où nous sommes venus. Voilà tout.

M. de Maubert ne souriait plus. Il était pâle.

— Cependant... voulut-il dire.

Raphaël l'interrompit en s'écriant :

— Assez ! monsieur ! assez ! Ces lettres, oui ou non ?

— Vous me volez ! murmura M. de Maubert.

Salluces et Raphaël haussèrent les épaules.

— Oui, vous me volez ! continua le baron ; ces lettres étaient bien ma propriété, ma légitime propriété ! Je les avais payées assez cher ! Et qui donc maintenant me remboursera des sommes énormes que j'ai prodiguées pour cette affaire ? Savez-vous bien que Raphaël me coûte plus de cent mille francs ! savez-vous bien que je vais être ruiné ! Voyons, mes enfants, mes amis, soyez raisonnables, partageons ensemble le gâteau...

Raphaël mit en joue M. de Maubert.

— Voici les lettres, se hâta de dire ce dernier, dont les dents claquaient de frayeur ; les voici, les voici. Ah ! les hommes sont bien ingrats ! ! !

Et il tendit à Raphaël un petit paquet qu'il prit dans une cachette pratiquée dans le mur, et dissimulée par un amas de vieux vêtements.

— Comptez si elles y sont toutes, dit Salluces.

— Toutes, oui, toutes ! s'écria le jeune homme avec les transports d'une indicible joie.

— C'est bon, répondit Salluces. Maintenant, à autre chose.

— Autre chose ? répéta M. de Maubert.

— Parbleu ! répliqua le comte...

— Que voulez-vous encore ?...

— Les fausses signatures surprises par vous à M. le vicomte et à moi.

— Vous y tenez ?

— Énormément.

— Les voilà. Et pour le coup j'espère que vous me trouverez assez dépouillé et que vos exigences auront une fin !

— Nous n'en demandons pas davantage, et nous vous quittons, monsieur le baron de Maubert, en vous souhaitant très-sincèrement de ne jamais nous rencontrer sur notre chemin, car nous ne pourrions résister au désir de vous traiter comme on traite les gens de votre sorte. Et, sur ce, au revoir !

Raphaël et Salluces sortirent.

M. de Maubert, resté seul, se frotta les mains avec une joie sinistre en s'écriant tout haut :

— Pauvres sots !

XXXVIII

SALLUCES ET RAPHAEL.

— Eh bien ! Raphaël, dit M. de Salluces à son compagnon en sortant de la maison du boulevard Saint-Martin, maintenant me pardonnerez-vous ?...

— Tout est pardonné ! tout est oublié ! s'écria le jeune homme avec effusion. Je ne veux plus voir en vous que mon sauveur et mon ami, le meilleur, le plus dévoué de mes amis ! Donnez-moi votre main, laissez-moi la serrer !...

Et cette fois Salluces tendit avec bonheur sa main à Raphaël.

— Mais, poursuivit ce dernier, à présent que, grâce à vous, je suis sauvé, il me semble que j'ai comme un remords...

— Lequel ?

— Celui de n'avoir pas puni comme il méritait de l'être, le misérable que nous quittons... Écraser un pareil reptile eût été, je le crois, rendre un immense service à la société tout entière !

— Oui sans doute, mais, croyez-moi, quand on fait échouer ainsi que nous venons de le faire les sinistres projets d'un tel gredin, ce gredin trouve son châtiment dans son impuissance même. C'est comme le chacal enchaîné, qui voudrait mordre et qui ne peut pas !...

§

Cependant les deux jeunes gens arrivèrent au logis de Raphaël.

Les allées et les venues que nous venons de raconter avaient employé plusieurs heures, et déjà la nuit approchait.

Raphaël, épuisé de fatigue, brisé par les meurtrissures qu'il avait reçues le matin, et n'étant plus soutenu d'ailleurs par l'énergie fébrile et nerveuse qu'il puisait dans l'imminence même du péril, sentait ses forces l'abandonner pour faire place à un état de complète prostration.

Il cherchait vainement à lutter contre cette défaillance physique qui triomphait de lui malgré lui-même.

Salluces s'aperçut des efforts inutiles de son compagnon, et il lui demanda :

— Qu'allez-vous faire, Raphaël ?

— Mais, répondit le vicomte, je voudrais aller prévenir la duchesse de ce qui se passe et l'arracher aux mortelles inquiétudes qui doivent la dévorer.

— Vous n'y songez pas ?

— Pourquoi donc ?

— Vous montrer en ce moment à l'hôtel du faubourg Saint-Honoré, chercher même à faire parvenir une lettre à votre maîtresse, serait une haute imprudence.

— Alors, quel parti prendre ?

— Attendez d'abord que la nuit soit venue ; vous avez sans doute un moyen clandestin de vous introduire dans l'hôtel ?...

— Oui, sans doute, répondit Raphaël, qui se souvint de la clef du jardin que Justine lui avait remise le matin même et qu'il avait conservée.

— Eh bien ! un peu avant minuit, vous irez trouver la duchesse et vous lui raconterez tout...

— Mais, s'écria Raphaël, d'ici là, que va-t-elle devenir ?...

— Elle va pleurer et souffrir. Cela est évident, et je ne chercherai point à le nier ; mais, voyez-vous, mon cher ami, l'essentiel était qu'elle fût sauvée, et elle l'est. Le reste importe peu ! N'allez pas maintenant, par une impardonnable imprudence, risquer de la compromettre de nouveau...

— Vous avez raison. . et pourtant...

— Pas un mot de plus, Raphaël; laissez-moi vous diriger et soyez sûr que je conduirai votre barque à bon port.

— Après ce que vous venez de faire pour moi, je m'abandonne complètement à vous.

— Et vous avez raison ! Soyez un peu raisonnable, que diable ! Vous êtes pâle à faire peur, vos dents claquent, vos yeux disparaissent au fond de leur orbite, et vos jambes tremblent sous vous.

— C'est vrai, je souffre beaucoup.

— Vous allez vous jeter sur votre lit...

— Dormir ! interrompit Raphaël.

— Oui, parbleu, dormir ! il le faut. Deux ou trois heures de bon sommeil vous remettront sur pied. Je veillerai pour vous, et, quand le moment sera venu d'aller rassurer la duchesse, je vous réveillerai.

— Vous me le promettez ?

— Sur l'honneur...

— Eh bien ! mon ami, je vais suivre votre conseil et je crois que je m'en trouverai bien, car en ce moment il me semble que je vais mourir.

— Hâtez-vous donc, mais auparavant buvez ceci...

Et Salluces présenta à Raphaël une coupe en cristal de Bohême, remplie jusqu'au bord de vin de Madère.

Le vicomte prit le verre et le vida d'un trait, puis, presque étourdi par ce breuvage, il se laissa tomber sur son lit.

Au bout de trois minutes il dormait profondément.

— Allons ! se dit Salluces en le regardant, décidément il y a plus de plaisir à faire le bien que le mal !

Ensuite, comprimant, non sans peine, un éclat de rire ironique qui lui venait aux lèvres, il ajouta tout bas :

— Je crois, Dieu me pardonne, que je deviens moraliste ! moi, le comte de Salluces ! En vérité, c'est fort drôle !

§

Il était onze heures et demie du soir.

Salluces qui, tout en fumant un certain nombre de cigares, avait vidé presque en entier un grand carafon de vin de Madère, se souvint tout à coup que le nègre Acajou devait être plus que jamais enfermé dans le réduit obscur dont nous avons parlé.

Il prit une bougie sur la cheminée et sortit de sa chambre pour aller délivrer le domestique infidèle.

En approchant de la porte du cabinet, il s'étonna d'abord de n'entendre ni mouvements ni gémissements.

Cette résignation d'Acajou était au moins suspecte.

Le nègre se serait-il évadé ?

Tout en se faisant cette question, Salluces approcha la clef de la serrure, il fit jouer le pène, et la porte s'ouvrit brusquement comme si elle avait été poussée depuis l'intérieur.

En même temps une masse inerte s'affaissa lourdement sur le plancher, devant Salluces.

Il examina cette masse.

C'était le corps d'Acajou.

Les yeux du nègre, vitreux et sans regards, sortaient de leur orbite.

Ses membres étaient raidis et contournés comme à la suite de violentes convulsions.

Salluces, épouvanté, mit sa main sur le cœur d'Acajou.

Le cœur ne battait plus.

Le nègre était mort faute d'air.

— Oh ! justice de Dieu et des hommes ! murmura Salluces, comme te voilà bien ! Entre le baron de Maubert et ce malheureux domestique, tu as à choisir ta proie, et

c'est celui-ci que tu frappes ! Oh ! justice ! justice ! tu n'es que dérision et folie !

Après cette *imprécation* soi-disant philosophique, qu'on pourrait croire empruntée aux romans fatalistico-socialistes de M. Eugène Sue, si les romans de M. Eugène Sue avaient existé à cette époque, le comte de Salluces regagna la chambre de Raphaël, d'abord afin de prévenir ce dernier du tragique événement qui venait d'arriver, et ensuite parce que le moment était venu d'aller trouver Mathilde au faubourg Saint-Honoré.

Raphaël dormait encore.

Salluces s'apprêtait à lui toucher légèrement l'épaule pour l'arracher à ce profond sommeil.

Il n'en eut pas le temps.

Un bruit subit et inattendu, un incident bizarre se chargea de cette tâche.

XLI

UNE LETTRE.

Une des vitres de la croisée se brisait en mille pièces, et ses éclats jaillissaient jusqu'auprès du lit, tandis qu'un caillou de dimension moyenne, qui venait d'être lancé depuis le dehors, roulait sur le tapis.

Salluces tressaillit.

Raphaël s'éveilla en sursaut.

— Qu'est-ce donc ? demanda-t-il.

— Je ne sais, répondit Salluces, mais nous allons bien voir.

Et il ramassa le caillou qui était enveloppé d'une feuille de papier.

— Une lettre... fit-il.

— Une lettre ?... répéta Raphaël.

— Oui, l'écriture du baron.

— Oh ! mon Dieu ! Donnez, mon ami, donnez vite, j'ai peur !

Raphaël étendit sa main tremblante et prit le papier que lui présentait Salluces.

Ce dernier semblait, lui aussi, inquiet et soucieux.

— Quelle nouvelle infamie allons-nous apprendre ? dit-il.

Raphaël lisait.

A mesure qu'il avançait dans sa lecture, ses traits se décomposaient davantage et on voyait de grosses gouttes de sueur ruisseler sur son front.

Quand il eut achevé, il se laissa retomber anéanti sur le bord du lit en murmurant :

— Allons ! c'est le coup de grâce !

Salluces lui prit la lettre des mains.

Voici ce qu'il lut à son tour :

« Parole d'honneur, mon cher vicomte, tu peux te vanter d'être un fière canaille.

« Tu t'es conduit avec moi comme un *clampin*, passe-moi le mot !

« Cette lettre commencera ta punition, dont la suite, d'ailleurs, ne se fera pas longtemps attendre.

« Récapitulons un peu, s'il te plaît, ce que nous avons fait l'un pour l'autre depuis que nous nous connaissons.

« Nous verrons après si c'est de ton côté ou du mien que les bons procédés font pencher la balance.

« Je serai bref.

« Non pas cependant que je n'aie beaucoup de choses à te dire...

« Mais des occupation *graves*, TRÈS-GRAVES, EXCESSIVEMENT GRAVES, réclament tout mon temps,

« Ces occupations te concernent plus que tu ne le penses, mon cher vicomte...

« Mais patience ! nous y arriverons bientôt.

Nᵒ 109.

ROMANS NOUVEAUX

CONFESSIONS D'UN BOHÊME

PAR XAVIER DE MONTÉPIN

10 centimes.

ROMANS NOUVEAUX

Voilà ce que vous en avez fait ! assassin ! assassin ! (Page 133.)

« Lorsque je te rencontrai dans le jardin du Palais-Royal, tu étais pauvre comme un rat d'église, tu n'avais ni sou ni maille, tu mourais de faim et tu songeais à te noyer.

« Je te donnai à manger, je te donnai des meubles, des chevaux, des voitures, que sais-je encore ?

« Grâce à moi, grâce à moi seul, toi, le méchand bâtard de quelque soubrette mise à mal par un valet de bonne maison, toi que les bagnes réclamaient pour tes hauts faits des bois de Ville-d'Avray et de la fête du pont de Kehl, tu as pris dans le monde une charmante et excellente position !

« Tu n'avais qu'à former un souhait, j'étais pour toi pareil au bon génie des contes arabes, ce souhait se trouvait exaucé comme par enchantement.

« Tu dépensais sans compter. Je suffisais à tout.

« Je jetais en l'air des bourses pleines d'or, elles retombaient dans ta poche.

« Heureux gaillard ! Double imbécile !

« Un jour, tu t'éprends d'une femme, l'une des plus belles et des plus nobles de Paris...

« Sans moi, que serait-il arrivé ?

« Tu aurais passé des jours, des mois, des années, à t'absorber stupidement dans la contemplation de cette femme.

« Tu aurais fait comme ces pauvres faméliques qui se nourrissent de l'odeur d'un repas succulent auquel ils n'osent pas toucher.

« Qu'ai-je fait, moi ?

« J'ai mis dans ton lit la grande dame jusqu'à laquelle tes vœux n'osaient monter qu'à peine.

« Je t'ai donné pour maîtresse la duchesse Mathilde de La Tour-du-Pic !...

« Un père aurait-il fait plus ? aurait-il même fait autant pour son propre fils ?...

« Non, sans doute.

« Eh bien ! cher vicomte, comment m'as-tu payé de tout cela, s'il te plaît ?

« Je vais te le dire.

« Un jour est venu où j'ai éprouvé le besoin de rentrer dans les avances énormes prodiguées par moi et englouties pour tes menus plaisirs.

« C'était un désir bien naturel, et légitime s'il en fut !

« J'avais poussé la délicatesse jusqu'à ne me servir de toi qu'à ton insu, de façon à ne te point compromettre aux beaux yeux de ton adorée...

« Et voici que ta première action est d'accourir chez moi, en compagnie d'un autre gredin qui ne le portera point en paradis, sois-en sûr.

« Là, vous me poussez dans un guet-apens que vous croyez sans issue, et vous me contraignez le pistolet sur la gorge à vous rendre les seuls titres qui puissent me donner la chance de rentrer dans mes avances.

« Ah ! pouah !

« Raphaël, mon ami, c'est canaille et c'est bête !

« Oui, c'est bête, car *tu es volé*, mon pauvre garçon, volé et dupé comme un dindon que tu es :

« TU N'AS PAS TOUTES LES LETTRES !

« Entends-tu bien et comprends-tu bien cette petite phrase, cher ami ?

« Je ne sais quel instinct intérieur m'avertissait de me méfier de toi.

« Je devinais presque ce qui est arrivé.

« Aussi j'avais eu soin de prendre mes précautions.

« J'avais copié l'une des lettres, en imitant l'écriture, bien entendu.

« Tu possèdes en ce moment cette copie, au lieu et place de l'original.

« Assure-toi de l'exactitude de mon assertion en compulsant les précieux autographes.

« La lettre copiée est celle qui porte le n° 12, la plus compromettante de toutes.

« J'ai eu soin de l'écrire sur du papier beaucoup plus bleu que toutes les autres, afin de faciliter tes recherches.

« Quant à l'original dont je te parlais tout à l'heure, tu sauras fort incessamment ce qu'il est devenu.

« Voilà à peu près tout ce que j'avais à te dire, mon cher vicomte.

« Il est fort probable que nous ne nous rencontrerons jamais, aussi je profite de cette dernière causerie pour t'engager à méditer sur les dangers de l'ingratitude, sur l'instabilité des choses humaines, et sur les inconvénients des correspondances amoureuses.

« Je me rappellerai prochainement au bon souvenir de notre ami commun M. le comte de Salluces.

« Et, en attendant, je te serre la main avec la plus affectueuse cordialité.

« JACOB-ISMAËL VAN GRIPP, baron DE MAUBERT. »

— Peut-être a-t-il menti ! s'écria Salluces qui se rattachait à un dernier espoir ; Raphaël, voyez donc si parmi les lettres de la duchesse vous trouverez le billet dont il vous parle.

Raphaël détacha le cordon qui liait ensemble les lettres de Mathilde.

M. de Maubert avait dit vrai.

La douzième était écrite en effet sur un papier dont la teinte bleuâtre ne ressemblait que fort peu à celle des seize autres.

De plus, l'écriture, quoique imitée avec une prodigieuse habileté, offrait, à un œil prévenu, certaines dissemblances presque imperceptibles, mais suffisantes cependant pour ne pas permettre un instant de doute.

— Ainsi donc, murmura Salluces complétement démoralisé par cette catastrophe à laquelle il était si loin de s'attendre, ainsi donc tout ce que nous avons fait aujourd'hui n'aura servi qu'à pousser cet homme vers son but avec une ardeur nouvelle, l'ardeur de la vengeance !

Puis les deux jeunes gens restèrent, pendant quelques minutes, anéantis et comme pétrifiés.

XLII

CINQ CENT MILLE FRANCS.

— Écoutez, mon ami, dit tout à coup Raphaël à M. de Salluces, il ne me reste qu'un parti à prendre, il est désespéré, mais je veux le tenter.

— Parlez, répondit Salluces, et fallût-il risquer ma vie pour venir en aide, je vous jure que je le ferai.

— Nous allons descendre aux écuries et atteler l'un de mes chevaux à mon cabriolet.

— C'est facile.

— Nous gagnerons les Champs-Élysées et vous resterez près de la voiture pendant que je m'introduirai dans le jardin de l'hôtel au moyen d'une clef que voici...

— Et ensuite ?

— Je parviendrai jusqu'à Mathilde, je trouverai dans mon amour et dans mon désespoir des paroles assez puissantes pour la décider à fuir avec moi. Si elle refuse de se rendre à la persuasion, j'emploierai la violence, la sauverai malgré elle, je la prendrai dans mes bras, je la porterai jusqu'au cabriolet où je prendrai place à côté d'elle, et je l'arracherai ainsi à la vengeance de son mari qui serait sans pitié...

— Où irez-vous avec elle ?

— Je n'en sais rien ; nous nous cacherons dans quelque village des environs de Paris, en attendant qu'il nous soit possible de quitter la France.

— Avez-vous de l'argent ?

— Quelques centaines de francs, voilà tout.

— Nous passerons chez moi et je vous donnerai le peu que je possède en ce moment. Malheureusement je ne suis pas bien riche, mais, aussitôt que vous serez en sûreté, je m'arrangerai de façon à emprunter le plus possible et je vous ferai parvenir tout l'argent que je me procurerai ainsi.

Raphaël serra de nouveau la main de M. de Salluces.

Puis il ajouta :

— Descendons.

Tous les jeunes gens de vie et d'habitudes élégantes sont aussi habiles dans l'art d'harnacher un cheval que les palefreniers les plus experts.

Au bout de cinq minutes, *miss Arabelle*, une fine trotteuse s'il en fut, piaffait entre les brancards du léger tilbury de Raphaël.

Dix nouvelles minutes ne s'étaient pas écoulées, que déjà le rapide équipage s'arrêtait dans les Champs-Élysées, en face de la grille circulaire qui entourait le jardin de l'hôtel.

La nuit était sombre.

De grands nuages, courant sur la surface du ciel, échancraient presque sans cesse le disque blafard de la lune.

Le silence le plus profond régnait dans l'air et sur la terre, coupé seulement, à de longs intervalles, par le refrain bachique d'un ivrogne regagnant son gîte, ou par les appels étouffés des rôdeurs nocturnes, exerçant sous les grands arbres des Champs-Élysées leur immonde industrie.

Raphaël sauta à bas de la voiture.

Il ouvrit la petite porte, puis il disparut derrière les ombrages touffus du jardin.

Sur la vaste façade de l'hôtel on ne voyait qu'une seu

fenêtre éclairée, et encore cette lueur était-elle faible et indécise.

§

Ce même jour, à neuf heures du soir, M. de La Tour-du-Pic se préparait à sortir.

Il était contrarié et inquiet, car Mathilde, prétextant une indisposition subite, bien justifiée d'ailleurs par l'extrême abattement de sa physionomie, avait refusé de paraître au dîner et s'était enfermée dans son appartement.

Un valet de pied vint prévenir le duc qu'il y avait dans l'antichambre un homme qui désirait lui parler.

— Quel est cet homme ? demanda M. de La Tour-du-Pic, le connaissez-vous ?

— C'est la première fois que nous le voyons à l'hôtel, répondit le domestique.

— Allez vous informer de ce qui l'amène et, si c'est un solliciteur, dites que je ne puis recevoir en ce moment.

Le valet sortit.

Au bout d'une minute il revint, et présenta au duc un morceau de papier sur lequel étaient écrites ces lignes :

« Celui qui écrit ces lignes a l'honneur de prier mon-
« sieur le duc de La Tour-du-Pic de vouloir bien lui ac-
« corder immédiatement quelques moments d'entretien.

« *Il s'agit des* AFFAIRES D'INTÉRIEUR *de monsieur le duc.* »

Les mots *affaires d'intérieur* étaient deux fois soulignés.

Le duc tressaillit.

— Introduisez ce visiteur, dit-il ; je le recevrai dans mon cabinet.

Au bout d'un instant, M. de La Tour-du-Pic et le baron de Maubert se trouvaient en présence.

Le Janus de la rue Meslay était méconnaissable.

Passé maître dans la science des travestissements ingénieux, le ci-devant protecteur du vicomte Raphaël avait composé tout son physique de manière à tromper sans difficulté les regards les plus clairvoyants.

Une perruque brune couvrait sa tête, ses moustaches étaient rasées, une couche de bistre étendue sur son visage lui donnait l'aspect d'un mulâtre.

Une longue redingote boutonnée jusqu'au cou et une grosse canne attachée au poignet par une courroie de cuir tressé devaient tout d'abord le faire ranger dans l'honorable catégorie des agents de police.

Il salua militairement le duc de La Tour-du-Pic, lequel ne répondit à ce salut que par une inclination de tête très-légère, et, resté lui-même debout, ne voulant pas encourager son visiteur à s'asseoir.

M. de Maubert ne tint compte de ce muet avertissement, qu'il remarqua cependant à merveille,

Il attira à lui un fauteuil dans lequel il s'établit, et il entama l'entretien en ces termes :

— Je vais avoir l'honneur, monsieur le duc, de vous entretenir d'un sujet fort important et infiniment délicat ; veuillez donner quelques ordres pour qu'il ne soit possible ni de nous interrompre ni de nous écouter.

— Nous ne serons ni épiés ni interrompus, monsieur, répondit le duc avec une nuance d'impatience ; vous pouvez donc parler sans crainte ; seulement soyez bref, je vous en prie, car j'ai peu de temps à vous donner.

M. de Maubert fit un signe d'assentiment et reprit :

— Vous doutez-vous, monsieur le duc, du sujet qui m'amène ?...

— Pas le moins du monde ; le billet que vous m'avez fait parvenir m'annonce que vous avez à m'entretenir de mes *affaires d'intérieur*, et j'avoue que j'ai peine à m'expliquer...

— Comment moi, qui vous suis totalement inconnu,

je puis avoir la prétention d'être initié aux mystères de votre intérieur ? interrompit le baron de Maubert.

— Précisément.

— C'est facile à expliquer. Mais d'abord, une simple observation : si un étranger, un quidam, le premier venu, moi par exemple, venait vous dire : *Monsieur le duc, votre femme vous trompe !* que feriez-vous ?

Le duc devint pâle comme un linceul.

Puis il répondit d'une voix tremblante d'émotion ou de colère :

— Je ferais rouer de coups et jeter par la fenêtre le misérable qui oserait porter devant moi une accusation aussi infâme et qui n'aurait pas de preuves pour la soutenir ! ! !

— Mais, répliqua M. de Maubert, s'il les avait, ces preuves ?...

Le duc hésita.

Cette hésitation fut courte, car presque aussitôt il fixa sur son interlocuteur un regard d'une profondeur effrayante, et il s'écria :

— Allons, monsieur, ni phrases ni détours ; marchez droit au but, et si vous avez quelque chose à me dire contre la duchesse ma femme, dites-le-moi tout de suite !...

— La duchesse vous trompe, articula nettement le baron de Maubert.

— La preuve, monsieur, la preuve ?...

— Elle existe.

— Donnez-la-moi !

— Il y a une difficulté, monsieur le duc.

— Laquelle ?

— C'est que la preuve dont il s'agit, je ne veux pas la donner, mais la vendre.

— La vendre ! murmura le duc avec stupeur.

— Mon Dieu oui !

— Mais cette preuve, monsieur, quelle est-elle ?

— Tout ce qu'il y a de plus complet et de plus détaillé. Une lettre de madame la duchesse à son amant.

— Son amant ! répéta M. de La Tour-du-Pic avec un cri de rage et un soubresaut nerveux.

— Une lettre infiniment claire et significative, poursuivit le baron, un véritable corps de délit pour un procès en adultère.

— Et, demanda le duc, combien voulez-vous de cette preuve ?

— Cinq cent mille francs.

— Vous dites ?...

— Je dis *cinq cent mille francs.* Il n'y a pas à marchander. Peut-être trouvez-vous que ce soit cher, mais c'est à prendre ou à laisser ; seulement, si nous nous entendons (comme je n'en doute pas), je vous nommerai le jeune homme par-dessus le marché et je vous raconterai toute l'histoire de ses amours avec votre femme.

En ce moment, la colère de M. de La Tour-du-Pic, colère longtemps contenue, éclata tout à coup.

Il fit deux pas pour se rapprocher du baron, devant lequel il s'arrêta, l'œil menaçant et le bras levé.

Puis il s'écria d'une voix rauque et brisée :

— Ah ! misérable que vous êtes ! misérable ! lâche et menteur ! mais vous n'avez donc pas compris que je lisais au fond de votre pensée, où se cache je ne sais quelle épouvantable spéculation ! vous n'avez donc pas compris que je ne vous croyais pas, que j'allais vous chasser honteusement, et que je vous chasse en effet ; car si vous restiez ici une minute de plus, je sens bien que je vous tuerais !

M. de Maubert ne se déconcerta point.

Il se leva, salua avec le plus grand calme le duc, qui arrivait alors au paroxysme de la rage, et fit quelques pas pour s'éloigner.

Le duc l'arrêta brusquement.

— Écoutez, — lui dit-il, — dites-moi que vous avez menti, dites-moi que cette preuve n'existe pas, et je vais vous donner cent mille francs ! !

— Je n'ai pas menti, — répondit M. de Maubert ; — cette preuve existe, et je l'ai sur moi, — là, dans mon portefeuille.

— Voulez-vous me la montrer ?

— Je ne vous la montrerai que si vous me l'achetez.

— Mais vous ne songez donc pas que je pourrais sonner mes gens, leur donner l'ordre de vous fouiller et vous enlever ainsi cette lettre prétendue ?...

— Je vous en défie, monsieur le duc !

— Et pourquoi cela, monsieur ?

— Parce que, moi, je dirais à vos gens ce que contient la lettre que vous voudriez me voler.

— Monsieur, — dit le duc après un instant de silence, — je vous achète cette lettre.

— Payez-la, monsieur le duc.

— Vous comprenez que je n'ai pas cinq cent mille francs chez moi...

— Je le comprends à merveille. Mais vous avez un banquier ?

— Oui.

— Eh bien ! ma confiance en vous est si grande que je vous demande tout simplement de me signer un mandat sur votre banquier, mandat payable au porteur et à vue, en me donnant votre parole d'honneur qu'il y sera fait honneur à présentation. — En échange de votre signature sur un carré de papier, je vous remettrai l'autographe que voici,

M. de La Tour-du-Pic écrivit et signa.

— Donnant, donnant, — dit le baron en prenant le bon et en posant sur la table la lettre de Mathilde.

Le duc y jeta un coup d'œil et chancela.

Il ne pouvait plus douter ! — Hélas ! la vérité était là, devant lui, dans sa nudité éclatante et hideuse.

Sa main tremblante fit un signe au baron pour l'engager à se retirer.

M. de Maubert obéit à ce geste ; mais, en quittant le duc, il laissa tomber cette dernière parole :

— J'ai promis de vous nommer l'amant de votre femme, monsieur le duc, et je tiens ma parole. — C'est le vicomte Raphaël !

XLIII

UN DÉVOUEMENT.

Après le départ de M. de Maubert, le vieux duc resta pendant près d'une heure absorbé dans une sorte d'engourdissement physique et moral, les coudes appuyés sur son bureau, la tête enfoncée dans ses mains et les yeux fixés sur la lettre fatale.

Au bout de ce temps, il se leva, et, avec la raideur de mouvements d'un automate ou d'un somnambule, il se dirigea vers sa chambre à coucher.

Sur l'un des meubles de cette pièce était posée une boîte à pistolets.

Le duc l'ouvrit.

Il en tira les armes qu'elle contenait et qui, par hasard, se trouvaient chargées.

Il en examina soigneusement la batterie et en renouvela l'amorce.

Ensuite il revint s'asseoir à son bureau et, sur une grande feuille de papier, il écrivit les lignes suivantes :

« Je donne mon âme à Dieu.

« Je lègue ma fortune aux pauvres, tout entière, sans restrictions, sauf un legs de dix mille francs, une fois payés, à chacun de mes domestiques.

« Je demande qu'on fasse dire des messes pour le repos de mon âme et pour celui de l'âme de madame la duchesse Mathilde de La Tour-du-Pic, ma femme, morte le même jour que moi.

« Fait à Paris, sain de corps et d'esprit. »

Le duc data et signa ce court testament, puis il le mit dans une enveloppe qu'il ne cacheta point, et, quittant de nouveau son cabinet de travail, il se dirigea vers les appartements de Mathilde.

Nous avons déjà dit que la jeune femme s'était enfermée chez elle.

M. de La Tour-du-Pic frappa à la porte.

Personne ne répondit.

Il frappa plus fort, il appela.

Même silence.

Alors il appuya son épaule contre le panneau frêle et sculpté qui s'opposait à son passage, et, avec cette force nerveuse que dans certaines circonstances les vieillards savent retrouver, il jeta la porte en dedans.

Il s'attendait à trouver la chambre déserte.

Sans doute Mathilde s'était enfuie avec son amant. Telle avait été sa première pensée.

Mais point.

Deux bougies brûlaient sur la cheminée.

Dans la pénombre formée par les rideaux de l'alcôve, on voyait la jeune femme étendue sur le lit, dans un état de complète immobilité.

Le duc posa ses pistolets sur une table.

Ensuite il s'approcha du lit.

— Mathilde !... dit-il.

La duchesse ne répondit pas et ne fit aucun mouvement.

— Mathilde !... répéta le duc, en prenant la main blanche et fluette qui pendait à côté du lit.

Cette main était raide et glacée.

M. de La Tour-du-Pic poussa un cri d'effroi.

Il saisit un des flambeaux de la cheminée et revint auprès de sa femme.

Mathilde était morte, et morte depuis plus de deux heures, car les beaux traits de son visage avaient pris déjà des teintes bleuâtres et violacées.

Sur la couverture en désordre se voyaient deux objets :

Un flacon vide et une lettre.

L'étiquette du flacon portait ces mots : Laudanum de Rousseau.

La lettre était adressée au duc de La Tour-du-Pic.

Le malheureux vieillard rompit lentement le cachet et lut ce qui suit :

« Mon ami,

« Plutôt que de vous voir à un autre, m'avez-vous dit un jour, je vous tuerais.

« Ces paroles sont mon arrêt de mort. Je vous ai trompé, j'ai déshonoré vos cheveux blancs, j'ai souillé votre nom... je suis sans excuse et j'accepte humblement le châtiment que je mérite. Seulement je ne me sens point le courage d'affronter vos reproches et votre juste colère. Vous m'avez condamnée, j'exécute la sentence.

« Vivante, vous m'auriez maudite ; morte, pardonnez-moi.

« Pardonnez-moi et priez pour moi. Justice est faite... « MATHILDE. »

— Pauvre femme ! murmura le duc en portant à ses lèvres la main froide de la jeune morte ; comme elle a dû souffrir ! !

Il alluma à la flamme de l'une des bougies et réduisit en cendres la lettre que nous venons de reproduire.

Il s'agenouilla au pied du lit et pria Dieu avec son cœur et avec ses lèvres, pour cette femme qui était morte et pour lui qui allait mourir.

Ensuite il arma un des pistolets qu'il avait apportés et il en approcha le canon de sa poitrine.

Déjà son doigt allait sur la détente, quand un bruit soudain lui fit retourner la tête.

Il n'était plus seul auprès du cadavre de Mathilde; Raphaël venait d'entrer dans la chambre, et, pâle, effaré, il contemplait d'un œil hagard le spectacle qui s'offrait à lui.

A la vue du jeune homme, M. de La Tour-du-Pic sentit une volupté sauvage lui gonfler la poitrine et un cri de joie farouche s'échappa de ses lèvres.

Il bondit jusqu'à Raphaël, le saisit par le poignet, le traîna jusqu'auprès du lit mortuaire, et là, lui montrant d'un geste terrible le corps inanimé de Mathilde, il lui dit d'une voix basse et vibrante :

— Elle était jeune, elle était belle, elle était adorée! voilà ce que vous en avez fait! assassin ! assassin !

Raphaël tomba à genoux.

— Vous m'avez volé l'amour de cette femme! continua le duc avec un redoublement d'énergie, vous m'avez volé la vie de cette femme ! Vous êtes un voleur ! entendez-vous bien, un voleur !!

— Ayez pitié de moi ! murmura Raphaël, ayez pitié de moi !!

— Non, point de pitié! poursuivit le duc, point de pitié pour un assassin, pour un voleur et pour un lâche! Oui, un lâche, car vous ne m'avez volé mon bien que parce que vous saviez que j'étais un vieillard et que vous vous étiez sûr que je ne me défendrais pas! Eh bien ! vous vous étiez trompé, car vous allez mourir ! !

— Oh! monsieur! cria Raphaël, tuez-moi, mais ne m'insultez pas ! !

— Parlez moins haut dans la chambre d'un mort ! dit M. de La Tour-du-Pic d'une voix impérieuse ; respectez au moins ce cadavre !

Il se fit un instant de lugubre silence, puis le vieux duc reprit en s'approchant de la table sur laquelle étaient les pistolets :

— Non, monsieur, non, je ne vous tuerai pas sans défense ! je ne suis point un assassin comme vous, moi ! nous allons nous battre, monsieur, ici, à l'instant même...

— Avec vous !! murmura Raphaël, avec vous ! jamais !...

— Êtes-vous donc lâche à ce point que vous refusiez un duel avec celui que vous n'avez pas craint d'attaquer dans son honneur et dans son bonheur ? pour vous faire battre, monsieur, faudra-t-il vous souffleter ?

Et, M. de La Tour-du-Pic, joignant l'action aux paroles, frappa deux fois de suite Raphaël au visage.

Puis il ajouta :

— Vous battrez-vous, maintenant ?

— Dieu m'est témoin que je ne le voulais pas ! ! s'écria le jeune homme.

M. de La Tour-du-Pic abattit le bassinet de l'une des armes et enleva l'amorce.

Ensuite il jeta son mouchoir sur les deux pistolets et dit à Raphaël :

— Choisissez. Ce duel est le jugement de Dieu! Nous tirerons à bout portant; l'un des deux seulement tombera et ce sera vous, monsieur !...

— Je l'espère, répondit Raphaël.

Les deux hommes se placèrent à trois pas l'un de l'autre.

Ils pressèrent à la fois la détente de leurs armes.

Un seul coup partit...

M. de La Tour-du-Pic, la poitrine traversée par une balle, roula sur le tapis.

Il voulut parler.

Une écume sanglante lui vint aux lèvres et l'empêcha de prononcer une parole.

Ses yeux se voilèrent.

Il était mort.

Raphaël, fou d'épouvante, se croyant le jouet d'un horrible cauchemar ou d'une vision infernale, laissa tomber son pistolet et s'enfuit.

Salluces l'attendait toujours.

Le vicomte passa près de lui sans le reconnaître.

Il allait du côté de la Seine.

ÉPILOGUE.

Trois heures du matin sonnaient à toutes les horloges de Paris.

Le ciel était devenu de plus en plus sombre et les grands nuages menaçants se dissolvaient en une pluie fine et serrée.

Un homme, accoudé à l'un des parapets du Pont-Royal, regardait d'un œil hagard les flots noirs et boueux qui se brisaient en écumant contre les arches massives.

Quelquefois il passait sa main sur son visage, et cette main, quand il la retirait, était baignée de larmes.

Soudain, un bruit de pas se fit entendre à l'une des extrémités du pont.

L'homme qui regardait couler l'eau tressaillit à ce bruit.

Il posa son chapeau à côté de lui, puis, enjambant le parapet, il se précipita dans la Seine.

L'eau jaillit sous le poids du corps qui la frappait, un grand cercle rida la surface des flots, mais le courant était impétueux et le fleuve reprit sa course.

Raphaël, car c'était lui, fut tiré de son délire par la sensation glaciale et douloureuse qui tordit toutes les fibres de son corps.

L'instinct de la conservation reprit le dessus.

Il songea à gagner le bord.

Il rassembla tout son courage et se mit à lutter contre le courant avec une énergie désespérée.

Mais la violence et le tourbillon des flots le repoussaient plus avant au milieu du fleuve.

Il se débattit ainsi pendant dix minutes entre la vie et la mort avec une fureur héroïque.

Le courant l'entraînait toujours.

Lorsqu'il eut épuisé, contre son terrible ennemi, toute sa force et toute sa rage, il fit un suprême effort.

Il se souleva au-dessus de l'eau, battit une dernière fois les flots de ses bras défaillants, puis se laissa retomber dans sa couche humide.

Mais le hasard, cet arbitre suprême des destinées humaines, avait décidé que Raphaël ne mourrait point. Le courant qui l'emportait, après l'avoir roulé pendant quelques instants, le jeta tout à coup sur la rive.

Aux premiers rayons du jour, des pêcheurs trouvèrent son corps inanimé, que des soins intelligents pouvaient cependant rendre à la vie.

On le sauva.

Il ne sortait, du reste, d'un premier péril que pour tomber dans un autre aussi redoutable. Une fièvre ardente, accompagnée d'un délire effrayant, s'empara de lui au moment même où il semblait reprendre connaissance. — Comme on n'avait trouvé dans ses vêtements aucune indication de nom ni de domicile, on le porta à l'Hôtel-Dieu. — Il y fut pendant deux mois entre la vie et la mort.

Au bout de ce temps, sa convalescence commença

Elle fut longue. Enfin il put quitter l'Hôtel-Dieu. Il voulut reprendre possession de son logement du boulevard. Pendant son absence on s'était présenté en son nom, muni de pouvoirs qui portaient sa signature : le loyer avait été payé et tous les meubles avaient disparu.

Il se rattacha à son ardent désir de vengeance et s'informa du baron de Maubert.

Le baron de Maubert avait quitté Paris et personne ne savait ce qu'il était devenu.

Il courut chez M. de Salluces.

M. de Salluces, six semaines avant ce moment, avait été frappé d'un coup de couteau dans le cœur, à onze heures du soir, en plein boulevard des Capucines. La mort avait été instantanée. La justice informait, mais sans résultats. Ainsi Raphaël se trouvait de nouveau sur le pavé de Paris, seul, sans argent, sans vêtements, sans logis et sans protecteurs.

Décidément, Raphaël était né sous une étoile néfaste, et la vie bohémienne de ses premières années allait recommencer pour lui, avec des regrets et des remords de plus.

Nous le retrouverons bientôt dans une nouvelle période de son existence aventureuse et bizarre.

Vous qui nous avez suivi jusqu'ici, ami lecteur, nous suivrez-vous encore...?

Franchement, nous l'espérons.

FIN DES CONFESSIONS D'UN BOHÊME

Paris. — Typ. Collom u at Brûlé, rue de l'Abbaye, 11

Le grand succès des

CONFESSIONS D'UN BOHÊME

nous fait publier immédiatement à la suite

LE VICOMTE RAPHAËL

DU MÊME AUTEUR

Le lecteur retrouvera du reste dans *le Vicomte Raphaël* grand nombre des personnages qui l'ont si vivement intéressé dans *les Confessions d'un Bohême.*

Dans le n° 110 des ROMANS NOUVEAUX commencera donc :

LE VICOMTE RAPHAËL

www.ingramcontent.com/pod-product-compliance
Lightning Source LLC
Chambersburg PA
CBHW071952110426
42744CB00030B/1009